基层司法行政工作（2022 年版）

黄富献　连春亮　主编

中国人民公安大学出版社
·北　京·

图书在版编目（CIP）数据

基层司法行政工作：2022 年版 / 黄富献，连春亮主编 . --北京：中国人民公安大学出版社，2022. 8

ISBN 978-7-5653-4562-3

Ⅰ.①基… Ⅱ.①黄…②连… Ⅲ.①司法—行政—工作—中国 Ⅳ.①D926.13

中国版本图书馆 CIP 数据核字（2022）第 128339 号

基层司法行政工作（2022 年版）

黄富献　连春亮　主编

出版发行：中国人民公安大学出版社
地　　址：北京市西城区木樨地南里
邮政编码：100038
经　　销：新华书店
印　　刷：涿州市新华印刷有限公司

版　　次：2022 年 8 月第 1 版
印　　次：2023 年 9 月第 2 次
印　　张：22
开　　本：787 毫米×1092 毫米　1/16
字　　数：530 千字

书　　号：ISBN 978-7-5653-4562-3
定　　价：85.00 元

网　　址：www.cppsup.com.cn　www.porclub.com.cn
电子邮箱：zbs@ cppsup.com　zbs@ cppsu.edu.cn

营销中心电话：010-83903991
读者服务部电话（门市）：010-83903257
警官读者俱乐部电话（网购、邮购）：010-83901775
法律分社电话：010-83905745

河南司法警官职业学院
社区矫正专业项目建设委员会

主　　任： 袁理政　河南司法警官职业学院院长

副 主 任： 张　峰　河南司法警官职业学院副院长、教授

成　　员： 连春亮　河南司法警官职业学院刑事执行系党总支书记、教授、三级调研员

王　勇　河南司法警官职业学院教务处处长、副教授、三级调研员

陈书成　河南司法警官职业学院司法行政管理系党总支书记、副教授、三级调研员

张志强　河南司法警官职业学院团委书记、讲师、四级调研员

参加人员： 袁理政　张　峰　连春亮　王　勇　陈书成

张志强　王天瑞　师玮玮　徐海冰　王艳艳

杨　颖　黄喜平　周富银　王　凯　赵瑞雪

胡　悦

本书编写分工

主　　编　黄富猷　连春亮

副 主 编　王　勇

编写人员　黄富猷　连春亮　王　勇　陈书成

张志强

编写说明

2018年2月，河南司法警官职业学院被河南省教育厅批准为立项建设省级优质高等职业院校。根据其申报的河南省省级优质高等职业院校建设方案中“司法矫正优势特色专业群建设方案”的要求，以及“社区矫正理论与实务”精品资源共享课程建设和社区矫正专业优秀教学团队建设的要求，特别是依据教育部行指委社区矫正专业教学标准的要求，河南司法警官职业学院要针对社区矫正专业开发具有针对性和应用性的核心专业课程并编写相应教材。据此，本书编写团队在编写的《基层司法行政工作实务》（中国检察出版社2011年版）、《基层司法行政工作教程》（群众出版社2013年版）、《基层司法行政工作》（中国人民公安大学出版社2018年版）的基础上，重新搭建了本书的框架结构，并结合司法行政工作的变化，经全体参编人员重新编写而成，定名为《基层司法行政工作（2022年版）》。本书根据课程设置和教学的需要对以下问题进行说明：

第一，基层司法行政工作，主要是指市（地）、县（区）、乡（镇）的司法行政机构所从事的行政管理和法律服务工作。主要包括社区矫正工作、基层法律服务工作、人民调解工作、法律援助工作、法制宣传与依法治理工作、公共法律服务体系、安置帮教工作、律师与律师管理工作、公证工作等。

第二，基层司法行政工作，从宏观上来看，包括基层司法行政机关依法对司法行政事务的管理活动和法律服务机构依法提供法律服务的活动。

第三，基层法律服务有广义和狭义之分，广义的基层法律服务是指市（地）、县（区）、乡镇（街道）的律师事务所、公证机构、法律服务所、公共法律服务平台等我国目前的基层法律服务机构所提供的法律服务、社区矫正、法治宣传、安置帮教等服务。狭义的基层法律服务仅指设在乡、镇、街道办事处辖区的基层法律服务所及其工作人员，为基层政权组织、群众自治组织、企业事业单位、其他组织和公民所提供的法律服务。

第四，在此次编写过程中，本编写团队对新颁布或修订的法律法规，特别是2018年以后所修订和颁布的法律法规、行政规章，进行了梳理并融入书中，对本书进行了完善。主要包括：2018年10月26日，第十三届全国人民代表大会常务委员会第六次会议第三次修正的《中华人民共和国刑事诉讼法》（以下简称《刑事诉讼法》）[①]；2019 年 12 月 28 日，第十三届全国人民代表大会常务委员会第十五次会议通过的《社区矫正法》；2020 年 6 月 18 日，最高人民法院、最高人民检察院、公安部、司法部联合发布的《社区矫正法实施办法》；2020 年 12 月 26 日，第十三届全国人民代表大会常务委员会第二十四次会议通过的《刑法修正案（十一）》修正的《刑法》；2017 年 12 月 25 日，司法部令第 138 号修订的《基层法律服务工作者管理办法》；2017 年 12 月 25 日，司法部令第 137 号修订的《基层法律服务所管理办法》；2018 年 12 月 5 日，司法部令第 142 号修正的《律师事务所管理办法》；2016 年 9 月 18 日，司法部令第 134 号修订的《律师执业管理办法》；2018 年 12 月 29 日，第十三届全国人民代表大会常务委员会第七次会议通过修正的《村民委员会组织法》；2018 年 12 月 29 日，第十三届全国人民代表大会常务委员会第七次会议通过的《城市居民委员会组织法》；2021 年 8 月 20 日，第十三届全国人民代表大会常务委员会第三十次会议通过的《法律援助法》；2017 年 9 月 1 日，第十二届全国人民代表大会常务委员会第二十九次会议第二次修正的《公证法》等。

近年来，司法体制深化改革成为我国改革的重要内容，基层司法行政工作的诸多方面也成为深化改革的热点。经过不断的探索，有些改革已初具规模，取得了良好的社会效果，为维护政治稳定和社会安定，维护国家、集体利益和公民的合法权益做出了卓越的贡献，如律师工作、公证工作等。有些深化改革尚在探索之中，还未形成完整的形态，但已在社会上产生了积极的影响，如社区矫正工作、基层法律服务所的改革、公共法律服务体系建设等。有些深化改革是对原有工作的科学设置和布局，使之上升到一个新的台阶，更适合于现代社会形态的需要，如人民调解工作、安置帮教工作等。所有这些，为本书的编写既提供了新的内容，也提出了新的挑战。为此，我们立足于各项工作的发展趋势，对相关问题进行了一些探讨，由于一些问题尚无定论，不足之处，请专家、学者予以批评指正。

本书在河南司法警官职业学院领导的大力支持和直接参与下，由司法行政管理系和法律系合作撰写，编写分工如下：

黄富献（河南司法警官职业学院党委书记）：撰写第一、二章。

连春亮（河南司法警官职业学院刑事执行系党总支书记、教授、三级调研员）：撰写第三、四、八、九、十章。

张志强（河南司法警官职业学院团委书记、讲师、四级调研员）：撰写第五、

① 作者注：在本书中，为了表述方便，涉及我国法律法规均用简称，如《中华人民共和国刑事诉讼法》简称《刑事诉讼法》，依此类推，不再一一注明。

六章。

陈书成（河南司法警官职业学院司法行政管理系党总支书记、副教授、三级调研员）：撰写第七章。

王勇（河南司法警官职业学院教务处处长、副教授、三级调研员）：撰写第十一、十二章。

同时需要说明的是，本次编写的社区矫正专业系列教材共有四本：《基层司法行政工作（2022年版）》《社区矫正学基础理论（2022年版）》《社区矫正管理教程》《社区矫正教育教程》。在编写过程中，我们得到了河南司法警官职业学院党委书记黄富献、院长袁理政、副院长张峰的大力帮助和支持，他们还直接参与了编写大纲的审定和书稿的撰写工作，在此一并表示感谢！

连春亮

2022年8月8日

目 录

第一章　导　论

司法行政工作有广义和狭义之分。狭义的司法行政工作，是指司法行政机关依法对司法行政事务实施行政管理的活动；广义的司法行政工作，则是指由司法行政机关依法实施司法行政管理和法律服务机构依法提供法律服务活动的总称。本书采用广义上的司法行政工作，其内涵和外延具有多元性，不是单一的，而是相对独立的多项司法行政工作的有机整体。

第一节　基层司法行政工作概述

一、基本概念

（一）司法行政

司法行政是与司法有关的行政管理和法律服务，是关于司法行政机构的性质、任务、组织体系、活动原则、工作内容和程序的总称。司法行政的基本概念，在世界各国的表述和定义是大体相同的。但司法行政概念的内涵，由于各国社会制度不同，在司法行政制度的性质、内容、职能和形式等方面都存在较大差异。从世界范围内考察，其内涵主要包括：

第一，司法行政事务，是指与国家审判机关、检察机关、警察机关等依法处理法律事件和违法行为的司法活动紧密相关的行政事务和法律事务。

第二，司法行政管理，是指国家司法行政机关依法对司法行政事务实施的管理活动，也可以说是国家司法行政机关依法履行职责的司法活动。

第三，司法行政机关，是政府主管司法行政事务的职能部门，是国家对司法行政事务依法行使管理权的主体，它由国家行政体系和国家司法体系两部分构成，具有双重性质。

有学者认为，我国司法行政的概念，其内涵主要包括三类活动内容：[①]

第一，司法行政工作是国家的一种特殊行政活动，它通过提供法律保障和法律服务，依法维护政治稳定和社会安定，维护国家、集体利益和公民的合法权益，运用法律手段对社会生活实施有效管理。

---

① 张绍彦主编：《中国司法制度》，法律出版社 2001 年版，第 157 页。

第二，司法行政工作是国家的一种特定司法活动，它参与各类诉讼活动并负责执行刑罚，与各司法机关形成配合与制约的关系，是实现公正司法的重要环节。

第三，司法行政工作又是国家的一种综合执法活动，它集行政管理和司法活动于一体，既有执法性又有服务性，既有广泛的社会性又有具体的专业性，在国家政治、经济和社会生活中，起着不可缺少、不可替代的职能作用。

从中央层面看，我国司法行政工作主要包括统筹规划立法工作、地方性法规规章的备案审查工作、行政复议和应诉案件办理工作、法治人才队伍建设工作、监狱工作、强制隔离戒毒工作、人民调解工作、律师工作、公证工作、司法鉴定工作、依法治理和法制宣传工作、法律援助工作、安置帮教工作、社区矫正工作和基层法律服务工作、关于法治的对外交流工作等。

（二）基层司法行政工作

基层司法行政工作，主要是指市（地）、县（区）、乡（镇）的司法行政机构所从事的行政管理和法律服务工作。本书根据课程设置和教学的需要所研究的基层司法行政工作，主要是指社区矫正、基层法律服务、人民调解、法律援助、法治宣传与依法治理、公共法律服务、安置帮教、律师与律师管理、公证等工作。

（三）法律服务

法律服务有广义和狭义之分。广义的法律服务，是指具有法律知识的人接受委托为他人提供法律帮助的活动。狭义的法律服务，是指司法行政机关主管的法律服务机构及其工作人员，接受当事人委托，以法律知识和诉讼技能向委托人提供法律帮助，维护委托人的合法权益，保障和促进国家法制顺利实现的活动。本书所指的法律服务，均指狭义的法律服务，并且具有以下特征：

1. 法律专业性。法律服务工作具有很强的法律专业性，其工作质量直接关系到国家法律能否正确实施，公民的合法权益能否得到切实保障，关系到社会经济秩序的稳定。这种专业性表现在两个方面：一是从业的工作者必须是掌握相应法律知识和诉讼技能的人员。为保证专业质量，其服务人员必须经过国家有关部门的审核认可其资格，取得执业证书，才能从事法律服务工作。二是法律服务工作者所从事的工作，是为委托人提供具有法律事务性或与法律相关的劳务，满足委托人的法律需求。在国外，如美国、日本等，为确保法律服务人员的专业性，这些国家都制定了严格甚至苛刻的标准。美国的法律规定，律师资格取得人员需要有双学位，除律师外，其他人员不得出庭帮助参与诉讼等。我国根据法律服务的各项专业要求及现实法律服务工作任务的实际，制定了符合我国国情的标准，以保证法律服务的专业质量。

2. 社会公益性。法律服务是面向全社会的行业，具有特殊的社会公益性。它与其他社会性服务行业的显著区别，就在于它既能参与调整具体的法律关系，又能参与调整抽象的法律关系。通过处理和办理具体法律事务，为公民、法人和其他组织排忧解难，保障其合法权益；通过担任各级政府及其职能部门、企业决策机构的法律顾问，协助他们依法决策，实现宏观调控的民主化、法制化，使国家法制得以实施。

在我国，社会效益而非经济效益决定了法律服务业的产生。法律服务工作的根本目的是为社会主义法治建设服务，保障国家法治的实施，保障法律服务对象合法权益的实现。法律服务的主体通过依法全面履行职责，把维护国家、社会、集体和个人四者的合法权益放在工作的首位。因此，法律服务的根本目的不是为法律服务工作者个人牟利，而是使法律服务业的社会效益高于经济效益，具有社会公益性。

3. 经济效益性。法律服务行业具有公益性，但同样讲求经济效益性。法律服务机构既非生产性企业，也不是商业性企业，但是，法律服务机构及其工作人员是以所付出的法律专业劳务为商品，取得相应的报酬。随着经济体制改革的深入发展，法律服务业要面向市场，走向市场，服务于市场，并在市场经济中不断发展完善。经济效益性使法律服务行业具有了市场竞争的特征，各法律服务机构都将通过竞争机制，提高自身法律服务的职业素质，满足当事人的需要，从而逐步提高自身能力。根据社会主义市场经济发展形成对法律服务的需求和法律服务的商品化，有人将法律服务业称作法律服务市场是有一定道理的。

4. 法律地位的平等性。在法律服务行业中，法律服务主体对外与被服务对象之间的法律地位平等；对内相互之间的法律地位也是平等的。法律服务双方法律地位的平等性表现为，双方具有同等的权利和义务。法律服务双方的关系，是基于委托合同的签订而产生的，服务主体必须尽到付出法律劳务的义务，才有获得相应报酬的权利；反之，被服务对象尽到偿付报酬的义务是基于得到了相应的服务。法律服务主体之间法律地位的平等性表现为，在法律服务行业中，任何形式的法律服务机构相互之间只有业务的区分、机构的健全和专业水平的差距，没有任何隶属和行政的上下级关系。委托人可以自由选择服务主体来满足自己不同的法律服务需求，从而获得低成本、高质量的法律服务。

5. 服务对象的普遍性。法律服务的对象是不特定的，也就是说，它不仅为某个人或某些人、某个集体或某些集体的利益服务，而且为所有需要提供法律帮助的集体和个人服务。无论是律师行业、公证行业，还是基层法律服务行业，都具备这一普遍性的服务特征。

6. 服务方式的直接性。法律服务工作最突出的特点是直接接触群众，在和群众直接接触中调查和了解情况，依据法定程序、法定职责为群众提供法律服务。律师在进行各类案件的辩护或代理中，首先必须直接接触当事人并进行有关问题的询问和调查；其次还要围绕案情深入群众进行调查取证。公证人员在办理各类公证法律事务中，同样要在深入群众调查取证的基础上出具公证文书。基层法律服务和法律援助等工作，也必须面对面地以直接的方式服务群众。

7. 服务内容的广泛性。法律服务工作的内容涉及民事、刑事、行政及非诉讼等诸多方面的法律事务，也就是说，群众需要解决或提供服务的所有法律问题，都属于法律服务工作的范畴。

二、基层司法行政工作的特点

我国基层司法行政工作，是社会主义法治和人民司法的重要组成部分。它建立在社会主义公有制基础之上，与社会主义经济基础相适应，是社会主义民主政治的重要体现。它在维护国家法律正确实施，维护社会主义市场经济秩序，保障国家、集体利益和公民的合法权益不受侵犯等方面，具有重要的职能作用。这是我国基层司法行政工作的根本性质。其具体特点是：

（一）执法性

我国基层司法行政机关是国家的司法行政管理机关，具有行政执法机关属性，从总体上说，基层司法行政工作就是执法工作，对这些工作的管理，国家有明确的法律或法规规定，所有这些管理工作，都与执行法律直接有关。作为司法行政部门，要严格依法行政，严格按照宪法和有关法律法规的规定，做好管理和服务工作。基层司法行政部门依法行政还有另外两个方面的特殊意义：一是作为贯彻落实国家司法行政工作的国家行政主体，在依法治国、建设社会主义法治国家及依法行政过程中政府应起表率作用，对自己分管的工作严格依法管理、依法行政，并且以自己良好的依法行政行为影响其他政府部门，促进整个政府机构依法行政。所以，基层司法行政机关作为政府的专门法律部门，其是否真正依法行政，其表率作用如何，是各方面关注的焦点，必须“规范执法行为，促进执法公正”，从群众满意的事情做起，从群众不满意的事情改起，切实解决人民群众反映的突出问题，促进基层执法工作的规范化、制度化，进一步提高执法水平，严格、公正、规范、文明执法。二是基层司法行政机关作为政府主管法制宣传教育的工作部门，更应该依法行政。教育者必先受教育，身教重于言教。要求辖区居民提高法律素质，首先必须提高自己的法律素质，一切行政行为严格按照法律的规定进行，把自己的所有行为纳入法制轨道，并接受全社会的监督。树立起全国人民对依法治国的信心，是基层司法行政部门义不容辞的责任。因而基层司法行政部门依法行政责任重大、意义重大。执法性是基层司法行政工作最基本的特征，主要体现在诉讼活动和非诉讼活动两个方面。例如，律师为犯罪嫌疑人提供法律帮助或担任被告人的辩护人参与刑事诉讼活动，依法行使辩护职能，维护犯罪嫌疑人或被告人的合法权益，维护诉讼活动的依法进行和实现司法公正；公证机关根据当事人的申请，依法证明法律行为和有法律意义的文书及事实的真实性、合法性，以保护公共财产，保护公民人身、财产上的权利和合法利益；反之，律师、公证人员如果不正确履行职责，就会损害当事人的合法权益。基层司法行政机关对律师和公证工作必须加强管理，弘扬正气，处罚违法者。人民调解组织依法调解各类民间纠纷，维护社会稳定，促进安定团结等。所有这些，都直接或间接地反映了司法行政制度的执法特征。

（二）服务性

我国基层司法行政工作是多功能的法律服务机构，基层司法行政工作是全方位的法律服务活动。它的业务指导思想，就是坚持为社会主义经济建设服务，为社会主义民主法治建设服务，为国家长治久安服务，为保护人民民主权利服务。基层司法行政工作要树立“大服务”意识，围绕党委、政府的中心工作，进一步推进法律服务业的健康发展，使之在构建社会主义和谐社会中发挥更大的作用。①

在国家政治、经济和社会生活的各个方面，基层司法行政工作虽然首先体现了执法的效能，但更多、更广泛、更充分体现出来的还是服务的特征。这个特征的主要标志是：基层司法行政机关掌握了多种法律服务手段，具有特定的职能。例如，在发展社会主义市场经济方面，律师事务所、公证处、乡镇法律服务机构通过提供全方位的法律服务，维护改革发展稳定的大局，为改革开放和经济建设创造良好的法制环境；在发展社会主义民主与法治方面，法治宣传工作不断提高全民族的法律素质，法学教育工作不断为社会培养和输送大批法律人才，法学研究工作不断为法治建设提供理论根据，通过这些基础建设，推动了依法治国的历史进程；在维护国家长治久安、保障人民民主权利方面，律师事务所、公证机构和法律援助机构在诉讼和非诉讼活动中，通过刑事辩护、民事代理、法律援助、办理公证等形式，为公民提供法律帮助，维护他们的民主权利和合法利益。随着我国社会主义民主法治的不断加强，社会主义市场经济的深入发展，基层司法行政工作的服务特征将会越来越突出，更为广泛、更为具体地表现在我国政治、经济和社会生活的各个方面。

（三）管理性

我国基层司法行政机关是政府管理基层司法行政事务的职能部门，其基本职责就是对司法行政事务实施管理。因此，管理性也是我国基层司法行政制度的一个重要特征，是与基层司法行政机关的性质、任务具有直接联系的基本特征。目前，我国基层司法行政机关虽然没有完全实现对司法行政事务的集中统一管理，但其管理着法治宣传、法学研究、律师、公证、人民调解、社区矫正、安置帮教、法律援助、基层法律服务等工作，这些都是与基层司法活动相关的基层司法行政事务，而且是基层司法行政管理的主体部分。应该肯定，我国基层司法行政机关在司法行政管理中担负着重要任务，发挥着主要作用。

（四）基层性

司法行政事业的根在基层。基层司法行政工作是司法行政事业的根基和命脉，在中国特色社会主义进入新时代的背景下，如何更好地为基层服务，进一步开创基层司法行政工作的新局面，是司法行政工作必须认真思考的时代命题。基层司法行政工作主要是市、县、乡司法行政机构的工作，它与基层的各种主体直接接触，工作很琐碎、很具体。例如，基层司法所是司法行政最基层的组织机构，直接管理人民调解、安置帮教、社区矫正等工作，坚持“三个面向”的内涵就是面向基层、面向社区、面向群众。有时候需要深入田间地头、工厂车间、街道社区以及当事人家中与当事人面对面进行交流、沟通和处理。基层司法所的优势就在于扎根基层、贴近群众、服务便利，做到人熟、地熟、情况熟，充分利用既懂法律又熟民情的双重优势，发挥着维护基层社会稳定、保障市场经济发展、推进基层依法治理工作进程的重要作用。

---

① 周敦扣：《司法行政工作在构建社会主义和谐社会中的职能优势》，载《中国司法》2005 年第 11 期。

三、基层司法行政工作应遵循的原则

基层司法行政工作履行着国家重要的管理和法律服务的职能，基层司法行政制度是国家政治制度及司法制度的重要组成部分。基层司法行政机关依据法律行使各项职能，开展基层司法行政工作时应遵循如下原则：

（一）坚持四项基本原则

坚持四项基本原则，即坚持社会主义道路，坚持人民民主专政，坚持中国共产党的领导，坚持马列主义、毛泽东思想。这是党的基本路线，也是我国的立国之本。毋庸置疑，坚持四项基本原则理所当然地成为基层司法行政工作应遵循的首要原则。

我国基层司法行政制度作为上层建筑，是建立在以社会主义公有制为主体的经济基础之上的。社会主义的本质属性，决定了实践中必须坚持社会主义方向，为社会主义现代化建设服务；基层司法行政机关是人民民主专政的工具，它的性质和法律赋予的职能，要求它在人民内部实行民主，对敌视和破坏社会主义制度的国内外敌对分子、犯罪分子，依法予以打击和惩处；中国共产党是全中国各族人民的领导力量，按照“党管政法”的原则，必须把基层司法行政工作置于党的领导之下，坚决贯彻党的基本路线、方针和政策，围绕党的中心任务，在党的领导下开展各项工作；基层司法行政工作在根本上必须坚持马列主义、毛泽东思想、邓小平理论、“三个代表”重要思想、科学发展观和习近平新时代中国特色社会主义思想，这是基层司法行政工作的根本指导思想。

（二）专门机关与群众路线相结合的原则

我国《宪法》第27条第2款规定，一切国家机关和国家工作人员必须依靠人民的支持，经常保持同人民的密切联系。《刑事诉讼法》也规定，司法机关进行刑事诉讼活动时，必须依靠群众。这就要求基层司法行政机关在业务活动中，必须相信群众、依靠群众。只有认真向群众调查、了解真相，才能使事件得到正确、及时的处理；只有广泛听取各方面的群众意见，才能防止偏听偏信，避免冤假错案的发生；只有深入群众，听到真话，看到实情，才能克服不足之处，保证业务活动的顺利开展。

基层司法行政工作具有覆盖面广、紧密联系群众的特点，贯彻专门机关与群众路线相结合的原则，更有其特别重要的意义。无论是刑满释放、解除强制隔离戒毒后回归社会人员的安置帮教工作，还是律师、公证部门的工作，抑或是法制宣传、人民调解工作都离不开广大人民群众的支持，通过紧密联系群众，促使工作社会化、群众化，形成群众自我教育、自我约束的机制，从而促进公民素质的提高，从根本上促进社会的安定团结。

（三）以事实为根据、以法律为准绳的原则

我国的《刑事诉讼法》《民事诉讼法》《行政诉讼法》《律师法》《法律援助法》及《社区矫正法》等法律法规，都明确规定司法机关在业务活动中，要“以事实为根据，以

法律为准绳”。这一原则的实质是实事求是，严格依法办事。这个原则充分体现了辩证唯物主义的思想路线在司法实践中的运用，也充分体现了新时代中国特色社会主义法治原则。

司法行政机关作为执法机关，特别是律师在办理诉讼案件和其他法律事务及公证人员在办理公证事项的过程中，对案件或事实进行全面调查，对掌握的大量材料去粗取精、去伪存真，以客观存在的事实为依据，在此基础上，以国家的法律法规乃至政策性规定为判断是非曲直的标准，做出正确的结论，提出恰如其分的处理意见，以达到“事实清楚、证据确凿、适用法律准确”的目标，才能稳、准、狠地打击犯罪分子和维护公民的合法权益。

（四）正确处理人民内部矛盾的原则

党中央始终坚持把正确处理人民内部矛盾作为国家政治生活的主题。早在 1991 年，中共中央、国务院《关于加强社会治安综合治理的决定》中，就特别强调要“正确处理人民内部矛盾，避免矛盾激化”。基层司法行政机关肩负的任务与国家政治生活紧密相连，又是社会治安综合治理工作的重要部门，所履行的职能与处理人民内部矛盾密切相关，所以基层司法行政工作应当把正确处理人民内部矛盾作为遵循的原则。

基层司法行政机关不仅承担着直接解决和调处民间矛盾与纠纷的人民调解工作，而且在律师、公证、法制宣传、安置帮教、社区矫正等多项工作中，都要处理人民内部矛盾。从某种意义上讲，这些工作都是在从事群众工作，都是在不断地发现矛盾、分析矛盾和解决矛盾。从实践看，基层司法行政机关在处理人民内部矛盾时，具有自身的优势：一是利用法治教育的优势。通过法治宣传，使群众自觉地用法律和道德规范自己的行为和处理人际关系。二是利用法律手段的优势。通过依法办事、以案释法，用公证等手段规范人们之间的权利义务关系，减少不必要的摩擦，促进人际关系的和谐融洽。三是利用广泛接触群众的优势。通过数以万计覆盖整个社会调解组织的法治宣传员，做到“抓早、抓小、抓苗头”，有利于把矛盾解决在基层，解决在萌芽状态。

（五）立足于“防范”的原则

基层司法行政机关是人民民主专政的工具，以维护政治安定和社会稳定为首要责任。基层司法行政机关通过法治宣传、法学教育和法律服务，增强公民的法律意识和法治观念，提高公民的法律素质；通过实现依法治理，鼓励和动员人民群众参与国家及经济、社会事务的管理；通过律师、乡镇法律工作者履行职能，维护公民的民主权利和合法权益；通过社会矛盾调解机构及调解组织开展工作，妥善处理各类发生在人民内部的矛盾和纠纷；公证工作则通过明确公民的权利义务，避免矛盾和纠纷的发生；通过对刑释和解除强制隔离戒毒人员做教育帮助工作，有利于防止重新犯罪等。从社会治安综合治理的角度出发，这些功能都属于“防范”的范畴。与其他政法机关相比，在“防范”方面的优势明显。这就要求基层司法行政机关在工作中要贯彻立足于“防范”的原则。

第二节 基层司法行政工作体系

基层司法行政工作，是指基层司法行政机构依法实施司法行政管理和提供法律服务，依法履行司法行政活动职能的具体内容。它是基层司法行政机构履行职责、行使职权以及提供法律服务的主要表现。

一、社区矫正工作

依照《社区矫正法》的规定，社区矫正工作是基层司法行政机关的主要工作之一。社区矫正的适用对象是社区矫正对象，主要是指被判处管制的、被宣告缓刑的、被裁定假释的、被暂予监外执行的，具体包括：有严重疾病需要保外就医的；怀孕或者正在哺乳自己婴儿的妇女；被判处有期徒刑、拘役，生活不能自理，适用暂予监外执行不致危害社会的。

基层司法行政机关具体负责实施社区矫正工作，主要包括社区矫正法律法规和政策的贯彻执行；指导、监督对社区矫正对象的刑事执行、监督管理、矫正教育和社会帮扶工作；组织、指导社会力量和志愿者参与社区矫正工作；组织协调有关单位和社区基层组织建立社区矫正工作队伍，对社区矫正对象定期开展思想、法制、社会公德等方面的教育，做好对社区矫正对象的监督考察工作，会同公安机关对社区矫正对象提出撤销缓刑、假释和收监执行的建议，加强对社区矫正工作的研究，进一步探索和创新社区矫正工作的具体内容、方式方法、工作规程和工作制度。

二、基层法律服务工作

基层法律服务工作，是指基层法律服务工作者面向乡镇和城市社区，接受公民、社会组织和基层人民政府的委托，为委托人提供一定范围内的法律帮助，以维护委托人合法权益，保障和促进国家法制顺利实现的活动。其业务范围主要包括：受聘担任法律顾问；代理参加民事、经济、行政诉讼活动；代理非诉讼法律事务；主持调解纠纷；解答法律询问；代写法律事务文书；协助办理公证事项；协助基层司法所开展法制宣传教育和其他有关业务工作等。

司法行政机关对基层法律服务机构的设立、变更和注销以及对基层法律服务人员、业务、财务等方面进行管理。目前我国基层法律服务机构仅指乡镇（街道）基层法律服务所，每个乡镇（街道）原则上只能设立一个基层法律服务所。基层法律服务基本上覆盖了农村乡镇和城市社区，为农村群众和城市居民处理简单、小额的法律事务提供了一种就近、便利寻求法律服务的渠道，它的业务总量及服务受众面逐年增长，与律师业初步形成一种拾遗补阙、优势互补的格局。它扎根基层、贴近群众，且收费低廉，在满足基层群众特别是城乡低收入或贫困居民获取法律服务方面发挥着特殊作用。它自创立以来，就在协助基层政府推进依法治理、化解基层矛盾、普及法律知识、整治涉法热点问题等方面扮演了越来越重要的角色，成为政法基层基础工作的重要辅助力量。

三、人民调解工作

人民调解制度是一项有中国特色的法律制度，属于民间调解，植根于“息诉止讼”的中华优秀传统文化，具有群众性、自治性、自愿性和司法性的基本特征，是我国人民在实践中独创的一种简便、有效化解矛盾、消除纠纷的非诉讼纠纷解决方式。

人民调解是指在人民调解委员会的主持下，在民事纠纷当事人自愿的基础上，以国家的法律、法规、规章、政策和社会公德为依据，通过说服教育、规劝疏导，促使各方当事人平等协商、互谅互让，达成调解协议消除纷争的活动。人民调解工作遵循依法、自愿平等、尊重当事人诉讼权利三项基本原则，具有成本低、效率高、解决矛盾彻底等特点，具有在非诉讼领域预防化解矛盾纠纷、防止矛盾激化的独特优势。

人民调解制度对于调解民间纠纷、化解社会矛盾、维护社会稳定、预防犯罪发挥了重要作用，促进了群众自治和基层民主政治建设，成为维护社会稳定的“第一道防线”。其是在依法设立的人民调解委员会的主持下，以国家法律、法规、政策和社会公德为依据，对民间纠纷当事人进行说服教育、规劝疏导，促使纠纷双方互谅互让、平等协商，自愿达成协议，消除纷争的一种群众自治活动。

根据《宪法》《村民委员会组织法》《居民委员会组织法》和《人民调解法》的规定，村（居）委会和辖区内的企事业单位、城乡集贸市场、经济开发区、流动人口聚居区等建立健全调解委员会和调解网络，在城乡接合部、厂村接合部和纠纷多发的毗邻地区建立发展联合调解组织，组织建立乡镇、街道人民调解组织并指导调解组织搞好队伍建设、思想建设、业务建设和制度建设；坚持调解主任例会制度，多形式开展对调解人员的业务培训，不断提高调解队伍的法律素质和调解水平；及时总结和交流人民调解工作的经验，加强对调解工作的业务指导；结合本地区民间纠纷发生、发展的规律及新情况、新特点，重点抓好防止纠纷激化工作，有针对性地组织开展民间纠纷排查和专项治理活动，积极协助和参与重大疑难和易激化民间纠纷的调解；主动向本地党政领导和有关政法部门反映情况和意见，争取重视和支持，解决调解工作遇到的困难，有效维护调解人员履行调解职能的正当权利，保障调解委员会的组织、制度、工作和报酬的落实。

四、法律援助工作

法律援助是指由政府设立的机构组织专门人员和社会志愿人员，为符合条件的经济困难的公民或特殊案件的诉讼当事人提供无偿的法律帮助，以保障其合法权益得以实现的一项法律救济制度。在现代社会，法律援助制度是广义的社会保障制度的重要组成部分。作为一项国家保障社会的贫弱残群体平等地实现其合法权益的法律救济制度，法律援助制度的主旨在于使经济困难群众和特殊案件当事人无偿获得法律帮助，让有理无钱的人打得起官司，从而更好地维护他们的合法权益。作为政府承担的法定责任，法律援助体现了“法律面前人人平等”的社会主义法治原则，体现了对公民司法人权的尊重和保障，在彰显司法公正、促进公平正义、维护和谐稳定方面具有重要作用，是现代社会法治发达程度的重要标志。法律援助制度具有服务的无偿性、对象的特定性、政府的责任性等鲜明特征。

联合国《公民权利与政治权利公约》将获得法律援助作为法治国家公民应当享有的一项权利，目前世界上已有 140 多个国家实行法律援助制度。

法律援助将在构建和谐社会中发挥独特深远的重要作用。今后，要进一步加强和改进法律援助工作，增强法律援助工作能力，扩大法律援助覆盖面，不断提高法律援助的质量和效率，基本满足困难群众获得必要合格的法律援助的需求，努力形成与经济社会发展相协调的、具有中国特色的社会主义法律援助制度。

五、法治宣传工作

法治宣传工作实质上是法治宣传教育的一个方面。法治宣传，一般是指向民众说明、讲解法律制度，使民众掌握法律知识，树立法律理念，认同法律价值，形成法治思维，培养法治精神，并引导民众自觉遵守法律，维护法律的尊严。我国历史上主要是进行法制宣传，近几年来，在法制宣传的基础上，升级转型为“法治宣传”。我国新时代进行的法治宣传，有不同于“法制宣传”一般含义的特征，是指以政府为主导，以社会力量为辅助，通过各种传播途径向全体公民说明、讲解法律知识，以提高全体公民的法律意识和法律素质，推进依法治国方略的实施，为新时代中国特色社会主义建设大局服务，为我国最终实现社会主义法治国家的目标服务。

法国法制史上曾规定，法律生效日期因距离巴黎路程的远近而不同，这里蕴含着一个深刻的法理，即公民不知道法律规定时法律不生效，因此从这个意义上说，法制宣传职能是政府责无旁贷的职能。① 我们似乎应从上述意义上来理解法治宣传的职能。就目前状况而言，法治宣传教育职能的充实，有赖于公职人员晋升中法律素质的刚性要求以及探索法治宣传教育的现代化形式。另外，基层司法行政机构以及基层司法行政工作人员在法治宣传方面要加大工作力度。

法治宣传工作就是通过各种形式，把法律交给人民，使人民成为法律的主人，让人们知道什么是法，为什么要学法、用法、守法，怎样运用法律武器维护自身的合法权益，同各种违法犯罪行为做斗争。基层司法行政机关应加强对法治宣传的管理，做好普法宣传工作，引导全社会养成学法、用法、守法的习惯，使法律深入千家万户。

六、依法治理

依法治理是社会稳定的前提。1999 年 3 月，第九届全国人大二次会议通过的宪法修正案规定：“中华人民共和国实行依法治国，建设社会主义法治国家。”依法治国的基本方略被写进宪法。2014 年 10 月《中共中央关于全面推进依法治国若干重大问题的决定》提出强力助推依法治国体系，要求“实现经济发展、政治清明、文化昌盛、社会公正、生态良

① 林锡春：《创新司法行政职能的思考》，载《中国律师》2003 年第 7 期。

好，实现我国和平发展的战略目标，必须更好发挥法治的引领和规范作用。”“坚持依法治国、依法执政、依法行政共同推进，坚持法治国家、法治政府、法治社会一体建设，实现科学立法、严格执法、公正司法、全民守法，促进国家治理体系和治理能力现代化。”2015 年 10 月《中国共产党第十八届中央委员会第五次全体会议公报》又提出“运用法治思维和法治方式推动发展，全面提高党依据宪法法律治国理政、依据党内法规管党治党的能力和水平。加强和创新社会治理，推进社会治理精细化，构建全民共建共享的社会治理格局。”

依法治理是在依法治国的基础上产生的，是社会治理的具体实践，是法律知识全面运用于法治实践的有效载体。依法治理是国家和社会治理的基本方式，是最稳定、最可靠的治理。司法行政机关负责统筹推进法治建设，集教育引导、强制管控、柔性治理、理性调和于一体，必须运用法治思维和法治方式，牢固树立依法治理的理念，必须把群众路线与法治方式有机结合起来，既要支持群众依法实现自我管理、自我服务，也要善于运用法治途径解决涉及群众切身利益的矛盾和问题。依法治理要求强化法治建设统筹，健全基层治理法治体系；健全公共法律服务体系，优化法律服务供给。在地方政府的领导下推进地方、行业、基层依法治理工作，主要是进一步做好法治宣传，进一步提高公民的法律素质，进一步培养高质量的法律人才，完善依法治理的程序等。

七、公共法律服务体系

公共法律服务是政府公共职能的重要组成部分，是保障和改善民生的重要举措，是全面依法治国的基础性、服务性和保障性工作。推进公共法律服务体系建设，对于更好满足广大人民群众日益增长的美好生活需要，提高国家治理体系和治理能力现代化水平具有重要意义。中共中央办公厅、国务院办公厅于 2019 年 7 月印发实施的《关于加快推进公共法律服务体系建设的意见》提出：一是将基本公共法律服务纳入国家基本公共服务体系整体规划，统筹建设与管理，提高基本公共法律服务效能。在“十二五”规划中，由于未将基本公共法律服务纳入国家基本公共服务体系建设规划里，致使各地方基本公共法律服务体系建设缺少统一的制度安排和稳定的资源保障，在一定程度上影响了全国基本公共法律服务体系建设进程。二是拓展基本公共法律服务供给主体与服务范畴，明确立法、司法和行政机关的服务职责。基本公共法律服务是政府主导下的基本公共服务，涉及立法、行政和司法等公共权力运行的全领域全过程。三是强化公私合作，创新基本公共法律服务供给机制。基本公共法律服务是一项重要的基本公共服务，政府负有不可推卸的责任。因此，建设基本公共法律服务体系，首先就要明确政府的供给责任，落实责任主体。在政府职责体系中，重点要强化政府行政机关，特别是司法行政机关的责任，保障基本公共法律服务供给主渠道，同时，要加强立法机关和司法机关的公共法律服务职责体系建设，统筹安排并理顺行政机关、立法机关和司法机关提供基本公共法律服务的权责关系，落实基本公共法律服务的供给责任。另外，要吸纳政府内外一切法律服务力量，多层次、多领域、多渠道开展公共法律服务。社会法律服务力量是重要的法律服务资源，应积极探索建立公私合作伙伴关系，充分发挥社会法律服务力量的作用，共同参与公共法律服务供给。特别是要强化社会法律服务组织、法律专业研究机构和专门法律服务人才的社会责任，逐步构建起政府主导、社会参与、全民共建共享的基本公共法律服务供给机制。四是利用现代信息技术，提高服务质量，促进基本公共法律服务均等化。现代信息技术的发展和广泛使用，拓展了公共服务的时间和空间，为创新公共法律服务机制创造了空前机遇。五是以公众需求为导向，增强服务弹性，动态完善基本公共法律服务体系。伴随经济社会的发展，社会对公共法律服务的需求是不断变化的。随着国家法治化进程的深入推进，要及时了解和掌握社会公共法律服务需求的新变化，及时调整充实基本公共法律服务内容，更新基本公共法律服务方式，增强服务供给弹性，不断满足全社会日益多元化、个性化的公共法律服务需求。

八、安置帮教工作

安置帮教，主要是对刑释人员、解除强制隔离戒毒人员做好安置帮教工作。安置帮教的工作对象，是指刑满释放 5 年以内和解除强制隔离戒毒的回归社会人员。安置帮教工作，是指社会对刑释人员、解除强制隔离戒毒人员进行非强制性的帮助、教育、监督和管理，使刑释人员、解除强制隔离戒毒人员巩固改造成果，继续加强思想意识改造和行为矫正，努力适应新的社会环境，遵纪守法、自食其力、安居乐业，不再违法犯罪和危害社会。安置帮教是计划经济时代通过行政手段对帮教对象的一种工作安排或者物质帮助，但在市场经济时代，除了行政手段以外，主要是充分利用社会各种力量，对帮教对象予以帮助，使其远离违法犯罪，开始新的生活，不至于因为生计无着再次走上违法犯罪之路。安置帮教对于进一步加强社会治安综合防控体系，预防犯罪，减少犯罪，化消极因素为积极因素，为全面建设小康社会创造一个和谐、稳定的政治环境和社会环境具有十分重要的意义。要加强建章立制，不断规范和健全社会帮教工作的领导体制和工作机制，进一步明确各级社会帮教工作的职责和任务，特别是要健全领导协调机构及其办事机构的会议制度、信息交流反馈制度、联络人制度、配合联动制度等，形成齐抓共管、密切协作的良性工作机制，逐步实现工作职责规范化。

九、律师与律师管理

律师的管理包括律师的行政管理和行业管理两个方面的内容。律师管理工作的好坏，直接关系着律师制度及各项规章的落实，是保障律师业健康发展的关键所在。

律师，是一种专门的法律职业。《律师法》第 2 条第 1 款规定："本法所称律师，是指依法取得律师执业证书，接受委托或者指定，为当事人提供法律服务的执业人员。"著名法学家江平说，"律师是一个国家法治文明的标志"，"律师兴则国家兴"。

律师制度是国家关于律师的性质、任务、权利和义务及律师的活动原则、组织结构、管理体制、法律责任、业务范围等法律规范的总称。律师制度与国家的政治开明和司法文明程度直接相关。随着国家政治经济的发展和社会进步，对律师制度的认识不断深入，社会公众对律师、律师职业、律师的法律服务和律师行业的认识也逐渐发生了变化，如今律师行业整体有了很大的发展。2011 年 3 月 6 日，中华律师协会会长于宁接受正义网独家专访时说，“中国律师从 1979 年恢复至今已经 32 年，32 年来中国律师事业取得了长足的发展。到现在为止全国已经有超过 20 万的职业律师，最新的统计在 20.5 万左右。律师这个职业群体在我国改革开放的竞争中，在我国迈向社会主义法治国家的进程中发挥着重要的作用。在社会生活的方方面面，当然我想是所有社会成员都能够感受得到的，律师正在成为我国法治建设的一支重要力量。律师的发展变化也是在中国有不同的阶段，有不同的身份和地位，发挥的作用也因为他的身份、地位在不同时期有着不同表现”。①

律师管理体制经历了 20 世纪 80 年代的司法行政机关集中统一管理、90 年代中期的改革探索及 90 年代末确立的行政管理和律师行业管理“两结合”管理体制三个阶段。“两结合”管理，是指司法行政机关对律师的管理和律师协会对律师的行业管理相结合。按照《律师法》第 4 条的规定，司法行政机关对律师、律师事务所和律师协会进行监督、指导。除此之外，还包括律师事务所的自我管理以及司法行政部门、税务部门、物价部门对律师的其他外部管理。司法行政机关的行政管理处于主导地位，律师协会行业管理的职责日趋明确并逐渐加重。

律师管理，是指对律师资格的取得、律师执业证的取得以及律师惩戒、继续教育和律师事务所的设立、变更、合并和注销等事项的管理。基层司法行政机关负责律师资格（法律职业资格）考试报名和资格的申请、初审和资格证书的发放，负责律师执业证和律师事务所及其分所的设立、变更、合并和注销的材料申请和审核，负责律师的继续教育事宜等。

十、公证工作

公证是公证机构根据自然人、法人或者其他组织的申请，依照法定程序对民事法律行为、有法律意义的事实和文书的真实性、合法性予以证明的活动。公证制度是国际通行的一项重要的预防性法律制度，由国家设立的专门机构，依法证明法律行为、有法律意义的事实和文书的真实性与合法性，在维护市场经济秩序、预防矛盾纠纷、塑造社会诚信、维护法律尊严、促进国际间交往与合作等方面具有重要作用。

公证是国家为保证法律的正确实施，稳定社会经济、民事流转秩序，预防纠纷，减少诉讼，保护公民、法人和其他组织的合法权益而设立的一项预防性的司法证明制度，是中国司法制度的重要组成部分。公证作为一项非诉讼手段，在经济活动和社会生活中有着不可替代的作用。

公证管理制度是随着我国公证制度的建立逐步发展起来的。20 世纪 80 年代初期公证主要依靠行政管理，到 90 年代初期国家开始注重行业管理，2000 年开始注重司法行政机关行政管理与公证员协会行业管理相结合的“两结合”管理模式。2000 年 7 月，国务院批准的《司法部关于深化公证工作改革的方案》提出了“建立有中国特色的公证管理体

① 《全国律师协会会长于宁谈律师职业流动》，载中国律师网，http://www.acla.org.cn/pages/2011-3-6/s59920.html。

制”的目标，并具体指出要“实行司法行政机关行政管理与公证员协会行业管理相结合的公证管理体制”，要求二者既要有分工，又要有合作。公证员协会要自觉接受司法行政机关的监督和指导，司法行政机关要主动为公证员协会排忧解难。①

《公证法》确定了我国的公证管理体制是实行司法行政部门监督指导与行业自律相结合。我国《公证法》第 5 条规定：“司法行政部门依照本法规定对公证机构、公证员和公证协会进行监督、指导。”司法行政机关的管理侧重于组织建设、队伍建设、政策指导、执业监管处罚等宏观管理。司法行政机关在管理中的职能主要有：健全公证规章制度，规范公证法律服务；按照统筹规划、合理布局的原则及公证业务发展的需要构建公证体制，完善公证执业准入制度，建设高素质的公证队伍；规范公证程序和执业活动，实施公证质量监督，提升公证的公信力，对违法公证机构和公证员进行惩戒，行使行政执法权。公证协会是公证行业的自律性组织，侧重于行业规范、业务交流和培训、行业奖惩、维护权益等工作。

十一、行政法规、行政规章起草和审查、行政执法工作

2018 年 3 月 17 日，第十三届全国人大第一次会议表决通过了关于国务院机构改革的方案。方案提出，重新组建司法部，不再保留国务院法制办公室。根据方案，重新组建的司法部，主要职责增加了负责有关法律和行政法规草案起草，负责立法协调和备案审查、解释，综合协调行政执法，指导行政复议应诉，承担国家司法协助等。具体到基层司法行政机关，主要是负责行政法规和行政规章的起草，地方性文件的合法性审查、行政执法、行政复议应诉等工作。②

第三节　基层司法行政工作的历史沿革

一、基层司法行政工作的萌芽

新中国司法行政工作的萌芽，最早可追溯到土地革命时期。1931 年 11 月 7 日，中国共产党在江西瑞金召开全国第一次工农兵代表大会，宣告成立中华苏维埃共和国，并组成中央工农民主政府，陆续制定和公布了一系列法律法令。当时，根据《中华苏维埃共和国中央苏维埃组织法》和《中华苏维埃共和国地方苏维埃暂行组织法（草案）》的规定，中央实行司法行政与司法审判“分立制”，地方则实行“合一制”，即在中央执行委员会的行政机关人民委员会下设司法人民委员部，又在司法人民委员部内设司法委员会、刑事

① 1990 年 3 月，中国成立公证员协会，2005 年 8 月 28 日通过的《公证法》将公证员协会的名称正式确定为“公证协会”。

② 这项工作是司法行政机关和政府法制办重组后基层司法行政机关新增的一项工作，因各地对于这项工作职责范围的界定差异较大，所以，本书暂不设单独章节予以介绍。

处、民事处、劳动感化处、总务处等机构。当时中央司法人民委员部的主要任务有七项：一是负责建立地方各级审判机关；二是负责检查和指导审判工作；三是负责建立审判制度和审判程序；四是负责起草法律、颁布法令；五是负责领导和管理劳动感化院工作；六是负责提高和训练司法干部；七是负责法制宣传教育工作。司法人民委员部在巩固工农民主政权、维护革命秩序的斗争中发挥了重要作用。

抗日战争时期，限于当时的环境，各边区民主政府相继撤销了专门的司法行政机关，建立边区高等法院，统一管理审判工作和司法行政工作。解放战争时期，随着战争的胜利和人民民主政权的日益壮大，一些解放区开始陆续恢复司法行政机关。1948 年 10 月，华北人民政府设立司法部。1949 年 3 月，中原临时人民政府设立司法部。在这前后，山东、河南、湖北等省人民政府也相继设立司法厅，将司法行政机关延伸到了省一级。新民主主义革命时期的司法行政工作，为新中国司法行政制度的创立和发展奠定了重要的基础。

二、新中国司法行政制度的创立

中华人民共和国成立后，根据《中共中央关于废除国民党的六法全书与确定解放区的司法原则的指示》《中国人民政治协商会议共同纲领》《中央人民政府组织法》的规定，1949 年 11 月 1 日，在原华北人民政府司法部的基础上，正式成立中央人民政府司法部（1954 年 9 月改称中华人民共和国司法部），在政务院领导下主持全国司法行政事宜，史良为首任司法部部长。同时，设立各大行政区司法部（1955 年撤销大行政区后改建各省、自治区、直辖市司法厅、局），管理各地方司法行政事宜，并相继制定了《中央人民政府司法部试行组织条例》等法律、法规，具体规定了司法行政机关的性质和任务。这标志着新中国司法行政制度的正式创立。尤其是 1950 年 7 月召开的第一届全国司法行政会议，在新中国司法行政制度发展史上产生了十分重要的影响。史良部长在会上所作的《关于目前司法行政工作报告》，划清了新旧法律、新旧司法制度的界限，统一了政策思想，明确了司法行政工作的重要任务和发展方向，使新创立的人民司法行政制度进入了全面起步和迅速发展的重要阶段。在这个阶段，司法部会同最高人民法院，加强对地方各级法院的组织、思想和业务建设，积极推行律师、公证和人民调解制度，创办政法院校轮训司法干部、培养法律人才，为促进我国司法制度建设做了大量工作，在运用法律武器，发挥司法威力，打击敌人，惩罚犯罪，保护人民民主权利和合法利益，保障社会主义改造事业顺利进行的斗争中，做出了应有的贡献。

但是从 1957 年下半年开始，党和国家由于“左”的思想的泛滥和影响，导致政治上的极“左”和法制上的“虚无主义”。1958 年 6 月，第四届全国司法工作会议对司法行政机关的工作进行了错误的批判。1959 年 4 月，国务院提请第二届全国人民代表大会第一次会议审议后，作出了撤销司法部和将司法部管理的工作交由最高人民法院管理的决定。紧接着，各省、自治区、直辖市司法厅（局）也相继被撤销。从中央到地方，司法行政与司法审判的“分立制”又改为“合一制”，使刚刚创立和发展起来的司法行政制度夭折。

1962 年以后，党和国家逐步纠正“左”的偏差，随着审判工作、检察工作的逐步正常化，公证和人民调解等司法行政工作曾一度有所恢复。但 1966 年开始的“文化大革命”

又将“极左思潮”推向极端，在“砸烂公、检、法”的一片混乱之中，给我国司法制度建设造成更为严重的破坏，使刚刚得到部分恢复的司法行政工作再度遭受灭顶之灾。

三、新中国司法行政制度的重建

党的十一届三中全会后，大力发展社会主义民主，加强社会主义法制，使我国司法行政制度进入了恢复重建与全面发展的新阶段。1979 年 9 月，第五届全国人大常委会第十次会议决定设立司法部。恢复重建司法部后的首任部长由魏文伯担任。同年 10 月 28 日，中共中央、国务院发出《关于迅速建立地方司法行政机关的通知》；1980 年 7 月，国务院批转《司法部关于迅速建立省属市（地区）、县司法行政机构的请示报告》；1982 年 1 月，中共中央在《关于加强政法工作的指示》中要求在农村乡镇政府和城市街道办事处配备司法助理员。由此，全国各级司法行政机关迅速得到恢复与发展，而且将司法行政工作一直延伸到了最基层。1982 年 12 月，第五届全国人民代表大会第五次会议通过的新宪法从根本上确立了司法行政工作的法律地位。2018 年 3 月 17 日，第十三届全国人民代表大会第一次会议表决通过了关于国务院机构改革的方案。方案提出，重新组建司法部，不再保留国务院法制办公室。根据该方案，重新组建的司法部，主要职责增加了负责有关法律和行政法规草案起草，负责立法协调和备案审查、解释，综合协调行政执法，指导行政复议应诉，承担国家司法协助等。

我国司法行政制度恢复重建以来，在党中央、国务院的领导下，全国各级司法行政机关高举邓小平理论伟大旗帜，坚决贯彻党的基本路线及其方针政策，不断加强思想建设、组织建设和业务建设，使整个司法行政工作局面与党的十一届三中全会之前相比发生了根本性的变化，取得了历史性的成就。一是司法行政组织机构不断健全，已经形成一个多层次、多规格、多功能、高效完备的司法行政管理体系；二是司法行政警察队伍不断壮大，已经形成一支经得起改革开放考验的、党和人民可以信赖的、有坚强战斗力的队伍；三是司法行政工作基础不断增强，在司法行政工作规范化、法制化、现代化建设方面有了重大进展；四是司法行政职能作用不断强化，在建设中国特色社会主义的伟大事业中，司法行政机关的法律保障、法律服务、法制宣传、法学教育、法学研究等职能作用得到了充分体现。当前，随着我国社会主义民主法制建设的深入发展，司法行政制度在实践中逐步完善，在改革中加快发展，正在朝着建设中国特色司法行政制度的目标不断前进。

四、我国基层司法行政工作现状

随着我国改革开放和经济社会发展的历史进程，作为我国基层政权和政法组织体系重要组成部分的县（市、区）司法局和司法所逐步组建起来，其工作职能不断充实和强化、机构设置进一步规范、人员编制逐步增加，在推进基层民主法治建设、维护群众切身利益、保障经济社会发展方面的重要作用，得到了中央领导的高度重视、地方党委政府的充分肯定和基层干部群众的广泛赞誉。在充分肯定成绩的同时，我们必须清醒地认识到由于体制性、机制性等因素的制约，司法行政基层基础工作仍然比较薄弱，尤其是多年来制约基层司法行政机关职能作用的机构和人员编制问题还没有从根本上得到解决。有学者通过调研，对目前县（市、区）司法局和司法所的状况进行了分析。①

（一）县（市、区）司法局和司法所的基本情况

1. 职能履行情况。根据法律法规和中央有关文件规定，县司法局承担着组织开展普法宣传、依法治理、刑释和解除强制隔离戒毒人员安置帮教、社区矫正等工作；指导管理人民调解、律师公证、基层法律服务、法律援助等重要职能。基层司法行政机关重建以来，特别是近年来，全国县（市、区）司法局牢固树立科学发展观和执法为民的观念，以习近平法治思想为主导，紧紧围绕党委、政府中心工作，充分发挥职能作用，为维护基层社会稳定、促进城乡经济发展、推进依法治国进程、构建社会主义和谐社会，做出了突出贡献。调查统计的结果显示，全国县（市、区）司法局充分地在普法宣传、依法治理、人民调解、安置帮教、基层法律服务、法律援助、政府法律咨询、律师管理、司法所建设、公证管理服务等方面履行了职责职能。但人民陪审员、社区矫正等工作受各种因素的制约，县（市、区）司法局履行职责职能的能力还需进一步增强。这表明，在县（市、区）司法局这个层面，职责职能履行情况不够均衡，有些职能还有更大的发挥空间。乡镇（街道）司法所是县（市、区）司法局的延伸，除律师、公证、仲裁和人民陪审员工作外，县（市、区）司法局的其他职能在司法所都有体现，职能履行情况也和县（市、区）司法局大体相同。由于受人员编制、经费等的制约，司法所的职能履行得也不够充分全面。

2. 机构设置和人员编制情况。从 1980 年各地开始组建县（市、区）司法局以来，虽然受到几次机构改革的影响，但在各级党委、政府的关心支持下，在各级司法行政机关的积极努力下，县（市、区）司法局和乡镇（街道）司法所从无到有，逐步发展壮大，成为县、乡国家政权和政法组织体系的重要组成部分。截至目前，绝大部分县（市、区）已设立司法局。通过抽样调查来看，在司法局机关内设机构类型方面，内设机构设置较多的部门依次为基层科、宣传科、办公室、法律援助科、公证律师管理科、政工科、教育科、计财装备科、社区矫正科等。近年来，虽然县（市、区）司法局的职能有所增加，但编制配备没有充分到位，影响了职能的发挥。1990 年以来，全国各地先后在乡镇（街道）建立了以司法助理员为骨干的司法所。截至 2005 年底，全国绝大多数省（自治区、直辖市）司法所的立户列编问题已经解决，司法所已发展到 41400 余个，工作人员有近 10 万人。“目前全国共有司法所 40513 个，工作人员达到 12.8 万人，司法所基本实现了乡镇（街道）全覆盖，标识统一等规范化建设水平进一步提高。”②

（二）当前基层司法行政机关存在的问题

通过调查分析，当前县（市、区）司法局和司法所在组织建设方面的确存在很多困难

---

① 以下内容参见孙宝山、吴明义的《关于县（市、区）司法局和司法所职能、机构、人员编制配置问题的初步思考》（载《中国司法》2006 年第 4 期）一文中的部分内容。截至目前，有些问题还依然存在。

② 《全国共有司法所 40513 个 基本实现乡镇（街道）全覆盖》，央广网，2019 年 9 月 10 日。

和问题，有些是长期以来存在的，有些是近年来新遇到的。主要表现在：

1. 组织机构尚不健全。从全国情况看，还有极少数县（市、区）没有设立司法局（主要集中在西部个别省、自治区）。造成极少数县（市、区）的政法组织体系不完整，县（市、区）司法行政工作职能的履行缺乏可依托的平台。在我国已进入新时代的今天，这无疑是一个亟待解决的问题。在司法所的机构设置方面，尽管近年来各级党委、政府高度重视，从政策及人财物方面给予了大力支持，司法部也多次召开专题会议进行部署，并制定下发了《司法部关于构建规范化司法所工作的意见》和《司法部关于加强司法行政基层建设的意见》，使全国的司法所建设呈现出蓬勃发展的良好局面，但仍有少数乡镇（街道）的司法所只有1人，甚至是无人所。司法部《关于加强司法所规范化建设的意见》规定，"司法所至少配备3名以上工作人员，有条件的地方，应当配备5名以上工作人员"。对照规定，政法专编尤其是下沉到司法所的政法专编还有不少缺口。

2. 机制和管理体制不够完善。一是司法行政部分职能上下级连贯性较为缺乏。例如，对律师、公证、基层法律服务、仲裁等的监管职责主要在各省（自治区、直辖市）司法厅（局），一部分在地（市）司法局，而县（市、区）司法局对辖区的法律服务机构和人员管理职权不强，不仅弱化了县（市、区）司法局的职能，同时也影响到基层队伍的工作情绪。二是涉及多部门的工作协调机制较难落实。例如，普法宣传、依法治理、矛盾纠纷排查调处、安置帮教、社区矫正等工作，需要各部门齐抓共管，但在实际工作中主要是由司法行政机关，特别是县（市、区）司法局和乡镇（街道）司法所承担，而这些工作在机构设置、工作机制、部门协调、责任落实、队伍建设、经费保障等方面，还需要制定明确管用的政策规定和法律依据。三是司法行政改革举措和新增职能缺乏配套政策支持。例如，社区矫正工作的相关工作规范的制定有待完善，而机构、编制、经费等因素的制约，又使社区矫正工作难以全面推开。四是司法行政内部各部门之间的联系协调机制也不健全。例如，在安置帮教工作中，司法行政机关还没有与监狱、强制隔离戒毒所建立起科学规范的衔接机制，增加了县（市、区）司法局和乡镇（街道）司法所的工作难度，也增加了工作脱节现象的发生。五是县（市、区）司法局对司法所的管理不到位。主要是管理体制没有完全理顺。目前，全国大部分的司法所实现了垂直管理，但仍有一部分司法所实行双重管理并以乡镇（街道）管理为主的体制，县（市、区）司法局只是业务指导，难以建立起全面有效的工作指导和管理机制。

3. 基层力量严重不足。造成这种状况的原因是多方面的。一是县（市、区）司法局编制配备基数比较低，无法足额配备司法所工作人员。虽然经过几次增编，但仍然很难满足新形势、新任务的需要。二是专项编制被挪用现象比较普遍。尽管司法行政专项编制很少，但很多地方没有做到专编专用，特别是司法所，专项编制被挪用的情况更为严重，加之县（市、区）司法局领导交流频繁，对辖区有多少专项编制、使用情况心中无数，政工（人事）科室的有些人员对编制管理的政策规定掌握不够，从而出现了一方面人员编制紧缺，另一方面资源流失的怪象。截至2018年10月，"全国司法所所均工作人员只有3人，其中政法专项编制人员仅有1.4人；1人所近1.7万个，还有1000多个所没有任何工作人员；有的地方经费保障不到位，很多司法所业务用房年久失修；有的司法所业务装备落后、基础设施薄弱；个别省份司法所管理体制尚未理顺”①。三是专业队伍数量少。随着司法体制改革的不断深入，县（市、区）司法局增加了不少职能，如社区矫正管理、人民陪审员选任、人民监督员选任等。特别是全面开展社区矫正工作后，县（市、区）司法局负责管理、监督、教育、改造社区服刑人员，但因专业队伍缺乏又无执法权限，使监管效果大打折扣。

4. 职能发挥存在短板，不同程度存在“小马拉大车”现象。目前，普法教育领导小组办公室、社区矫正工作委员会办公室、综治委特殊人群专项组办公室均设在司法局，具体由相关业务科室负责。在普遍存在人员紧张、经费不足、职权有限的情况下，以领导小组办公室名义开展工作显得力不从心，实际作用发挥十分有限。同样，在推进政府依法行政方面，原法制办代表政府，在协调其他部门方面较为顺畅，而机构改革后需要由司法局协调其他同级部门，基层普遍担心在协调能力上会有所弱化。

5. 职权小而工作任务繁杂，疲于应付。司法行政系统的职权主要集中在省级以上，县（市、区）司法局作为一线单位，虽然承担着人民调解、社区矫正、法律服务、安置帮教、法治宣传、法律援助等各项工作职能，但实际上有的职能比较空，有职无权现象比较突出。例如，律师、律师事务所的日常管理在县（市、区）司法局，但机构和队伍的审批、注册全部集中在省厅、市局，使得县（市、区）司法局无法使用这一有效的行业管理手段推进工作。再如，社区矫正的日常监管在司法所，但司法所工作人员无警察身份、无执法权力，工作主体和执法主体的分离，使得具有严肃刑罚执行性质的社区矫正工作在基层执行举步维艰。同样，由于县级司法行政业务涵盖范围广，往往要参与各类专项行动、各类创建活动，直属司法所更是在乡镇（街道）平安、综治工作中呈现出“大包大揽”的局面。此外，各部门各类数据平台接口不统一、标准不一致，各自为政，各类报表堆积，导致基层疲于应付各类数据的录入。

五、基层司法行政工作机制的完善

中央作出构建社会主义和谐社会、建设社会主义新农村的战略部署后，县（市、区）司法局和司法所的地位和作用日益突出。特别是在当前我国处在社会转型期、改革关键期、经济转轨期的新形势下，基层司法行政的任务更加繁重。从司法行政职能的特点看，基层司法行政机关的地位和作用举足轻重。基层稳、全局稳，基层活、全局活，基层强、整体强。能否真正加强基层司法行政建设，充分发挥县（市、区）司法局和司法所的职能作用，不仅关系到司法行政事业的长远发展，而且关系到党的执政地位的巩固，关系到社会的和谐与稳定，关系到依法治国基本方略的贯彻落实。司法部党组审时度势，及时作出重心下移、工作下移、强化基层基础的重大决策，符合中央的一贯要求，符合司法行政的实际情况，必将给基层司法行政事业注入新的生机与活力。

---

① 《看司法所如何“小马拉动大车”》，载《光明日报》，2018 年 10 月 6 日。

（一）健全机构，夯实基础

一是从上到下要进一步加大工作力度，积极争取党委、政府支持，争取尽快在所有县（市、区）全部建立起司法局，完善县（市、区）级政法组织体系。二是认真贯彻落实《司法部关于加强司法行政基层建设的意见》和《司法部关于创建规范化司法所工作的意见》，用足用好国债资金和专项资金，加快司法所建设速度。三是对乡镇机构的设置进行改革，要在执行中央和机构编制管理部门的有关文件的同时，努力争取地方党委、政府的支持和关心，加强协调沟通，确保司法所机构编制的稳定。四是继续加大基础设施建设投入，不断改善基层工作条件。同时，积极争取扶贫资金，分期分批，有计划、有重点地进行帮扶，夯实基层司法行政基础。

（二）明确职责，强化职能

一要进一步调整充实县（市、区）司法局的职能，逐步强化县（市、区）司法局对辖区律师、公证、基层法律服务、司法鉴定、法律援助等工作的管理职能，真正实现上级行政许可与下级实地监管的职能融合。二要继续加强与中央及地方机构编制管理部门的沟通协调，采取有效措施，解决司法所的管理体制问题，真正实现县（市、区）司法局对司法所的管理，理顺管理体制。

（三）增加编制，壮大队伍

一要尽快摸清司法行政专项编制的具体数量和使用情况，在弄清底数的基础上，认真贯彻落实《市县乡司法行政机关机构改革座谈会纪要》的精神，按照力量下沉、充实一线的思路，确保把机关精简、律师公证改制、政法院校移交腾出的司法行政专项编制全部用于充实基层。二要以适应形势任务需要为依据，抓紧调查研究，充分考虑构建和谐社会对基层司法行政机关提出的新要求，充分考虑不同区域的人口、面积和社会经济发展情况，充分考虑机构设置和编制配备的历史沿革情况，制定切实可行的人员编制规划。三要逐步建立凡进必考、省级统考制度，严格进口，疏通出口，从根本上提高队伍素质。四要强化培训工作，尽快制定中长期干部培训规划，分工负责，逐级培训，努力建设一支想干事、能干事、干成事的干部队伍。

（四）加强调研，争取政策支持

加强调查研究，制定出台政策措施。根据全国司法行政实际，特别是针对基层反映比较集中的困难和问题，组织进行专题性调研，并在充分论证的基础上，形成意见，及时报中央、国务院和有关部门，争取有关政策支持。对与司法行政改革发展有关的新颁布的法律法规和重大体制、工作机制改革事项，也应及时组织专项调研和协调工作。对基层工作的指导，应重点放在出思路、出政策、出成果上。

第二章 基层司法行政工作机制

司法行政工作机制是一个相互联结、相互依存的整体系统，因此，研究司法行政工作机制离不开对国家和省级司法行政工作机制的关联研究。本章将司法行政工作机制作为一个整体系统加以介绍。

第一节 司法行政机构的设置状况

我国的司法行政机关，在新中国成立初期仅设至省、自治区、直辖市级。1979 年恢复重建司法机关后，根据中共中央、国务院《关于迅速建立地方司法行政机关的通知》，全国县以上人民政府层层设立司法行政机关，逐步形成了一个具有中国特色的较为完善的司法行政系统。

一、司法行政机关的机构设置

（一）中央司法行政机关——司法部

司法部是国务院主管司法行政工作的职能部门，是全国司法行政工作的最高管理机关。司法部的机构随着工作职能的调整有过较大的变动：1949 年，司法部创建初期仅内设 1 厅 6 司 1 处 1 室；1980 年，恢复重建后内设 1 厅 1 室 1 局 7 司；1988 年，机构调整为 1 厅 1 部 3 局 9 司；1994 年调整为 1 厅 1 部 3 局 8 司；1998 年，在机构改革中又做了相应调整，内设 1 厅 1 部 2 局 7 司 1 室。2008 年，根据第十一届全国人民代表大会第一次会议批准的国务院机构改革方案和《国务院关于机构设置的通知》（国发〔2008〕11 号），现内设职能机构有：办公厅、政治部、监狱管理局、劳动教养管理局（2013 年更名为强制戒毒管理局）、法制宣传司、律师公证工作指导司、法律援助工作司、基层工作指导司（加挂“社区矫正管理局”）、国家司法考试司、司法鉴定管理局、法制司、司法协助外事司、计财装备司、离退休干部局等。归口管理的社会团体有：中华全国律师协会、中国公证员协会、中华全国人民调解员协会、中华全国法制新闻工作者协会等。

2018 年 3 月 17 日，第十三届全国人大第一次会议表决通过了关于国务院机构改革的方案。方案提出，重新组建司法部，不再保留国务院法制办公室。根据方案，重新组建的司法部，主要职责增加了负责有关法律和行政法规草案起草，负责立法协调和备案审查、解释，综合协调行政执法，指导行政复议应诉，承担国家司法协助等。

据司法部网站①公示的内设机构信息，司法部现机构设置为：中央依法治国办秘书局、办公厅、政治部、法治调研局、法治督察局、立法一局、立法二局、立法三局、立法四局、监狱管理局、社区矫正管理局、戒毒管理局、行政复议与应诉局、行政执法协调监督局、普法与依法治理局、人民参与和促进法治局、公共法律服务管理局、律师工作局、法律职业资格管理局、国际合作局、装备财务保障局、机关党委、离退休干部局。另有直属单位：法治宣传中心、全面依法治国研究中心、信息中心、机关服务中心、燕城监狱、法律援助中心、预防犯罪研究所、法治日报社、法律出版有限公司、中国法制出版社、中华全国律师协会、中国公证协会、中国监狱工作协会、中国司法行政戒毒工作协会、中央司法警官学院、司法行政学院、国家司法考试中心、中国法律援助基金会、司法协助交流中心、司法鉴定科学研究院、中国法律服务（香港）有限公司、中国法律服务（澳门）公司、司法部港澳台法律培训交流中心、中华全国人民调解员协会等。

根据党的十九届三中全会审议通过的《中共中央关于深化党和国家机构改革的决定》《深化党和国家机构改革方案》和第十三届全国人民代表大会第一次会议批准的《国务院机构改革方案》，司法部的机构职能、主要职责有：

1. 司法部是国务院组成部门，为正部级。

2. 中央全面依法治国委员会办公室设在司法部。

3. 司法部负责贯彻落实党中央关于全面依法治国的方针政策和决策部署，在履行职责过程中坚持和加强党对全面依法治国的集中统一领导。主要职责是：

第一，承担全面依法治国重大问题的政策研究，协调有关方面提出全面依法治国中长期规划建议，负责有关重大决策部署督察工作。

第二，承担统筹规划立法工作的责任。负责面向社会征集法律法规制定项目建议。

第三，负责起草或者组织起草有关法律、行政法规草案。负责立法协调。

第四，承办行政法规的解释、立法后评估工作。负责地方性法规、规章的备案审查工作。组织开展规章清理工作。

第五，承担统筹推进法治政府建设的责任。承办申请国务院裁决的行政复议案件工作。指导、监督全国行政复议和行政应诉工作，负责行政复议和应诉案件办理工作。

第六，承担统筹规划法治社会建设的责任。负责拟订法治宣传教育规划，组织实施普法宣传工作，组织对外法治宣传。推动人民参与和促进法治建设。指导依法治理和法治创建工作。指导调解工作和人民陪审员、人民监督员选任管理工作，推进司法所建设。

第七，负责全国监狱管理工作，监督管理刑罚执行、罪犯改造的工作。指导、管理社区矫正工作。指导刑满释放人员帮教安置工作。

第八，负责司法行政戒毒场所管理工作。

第九，负责拟订公共法律服务体系建设规划并指导实施，统筹和布局城乡、区域法律服务资源。指导、监督律师、法律援助、司法鉴定、公证、仲裁和基层法律服务管理工作。负责我国香港、澳门地区的律师担任委托公证人的委托和管理工作。

第十，负责国家统一法律职业资格考试的组织实施工作。

---

① 载司法部网站，网址：http://www.moj.gov.cn，检索时间：2022 年 7 月 27 日。

第十一，负责国家法治对外合作工作。履行国际司法协助条约确定的对外联系机关（中央机关）职责，参与有关国际司法协助条约谈判。承担报送国务院审核的我国缔结或者参加的国际条约法律审查工作。组织开展法治对外合作交流。承办涉我国港澳台地区的法律事务。

第十二，负责本系统枪支、弹药、服装和警车管理工作，指导、监督本系统财务、装备、设施、场所等保障工作。

第十三，规划、协调、指导法治人才队伍建设相关工作，指导、监督本系统队伍建设。负责本系统警务管理和警务督察工作。协助省、自治区、直辖市管理司法厅（局）领导干部。

第十四，完成党中央、国务院交办的其他任务。

（二）省级司法行政机关——省、自治区、直辖市司法厅（局）

省、自治区、直辖市司法厅（局）为本级人民政府主管司法行政工作的职能部门。新中国成立初期，地方司法行政机关仅设到大行政区一级。1954 年各大行政区被撤销后，地方司法行政机关才设到省一级。目前，我国各省、自治区、直辖市人民政府普遍设立了司法厅（局）。新疆生产建设兵团作为一种特殊情况，也设立了相当于省一级的司法局。至于各省、自治区、直辖市司法厅（局）的内设机构，随着工作职能的调整在各个时期也有相应的变化。特别是 2019 年重新组建的省级司法厅（局），内设机构变化较大。以中部某省司法厅网站公布的内设机构为例，其内设机构有 25 个：办公室、法制调研督察处、依法行政指导处、经济生态立法处、社会文化立法处、行政执法责任制推进处、法制审核处、规范性文件管理处、行政执法协调监督处、普法与依法治理处、人民参与和促进法治处、律师工作处、法律援助工作处、司法鉴定管理局、公证仲裁管理处、法律职业资格管理处、基层工作指导处、社区矫正管理局、戒毒管理局、计财装备处、信息化工作处、政治部、宣传处、机关党委、老干部处。另有全面依法治省办公室、监狱管理局、司法警官职业学院等。

司法厅（局）机构职能、主要职责有：

1. 承担全面依法治省重大问题政策研究，协调有关方面提出全面依法治省中长期规划建议，负责有关重大决策部署督察工作。

2. 承担统筹规划立法工作责任。协调有关方面提出立法规划和年度立法工作计划建议。负责跟踪了解各部门对立法工作计划的落实情况，加强组织协调和督促指导，研究提出立法与改革决策相衔接的意见、措施。负责面向社会征集地方性法规、规章制定项目建议。

3. 负责起草或者组织起草有关重要的、综合性的地方性法规、规章草案。负责对与群众利益密切相关的地方性法规、规章草案面向社会公开征求意见。审查报送省政府的地方性法规、规章草案，向省政府报告审查、修改意见。负责立法协调工作。

4. 承担省政府规章向国务院和省人大常委会备案工作。承担设区的市政府规章备案审查工作，承担省辖市、直管县（市）政府和省政府各部门规范性文件备案审查工作。负责省政府规章的立法解释、立法后评估工作。负责省政府规章清理、编纂工作，指导全省政府规章、规范性文件清理工作。

5. 承担统筹推进法治政府建设责任。负责推进全省依法行政，以及建设法治政府方面的统筹规划、综合协调、督促指导、考核评价工作。指导监督省政府各部门、地方各级政府依法行政工作。

6. 负责综合协调、指导监督全省行政执法工作。研究完善规范行政执法有关制度，推进严格规范公正文明执法。负责推进服务型行政执法建设，全面落实行政执法责任制。承担推进行政执法体制改革有关工作，负责全省行政执法主体和行政执法人员资格管理，负责指导行政裁决工作。

7. 承担省政府交办的法律事务。负责省政府涉法重大决策和重要事务合法性审查，负责对以省政府名义制发的重要规范性文件的合法性审查。推进全省法律顾问工作。

8. 承担统筹规划法治社会建设责任。负责拟订全省法治宣传教育规划，组织实施普法宣传工作。推动人民参与和促进法治建设。指导全省依法治理和法治创建工作。指导全省人民调解、行政调解、行业性专业性调解工作和人民陪审员、人民监督员选任管理工作。推进司法所建设。

9. 负责拟订全省公共法律服务体系建设规划并指导实施。统筹和布局全省城乡、区域法律服务资源。指导监督全省律师、法律援助、司法鉴定、公证、仲裁和基层法律服务管理工作。

10. 负责全省国家统一法律职业资格考试组织实施工作。负责全省统一法律职业资格和证书管理工作。负责规划和指导全省法律职业人员入职前培训工作。

11. 负责全省监狱管理工作。监督管理全省监狱刑罚执行、罪犯改造、监狱布局调整、重要设施建设等工作。指导管理全省社区矫正工作，指导社会力量和志愿者参与社区矫正工作。指导刑满释放人员安置帮教工作。

12. 负责全省司法行政系统强制隔离戒毒场所和戒毒康复场所管理工作。指导监督全省司法行政系统强制隔离戒毒措施执行和戒毒康复工作。对社区戒毒和社区康复工作提供指导、支持和协助。

13. 指导监督全省司法行政系统财务、装备、设施、场所建设等保障工作。负责全省司法行政系统枪支、弹药、服装和警车管理工作。

14. 指导监督全省司法行政系统队伍建设。负责全省司法行政系统警务管理和警务督察工作。协助省辖市管理司法局领导干部。

15. 管理全省监狱管理局。

16. 完成省委、省政府交办的其他任务。

（三）基层司法行政机关——市（地）、县（区）司法局和乡镇司法所（办）

市（地）、县（区）司法局为本级人民政府主管司法行政工作的职能部门，是我国司法行政工作的基层管理机关。将司法行政机关延伸到基层政权组织，这是我国司法行政制度 1979 年恢复重建后的重大发展。但从省（直辖市、自治区）至省辖市（地区）到县级市（市辖区）到乡镇（街道），由于司法行政机关越往基层，其管理职能越薄弱，则其内设机构也越少。

省辖市人民政府和地区行政公署普遍设立了司法局（处）。管理律师、公证、法制宣传、人民调解、安置帮教等司法行政业务。

县（县级市、市辖区）人民政府设立了司法局。由于县级司法行政机关处于第一线，虽然其司法行政管理职能更为单纯，但其承担的具体工作任务则较为繁重，是我国司法行政体系的重要基础。

乡镇人民政府和街道办事处部分设立了司法所（司法办公室），普遍配备了司法助理员。司法所（办）既是同级政府具体承办司法行政事务的职能机构，也是上级司法行政机关的派出机构。司法所（办）和司法助理员的主要任务是：参与社会治安综合治理，开展法制宣传和普及法律常识，组织管理辖区内的人民调解工作，代表基层政府处理重大疑难的民间纠纷。在越来越多的建有乡镇法律服务所的地方，乡镇（街道）司法所（办）与法律服务所基本上是两块牌子、一套人马，同时担负着面向农村、面向群众提供法律服务的具体事务。自 2003 年 7 月开展社区矫正试点工作以来，司法所（办）还承担社区矫正工作。

二、司法行政机关的管理体制

（一）司法行政机关的业务管理体制

国务院 1988 年 10 月批准的《司法部“三定”方案》明确规定，司法部是国务院管理全国司法行政工作的职能部门，在党中央、国务院的领导下，指导地方各级司法行政工作。此后国务院又于 1994 年、1998 年在批准司法部职能配置、内设机构和人员编制方案中，先后重申了司法部的各种业务管理职能。根据国务院对司法部业务管理职能的规定，地方各级人民政府也相应规定：地方各级司法行政机关作为同级政府管理司法行政工作的职能部门，既受本级党委和政府的领导，同时在业务上又受上级司法行政机关的指导和监督。这就在全国上下形成了一个适合中国国情的司法行政业务管理体制。这种管理体制，既有利于加强各级党委和政府对司法行政工作的组织领导，又有利于上级司法行政机关的业务管理，两者的有机结合，更有利于全国司法行政工作的统一组织和统一实施。

（二）司法行政机关的干部管理体制

我国司法行政机关曾长期处于业务管理与干部管理相脱离的状况，上级对下级司法行政机关只管业务，不管干部。1989 年 3 月 22 日，中共中央组织部和司法部联合下发的《关于加强司法行政机关领导干部考核管理工作的通知》中明确规定：对司法行政机关领导干部的管理，实行双重领导、以地方党委为主的管理体制。司法部和地方各级司法行政机关要积极协助地方党委把协管范围内的干部管好。对这些干部，要全面深入地考核了解，经常向党委反映情况，主动提出任免、调动、奖惩的建议。党委在任免、调动、奖惩这些干部时，应事先征求上一级司法行政机关的意见。实行这种管理体制，提高了司法行政队伍的战斗力。对于不断强化司法行政业务的管理与监督，提供了有力的组织保证。

三、基层司法行政机关管理的法律服务机构

（一）律师事务所

律师事务所，是指符合法定条件，经司法行政机关批准成立，面向社会提供法律服务的组织，是律师的执业机构。

（二）公证处

公证机构，是指依法设立，不以营利为目的，依法独立行使公证职能、承担民事责任的证明机构。根据司法部规定，公证机构在我国统称为公证处。

（三）人民调解委员会

人民调解委员会是依法设立的调解民间纠纷的群众性组织。我国《宪法》第 111 条肯定了人民调解委员会的法律地位，《人民调解法》、国务院《人民调解委员会组织条例》、司法部《人民调解工作若干规定》对人民调解委员会及人民调解工作进行了规范。

（四）法律援助中心

法律援助中心，是指由政府或其他社会力量设立的，对经济困难的公民或法律规定的其他公民无偿提供法律服务的社会公益性组织。

（五）基层法律服务所

基层法律服务所是乡镇法律服务所、城市街道法律服务所的总称，是指符合一定条件，经司法行政机关审批，在农村乡镇、城市街道设立的法律服务组织，是基层法律服务工作者的执业机构。

（六）司法鉴定机构

司法鉴定机构，是指在诉讼活动中接受委托人的鉴定委托，遵循法律规定的方式、方法、步骤以及相关的规则和标准，对诉讼涉及的专门性问题运用科学技术或者专门知识进行鉴别与判断并提供鉴定意见的机构。

第二节　基层司法行政机关的职责、地位和作用

一、基层司法行政机关的职责

基层是司法行政工作的基础。基础是否稳固，基层工作是否活跃，直接关系到司法行

政职能作用的发挥，关系到司法行政事业的长远发展。要搞好基层司法行政工作，必须明确基层司法行政机关的职责。基层司法行政机关的职责随着社会的发展不断变化。从20世纪80年代到现在，经过30多年的探索，各级基层司法行政机关的职责基本明确。

（一）市（地）级司法局的职责

市（地）级司法局负责贯彻落实中央和省、市委关于法治建设的决策部署，在履行职责过程中坚持和加强党对全面依法治市（地）的集中统一领导。主要职责是：

1. 承担全面依法治市（地）重大问题的政策研究，协调有关方面提出全面依法治市（地）中长期规划建议，负责有关重大决策部署督查工作。

2. 承担统筹规划立法工作的责任。协调有关方面提出立法规划和年度立法工作计划的建议，负责跟踪了解各部门对立法工作计划的落实情况，加强组织协调和督促指导，研究提出立法与改革决策相衔接的意见、措施。负责面向社会征集市（地）级地方性法规、市（地）级政府规章制定项目建议。

3. 负责起草或组织起草有关市（地）级地方性法规、市（地）级政府规章草案。承担审查修改、协调论证市（地）级部门和县（区）政府报送市（地）政府的地方性法规、规章草案的责任。承办相关法律、法规和规章草案的征求意见工作。负责立法协调工作。

4. 承办市（地）政府规章的解释、立法后评估、备案工作。负责协调各县（区）各部门实施法律、法规、规章中的有关争议和问题。承办市（地）政府规章清理、编纂工作，组织翻译、审定市（地）政府规章外文正式译本。承办县（区）政府以及市（地）级部门规范性文件的备案审查工作。负责有关市（地）政府规范性文件或拟由市（地）政府批准的市（地）级部门规范性文件的合法性审查和清理工作。

5. 承担统筹推进法治政府建设的责任。指导、监督市（地）政府各部门、县（区）级以下各级人民政府依法行政工作。负责综合协调行政执法，承担推进行政执法体制改革有关工作，推进严格规范公正文明执法。承担市（地）政府的行政复议、行政应诉、行政赔偿工作。指导监督全市（地）行政复议、行政应诉和行政赔偿工作，负责办理行政复议和行政应诉案件。

6. 承担统筹规划法治社会建设的责任。负责拟订法治宣传教育规划，组织实施普法宣传工作，组织对外法治宣传。指导依法治理和法治创建工作。指导调解工作和人民陪审员、人民监督员选任管理工作，推进司法所建设。

7. 指导、管理社区矫正工作。指导刑满释放人员安置帮教工作。

8. 负责本系统戒毒管理工作。指导、监督本系统强制隔离戒毒执行和戒毒康复工作。对社区戒毒和社区康复工作提供指导、支持和协助。

9. 负责拟订公共法律服务体系建设规划并指导实施，统筹和布局城乡、区域法律服务资源。指导监督全市（地）律师、法律援助、司法鉴定、公证和基层法律服务管理工作。指导协调全市（地）“12348”法律服务工作。指导监督全市（地）公职律师、公司律师工作。承担市（地）政府法律顾问职责。按照“放管服”改革要求，承担律师、公证、司法鉴定、基层法律服务等行政审批服务事项，深入推进简政放权，强化事中事后监管，实现“一窗受理”“一网通办”，全面提升审批服务便民化水平，不断优化营商环境。

10. 负责国家统一法律职业资格考试市（地）考区的组织实施工作。负责全市（地）国家统一法律职业资格和证书管理工作。负责规划和指导法律职业人员入职前培训工作。

11. 指导本系统对外交流合作，承办司法行政涉我国港澳台地区的法律事务。

12. 负责本系统服装和警车管理工作，指导监督本系统财务、装备、设施、场所等保障工作。负责本系统的内部审计工作。指导本系统的信息化建设。

13. 规划、协调、指导全市（地）法治人才队伍建设相关工作，指导、监督本系统队伍建设，管理直属强制隔离戒毒单位领导班子，协助各县（区）管理司法局领导干部。负责本系统警务管理和警务督察工作。

14. 完成市（地）委、市（地）政府交办的其他任务。

（二）市（地）级司法局主要内设机构职责

市（地）级司法局内设机构因职能和经济发展的差异，各地有所不同，但是，其基本机构设置是相同的。

1. 依法治市（地）办秘书处。负责统筹协调、沟通联络、督促落实市（地）委依法治市（地）办日常事务，承担相关具体工作。

2. 办公室。负责机关日常运转，承担信息、保密、信访、档案管理、政务公开等工作；负责局机关政务活动的组织实施和督查督办；负责公文审核和综合性文件的起草工作；负责本系统的信息化建设；负责本系统统计工作；指导对外交流合作、涉我国港澳台地区交流合作等事务，承担因公出入境管理工作；负责本系统内部审计工作。

3. 法治指导处。开展全面依法治市（地）和司法行政工作的理论研究与实践调研工作，提出政策建议；承办全面依法治市（地）工作规划建议的协调工作；组织起草全面依法治市（地）有关重要文件，参与起草综合性文件，研究提出建设法治政府、法治社会的意见和措施；负责拟订法治建设中长期发展规划、重大政策；拟订法治政府、法治社会建设指标体系的考核标准并组织实施，检查、督促和指导基层法治建设，推动实施法治为民办实事工作；指导各县（区）各部门各行业依法治理和法治创建工作；统筹规划、综合协调、督促指导全市（地）依法行政工作，承担市（地）全面推进依法行政工作领导小组办公室的日常工作。

4. 法治督察处。负责拟订全面依法治市（地）决策部署的年度督察工作计划，开展重大专项督察，提出督察意见、问责建议；负责行政执法的综合协调工作；指导、监督各县（区）各部门行政执法工作，推进严格规范公正文明执法；负责市（地）政府所属行政执法机关的行政执法培训、证件核发及管理工作；监督各县（区）行政执法培训、证件核发及管理工作；负责协调处理行政执法体制改革、行政执法的普遍性重要性问题；负责市（地）政府“放管服”改革措施的法制协调工作；指导行政裁决工作；负责报告关于地方性法规的年度行政执法监督情况；指导协调推行行政执法公示、执法全过程记录、重大执法决定法制审核“三项制度”工作；组织市（地）政府规章立法后评估和规范性文件制定后评估工作；承担市（地）行政执法和刑事司法衔接工作联席会议办公室的协调工作。

5. 法治宣传处。负责拟订法治宣传与普法教育规划和年度计划并组织实施；指导、监督各区各部门“谁执法谁普法”的普法责任制落实工作，推进全民普法；指导、监督国家工作人员学法用法工作；组织对外法治宣传工作；指导社会主义法治文化建设工作；承担市（地）法治宣传教育工作领导小组办公室的日常工作；承担本部门、本系统宣传工作。

6. 立法处。承办立法规划和年度立法计划建议的协调工作，组织拟订市（地）政府年度立法工作计划建议，研究提出立法与改革决策相衔接的意见、措施；负责市（地）政府的立法工作，承担市（地）级地方性法规、市（地）政府规章的草案审查，以及市（地）政府规章解释、具体应用问题的答复工作；承担市（地）政府规章的报备工作；组织、承办市（地）政府规章清理工作；负责编纂市（地）政府规章，组织翻译、审定市（地）政府规章外文正式译本；承担国家和省法律法规制定意见征集工作；负责立法协调工作；负责跟踪了解各部门对相关立法工作计划的落实情况，加强组织协调和督促指导；组织协调司法行政地方性法规、规章草案的调研起草工作。

7. 文件审查处。办理有关市（地）政府规范性文件和拟由市（地）政府批准的市（地）级部门规范性文件的合法性审查和清理工作；承办县（区）政府以及市（地）级部门规范性文件的备案审查工作；办理公民、法人或其他组织对县（区）政府和市（地）级部门规范性文件提出的合法性审查申请事项；协调推进、督促、检查和指导规范性文件合法性审核机制建设；承担市（地）政府规范性文件的解释、具体应用问题的答复工作以及报备工作；承办市（地）委、市（地）政府交办的有关文件审查工作；承办局机关规范性文件审查工作。

8. 行政复议处。拟订行政复议工作制度；代市（地）政府受理行政复议申请；承办以市（地）政府、市（地）级部门、县（区）政府为被申请人的行政复议案件，处理或转送对有关规范性文件的审查申请；负责全市（地）行政复议人员的培训工作；处理涉及行政复议的来信来访事项；承担全市（地）行政复议案件统计和重大行政复议决定备案工作；指导、监督全市（地）行政复议工作；承担本部门行政复议工作。

9. 行政应诉处。拟订行政应诉工作制度；代理或参与市（地）政府行政应诉事务；处理涉及行政应诉的来信来访事项；承担全市（地）行政应诉案件统计工作；负责全市（地）行政应诉人员的培训工作；协调市（地）政府涉诉法律事务；指导、监督行政应诉和行政赔偿工作；承办向市（地）政府申请的行政赔偿案件；承担本部门行政应诉工作。

10. 戒毒管理处。指导、监督戒毒工作法律法规和政策的贯彻执行；指导、监督本系统强制隔离戒毒措施的执行和戒毒康复工作；对全市（地）社区戒毒和社区康复工作提供指导、支持和协助。

11. 社区矫正管理局（社区矫正管理支队）。贯彻执行社区矫正法律法规和相关政策，研究拟订并组织实施全市（地）社区矫正工作规划和管理制度；指导、监督对全市（地）社区矫正对象的刑罚执行、管理教育和帮扶工作；指导社会力量和志愿者参与社区矫正工作；组织指导社区矫正工作的宣传、培训和理论研究工作；指导刑满释放人员安置帮教工作。

12. 人民参与和促进法治处（医患纠纷人民调解指导处）。负责拟订全市（地）保障人民群众参与、促进、监督法治建设的制度措施；负责面向社会征集法律法规制定项目建议有关工作；指导人民团体、群众自治组织和社会组织参与、支持法治社会建设工作；指导推进司法所建设；指导人民调解、行政调解和行业性专业性调解工作；指导市医患纠纷调处服务中心和市医患纠纷人民调解委员会开展工作；指导人民陪审员选任工作；负责人民监督员选任管理工作；负责管理和指导基层法律服务工作；指导市（地）人民调解员协会和市（地）基层法律服务工作者协会工作；参与社会治安综合治理工作；承担市（地）医患纠纷人民调解工作指导委员会办公室相关工作。

13. 律师工作处。指导、监督全市（地）律师工作；指导、监督全市（地）律师事务所和律师的执业活动，查处违法违规行为；指导、监督全市（地）公职律师、公司律师工作；指导、监督市（地）律师协会工作。

14. 公证管理处。指导、监督全市（地）公证法律法规和政策的贯彻执行；负责拟订、调整公证机构设置方案、公证员配备方案；负责全市（地）公证机构的考核工作；指导、监督全市（地）公证机构和公证员依法开展执业活动，查处违法违规执业行为；指导、监督市（地）公证协会工作。

15. 司法鉴定管理处。负责指导、监督全市（地）司法鉴定管理工作；指导、监督司法鉴定的法律法规和政策的执行；负责司法鉴定理论研究和实践调研，行业从业人员继续教育及培训工作；协助做好司法鉴定机构、司法鉴定人的申报登记工作；编制司法鉴定名册并公告；负责司法鉴定违法违规行为的惩处工作；指导、监督司法鉴定协会工作。

16. 法律援助管理处。负责牵头规划和推进公共法律服务体系和平台建设；指导协调全市（地）“12348”法律服务工作；负责指导、监督法律援助管理工作；指导、监督法律援助的法律法规和政策的执行；负责法律援助理论研究和实践调研，行业从业人员继续教育及培训工作；负责法律援助资源的管理和调配；指导社会组织和志愿者开展法律援助工作；开展法律援助社会宣传；组织案件质量评查工作；负责法律援助相关事项的审查复核以及投诉查处；指导监督法律援助基金会工作。

17. 法律事务处。指导、监督全市（地）各级党政机关、企事业单位普遍建立法律顾问制度；承担市（地）政府法律顾问职责，为市（地）政府重大决策和行政行为提供法律意见；指导、监督和协调全市（地）政府法律顾问工作；承担本部门相关法律事务。

18. 行政审批服务处（法律职业资格管理处）。负责律师、公证、司法鉴定、基层法律服务等相关行政审批服务事项的受理、审查和审批工作；贯彻执行国家统一法律职业资格考试工作的有关政策规定；负责全市（地）法律职业资格考试的管理和组织实施工作；承担法律职业资格证书的发放管理工作；负责组织拟订法律职业人员入职前培训规划并组织实施；参与指导法学教育工作。

19. 装备财务保障处。指导本系统财务、物资装备和基本建设管理工作，拟订建设标准、经费保障和财务管理办法；指导、监督本系统中央政法补助专款、省级转移支付资金和基建投资的使用工作；负责本系统服装、车辆、设备等管理工作；负责局机关的预决算、财务管理、国有资产管理、政府采购及后勤保障、安全保卫等工作；指导直属单位的财务管理工作。

20. 人事警务处。负责指导本系统思想政治工作；指导监督本系统队伍建设工作；管理本系统表彰奖励、意识形态、精神文明建设工作；承担机关及所属单位的干部人事、机构编制、劳动工资工作；负责直属单位领导班子建设；协助管理县（区）司法局领导班子成员；指导全市（地）法治人才队伍建设相关工作；负责拟订本系统干警的教育培训规划并组织实施；配合做好法律服务人员专业技术职务的评审工作；参与指导本系统法律职业教育工作；负责本系统警务管理、警务督察和警衔评授工作。

21. 政治部。负责指导、协调司法行政系统政治工作；管理、协调人事警务处、离退休干部处工作。

22. 机关党委。负责局机关和直属单位党群工作。

23. 离退休干部处。负责局机关离退休人员工作；指导局直属单位的离退休人员工作。

（三）县级司法局的职责

县级司法局负责贯彻落实中央、省委、市（地）级党委和县级党委关于法治建设的决策部署，在履行职责过程中坚持和加强党对全面依法治县（区）的集中统一领导。主要职责是：

1. 承担全面依法治县（区）重大问题的政策研究，协调有关方面提出全面依法治县（区）中长期规划建议，负责有关重大决策部署督查工作。

2. 承办各乡镇以及县级部门规范性文件的备案审查工作。负责有关县（区）政府规范性文件或者拟由县（区）政府批准的县（区）级部门规范性文件的合法性审查工作。

3. 承担统筹推进法治政府建设的责任。指导、监督县级政府各部门、各乡镇依法行政工作。负责综合协调行政执法，承担推进行政执法体制改革有关工作，推进严格规范公正文明执法。承担县（区）政府的行政复议、行政赔偿工作。指导监督全县（区）行政复议、行政应诉和行政赔偿工作，负责办理行政复议和行政应诉案件。

4. 承担统筹规划法治社会建设的责任。负责拟订法治宣传教育规划，组织实施普法宣传工作，组织对外法治宣传。指导依法治理工作。指导调解工作和人民陪审员、人民监督员选任管理工作，推进司法所建设。

5. 指导、管理社区矫正、刑满释放人员安置帮教工作。指导协调解除强制隔离戒毒人员的后续照管工作。

6. 负责拟定公共法律服务体系建设规划并指导实施，统筹和布局城乡法律服务资源。指导监督全县（区）律师、法律援助、司法鉴定、公证、仲裁和基层法律服务管理工作。指导协调全县（区）“12348”法律服务工作。指导监督全县（区）公职律师、公司律师工作。管理、监督在县（区）设立的外国（境外）律师机构。管理涉我国港澳台地区有关律师事务。承担县（区）政府法律顾问职责。

7. 指导本系统对外交流合作，承办司法行政涉我国港澳台地区法律事务。

8. 负责本系统服装和警车管理，指导监督本系统财务、装备、设施、场所等保障工作。负责本系统的内部审计工作；指导本系统的信息化建设。

9. 规划、协调、指导全市法治人才队伍建设相关工作，指导、监督本系统队伍建设。负责本系统警务管理和警务督察工作。

10. 完成县（区）委、县（区）政府交办的其他任务。

（四）县级司法局主要内设机构职责

1. 办公室。负责机关日常运转，承担信息、保密、信访、政务公开等工作；负责机关政务活动的组织实施和督查督办；负责公文审核和综合性文件的起草工作；指导对外交流合作、涉我国港澳台地区交流合作等事务；负责司法行政对外宣传工作；负责局机关安全保卫工作；指导本系统财务、物资装备和基本建设管理工作，拟订经费保障和财务管理办法；指导监督本系统中央政法补助专款、省级转移支付资金和基建投资的使用工作；负责本系统服装和警车等管理工作；负责局机关的预决算、财务管理、国有资产管理、政府采购及后勤保障等工作；指导所属单位和财务管理工作；负责本系统内部审计和内管干部经济责任审计工作；贯彻执行国家、省级、市（地）级和县（区）司法行政信息化建设平台的应用和管理工作；负责本系统信息化建设；负责局机关电子政务应用系统及安全保障系统的开发、维护和管理；负责局域网的建设维护和管理；负责“12348”中国法网运行保障。

2. 依法治县（区）科（行政执法协调监督科）。负责处理县（区）委依法治县（区）办日常事务，承担相关工作；开展全面依法治县（区）和司法行政工作的理论与实践调研工作，提出政策建议；承办全面依法治县（区）工作规划建议和协调工作；组织起草全面依法治市有关重要文件，参与起草综合性文件，研究提出建设法治政府、法治社会的意见和措施；负责拟订本系统发展战略、中长期规划、重大政策；负责推进司法行政改革工作；统筹规划、综合协调、督促指导全县（区）依法行政工作；负责拟订全面依法治县（区）决策部署的年度督察工作计划，开展重大专项督察，提出督察意见、问责建议；制定法治政府、法治社会建设指标体系的考核标准并组织实施，检查、督促和指导基层法治建设，推动实施法治为民办实事工作；负责行政执法的综合协调工作；组织或参与地方性法规、政府规章在行政执法领域周年实施情况检查；指导、监督全市行政执法工作，对行政执法人员执法情况进行监督检查，组织开展行政执法案卷评查，推进严格规范公正文明执法；负责县（区）政府所属行政执法机关、各乡镇的行政执法证件管理工作；负责协调行政执法体制改革、行政执法普遍性重要性问题；指导协调推行行政执法公示、执法全过程记录、重大执法决定法制审核“三项制度”工作；承担县（区）政府法律顾问职责，为县（区）政府重大决策和行政行为提供法律意见，负责县（区）政府外聘法律顾问的选聘和联络，指导、监督和协调全县（区）政府法律顾问工作。

3. 社区矫正管理科。贯彻执行社区矫正法律法规和相关政策，研究制定并组织实施全县（区）社区矫正工作规划和管理制度；指导监督对全县（区）社区矫正对象的刑罚执行、管理教育和帮扶工作；指导社会力量和志愿者参与社区矫正工作；组织指导社区矫正工作的宣传、培训和理论研究工作；指导刑满释放人员安置帮教工作；指导协调解除强制隔离戒毒人员的后续照管工作。

4. 行政复议应诉科。制定全县（区）行政复议、行政应诉工作制度；受理向县（区）政府提出的行政复议申请；承办以各乡镇和县级部门为被申请人的行政复议案件，处理或者转送对有关规范性文件的审查申请；承办向县（区）政府申请的行政赔偿案件；代理或者参与县（区）政府行政应诉事务；指导、监督全县（区）行政复议、行政应诉和行政赔偿工作；负责全县（区）行政复议、应诉人员的培训工作；承担全县（区）行政复议、应诉案件统计、备案工作。

5. 综合法规科。负责县（区）政府规范性文件立项工作；承办各镇（区）和县（区）级部门行政规范性文件的备案审查工作；办理有关县（区）政府行政规范性文件和拟由县（区）政府批准的县（区）级部门行政规范性文件的合法性审核等工作；办理公民、法人或其他组织对各乡镇和县（区）级部门行政规范性文件提出的合法性审查申请事项；协调推进、督促、检查和指导行政规范性文件合法性审核机制建设；负责拟订本县（区）行政规范性文件制定和监督管理制度；组织开展县（区）政府规范性文件实施情况评估工作；组织各乡镇和县（区）级部门开展行政规范性文件清理工作；负责行政规范性文件制定主体确认工作；承办法律、法规、规章和上级政府规范性文件草案的征求意见及反馈工作；配合拟订县（区）政府重大行政决策年度目录；指导全县（区）重大行政决策规范化管理工作；负责对县（区）政府重大行政决策草案进行合法性审查；负责拟订重大行政决策规范化管理相关制度；组织开展县（区）政府重大行政决策实施情况后评估工作；指导全县（区）司法行政机关落实法治政府建设各项具体任务；承办局机关规范性文件审查工作；负责全县（区）司法行政系统执法监督工作；负责对本系统法律服务机构及人员的行政许可、行政处罚、国家赔偿、投诉举报、信访咨询答复进行法制审核；负责本部门重大行政决定、民事合同的法制审核；负责局机关行政应诉工作。

6. 普法与依法治理科。负责拟订法治宣传与普法教育规划和年度计划并组织实施；指导、监督各镇（区）各部门“谁执法谁普法”的普法责任制落实工作，推进全民普法；指导、监督国家工作人员学法用法工作；指导各乡镇各部门各行业依法治理工作；组织对外法治宣传工作；指导社会主义法治文化建设工作。

7. 人民参与和促进法治科（公共法律服务管理科）。负责制定全县（区）保障人民群众参与、促进、监督法治建设的制度措施；负责面向社会征集法律法规制定项目建议有关工作；指导人民团体、群众自治组织和社会组织参与、支持法治社会建设工作；指导推进司法所建设；指导人民调解、行政调解和行业性专业性调解工作；指导人民陪审员、人民监督员选任管理工作；指导全县（区）司法行政系统参与社会治安综合治理工作；指导县（区）人民调解协会工作；负责规划和推进全县（区）公共法律服务体系和平台建设工作；指导监督全县（区）法律援助、司法鉴定、仲裁工作，编制全县（区）司法鉴定、仲裁名册并公告；指导社会组织和志愿者开展法律服务工作。

8. 公证律师管理科。监督、指导全县（区）公证法律法规、政策及行业规则的贯彻执行；指导监督全县（区）公证机构和公证员依法开展执业活动；监督、指导全县（区）公证员助理依法开展公证辅助工作；负责拟订全县（区）公证机构设置及公证员配备调整建议方案；指导、监督全县（区）律师工作；指导、监督全县（区）律师事务所和律师的执业活动；指导、监督在县（区）设立的外国（境外）律师机构的工作；指导、监督全市党政机关、企事业单位法律顾问工作；指导、监督全县（区）公职律师、公司律师工作；负责管理涉我国港澳台地区有关律师事务，承办司法行政涉港澳台地区法律事务；指导、监督县（区）律师协会和县（区）法律工作者协会工作；指导基层法律服务工作；查处违法违规行为；根据法律法规、国家和省有关文件以及省级部门行政权力清单，负责本部门行政审批事项的有关工作，并限时办结。

9. 法律援助管理科。贯彻执行国家、省、市（地）级和县（区）有关法律援助工作的法律、法规、规章和政策；拟订并实施全市法律援助工作规划和工作计划；负责受理、审查法律援助申请，指派或者安排法律援助人员办理法律援助事项；负责法律援助资金的使用和管理；负责全县（区）法律援助业务培训；负责法律援助工作的宣传和交流。

10. 政治处。承担机关及所属单位的干部人事、机构编制、劳动工资工作；指导全县（区）法治人才队伍建设相关工作；指导监督本系统队伍建设工作；承办协管干部的考察工作；负责本系统警务管理、警务督察工作；配合做好本系统法律服务人员专业技术职务的评审推荐工作；指导本系统思想政治工作；制定本系统干警的教育培训规划并组织实施；负责本系统宣传教育工作；参与指导本系统法律职业教育工作；负责机关退休干部工作，指导所属单位的退休干部工作。

11. 机关党总支（党建科）。牵头负责机关和所属单位的党群工作。

（五）司法所的职责

1. 指导管理人民调解工作，参与调解疑难、复杂民间纠纷。
2. 指导管理基层法律服务工作。
3. 协调有关部门和单位开展对刑满释放和强制隔离戒毒人员的安置帮教工作。
4. 组织开展法制宣传教育工作。
5. 组织开展基层依法治理工作，为乡镇人民政府（街道办事处）依法行政、依法管理提供法律意见和建议。
6. 协助基层政府处理社会矛盾纠纷。
7. 参与社会治安综合治理工作。
8. 承担社区矫正日常工作，组织开展对社区服刑人员的管理、教育和帮助。
9. 完成上级司法行政机关和乡镇人民政府（街道办事处）交办的其他有关工作。

二、基层司法行政机关的地位

我国司法行政机关作为国家行政管理体系和国家司法体系的重要组成部分，对国家政治、经济和社会生活的各方面都起着重要作用，因此在社会主义现代化建设中具有十分重要的法律地位。司法行政机关法律地位的确立，来源于国家政权和法律法规的赋予，来源于国家民主政治建设的需要，也来源于司法行政职能作用的发挥。过去，在“左”倾思潮泛滥时期，社会主义民主与法制被践踏，司法行政制度遭受严重破坏，根本谈不上什么重要地位。党的十一届三中全会之后，我国民主法制建设得到全面加强，司法行政制度得到恢复和发展，司法行政机关的重要地位才有了充分的体现。

（一）在国家行政管理中的重要地位

国家行政管理，是国家行政机关依法实现国家职能的行政行为，主要包括军事、民政、公安、司法行政、国民经济、科学、教育、文化等方面的行政管理。《宪法》明确规定：国务院行使“领导和管理民政、公安、司法行政和监察等工作”的职权。将司法行政工作载入宪法，这从根本上确立了司法行政机关在国家行政管理中的法律地位。基层司法行政机关管理的强制隔离戒毒、法治宣传、律师、公证、社区矫正、人民调解、法学教育、仲裁、司法鉴定等司法行政事务，都是国家行政管理的重要内容，在辅助国家司法权的行使上起着重要作用。因此，基层司法行政机关作为地方政府主管司法行政事务的职能部门，已经成为国家行政管理体系和国家行政管理活动不可缺少的重要环节，在国家行政管理中处于十分重要的地位。

（二）在国家司法体系中的重要地位

在我国，司法制度有广义和狭义之别，广义的司法制度包括侦查制度、检察制度、审判制度、司法行政制度。狭义的司法制度包括检察制度、审判制度。国家司法体系，是依法行使国家司法权的、由国家司法制度和国家司法机关组成的统一体。我国广义的司法机关主要是指人民法院、人民检察院、公安机关、国家安全机关、司法行政机关。基层司法行政机关与同一级别的公安、检察、法院等机关都属于地方的司法机关。因为在司法行政制度中具体包含着多种法律制度，如监狱制度、强制隔离戒毒制度、社区矫正制度、人民调解制度、律师制度、公证制度、仲裁制度、法律援助制度、安置帮教制度等，都是国家司法活动的重要内容，是国家司法体系的组成部分，在司法实践中从不同角度、不同程度起着配合与制约作用。司法行政制度的这种配合与制约作用，是我国司法程序中不可缺少的重要环节，充分体现了司法行政机关在国家司法体系中的重要地位，从总体上保障司法活动的顺利进行，保障国家法律的正确实施。

（三）在国家法治建设中的重要地位

国家的法治建设，主要包括立法、司法、行政执法、普法等环节，其基本要求是做到“有法可依，有法必依，执法必严，违法必究”。我国的司法行政制度是社会主义民主法治的重要组成部分，司法行政机关在立法、司法、行政执法、普法等方面具有多种职能作用，这些职能作用的发挥，体现了司法行政机关在社会主义法制建设中的重要地位。例如，在国家立法工作中，司法行政机关通过参与法律法规的草拟、研讨、修订活动，对社会主义法律体系建设起着重要作用；在国家司法工作中，司法行政机关通过发挥监狱的刑罚执行职能和律师的刑事辩护、民事代理职能，与侦查、检察、审判机关形成配合制约关系，对保障司法公正起着重要作用；在国家行政执法工作中，司法行政机关通过公证、仲裁、人民调解等活动，为全社会提供法律服务，维护国家、集体利益和公民的合法权益，对于保障国家法律的正确实施起着重要作用；在普法工作中，司法行政机关通过法制宣传教育，普及法律常识，不断增强各级干部的法治观念和全体公民的法律意识，对民主法治的基础建设起着重要作用。

（四）在国家经济建设中的重要地位

我国社会主义市场经济的发展，需要有一个健康的运行机制和良好的经济秩序。但随着改革开放和经济建设的不断深入，经济领域不可避免地会出现大量复杂的法律问题，影响着经济秩序的稳定和经济建设的运行。为此，必然要求国家迅速转变政府管理职能和转换企业经营机制，建立健全社会主义市场经济法律体系，充分运用经济的、行政的，特别是法律的手段管理经济，将国家经济活动纳入法治的轨道，这是我国社会主义市场经济建设的一个重大转变。随着这个转变，经济领域对法律服务的需求越来越多，范围亦越来越广。由于基层司法行政机关具有多种法律服务手段、全方位的法律服务功能，自然就取得了为社会主义市场经济提供法律服务的主导地位。多年来，基层司法行政机关牢固树立为改革发展稳定服务的观念，积极主动地为改革开放和经济建设提供多功能、全方位、优质高效的法律服务，社会信誉不断提高，社会影响不断扩大，基层司法行政机关在国家经济建设中的地位也就越来越高，已经成为保障我国社会主义市场经济发展的重要力量。

三、基层司法行政机关的作用

（一）为维护国家的政治稳定和社会安定提供法律保障

改革、发展、稳定，是党和国家的大局。基层司法行政机关作为人民民主专政的重要工具，作为政法工作的重要组成部分，在维护国家政治和社会稳定方面，担负着重要的责任。多年来，全体司法行政警察充分认识到维护稳定工作的重要性、复杂性、艰巨性和长期性，自觉地服从和服务于全党和全国的工作大局，全力以赴参加“严打”斗争和社会治安综合治理，充分发挥基层司法行政机关的法律保障职能，为维护国家长治久安发挥了重要作用。主要体现在：一是通过大力加强强制隔离戒毒工作，确保社会稳定，提高教育改造质量，努力减少和有效预防了重新犯罪；二是通过做好刑事案件律师出庭辩护工作，配合侦查、检察、审判机关，准确、及时地打击各种犯罪活动，依法维护当事人的合法权益，有效地保障了国家法律的正确实施和司法活动的健康发展；三是通过认真做好人民调解工作，化解矛盾，减少纠纷，形成社会治安综合治理第一道防线，维护广大农村和基层的社会稳定；四是通过继续做好刑满释放、解除强制隔离戒毒人员的安置帮教工作，使他们重返社会后有栖身之地和就业之路，预防和减少重新违法犯罪。

（二）为促进改革开放和经济建设提供法律服务

社会主义的根本任务是解放和发展社会生产力。这就决定了必须以经济建设为中心，各项工作都要服从和服务于这个中心。基层司法行政机关作为政法工作的重要部门，具有多种法律手段和明显的职能优势，在为改革开放和经济建设提供法律服务方面，起着不可替代的作用，担负着十分繁重的任务。要紧紧围绕发展我党执政兴国的第一要务，努力提供优质高效的法律服务和法制保障。围绕地方制定的经济社会发展目标和任务，选好切入点，把握好结合点，为保持国民经济平稳较快增长、提高自主创新能力、促进资源有效利用和实现区域经济协调发展提供法律服务；为建设社会主义新农村，实施互利共赢的开放战略，提供法律服务。为此，基层司法行政机关要紧紧围绕经济建设这个中心，牢固树立大服务思想，坚持“解放思想、深化改革、促进发展、强化管理、提高素质、开拓业务、优化服务”的原则，在服务体制和服务领域等方面，全面推进法律服务工作，充分发挥法律服务的职能作用。集中体现在两个方面：一是构筑了与社会主义市场经济相适应的法律服务体系。根据改革开放和经济建设发展的需要，基层司法行政机关把律师、公证、仲裁、基层法律服务等机构充分动员和组织起来，在改革内部管理、搞活内部机制的基础上，形成一个多功能、多手段、全方位的法律服务体系，并通过多种途径和多种方式，不断扩大队伍规模、提高队伍素质，使之成为管理有序、行为规范的法律服务市场主体，较好地满足了全社会日益增长的法律需求。二是开拓了为社会主义市场经济服务的新领域。基层司法行政机关解放思想、突破常规，创立全新的服务观念、服务方式，努力做到改革深入到哪里，社会主义市场经济就发展到哪里，法律服务工作就跟踪到哪里，不断扩展法律服务的新领域、新内容。包括：开拓了为地方政府实现宏观调控服务的领域，为地方政府担任法律顾问，使法律服务工作进入决策层，帮助政府部门运用法律手段实现宏观调控，更好地开展依法治理工作；开拓了为国有企业改革服务的领域，依据国家有关法律和政策，帮助企业转换经营机制，推动劳动、人事、分配制度改革，建立现代企业制度，促进经济向集约化发展；开拓了为发展农业和促进科技进步服务的领域，运用法律手段确定和完善农村土地承包责任制，切实保护耕地和农田，帮助广大农民依法抵制乱摊派、乱收费，保护农民生产积极性，帮助企业和公民依法维护自己的知识产权，保障和促进科学技术的发展；开拓为各类生产要素市场服务的领域，依法引导、规范和维护房地产、金融、产权交易、信息等市场的正常秩序。

（三）为实施依法治国基本方略提供法治宣传

依法治国，建设社会主义法治国家，是发展社会主义市场经济、加快社会文明进步、实现国家长治久安的重要保障，也是新时期党的执政方式和国家管理方式的重大转变。实施依法治国的基本方略，是一项宏大、艰巨、复杂的社会系统工程，涉及政治、经济和社会生活的各个领域，包括了科学立法、公正司法、依法行政等各方面。只有深入开展法制宣传教育工作，普及法律常识，推进依法治理，才能提高全民族的法律素质，推进依法治国方略的实施。基层司法行政机构作为法治宣传的主管部门，在实施依法治国系统工程中起着十分重要的基础作用。要深入宣传宪法和国家基本的法律、市场经济法律法规、与人民群众生产生活密切相关的法律法规、与维护社会稳定和促进公平正义相关的法律法规等，大力推进法治宣传进单位、进学校、进企业、进社区、进乡村，在各行各业掀起学法用法的热潮。基层司法行政机关经过几十年的辛勤努力，已经在全国范围内掀起了一个声势浩大的群众性学法用法热潮，全民普法教育取得了举世瞩目的成就。广大干部群众通过学法用法，不断增强了宪法观念和法律意识，提高了依法行政、依法经营、依法办事的自觉性，使全社会初步形成了崇尚法治的良好风气，这为依法治国奠定了广泛的思想基础，创造了必要的社会条件。同时，依法治理工作也有了深入发展，一个以基层依法治理为基础，以行业依法治理为支柱，以地方依法治理为主体的格局已初步形成，这必将推动和加快整个依法治国的历史进程。

（四）为社会治理体系和治理能力现代化提供法律保障和服务

社会治理体系和治理能力现代化是我们党新时代提升社会治理水平的新目标，也是开创新时代中国特色社会主义事业新局面提出的一项重大战略任务。目前，面对百年未有之大变局，我国正处于改革和发展的关键时期。随着改革的不断深化和社会主义市场经济的不断发展，原有的利益格局正在被打破，多元化的利益格局正在形成，不同社会利益群体之间的利益诉求开始分化，利益冲突将有所增加，社会矛盾将大量出现。积极发挥法律的保障、服务和引导作用，妥善协调好各方面的利益关系，积极有效地化解各类矛盾和问题，是提升社会治理体系和治理能力现代化的一个重要环节。基层司法行政工作，担负着组织和开展人民调解、社区矫正、法制宣传、依法治理、法律服务、法律援助、安置帮教等职能，在推进民主法治建设、维护社会公平正义和化解矛盾纠纷、促进社会和谐的过程中，处于重要的地位，具有不可替代的作用，是社会治理体系和治理能力现代化的一支重要力量。能否发挥好这些职能，将直接关系到基层司法行政工作的改革与发展，并直接关系和影响到党和国家工作的全局。这其中，有许多问题需要解决，许多环节需要加强，许多工作需要深化，但一个最基本的前提就是要把基层建设好，把基础打牢固，从而使我们的各项工作有一个比较扎实的平台。所以，基层司法行政机关一定要从为党和国家工作大局服务，从社会治理体系和治理能力现代化的高度出发，以时不我待、只争朝夕的精神，高度重视并加强基层司法行政工作。

（五）为促进社会主义民主法治建设而加强法学理论研究

法学理论研究属于社会科学研究的范畴，既为国家民主法治建设提供理论指导，又是国家民主法治建设的重要基础。基层司法行政机关作为法学理论研究的一级归口管理部门，通过几十年的不懈努力，为我国的法学理论事业从无到有、从小到大，做出了应有的贡献。目前，我国已经形成了一个多形式、多层次、多学科并存的法学理论研究体系。基层法学理论研究范围扩展到法学理论及司法应用的各学科、各领域，涌现了一大批有价值的法学理论科研成果，为地方的立法实践、司法实践以及政府行政决策提供了理论依据，为加强社会主义民主法治建设发挥了积极作用。在新时代，基层司法行政机关根据我国国民经济和社会发展的现实需要，进一步加强法学理论研究和司法应用研究的组织与引导，深入研究如何建立和完善适应社会主义市场经济体制的法律体系，利用法律手段规范市场主体和市场行为、维护市场秩序和加强宏观调控；深入研究如何使社会主义民主制度化、法律化，加强立法、司法、行政执法、普法工作，加强社会治安综合治理，维护国家长治久安。并充分发挥法律团体和司法应用科研机构的参谋作用、服务作用与对外交流作用，积极参与地方的立法、行政决策和司法实践活动，推动法学科研成果及时转化为决策依据，更好地为立法决策、行政决策和司法实践服务，为国家的民主法治建设服务。

第三章 社区矫正工作

社区矫正学是一门新兴学科，是随着我国社区矫正这一非监禁刑事执行方式的开展和社区矫正制度的建立而逐步形成的学科群。主导学科包括了社区矫正学基础理论、社区矫正法学、社区矫正管理实务、社区矫正教育理论与实务、社区矫正应用技术、社区矫正应用文书等学科。2019 年 12 月 28 日颁布的《社区矫正法》为社区矫正学科群的建设奠定了法律基础和提供了法律保障。2020 年 6 月 18 日最高人民法院、最高人民检察院、公安部、司法部联合颁布《社区矫正法实施办法》，进一步丰富了社区矫正学的内容。

第一节 社区矫正的基本问题

一、社区

“社区”一词，最早见诸德国社会学家滕尼斯所著的《社区与社会》，在这本书中，滕尼斯首次使用了“社区”一词。所谓社区，就是指在一定地域基础之上的、生活上紧密相连的具有共同区域文化和心理认同感的人群组合体。①

在我国，社区的类型复杂多样，人们依照不同的标准有不同的划分方法。在城市，有人把一个居民小区，作为一个社区，也有把几个单位或一定区域的居民，作为一个社区；在农村，也有把一个村庄或几个村庄，作为一个社区。所有这些划分方法都是以一定的目的为基础划分的。总的来说，社区范围可大可小，一个城市，城市的一个区，一个村落，一条街道等，都是规模不等的社区。同时，依其功能性质，又有居民社区、工业社区、商业社区、警务社区等。下面依照不同的划分方法，对社区进行划分：

第一，依据社区居民的谋生手段或社区结构的繁简程度，可以把社区分为城市社区和农村社区。

第二，依据社区的功能，可以把社区分为工业社区、农业社区、商业社区、文化社区、居民社区、旅游社区等。

第三，依据历史发展情况，把社区分为传统社区和现代社区。

第四，依据社区的空间特征，把社区分为法定社区、自然社区、专能社区和精神

① 何权衡、王耀主编：《新编社会学》，河南人民出版社 1990 年版，第 288 页。由此，社区是相对独立的地域社会。

社区。

我们这里所说的社区矫正的社区，与上述所称社区有着不同的含义。我国基于社区矫正功能所设立的社区，应与行政机关的设置密切相关。2000 年 11 月 19 日《中共中央办公厅、国务院办公厅关于转发〈民政部关于在全国推进城市社区建设的意见〉的通知》（中办发〔2000〕23 号）指出，"社区是指聚居在一定地域范围内的人们所组成的社会生活共同体"。就目前社区矫正开展的情况看，社区矫正所指的社区一般是以乡、镇及城市的区或区下设的办事处为单位，一个乡或镇、一个区或一个办事处为一个社区区域。

二、社区矫正的概念

（一）社区矫正概念的不同观点

社区矫正在我国是一个新的概念，对其如何定义，学界有不同的看法，归纳起来主要有以下学说。①

1. 行刑说。这一观点的代表人物是上海政法学院的刘强教授。该说认为社区矫正是一项刑事执行活动，是指对犯罪性质比较轻微或社会危害性较小的罪犯在社区中执行刑罚活动的总称，其内容包括："缓刑、假释、管制、监外执行、剥夺政治权利等"，② 或者说其是一种行刑制度。③

2. 处遇说。这一观点的代表性人物是冯卫国教授，他认为，社区矫正就是社区处遇、社会内处遇或社会基础处遇，是相对于传统的机构式处遇而言的一种新兴的罪犯处遇方式。具体而言，社区矫正是指通过适用各种非监禁性刑罚和刑罚替代制度，使罪犯得以留在社区中接受教育改造，以避免监禁刑可能带来的副作用，并充分利用社区资源参与罪犯矫正事业的一种罪犯处遇制度。④

3. 救助监督说。社区矫正就是在社区中对犯罪人进行的矫正和控制活动。其中矫正主要体现为帮助性活动，控制主要体现为监督性活动，⑤ 或者是指在社会环境下，由国家有关部门联合社区组织与社会志愿人员，对符合条件的犯罪人或有犯罪危险的人进行行为矫治、生活扶助的活动。⑥ 持此种观点的还有吴宗宪教授，他认为，社区矫正就是在社区

① 连春亮、张峰主编：《社区矫正概论》，法律出版社 2006 年版，第 4~6 页。

② 该表述参见刘强：《上海社区矫正的发展与评价》《社区矫正的定位及社区矫正工作者的基本素质要求》《法治论丛》2002 年第 6 期第 67 页和 2003 年第 2 期第 5 页；刘强主编：《各国（地区）社区矫正法规选编及评价》中国人民公安大学出版社，2004 年版序等文献。在这里需要说明的是，我国修订后的《刑事诉讼法》没有把剥夺政治权利的矫正对象纳入社区矫正中。

③ 丁亚秋：《社区矫正实施意义及缓刑适用相关法律问题研究》，载《法治论丛》2003 年第 4 期。

④ 冯卫国：《行刑社会化研究——开放社会中的刑罚趋向》，北京大学出版社 2003 年版，第 181 页。

⑤ 冯卫国：《构建我国社区矫正制度的若干思考》，载《广西政法管理干部学院学报》2003 年第 4 期。

⑥ 王利荣：《从司法预防视角谈社区矫正制度的发展思路》，载《法治论丛》2004 年第 2 期。

中对犯罪人进行的矫正和控制活动。其中，矫正主要体现为帮助性活动，控制主要体现为监督性活动。①

4. 教育说。该说认为社区矫正是一种不使罪犯与社会隔离并利用社区资源改造罪犯的方法，是所有在社区环境中管理教育方式的总称。②

5. 混合说。该说认为社区矫正就是与监禁矫正相对的行刑方式，是指将符合条件的罪犯置入社区内，由专门的国家机关在相关社会团体和民间组织以及社会志愿者的协助下，在判决、裁定或决定确定的期限内，矫正其犯罪心理和行为恶习，并促进其顺利回归社会的非监禁刑罚执行活动。

这些概念，均或多或少地影响着当前我国社区矫正试点工作，尤其是混合说，已被《关于开展社区矫正试点工作的通知》和司法部颁发的《司法行政机关社区矫正工作暂行办法》所采纳，在实践中产生了一定的影响。但是，《社区矫正法》将社区矫正定位为"刑事执行"，使社区矫正的概念也相应发生了变化。

（二）本书对社区矫正概念的界定

社区矫正概念的科学界定，关系着社区矫正工作的整体发展方向，是必须要明确界定的理论问题。社区矫正从根本上来讲是以减少犯罪和恢复被犯罪所破坏的社会关系为目的，由社区矫正机构和社会公众共同承担控制犯罪和促进社区矫正对象再社会化的责任。因此，控制犯罪和再社会化的关键在社区，其核心是改变传统的刑罚执行方式，使罪犯矫正教育工作的重点向社区矫正延伸，发展与社区相关机构和人员的伙伴关系，建立社区矫正体系。上述概念，虽然各有侧重，但都有共同的特点：

第一，社区矫正的对象是符合一定条件的罪犯，这个条件是指罪行比较轻微，不致危害社会，不需要监禁或不再需要继续监禁的罪犯。目前在我国社区矫正的对象主要包括判处管制、宣告缓刑、裁定假释和决定暂予监外执行四类罪犯，都具有这些特征。

第二，社区矫正的场所是社区，社区是社区矫正的基本依托和基本单元，社区矫正依赖的是社区资源，社区居委会和村民委员会以及社区成员是社区矫正的基本力量。

第三，社区矫正工作的主体具有多元化特征，其中，社区矫正的管理执行者是专门国家机关及其工作人员，包括司法行政机关和社区矫正机构以及受委托从事社区矫正工作的司法所。社区矫正工作的社会力量是村（居）委会、社会团体、民间组织和社会志愿者等，是社区矫正工作的辅助力量。社区矫正的协作者是社区矫正工作的协助力量，包括人民法院、人民检察院、公安机关、监狱管理机关等。

第四，社区矫正的时间是判决、裁定、决定确定的期限，这一期限是由法律规定的。

第五，社区矫正的目的是使社区矫正对象回归社会、恢复被犯罪所破坏的社会关系，预防和减少犯罪。

第六，社区矫正的性质是非监禁刑事执行活动。

据此，本书将社区矫正的概念界定为：社区矫正是指将符合条件的社区矫正对象置于

① 吴宗宪：《关于社区矫正若干问题思考》，载《中国司法》2004 年第 7 期。

② 康树华：《社区矫正的历史、现状与重大理论价值》，载《法学杂志》2003 年第 24 期。

社区内，由专门的国家机关在相关社会团体和民间组织以及社会志愿者的协助下，在判决、裁定或决定确定的期限内，矫正其犯罪心理和行为恶习，并促进其顺利回归社会的刑事执行活动。据此，从法律制度建构的层面，社区矫正工作作为一项法律制度也就成为刑事执行制度的有机组成部分。

三、社区矫正的定位

实质上，社区矫正是现代刑罚对犯罪的宽容，是社会公众对犯罪人的宽容。因此，宽容性是社区矫正的本质属性。但是，宽容并不等同于放纵，将符合条件的社区矫正对象置于社区中，仍要通过一定的强制手段实现社区矫正的目的。而这一手段的实施不是要单纯突出或实现法律的惩罚性，又不等同于对社会公众的社会管理，而是介于二者之间的一种中间制裁措施。关于社区矫正的定位问题，从不同的视角，有不同的解读，蕴含了不同的价值意义。

社区矫正工作，从广义上讲，它是一个集合概念，因此，关于社区矫正工作的定位，应阐明以下几点:①

（一）社区矫正工作是一项独立的工作手段

社区矫正是把社区矫正对象置于社区内，在社区矫正机构的管理下，在判决、裁定或决定期限内，教育转化社区矫正对象的犯罪心理和行为恶习，并促进其再社会化的活动。其中，由专门的国家机关行使该项权力，而相关的社会团体、民间组织、社会志愿者等，只是辅助该项工作。它是一项相对独立的对社区矫正对象所进行的矫正教育活动，它是一项独立的工作手段。其基本任务是对矫正对象的执行刑罚、监督管理、矫正教育、危机干预、社会救助等，更深层次的目的是实现被犯罪所破坏的社会关系的恢复。

（二）社区矫正工作是对罪犯矫正教育工作的拓展和延伸

目前我国对服刑罪犯的刑罚执行和矫正教育制度，均以封闭式教育为主，长期以来，已经显露出它所存在的弊端，尤其是在监狱服刑罪犯的交叉感染和“监狱化”问题无法有效解决，服刑场所的高度封闭性与罪犯回归社会的固有矛盾无法克服，而社区矫正把社区矫正对象纳入由社会参与的矫正教育机制，不仅增加了透明度，而且为社区矫正对象创造了更宽松的环境条件，是教育改造工作新的工作内容和方法。

（三）社区矫正工作是一种社会管理行为，是对社区矫正对象的管理、矫治和服务

在借鉴国外许多发达国家社区矫正工作经验的基础上，我国社区矫正工作吸纳系统科学、犯罪学、社会学、社会管理学、心理学等学科理论，通过社区矫正机构对“危险社会成员”的风险评估和危险管理，抑制社区成员中“危险成员”的违规行为，同时，对社

① 连春亮：《论社区矫正的内涵》，载《中国监狱学刊》2004年第3期。

区矫正对象进行矫正教育，提供心理矫治和社会帮扶等服务，这不仅是社会治安综合治理的需要，而且也是整个社会宏观管理的有益探索。因此，社区矫正是社会管理理论的有效尝试，是在社区中对社区矫正对象的管理、矫治和服务活动。

（四）社区矫正工作是社会成员广泛参与的社会工作

社区矫正工作是对社区内符合条件人员的“社区制裁”，它的本源意义是由社区来主导矫正教育工作。除了专门的国家机关外，更重要的是体现了它的社会多元参与性，是矫正教育工作与社区公众的联系与合作。因此，它是社区内公众所做的社区工作的一部分。

四、社区矫正对象

2011 年 2 月 25 日通过公布的《刑法修正案（八）》和 2012 年 3 月 14 日通过公布的第二次修正的《刑事诉讼法》，都对社区矫正对象做了明确规定。2018 年修正的《刑事诉讼法》第 269 条规定：“对被判处管制、宣告缓刑、假释或者暂予监外执行的罪犯，依法实行社区矫正，由社区矫正机构负责执行。”这是法定的社区矫正对象的适用范围。《社区矫正法》第 2 条第 1 款规定：“对被判处管制、宣告缓刑、假释和暂予监外执行的罪犯，依法实行社区矫正。”对社区矫正对象的范围进行了规范。由此，社区矫正对象是指实施了犯罪行为被法院依法判处一定的刑罚，由于符合社区矫正的法定事由，在社区接受监督管理和矫正教育的罪犯。社区矫正对象具有以下特点：

第一，社区矫正对象是一个自然人，也是实施了一定犯罪行为，并应受到刑罚惩罚的人。社区矫正对象是基于实施了一定的犯罪行为，构成了犯罪，并受到了刑罚惩罚。但是，社区矫正对象首先是作为法律上的一个自然人而出现，因此，按照《宪法》和相关法律法规的规定，尊重社区矫正对象的人格，满足社区矫正对象的基本需要，保障社区矫正对象的合法权益，是对社区矫正对象实施社区矫正的前提条件和基本保障。

第二，社区矫正对象是被法院判处一定刑罚的人。社区矫正对象是“受刑之人”，这是社区矫正对象的法律属性。从社区矫正对象的种类来看，要么是社区矫正对象犯罪情节相对较轻，人身危险性较小；要么是在服刑过程中表现良好，被依法假释；要么是出现了法定事由而被暂予监外执行。但是，不论是何种情形，都是被法院判处一定刑罚的人，即法律意义上的法律身份是罪犯。这是认知社区矫正对象的法律前提。

第三，社区矫正对象是在社区被矫正教育的人。从接受惩罚的空间来看，社区矫正对象和监狱服刑罪犯的最大不同，在于接受惩罚的场所由封闭的监狱转换为开放的社区；从价值取向来看，在于以惩罚犯罪行为为核心转换为以矫正教育犯罪人为核心。这一转换代表了现代刑罚的发展趋势，追求社区矫正对象的回归社会成为现代刑事执行的价值追求。在社区被矫正教育更有利于刑罚目的的实现。

第四，社区矫正对象是被限制人身自由的人。现代自由刑的突出特征，是将罪犯关押在监狱服刑，以剥夺罪犯的人身自由，使罪犯承受剥夺之苦，达到刑罚的报应之目的。社区矫正在制度设计上，力图改变现代自由刑的弊端，将社区矫正对象置于社区之中，通过限制自由、监督管理、矫正教育、社会帮扶等措施，达到社区矫正对象改过从善，回归社会的目的。因此，社区矫正对象虽身处社区之中，但刑罚惩罚的“利剑”始终高悬于头顶之上，罪犯的法定身份并未改变，其行为被限定在法定的范围之内，必须遵守法定的规范。

第二节　社区矫正的基本任务

《社区矫正法》第 2 条第 2 款规定：“对社区矫正对象的监督管理、教育帮扶等活动，适用本法。”由此可以看出，社区矫正工作的任务包括了执行刑罚、监督管理、矫正教育和适应性帮扶。在这里，虽然没有明确列明“执行刑罚”，但是社区矫正对象是罪犯的法律属性决定了“执行刑罚”任务属性。

基于上述分析，本书认为社区矫正的基本任务至少应包括六个方面：执行刑罚、监督管理、矫正教育、危机干预、社会救助和恢复秩序。

一、执行刑罚

执行刑罚是社区矫正的前提。执行刑罚不仅是社区矫正存在的依据和保证，也是社区矫正工作的首要任务。这是因为，目前我国社区矫正对象都是法律意义上的罪犯，刑罚的惩罚性仍然是其最主要的特性，社区矫正对象必须服完法定的刑期，必须承受法定的罪犯身份，必须履行法定义务。在这里需要说明的是，社区矫正的刑罚执行权只能由具有刑罚执行的机关和人员来行使。按照《社区矫正法》的规定，这项权能是由人民法院、公安机关、监狱管理机关等机构来行使的。社区矫正机构只是社区矫正工作的“工作主体”，不具有刑罚执行权，只是刑罚执行的协助机构，只拥有社区矫正中刑罚执行的建议权，而不具有直接执行权和决定权。在这里，需要注意的是“对于社区矫正对象应当有哪些‘惩罚’需要以刑法、刑事诉讼法的规定为依据，以人民法院的裁判文书为内容，离开人民法院裁判文书，由其他机构或者人员在执行中加以各种体现‘惩罚性’的措施，不符合法治要求”。“因此，社区矫正工作的开展没必要过多强调惩罚性，不宜将其作为一项原则加以规定。”①

二、监督管理

监督管理包括两个层面：一是执行刑罚的监督管理，是对社区矫正对象在履行法定义务方面的监督管理，严格来说，属于执行刑罚的一部分。其中，作为没有执法权的社区矫正机构工作人员，在履行这部分监督管理权时，只能是辅助执行。二是依据社区矫正工作规范对社区矫正对象的监督管理，是依照社区矫正的有关规定，社区矫正工作者所共同行使的一项权能，这一权能属于社区矫正中的行政管理行为。主要是按照法律法规和行政规

---

① 王爱立、姜爱东主编：《中华人民共和国社区矫正法释义》，中国民主法制出版社 2020 年版，第 32 页。

范的要求，对社区矫正对象的行为、言谈、举止等方面所进行的监督、指导、检查、规范、纠正、落实、考核、评价、奖惩等。其中，最为核心的是对社区矫正对象这些“危险社会成员”的管理和控制，保障社会安全和秩序。

三、矫正教育

社区矫正是为了有效利用社区的资源，让更多的社会成员参与进来，为社区矫正对象创造更为宽松的矫正环境，更有利于教育感化社区矫正对象。因此，教育改造社区矫正对象是社区矫正的根本任务，最终使社区矫正对象悔过自新，弃恶从善成为守法公民，顺利回归社会。《社区矫正法》第五章规定了“教育帮扶”相关问题，对社区矫正中矫正教育的政府保障、矫正教育内容、就业就学、矫正教育机构、政策支持等方面做出了具体规定。

在社区矫正的实际工作中，依照《社区矫正法》的内在精神，对矫正教育进行了拓展，深入到了文化知识教育、就业教育、心理健康教育、社会适应教育等内容，由知识教育、素质教育深化到了发展教育，使社区矫正对象的教育更趋于完善。同时，针对社区矫正对象的行为、心理方面出现的问题，进行心理测验、心理评估、心理咨询、心理治疗、行为矫正、行为训练、团体训练、个案矫正等活动，这些措施应用专业技术手段，对社区矫正对象养成健康的人格，增强社会适应性，起到了良好的作用。

四、危机干预

心理学认为，危机是一种认识，当事人认为某一事件或境遇是个人的资源和应付机制无法解决的困难，除非及时缓解，否则危机会导致情感、认知和行为方面的功能失调。社区矫正对象由于自己的犯罪行为而受到法律惩罚，会产生心理上的矛盾和冲突，消极情感长期积累形成社会生活中的危机状态，这一危机状态呈现出双向攻击机制：一是内向攻击机制，即企图以攻击自我的形式使危机得到缓解或宣泄，如自杀、自残、自伤、焦虑、哀痛等。二是外向攻击机制，即将心理危机转移到可攻击的对象身上，如愤怒、凶杀、伤害、殴打、纵火、破坏等。

危机干预是对处于危机状态中的社区矫正对象“提供帮助”，以恢复或维持社区矫正对象的“安全”，并由此保障社区的安全。从危机干预的这一性质出发，社区矫正对象的焦虑以及丧失和哀痛等危机状态也理所当然地成为恢复或维持社区矫正对象“安全”所要解决的重要方面，因为这些状态不仅对个体身心有极大的伤害，而且也成为自杀、愤怒、攻击等破坏性行为的促成因素或转移性后果。

通过对社区矫正对象危机干预，首先使危机解除，即缓解社区矫正对象心理危机，制止危机行为的产生、发展或恶化；其次使危机转化，即在社区矫正对象从危机状态中稳定下来以后对其实施干预，使社区矫正对象心理由消极转向积极，获得良性发展。

危机干预与社区安全方面的作用是相辅相成的。一个良好的社区矫正环境和稳定的矫正秩序，可以减少紧张性事件或危机形成事件的产生或减轻它的影响，也有利于社区矫正对象危机的干预。社区矫正对象危机干预可以在紧张性事件难以避免，社区矫正对象依靠自己的力量难以应对的时候，及时地提供帮助，消除社区矫正对象的危机状态，维护社区矫正安全。同时，通过社区矫正对象危机干预，可以了解影响社区矫正对象矫正教育的一些潜在的犯因性问题或突发性的危机因素以及它的渊源，进而改进矫正工作。社区矫正对象危机干预的过程，也就是一种特殊的矫正教育过程，所谓通过提高矫正教育质量来保障社区安全可以在这里得到体现。

五、社会救助

社区矫正对象在社区矫正中是社会中的弱势群体，会遇到各种各样的问题，会遭遇各种各样的挫折，这些都直接影响到社区矫正对象的矫正教育，为此，社区矫正工作者要帮助社区矫正对象解决在就业、学习、人际交往等方面所遇到的困难，为社区矫正对象提供力所能及的服务，是提高矫正质量的社会支持系统，其本身也是一种矫正教育活动。

社区矫正的社会救助是建立在社区矫正目的之上而派生的，就是要帮助社区矫正对象增强社会适应性，与社会重新结合，那么，要达到这个目的，建立社会救助制度是必由之路。要实现对社区矫正对象的社会救助，主要靠建立社区扶助制度、法律援助制度、社会保障制度等来实现。

六、恢复秩序

恢复秩序是指基于恢复性司法的理念，在社区矫正过程中，立足于被害人权益的保障，旨在通过被害人、社区矫正对象、社区及其他相关人员的主动参与，来恢复因犯罪而被破坏的社会秩序。因此，“对恢复任务的实现，已成为在世界范围内社区矫正任务中一个更高层次的追求”①。

在恢复性司法看来，刑罚不是以简单的报应或教育为归趋，而是致力于犯罪人人格和社会角色的复归，致力于社会关系的修复。犯罪行为实施前，加害者与被加害者、加害者与社区之间的关系是互动的、良性的，犯罪后，彼此间形成了对立。要更有效地处理由犯罪引起的刑事矛盾，恢复和谐、合作的社会关系，社会对犯罪的反映也应该是全面的、系统的，应通过恢复性司法的手段，恢复原有的和谐状态。因此在社区矫正阶段，刑事执行应立足于社会秩序的恢复，犯罪人人格的回归。应考虑如何使社区矫正对象及早适应社会，并融入社区生活中，可见，恢复性司法不是为了消灭或预防犯罪，而是为了化解利益冲突引发的矛盾。

恢复秩序包括四个方面：一是对社区矫正对象的再社会化。通过对社区矫正对象的再社会化，修复社区矫正对象的社会化缺陷，完善社会人格。二是对社区矫正对象社会谋生技能的训练或修复。对社区矫正对象社会谋生技能的训练或修复，是基于恢复秩序的功利性需要。三是社区矫正对象健全人格的修复和培育。“人是社会的人，因而每一个人都与

① 刘强主编：《社区矫正制度研究》，法律出版社2007年版，第74页。

社会的各方面发生着各种各样的关系，形成了他们与社会各方面的联结状态。正常状态下，这种联结支持了人们的正常生活。但当这种联结发生偏离、断裂、失衡等现象时个体的生活也因此产生偏离、断裂、失衡。”① 社区矫正对象由于种种因素使之与社会的联结状态出现偏离、断裂、失衡等现象，进而产生人格缺陷，或社会化的人格不健全。修复和培育社区矫正对象健全的人格是恢复性司法的重要内容。四是社会道德与良知的恢复和社会安全机制的营造。恢复性司法强调社区矫正对象对犯罪行为的认知和其对法律责任的承担，有助于帮助社区矫正对象自我醒悟，强化社区矫正对象的自我悔罪感。在社区矫正中，通过社区矫正对象、受害人、社区代表等的共同参与，使社区矫正对象恢复社会道德与良知，不仅在社区矫正过程中，而且在社区矫正对象回归社会后，能够以忏悔、感恩的心态面对社会，面对受害人。恢复性司法让更多的人承担起公众安全的责任，关注社区矫正对象的改造和回归社会，使社会成员之间形成一种和谐共处的良好社会关系，有效地预防和控制犯罪。

恢复秩序的目标是和谐，追求的社会价值是安全。从国家作为统治和管理的工具角度来看，国家制定刑事政策的目的在于确定何种严重的越轨行为为犯罪，并且设立相应的措施（刑罚）控制和预防犯罪的发生，减少犯罪对社会的冲击，维护社会生存和发展所必需的相对稳定、安宁的秩序和环境。

第三节　社区矫正的基本工作内容

社区矫正本质上属于刑事执行活动，社区矫正对象是刑事执行的罪犯。监督管理是社区矫正工作的重要内容。社区矫正对象在开放的社区中矫正教育，存在多种诱发犯罪的因素，对社区矫正对象依法实施严格监督管理，既是刑事执行的必然要求，也是维护社区安全，预防社区矫正对象重新违法犯罪的前提和保障。

矫正对象的接收、日常监督管理、执法管理和社区矫正的解除，构成了社区矫正监督管理的基本工作流程。社区矫正对象的接收工作是矫正工作开展的初始程序，也是必经程序；而对社区矫正对象的入矫教育、危险性控制、考核奖惩、漏管、脱管、禁止令的执行、外出、迁居、出境管理等，则是对社区矫正对象的基本监督管理手段；执法管理则是在社区矫正过程中出现了违法犯罪、训诫、警告、治安管理处罚、撤销缓刑、撤销假释、逮捕、脱逃、收监、减刑等法定情形，对社区矫正对象采取的行政处罚和执行刑罚、变更刑罚等的特殊管理措施；解矫程序是社区矫正工作的终端程序。每一程序之间是相互连接，缺一不可的。

从我国目前的社区矫正情况来看，对社区矫正对象进行监督管理主要体现在两个层面：一是根据《刑法》《刑事诉讼法》《社区矫正法》等法律法规的有关规定，对社区矫正对象的权利在一定程度上予以限制或剥夺，其行为要接受强制性的监督和管理。如《刑法》第 39 条、第 72 条、第 75 条、第 84 条的规定；《社区矫正法》第四章“监督管理”第 23 条至第 34 条，第六章“解除和终止”第 44 条至第 51 条的规定。这部分内容纳入社

① 张昱、费梅苹：《社区矫正实务过程分析》，华东理工大学出版社 2005 年版，第 6 页。

区矫正的刑罚执行和监督管理的范畴。二是依照 2020 年最高人民法院、最高人民检察院、公安部、司法部（以下简称“两院两部”）的《社区矫正法实施办法》及司法部《司法行政机关开展社区矫正暂行办法》《社区矫正法》规定的精神，以及各省、自治区、直辖市结合地方实际情况，联合或单独制定社区矫正工作的规范。比如《社区矫正法实施办法》第 17 条至第 31 条，规定了对社区矫正对象的报到接收、档案管理、入矫宣告、日常报告、禁止令审批、外出审批、居住地变更审批、日常检查与考核、分类管理等监督管理的内容；第 33 条至第 46 条对社区矫正对象在违规处理、警告处分的条件，提请治安处罚、撤销缓刑、假释的条件，暂予监外执行收监执行的条件，电子定位装置、禁止令执行、应急管理、逃跑处理、羁押处理保护等监督管理中所涉及的程序问题进行了规定。这些规定有助于对社区矫正对象失范的行为和心理进行监督、纠正，从而确保刑事执行的顺利实施。

一、调查评估

调查评估是社会调查评估的一种类型，社区矫正前调查评估是社区矫正工作的前移，目的是实现社区矫正机构与人民法院、监狱管理机关、公安机关的无缝对接，避免出现因衔接不畅而导致脱管、漏管问题的发生，同时也是为了提高社区矫正适用的准确性，以增加社区的安全性，避免因社区矫正对象的到来而给社区带来不良影响与不安定因素，所以对拟适用社区矫正的被告人或罪犯，由人民法院、公安机关或监狱管理机关委托被告人或罪犯居住地的县级社区矫正机构、社会组织对其进行社区矫正适用前的调查评估，并将调查评估的情况作为是否适用社区矫正的参考依据。

二、社区矫正执行地的认定

社区矫正对象的执行地问题，一直是社区矫正实务工作中争议比较大的问题，一般认定居住地为社区矫正执行地。随着社会的发展，矫正对象居住地的认定出现了复杂性，有户籍地、工作地、居住地、临时居住地、无居住地（外籍人员）等。从另一个层面看，居住地认定关系着社区矫正的程序合法性和工作效率问题。所以，社区矫正执行地的认定是社区矫正工作开展的前提。

《社区矫正法》和 2020 年“两院两部”的《社区矫正法实施办法》规定，对拟适用社区矫正的，社区矫正决定机关应当核实社区矫正对象的居住地，根据有利于社区矫正对象接受矫正、更好地融入社会的原则，确定社区矫正执行地。

确定执行地时，社区矫正对象应如实提供其居住、户籍情况，并提供必要的证明材料。这是根据有关法律规定，结合我国当前经济社会发展形势，总结各地社区矫正试点、试行工作经验作出的规定。《社区矫正法实施办法》所称居住地一般是指社区矫正对象能够连续居住六个月以上的县（市、区）。居住地应当同时具备以下条件：一是社区矫正对象应当有固定居所，由其本人或者与亲友共有、承租，或者其他人、单位愿意为社区矫正对象提供，社区矫正对象能够在此居所连续居住 6 个月以上。二是社区矫正对象在居住地有固定的生活来源，或者有亲友、其他人、有关单位为其提供生活保障。不能确定居住地的，在户籍所在地接受社区矫正。三是无法确定居住地的，一般在户籍地执行社区矫正。

《社区矫正法》第17条规定，社区矫正执行地为社区矫正对象的居住地。社区矫正对象在多个地方居住的，可以确定经常居住地为执行地。社区矫正决定机关是核实社区矫正对象居住地的主体。一般情况下，社区矫正执行地为社区矫正对象的居住地。但是，如果出现社区矫正对象的居住地无法确定或者居住地不适宜执行社区矫正的，社区矫正决定机关应当根据有利于社区矫正对象接受矫正、更好地融入社会的原则，确定社区矫正执行地。

三、社区矫正对象的接收

社区矫正对象的接收是社区矫正对象真正进入矫正的第一个工作环节，也是十分重要的一个工作环节。只有准确无误地完成了接收工作，社区矫正对象才能顺利地进入社区矫正，社区矫正机构也才能开展监督管理、教育矫正、社会适应性帮扶等工作。

所谓社区矫正对象的接收是指符合社区矫正条件的社区矫正对象，在判决、裁定或决定确定之后，在法定期限内，按时到执行地县级社区矫正机构报到，县级社区矫正机构依法为其办理社区矫正接收手续的活动。

（一）文书的送达和接收

2016年“两院两部”联合发布的《关于进一步加强社区矫正工作衔接配合管理的意见》第5条规定：“对于被判处管制、宣告缓刑、假释的罪犯，人民法院、看守所、监狱应当书面告知其到居住地县级司法行政机关报到的时间期限以及逾期报到的后果，并在规定期限内将有关法律文书送达居住地县级司法行政机关，同时抄送居住地县级人民检察院和公安机关。社区服刑人员前来报到时，居住地县级司法行政机关未收到法律文书或者法律文书不齐全，可以先记录在案，并通知人民法院、监狱或者看守所在5日内送达或者补齐法律文书。”第6条规定：“人民法院决定暂予监外执行或者公安机关、监狱管理机关批准暂予监外执行的，交付时应当将罪犯的病情诊断、妊娠检查或者生活不能自理的鉴别意见等有关材料复印件一并送达居住地县级司法行政机关。”

《社区矫正法》第20条规定：“社区矫正决定机关应当自判决、裁定或者决定生效之日起五日内通知执行地社区矫正机构，并在十日内送达有关法律文书，同时抄送人民检察院和执行地公安机关。社区矫正决定地与执行地不在同一地方的，由执行地社区矫正机构将法律文书转送所在地的人民检察院、公安机关。”“两院两部”《关于进一步加强社区矫正工作衔接配合管理的意见》关于文书送达的规定和《社区矫正法》的规定不一致，应以《社区矫正法》规定的10日内送达有关法律文书为准。按照2020年“两院两部”的《社区矫正法实施办法》第16条的规定，社区矫正决定机关应当自判决、裁定或者决定生效之日起5日内通知执行地县级社区矫正机构，并在10日内将判决书、裁定书、决定书、执行通知书等法律文书送达执行地县级社区矫正机构，同时抄送人民检察院。收到法律文书后，社区矫正机构应当在5日内送达回执。社区矫正对象前来报到时，执行地县级社区矫正机构未收到法律文书或者法律文书不齐全，应当先记录在案，为其办理登记接收手续，并通知社区矫正决定机关在 5 日内送达或者补齐法律文书。

（二）矫正小组的设立

按照 2020 年“两院两部”的《社区矫正法实施办法》第 19 条的规定：“执行地县级社区矫正机构、受委托的司法所应当为社区矫正对象确定矫正小组，与矫正小组签订矫正责任书，明确矫正小组成员的责任和义务，负责落实矫正方案。”一般来说，矫正小组由司法所工作人员担任组长，矫正小组成员不少于三人，由社会工作者、志愿者、有关部门、村（居）民委员会、社区矫正对象所在单位、就读学校、家庭成员或者监护人、保证人等组成，社区矫正对象是女性的，矫正小组应当有女性成员。社区矫正对象为未成年人的，矫正小组应当有熟悉青少年特点的人参加。

按照《社区矫正法》第 25 条的规定：“社区矫正机构应当根据社区矫正对象的情况，为其确定矫正小组，负责落实相应的矫正方案。根据需要，矫正小组可以由司法所、居民委员会、村民委员会的人员，社区矫正对象的监护人、家庭成员，所在单位或者就读学校的人员以及社会工作者、志愿者等组成。社区矫正对象为女性的，矫正小组中应有女性成员。”在实际工作中，执行地县级社区矫正机构为社区矫正对象确立矫正小组，同时根据社区矫正对象的情况和工作需要，与矫正小组签订社区矫正责任书，明确矫正小组成员的责任，确保各项矫正措施的落实。如果社区矫正对象为女性的，矫正小组必须有女性成员。

（三）社区矫正宣告

依照《社区矫正法》第 22 条的规定：“社区矫正机构应当依法接收社区矫正对象，核对法律文书、核实身份、办理接收登记、建立档案，并宣告社区矫正对象的犯罪事实、执行社区矫正的期限以及应当遵守的规定。”按照 2020 年“两院两部”的《社区矫正法实施办法》第 20 条的规定：“执行地县级社区矫正机构接收社区矫正对象后，应当组织或者委托司法所组织入矫宣告。”执行地县级社区矫正机构接收社区矫正对象后，可以自行组织或者委托司法所组织入矫宣告。宣告由社区矫正机构或者司法所工作人员主持，矫正小组成员及其他相关人员到场，按照规定程序进行。

四、监督管理的内容和程序

（一）制定矫正方案

在社区矫正中，矫正小组应当为社区矫正对象制定矫正方案。《社区矫正法》第 24 条规定：“社区矫正机构应当根据裁判内容和社区矫正对象的性别、年龄、心理特点、健康状况、犯罪原因、犯罪类型、犯罪情节、悔罪表现等情况，制定有针对性的矫正方案，实现分类管理、个别化矫正。矫正方案应当根据社区矫正对象的表现等情况相应调整。”

2020年“两院两部”的《社区矫正法实施办法》第22条规定：“执行地县级社区矫正机构、受委托的司法所要根据社区矫正对象的性别、年龄、心理特点、健康状况、犯罪原因、悔罪表现等具体情况，制定矫正方案，有针对性地消除社区矫正对象可能重新犯罪的因素，帮助其成为守法公民。矫正方案应当包括社区矫正对象的基本情况、对社区矫正对象的综合评估结果、对社区矫正对象的心理状态和其他特殊情况的分析、拟采取的监督管理、教育帮扶措施等内容。矫正方案应当根据分类管理的要求、实施效果以及社区矫正对象的表现等情况，相应调整。”

（二）社区矫正对象外出和变更执行地审批

《社区矫正法》第27条和《社区矫正法实施办法》第27条至第31条对外出审批、扩大活动范围审批、变更执行地审批、经常性跨市县活动等问题进行了规定。

1. 外出审批。《社区矫正法实施办法》第26条至第29条对社区矫正对象外出的理由、审批程序、外出管理、经常性跨市县活动等进行了规定。在这里，所居住的市是指直辖市的城市市区、设区的市的城市市区和县级市的辖区。在设区的同一市内跨区活动的，不属于离开所居住的市、县。

2. 变更执行地审批。《社区矫正法》第27条规定：“社区矫正对象离开所居住的市、县或者迁居，应当报经社区矫正机构批准。社区矫正机构对于有正当理由的，应当批准；对于因正常工作和生活需要经常性跨市、县活动的，可以根据情况，简化批准程序和方式。因社区矫正对象迁居等原因需要变更执行地的，社区矫正机构应当按照有关规定作出变更决定。社区矫正机构作出变更决定后，应当通知社区矫正决定机关和变更后的社区矫正机构，并将有关法律文书抄送变更后的社区矫正机构。变更后的社区矫正机构应当将法律文书转送所在地的人民检察院、公安机关。”这是关于矫正对象执行地变更的规定。《社区矫正法实施办法》第30条规定了变更执行地审批；第31条规定了变更执行地程序。

（三）禁止令执行

《社区矫正法》第31条和《社区矫正法实施办法》第39条对社区矫正对象被宣告禁止令后申请进入特定场所的审批做出了规定。

禁止令制度是我国刑罚制度的重要创新。它是指对于特定的罪犯由法律规定不经过批准不得从事特定的活动，不得擅自进入某些特定的区域或者场所，不得接触特定的人。禁止令制度对于进一步贯彻宽严相济刑事政策，避免交叉感染，节约司法资源具有十分重要的意义。

《刑法修正案（八）》明确规定，对于被判处管制、缓刑的罪犯可以适用禁止令。2011年4月最高人民法院、最高人民检察院、公安部、司法部《关于对判处管制、宣告缓刑的犯罪分子适用禁止令有关问题的规定（试行）》要求禁止令由社区矫正机构负责执行。《社区矫正法》第31条：“社区矫正机构发现社区矫正对象正在实施违反监督管理规定的行为或者违反人民法院禁止令等违法行为的，应当立即制止；制止无效的，应当立即通知公安机关到场处置。”《社区矫正法实施办法》第39条规定：“社区矫正机构根据执行禁止令的需要，可以协调有关的部门、单位、场所、个人协助配合执行禁止令。对禁止令确定需经批准才能进入的特定区域或者场所，社区矫正对象确需进入的，应当经执行地县级社区矫正机构批准，并通知原审人民法院和执行地县级人民检察院。”

在实际工作中，执行禁止令的常见做法：一是对人民法院禁止令确定需经批准才能进入的特定区域或者场所，社区矫正对象确需进入的，应当经县级社区矫正机构批准，并通知原判人民法院和执行地县级人民检察院。二是社区矫正机构根据执行禁止令的需要，可以要求有关部门、单位、场所、个人协助配合执行禁止令。如果发现社区矫正对象正在实施违反监督管理规定或者违反禁止令行为，必须立即予以制止，如果社区矫正对象不听从劝阻，工作人员可以立即报警处理。

（四）考核奖惩

根据《社区矫正法实施办法》第 32 条的规定，考核的内容包括社区矫正对象接受监督管理、参加教育学习等情况。

在实际工作中，要求社区矫正机构或司法所实时记录社区矫正对象认罪悔罪、遵守法律法规、服从监督管理、接受教育等情况，及时录入省级社区矫正综合管理指挥平台，为社区矫正对象考核提供事实依据。

（五）行政执法管理

社区矫正是在执行刑罚的前提下，社区矫正机构对社区矫正对象的行政管理活动。因此，社区矫正中，社区矫正机构对社区矫正对象的行政管理程序和具体事务，以行政执法管理的形式开展的活动，我们称之为行政执法管理。《社区矫正法》第 28 条规定，对社区矫正对象的行政奖励是表扬。对社区矫正对象违反法律法规或者监督管理规定，在行政惩处上，则视情节依法给予训诫、警告、提请公安机关予以治安管理处罚。

（六）刑务管理

社区矫正是我国刑事执行方式，是以刑罚为前提的。因此，社区矫正中，我们将涉及刑罚执行程序和具体事务，以管理的形式开展的活动，称为刑务管理。《社区矫正法》第 28 条规定，社区矫正对象违反法律法规或者监督管理规定的，应当视情节依法给予提请撤销缓刑、提请撤销假释、对暂予监外执行的提请收监执行等刑事处罚。第 33 条规定，社区矫正对象符合刑法规定的减刑条件的，社区矫正机构应当向人民法院提出减刑建议。

社区矫正机构是司法行政机关所设立的社区矫正执行机构，从目前的法律规定看，不具有刑罚执行权，因此，我们这里所讲的刑罚执行事务，主要是指需要和公安机关、检察机关、人民法院、监狱等合作才能完成的管理活动。在刑务管理中，社区矫正机构所具有的只是建议权。而决定权和执行权则由公安机关、人民法院、监狱管理机关分别行使。

五、矫正教育的基本内容

公民基本素质教育，是指在一定的教育思想、教育理论、教育原则指导下，对社区矫正对象作为公民应具备的基本素质的教育活动。《社区矫正法》第36条：“社区矫正机构根据需要，对社区矫正对象进行法治、道德等教育，增强其法治观念，提高其道德素质和悔罪意识。对社区矫正对象的教育应当根据其个体特征、日常表现等实际情况，充分考虑其工作和生活情况，因人施教。”2020年“两院两部”的《社区矫正法实施办法》第43条对教育矫正问题又进行了细化规定：“社区矫正机构、受委托的司法所应当充分利用地方人民政府及其有关部门提供的教育帮扶场所和有关条件，按照因人施教的原则，有针对性地对社区矫正对象开展教育矫正活动。社区矫正机构、司法所应当根据社区矫正对象的矫正阶段、犯罪类型、现实表现等实际情况，对其实施分类教育；应当结合社区矫正对象的个体特征、日常表现等具体情况，进行个别教育。社区矫正机构、司法所根据需要可以采用集中教育、网上培训、实地参观等多种形式开展集体教育；组织社区矫正对象参加法治、道德等方面的教育活动；根据社区矫正对象的心理健康状况，对其开展心理健康教育、实施心理辅导。社区矫正机构、司法所可以通过公开择优购买服务或者委托社会组织执行项目等方式，对社区矫正对象开展教育活动。”公民基本素质教育的内容，直接关系到社区矫正工作的开展，直接影响着教育矫正工作计划的制订和实施。因此，只有深入研究公民基本素质教育的基本内容，才能制定出切实可行的矫正方案，才能使公民基本素质教育规范有序。

六、社区矫正的解除

社区矫正的解矫管理是指由于社区矫正对象的社区矫正期限届满，或者由于法定事由社区矫正归于终止或消灭、中止，解除对社区矫正对象管理的行为。《社区矫正法》第44条规定：“社区矫正对象矫正期满或者被赦免的，社区矫正机构应当向社区矫正对象发放解除社区矫正证明书，并通知社区矫正决定机关、所在地的人民检察院、公安机关。”解矫管理是社区矫正工作的最后一个管理环节，主要包括对符合矫正解除、终止条件的社区矫正对象按照程序为其办理解除、终止的手续，完成社区矫正工作的最后一个刑罚执行环节并与安置帮教工作相衔接。

社区矫正对象矫正的解除，是指社区矫正对象因矫正期限届满或因暂予监外执行条件消失而引起的一种刑事执行的解除。

第四节 我国社区矫正管理模式

我国社区矫正工作经过十几年的探索，形成了诸多独具特色的管理模式。具有代表性的有上海管理模式、北京管理模式、浙江管理模式、江苏管理模式等。

一、上海管理模式

上海市社区矫正工作在市委政法委的直接领导下，经过多年的探索与实践，逐步形成了符合上海实际、具有上海特色的社区矫正运作模式。此模式也为理论研究与探讨我国社区矫正未来发展方向提供了新的实践操作空间和理论思考空间。

上海于 2002 年 8 月在徐汇区斜土路、普陀区曹杨新村和闸北区宝山路开展社区矫正试点工作，试点的矫正对象包括缓刑、假释、管制、保外就医和剥夺政治权利的罪犯。到 2003 年 1 月社区矫正工作在这些地区 31 个街道（镇）全面推开；到 2003 年 8 月又扩大到浦东、卢湾两个区，在全市的 5 个区的 59 个街道（镇）试点。2003 年初，上海市委政法委经过半年的调研，提出在全市构建预防犯罪工作体系的思路，由政府出钱购买服务，引入社团和社工帮助吸毒者、社区青少年、社区矫正对象三类特殊人群树立生活的信心和提升生活的能力，从源头上预防犯罪。上海模式的特色和不足主要体现在以下几个方面：[①]

（一）上海管理模式的特点

上海市的社区矫正是典型的以政府职能与社区优势相结合的复合主导模式。总体思路是“政府主导推动、社团自主运行、社会多方参与”。根据这一总体思路组建了三个民办非企业性质社团组织，即上海市自强社会服务总社、上海市新航社区服务总站和上海市阳光社区青少年事务中心，这标志着社团自主运行的实质性启动。2004 年 8 月起，在试点工作的基础上，预防犯罪工作体系建设在全市各区县范围内全面推进，逐渐形成了多元化的、各司其职的、协同管理的综合治理新格局。

（二）上海管理模式依托的社会经济条件

上海位于全国改革开放的前沿，经济实力雄厚，良好的社区环境已经培育形成，基层组织和文明建设得到了较快的发展，市民的思想道德修养、科学教育水平和民主法制观念有了进一步的提高，初步形成了一支热心于社会公益事业的志愿者队伍。另外，市委、市政法委对上海市法制建设的改革和创新非常重视和支持，也为扩大上海的社区矫正工作奠定了良好的基础。

（三）上海管理模式的专业工作理念

在整个模式的构建与发展完善中，设计者与实施者超越了传统依靠行政方法实施专政的理念，采用了社会工作关于平等、尊严、接纳、诚信等方面的理念，发挥了社会工作康复、预防功能。因此，从一开始就强调了将社会工作的价值理念运用到社区矫正的过程，

---

① 这一部分的撰写大量引用和参考了王李娜的《上海社区矫正的实践与思考》，载《湖北经济学院学报》2008 年第 3 期；张传伟的《我国社区矫正京沪模式的比较分析与选择》，载《北京社会科学》2009 年第 1 期。

通过政府购买社工服务的方式推动民间社团的自主运作，实行专门化机关管理和社会化管理相结合。

（四）上海管理模式的体制建设

从2003年上海市社区矫正试点之始，就成立了以市委政法委牵头协调，公安机关、检察机关、审判机关、司法行政机关、监狱管理机关等相关部门参加的社区矫正工作领导小组，设立了禁毒委员会办公室、社区矫正办公室、青少年事务办公室，作为政府主导机构负责统筹规划三项工作。在政府的主导与推动下，分别从事禁毒、社区矫正、青少年事务三项工作的民办非营利社团——上海市自强社会服务总社、上海市新航社区服务总站、上海市阳光社区青少年事务中心。这三个社团获得政府购买服务的费用，承担政府指定的服务项目，主要职能为人事招聘、培训与考核以及制定统一的工作要求等日常管理。2019年12月《社区矫正法》颁布以后，按照《社区矫正法》和《社区矫正法实施办法》的要求，成立了上海市社区矫正委员会和上海市社区矫正管理局，各区成立了对应的社区矫正机构，负责社区矫正管理工作。

在区级层面，对应上海市新航社区服务总站设有社工站，各个街道都设有社工点。社区矫正工作者在正式上岗前，进行120个课时的集中封闭式培训，授课老师为高校社会工作专业与法学专业的专家与教授，分别进行法律知识、社会工作理论与实务、矫正业务与流程等课程培训。另外，每人每年至少要进行48小时的再培训，主要包括新的政策规定的学习，具体工作中的一些方法、技巧等。

（五）上海管理模式的队伍建设

上海管理模式的矫正队伍，通过政法选聘与社会招聘两种方式建构，社会招聘的工作人员按1∶50的比例配置。在招聘的人员中，有12%左右的人，具有社会工作与法律的专业背景。

上海根据相关规定，通过社会公开招聘和内部在编人员选聘，组建了专门的社区矫正工作人员队伍，并对工作人员的任职条件做了详细的规定，要求任职者必须是大专以上学历、有相关学科背景、有上海户籍，这在一定程度上保障了社区矫正工作者的专业性和稳定性。同时，上海还采取了一些措施保障社区矫正工作人员的质量，比如，规定其中40%～50%的社工向社会公开招聘，50%～60%的社工从政法、教育、卫生等国家机关和事业单位在编人员中选聘，应聘者须通过统一考试、面试和政审后择优聘用并进行上岗培训。选聘人员除享受原先单位的工资福利待遇外，适当给予电话补助、交通费用补助和餐饮补助，享有养老保险、工伤保险、生育保险、医疗保险、失业保险以及住房公积金等福利待遇。

（六）在矫正内容方面

通过建章立制，初步形成了社区矫正对象日常管理、学习教育、公益活动、帮困解难、社区矫正志愿者队伍建设五大工作内容。同时构建了三大版块五大基地的实践形式。

三大版块即日常管理、教育学习和公益活动；五大基地即政治思想教育基地、法制教育基地、爱国教育基地、公益活动基地和推荐就业基地。

（七）在考核评估方面

由上海市社区矫正管理局分别对矫正工作站、社工点进行考核，其标准包括受委托的司法所承担社区矫正日常管理职能；重新犯罪率的大小；法律文书是否齐全；矫正方案是否规范；台账是否完善等方面。

对于社会工作者的考核，制定了以“台账建立率、案主见面率、重点案主谈话率、个案涉及率”为主要内容的目标管理考核制度，而不是一味强调总结报告与重新犯罪率的高低。

另外，他们与上海政法学院、华东理工大学社会工作系在理念的设计、制度的建设、人员培训以及其他具体矫正工作开展的各环节都展开了密切的合作，为上海市社区矫正工作的顺利进行提供了科学的理论指导。

（八）社区矫正网络的立体层面

第一层：社区矫正工作人员负责制定社区矫正对象个性化矫正方案；掌握社区矫正对象的现实表现情况，为社区矫正对象的日常管理、司法奖惩及期满鉴定提供依据；帮助社区矫正对象解决心理、生活、就业等方面的实际问题。

第二层：社区矫正工作站向各街镇派出社工，对本区县社工进行业务指导、绩效考核和日常管理等工作。

第三层：民办非企业单位与社工签订服务协议并组织社工开展工作；负责对区县社区矫正工作站及社工进行评估；确保政府购买服务费用的合理使用等。

第四层：受委托的街道司法所对社区矫正工作者提出工作要求和工作目标，并对社会工作者做出评估；依照有关规定或政策办理社区矫正对象的社会保障事宜，帮助社区矫正对象做好帮困解难工作等。

第五层：区县司法局社区矫正机构按权限审批并承办社区矫正对象的奖惩；负责本区县政府购买服务经费的核定、申请；指导、监督并评估本区县社区矫正工作站及社工的工作；指导、监督、检查街道乡镇受委托的司法所社区矫正工作等。

第六层：上海市司法局社区矫正管理局负责领导和管理全市社区矫正工作。研究制定社区矫正工作有关的政策、制度；负责审批社区矫正对象的日常管理奖惩，审核社区矫正对象的司法奖惩；负责政府购买服务项目的评估及经费核定、申请等。

（九）上海管理模式存在的问题

尽管上海的社区矫正工作在矫正理念、具体运作方式、矫正方法等方面都走在全国的前列，但这一管理模式仍存在问题：一是执行主体的执法权威不够，导致受委托的司法所承担着社区矫正的一线工作，责任重大，但法律政策又没有赋予司法所相关的执法权。二是上海的社区矫正管理体制有待完善，“多头管理”、职责不明现象明显。三是在整个社团运作中，行政干预色彩依然较强，政府并未把社团看成独立运作的机构，在资金调配、人员招聘、社团及社工的考核评估等方面依然主导社团的运行。四是工作效率不高。当前上海市的社工网络的建立是行政建制的简单复制，不够精简、科学，工作效率也有待提高。五是考核存在形式主义。在社工的管理考核方面，上海制定了以“台账建立率、案主见面率、重点案主谈话率、个案涉及率”为主要内容的目标管理考核制度，在实际与矫正工作者的访谈中发现或多或少存在做得好不如做得多、做得多不如讲得多、讲得多不如写得多的现象。许多工作光看数量与台账，不能真正起到考核的作用。六是社会工作者的专业素质与要求不适应。在社会招聘人员时无任何专业要求，最终招聘的人员中，只有12%左右的人具有社会工作与法律专业背景，影响了专业矫正工作的开展，而且许多招聘来的社会工作者经过专业培训后，主要负责非专业性的文书工作，自身的专业特长没能很好地发挥。

二、北京管理模式

北京市是全国范围内第一个将社区矫正试点工作扩大到整个辖区的地区。北京市于2001年底开始社区矫正试点工作，于2002年上半年在司法局内成立专门的矫正工作机构——监狱劳教工作联络处，全权负责北京市的社区矫正工作。同时，组织力量进行专门的社区矫正工作调研，并进行假释和暂予监外执行等罪犯社区矫正的理论研究和实践探索。2003年7月1日，北京将东城、房山、密云等区作为社区矫正的首批试点区县。之后，逐年加大试点工作的深度和广度。2004年5月1日，北京市决定将全市的所有区县均纳入试点范围。北京模式的特色表现在以下几个方面：①

（一）北京管理模式的特点

北京管理模式是典型的以政府主导的行刑空间转换模式，是指由北京市社区矫正工作领导小组及其办公室在社区矫正试点过程中探索的一种符合国情及首都实际情况的在社区中进行的非监禁刑罚执行制度，以及运用开放式教育改造罪犯的工作模式。社区矫正成为司法行政机关的工作职责，行政色彩浓厚。注重通过行政化的教育来实现对社区矫正对象的教育转化。北京市以及所属区县虽然成立了社区矫正服务中心，如朝阳区阳光社区矫正服务中心，但这些机构名义上是“民办”的，实则是“官办”的，其筹建、经费来源以及人员的组成等都是由官方主导的。

（二）北京管理模式的基本工作理念

北京市现行社区矫正工作模式是对原有的由公安机关作为执行主体的在社区执行刑罚工作的继承与完善。在试点和实行阶段的法律框架之下，北京市将社区矫正工作定位为刑

① 这一部分的撰写大量引用和参考了王李娜的《上海社区矫正的实践与思考》，载《湖北经济学院学报》2008年第3期；张传伟的《我国社区矫正京沪模式的比较分析与选择》，载《北京社会科学》2009年第1期。

罚执行活动，执行主体与执行对象不能改变，但具体的执行工作与矫正内容，由国家的司法行政系统的基层司法所及专业社区矫正工作者承担与负责落实。其社区矫正的出发点，首先考虑的是首都的社会安全，其次才是为矫正对象提供服务的问题。

（三）具体工作方式

在运作方式上，北京管理模式在 2020 年以前从上到下分为三个层次：北京市建立由政法委牵头、市级政法部门和有关部门参加的联席会议制度；各试点区县成立社区矫正试点工作领导小组，办公室设在司法局，负责日常管理工作；试点街道（乡镇）成立社区矫正工作领导小组。形成了北京市、各区县、街道乡镇三级社区矫正网络体系。2020 年 7 月 1 日《社区矫正法》和《社区矫正法实施办法》颁布实施之后，按照要求各级政府都成立了社区矫正委员会，在司法行政部门成立了社区矫正机构，专司社区矫正工作。

整体矫正工作格局是社区矫正委员会统一领导，司法局主管，社区矫正机构组织实施，公安机关、检察机关、审判机关、司法行政机关、监狱管理机关、民政部门、人力资源和社会保障部门等相关部门协作配合，社区矫正机构和受委托的司法所具体执行。

（四）社区矫正队伍的组建

北京管理模式的社区矫正工作队伍主要由专业矫正力量和社会矫正力量两部分组成。专业矫正力量由受委托的司法所司法助理员和抽调的监狱、戒毒所人民警察组成，是社区矫正的主要力量；社会矫正力量是社区矫正的补充力量，主要由社会志愿者构成，包括专家学者、离退休干部、社区居委会成员、高校的高年级学生、社区矫正对象的近亲属和所在单位人员等。

北京管理模式为了解决受委托的基层司法所无行刑权的问题，专门从监狱和戒毒所抽调了人民警察，以便在社区矫正中对社区矫正对象行使行刑权。而监督管理、矫正教育、危机干预、社会救助等工作是由司法助理员、监狱和戒毒所抽调的人民警察、社会志愿者等共同来完成的。

（五）工作内容和方法

在工作内容和方法上，北京管理模式探索建立了风险管理模式，在分类管理、个案矫正、心理矫正、行为矫正等方法上进行了实践。对社区矫正对象以其人身危险性大小为标准实施分类管理，并且以社区矫正对象接受矫正的时间进程为基础，实施分阶段教育。

所谓风险管理，是依据对社区矫正对象的人身危险性的测量调查，分出不同的等级，在此基础上制定相应的监督管理、矫正教育的方案，充分体现个别化原则，以增强社区矫正的针对性和科学性，从而提高社区矫正的安全防范水平与教育改造质量。具体做法是以社区矫正对象的人身危险性大小为分类标准，结合社区矫正对象回归社会的趋向程度，将社区矫正对象分为 A、B、C 三类，其中 A 类为人身危险性小、再社会化程度高的人员；B 类为人身危险性和再社会化程度一般的人员；C 类为人身危险性大、再社会化程度低的人员。为体现管理的差异性，对 A 类人员实施低强度管理，对 B 类人员实施中强度管理，对

C类人员实施高强度管理。

分阶段教育的具体内容是根据社区矫正对象在接受社区矫正过程中心理、行为特点和需求变化的规律性，结合矫正教育的目标，将教育全过程分为初始教育、常规教育和解矫教育三个阶段，增强教育工作的系统性、连贯性、科学性和计划性，提高教育工作的实效性。① 一般来说，初始教育阶段为接受矫正的前两个月，解矫前教育阶段为解除矫正前一个月，中间时段为常规教育阶段。在三个阶段设定相应的教育目标、教育内容和教育方式。比如在初始教育阶段，社区矫正对象一般具有自卑、对生活缺乏信心、对社区矫正存在逆反等心理特征，以及对社区矫正较为抵触、参加社区矫正较为被动等行为特征，并具有渴望被社会接纳、解决基本生存问题等需求。而解除矫正前的最后阶段则是为矫正对象正常进入社会做最后准备。

在个案矫正方面，北京模式对社区矫正对象的感化帮扶呈现立体化的特点，结合每个社区矫正对象的犯罪经历、心理特征和家庭状况等情况进行个性化感化。对于每名社区矫正对象，制定具有针对性的感化方案。通过心理测查、心理咨询、矫正、评估等程序，细致深入地了解社区矫正对象的内心世界，为科学矫正提供基础资料。对生活确有困难的社区矫正对象在劳动就业、升学考试、技能培训、低保办理、解决户口等方面的困难给予积极的帮助。通过解决具体生活问题，让社区矫正对象从内心感受到政府、社会对他们的挽救，以此激发其参加社区矫正的积极性。

同时，北京管理模式在社区矫正中推行了半强制式就业。即社区矫正对象有工作单位的，可以在原单位继续工作；没有工作而有能力自谋职业的，可以在告知社区矫正组织后自谋职业，社区矫正组织为其提供方便；没有工作且没有能力自谋职业的，社区矫正组织为其创造条件，提供培训机会，指导其就业，社区矫正对象必须服从就业指导，参加指导安置的工作项目。

（六）“阳光中途之家”建设

“阳光中途之家”是北京管理模式的又一亮点。2007年底，朝阳区司法行政系统率先筹建“阳光中途之家”，2008年7月投入使用。2009年底，市司法局在总结朝阳区“阳光中途之家”经验的基础上，决定向全市推广。到2011年底，全市16个区县“阳光中途之家”全面投入运行，全市“阳光中途之家”总建筑面积达15000多平方米。“阳光中途之家”的主要功能为对社区矫正对象进行集中初始教育和培训、组织社区矫正对象参加公益活动、聘用专业心理咨询师开展心理矫治工作。对于虽然有劳动能力，但文化水平较低、缺乏必要的工作技能、难以在短期内找到合适的工作的人员进行临时性救助，提供免费的技术培训，并推荐其就业。根据2011年6月底统计，全市“阳光中途之家”建立以来，已提供心理咨询和辅导1600余人次，组织公益活动2400余人次，就业帮扶1400余人次，提供食宿救助800余人次，平均每所“阳光中途之家”提供了50人次的食宿救助。“阳光中途之家”由市县司法局负责建设和管理运行，工作人员属事业编制，它的建立和运行有效地整合和拓展了原有的社区矫正服务中心的服务职能和领域，特别是在社区矫正对象的

① 张建明主编：《社区矫正理论与实务》，中国人民公安大学出版社2008年版，第452页。

集中初始教育和“三无”人员①的临时性安置救助方面做了有益的尝试。②

（七）北京管理模式存在的问题

北京独特的首都地域，决定了维护社会稳定成为北京社区矫正实施的前提条件。从维护首都稳定理念出发，强调社区矫正是“刑罚执行活动”，严格规范化管理，抽调监狱和戒毒警察全程参与，“40、50”协管员作为民间辅助力量，以及具有集中培训特色的“阳光中途之家”等，构成了北京管理模式的基本特色。但也存在以下问题：③ 一是社会力量参与社区矫正工作的问题。北京管理模式中参与的社会力量是由政府聘用的“40、50”人员，其工作能力和水平难以达到专业社会工作师、心理咨询师的标准。“40、50”人员单一的劝导无法解决法律方面、心理方面的问题，也无法从根源上对社区矫正对象的思想进行全面系统的矫正。所以，北京管理模式需要广泛的社会组织、志愿者的参与。二是工作人员的编制问题。北京管理模式实际开展社区矫正工作的人员有矫正干警、受委托的司法所助理员、社区矫正协管员，其中社区矫正干警人事关系和管理归原属监狱和戒毒所，由北京市统一抽调分派到各区受委托的司法所；司法助理员的人事关系在属地街道或者乡镇政府，来源广泛、工作繁杂；社区矫正协管员属于聘用的合同制、非在编人员。这三类人员的管理不统一，结构复杂，专业化程度不高，与严肃的刑事执行工作要求还有一定的差距。

三、浙江管理模式

浙江省自社区矫正试点开始，逐步探索出了具有自身特色的管理模式。④ 浙江省社区矫正试点工作大致分为三个阶段，即 2004 年 5 月至 2009 年为试点阶段；2009 年至 2019 年为全面实行阶段；2020 年以后为法治化建设阶段。

2003 年 7 月，浙江省被确定为全国首批社区矫正试点省份，社区矫正试点工作正式启动。经过近一年的前期工作准备，2004 年 5 月 13 日，浙江省政府召开了全省社区矫正试点工作会议，全面部署试点工作。此次工作会议为完善浙江省各试点地区的司法行政机关与法院、公安机关、检察院等相关职能部门的社区矫正工作衔接以及开展社区矫正对象日常监督、管理和教育的各项工作做了准备。2005 年 4 月，浙江省委办公厅、省政府办公厅印发了《关于成立浙江省社区矫正工作委员会的通知》。据此，逐步建立了以省及试点市、区（市、县）社区矫正工作委员会及办公室和乡镇（街道）社区矫正试点工作领导小组

---

① “三无”人员：指无固定住处、无亲友帮助、无就业条件的社区矫正人员和刑释解教人员。

② 张荆：《北京社区矫正模式特色与问题点分析》，载《中国人民公安大学学报（社会科学版）》2013 年第 3 期。

③ 徐子淇：《论我国社区矫正模式的构建》，载《淮海工学院学报（人文社会科学版）》2017 年第 3 期。

④ 浙江社区矫正管理模式参考了张建明的《社区矫正理论与实务》，中国人民公安大学出版社 2008 年版，第 453~457 页的内容。同时笔者在 2020 年 10 月撰写中，专门请求浙江警官职业学院副院长徐祖华（浙江省司法厅社区矫正管理局原局长）进行了修订，增加了自 2008 年以来的新探索和新内容。

为基础构架的四级试点工作组织领导和工作管理体系。

浙江省在社区矫正前期试点工作中，探索形成了以组织管理体系化、队伍建设多元化、刑罚执行制度化、监督管理社会化、教育矫正人性化、奖惩考核公开化、公益劳动多样化、帮困解难亲情化、档案台账规范化、接受解除程序化等“十个化”为基本特点的社区矫正工作方法和措施，社区矫正的实际效果初步显现。特别应该提到的是，作为浙江省社区矫正试点单位的浙江省诸暨市枫桥镇，在20世纪60年代初就总结出了“发动和依靠群众，坚持矛盾不上交，就地解决，实现捕人少、治安好”的“枫桥经验”，得到毛泽东同志的充分肯定，成为全国政法干线的先进典型。随着社会经济形势的发展，“枫桥经验”不断创新并被赋予具有鲜明时代特色的新内涵，其中许多做法蕴含了目前正在开展的社区矫正工作的诸多元素，成为现代基层社会治理的良好经验。进入新时代，浙江省社区矫正工作呈现出快速发展的良好局面，形成了以下六个方面的鲜明特色：

（一）健全工作体制机制

浙江省探索建立并巩固完善了“党委政府领导、司法行政机关牵头组织、职能部门密切配合、社会力量广泛参与”的社区矫正领导体制和工作机制，并上升为全国经验。省、市、县（市、区）三级人民政府全面建立社区矫正委员会及其办公室，社区矫正机构实现全覆盖，基层司法所建设成效显著，社区矫正队伍素质结构明显改善，社区矫正工作指导管理、组织实施体系日益健全和完善。

（二）完善工作制度体系

浙江省颁布了一系列有利于开展社区矫正的工作制度，为社区矫正工作建章立制，保证了工作渠道信息畅达，使社区矫正工作得以稳步推进。2004年以来，浙江省相继出台了《浙江省社区矫正试点工作实施方案》《浙江省社区矫正对象考核奖惩办法》等70多项工作制度，初步探索形成了符合社区矫正工作规律、具有浙江特点的社区矫正工作制度体系，有力地确保了全省社区矫正工作依法规范、健康有序运行。2020年7月1日《社区矫正法》《社区矫正法实施办法》颁布实施之后，浙江省制定出台了社区矫正调查评估、考核奖惩、教育帮扶、信息化监管、部门衔接等5个规范性制度，编印下发了集社区矫正法律制度、工作职责和流程、法律文书格式、检查考核办法及细则等内容于一体的《浙江省社区矫正工作实务指南》等专业性、实操性用书，使浙江省社区矫正工作与《社区矫正法》等法律法规实施有序衔接、平稳过渡，社区矫正各项工作全面进入法治化新阶段。

（三）优化监管教育帮扶体系

浙江省准确理解和牢牢把握社区矫正刑事执行和行刑社会化的基本属性，坚持矫正为本、管教结合、帮扶并重，创建并完善了县乡村三级社区矫正对象监管教育帮扶体系，“精准矫正”“智慧矫正”体系建设初显成效，社区矫正质量稳步提升，社区矫正秩序持续安全稳定，为加快社区矫正立法进程贡献了浙江智慧、提供了浙江经验。

（四）夯实工作保障体系

浙江省社区矫正工作全面纳入平安、法治、综治和政府目标责任制等考核，在全国率先建立动态增长的社区矫正财政保障机制、出台社区矫正社会工作者政策性保障措施，执法、教育、管理“三位一体”的县级社区矫正中心实现全覆盖，“智慧矫正中心”“枫桥式”司法所创建活动深入推进，社区矫正基层基础全面加强和巩固。

（五）规范社会力量参与体系

浙江省坚持发展新时代“枫桥经验”，探索形成了以下六种主要参与形式：一是专业社会组织参与。通过政府购买服务或自主培育专业社会组织等方式，协助社区矫正机构开展心理矫治、个案矫正、教育帮扶等社区矫正活动。如全省现有25家青少年社区矫正对象“关心桥驿站”、嘉兴海宁市的“紫薇工作站”、湖州德清县的“晨曦社工”和台州玉环市的“天宜社工”等。目前，全省有103家专业社会组织参与社区矫正工作。二是基层自治组织参与。2014年以来，浙江省在有社区矫正对象的村（居）全面建立社区矫正工作站，为村（居）委干部群众参与社区矫正对象帮教帮扶活动搭建平台，并将其融入基层社会治理“网格化管理、组团式服务”体系。三是党团组织参与。例如，2017年以来，嘉兴市司法局与市委组织部联合启动实施了“先锋助矫”项目，全市3000多名党员志愿者结对帮教辖区内的社区矫正对象，并纳入基层党建工作和党员先锋模范业绩考核。还有以党员和入党积极分子为主体的社会组织参与，如宁波市北仑区的“红领之家”社会组织，以“去标签化”的帮教理念和“融入式”的活动方式，使社区矫正对象切身感受到了广大党员的思想影响力和帮教正能量。四是社会企业参与。企业参与在职业技能培训、推荐就业、过渡性安置等方面发挥了积极作用。例如，宁波市奉化区探索“政企社”相结合参与模式，政府出资、企业承接、社区配合、社区矫正机构负责绩效管理与考核。该模式运用企业文化、企业管理和企业经营等理念和方法，对社区矫正帮教帮扶活动实行企业化管理和项目化运作，规模效益十分明显。2019年8月中央电视台12频道以《回归阳光家园》为题作了36分钟的深度报道。五是公益组织参与。比如，诸暨市依托“一米阳光”等慈善公益性组织推动建立社区矫正志愿者队伍，以“公益、自愿、无偿”形式协助开展帮教帮扶等活动。目前，全省有社区矫正志愿者3.02万人，建有社区矫正对象教育学习基地797个、就业帮扶基地1130个、公益活动基地1998个。六是家庭亲情参与。家庭支持和帮教在社区矫正工作中具有非常重要和特殊的作用，广泛动员社区矫正对象亲属亲友积极参与、协助司法所做好日常监督、教育疏导等工作，对社区矫正对象平稳度过社区矫正执行期能够起到较好的促进作用。例如，湖州市长兴县探索建立携手互动、共同参与的“亲亲家园”家庭帮教模式，使社区矫正对象违法违规现象大幅度减少。

（六）完善信息化管理体系

2019年1月，司法部办公厅下发《关于加快推进全国“智慧矫正”建设的实施意见》，确定浙江省为全国“智慧矫正”试点省份。2020年9月，杭州市西湖区、宁波市海曙区、温州市苍南县、台州市黄岩区和嘉兴桐乡市等5个县级司法局被司法部社区矫正管理局确定为全国首批“智慧矫正”建设县级试点单位。浙江省围绕“智慧矫正”建设目标和要求，一是探索建立全维度、智能化的赋能数据层。将各渠道汇集的社区矫正数据进行清洗、开发、管理，转化为数据能力并渗透到社区矫正各个业务环节，提升社区矫正业务效率，实现数字化转型。探索机器学习、深度学习技术应用，打造持续叠加的“数据资产湖”，降低数据服务门槛，繁荣业务应用生态，促进“数据平台”与“业务平台”的良性互动，满足社区矫正各类业务需求，支持信息化创新发展。二是探索建立时效快、交互佳的智慧办案层。深入推进政法一体化办案系统建设，健全完善以调查评估、交付衔接、日常监管、提请协同、解除终止五个环节协同为主干，单轨办案与智能辅助为两翼，矫情态势研判分析为尾翼的社区矫正一体化协同机制和业务流程，实现部门数据交换、业务协同、数据共享、流程再造。扎实推进以“混合组卷”为基础的社区矫正单轨制协同办案机制建设，在县级社区矫正中心全面设立数字化卷宗管理室，落实专管人员，推动案件流转无纸化，提升执法办案效率。三是探索建立全时空、立体化的精密智控层。深化“智慧矫正中心”创建，研发应用“云雀”信息化智能监管系统，全面融合基站LBS定位、手机软件GPS定位、电子腕带北斗定位等三种技术模式，综合利用“核心区反向预警”“定向区域抽查”“一键式寻访”“范围卡点布防”等场景式功能组件，促进精准监管。依托国家地理信息“天地图”平台，搭建社区矫正对象、监管执法人员、基层网格员三重智密图层，形成“天地一张网”监管指挥态势。推进社区矫正基础数据与“智能治理”“基层网格”“雪亮工程”“公安天眼”“城市大脑”等平台进行场景化多业务协同，将社区矫正信息化核查、人员查找等工作融入各平台，实现精密智控。四是探索建立系统性、预见性的风险防控层。发挥“智慧矫正联合实验室”作用，围绕“犯情动态演化和再犯风险预警研判技术研究”国家重点研发项目，研究建立社区矫正态势感知与形势分析指标体系，构建分析模型，开发态势感知、执法评估、矫情分析、辅助办案、应急指挥等辅助决策子系统。积极应用区块链技术，搭建社区矫正核心数据追溯系统，解决社区矫正核心数据存证核查、权责界定等难题。

四、江苏管理模式

江苏省也是首批被纳入全国社区矫正试点的省份。2003年7月，“两院两部”下发《关于开展社区矫正试点工作的通知》后，江苏省正式启动社区矫正工作。在试点过程中逐步确立了“规范执法、分类管控、精准矫治、损害修复、智慧矫正”的工作思路。特别是近年来，在严格监管的同时，强化个别化矫治、社会化参与、智能化应用和专业化提升，推动社区矫正工作高质量发展。

江苏省的社区矫正工作先后经历了三个阶段。第一阶段是试点阶段，主要任务是构建网络、建立工作队伍、完成建章立制。这一阶段的试点工作在南京、苏州、连云港的3个省辖市的6个市、区（县）的24个乡镇（街道）首先展开。之后，社区矫正试点范围扩大至江苏省，主要是把握工作规律，探索工作方法，积累试点经验。第二阶段是深化试点和全面展开阶段，社区矫正工作从面的扩展转向质的提高，从全面探索转向规范的建立，使经验上升为制度，办法上升为规范，实现社区矫正工作的制度化、科学化、规范化。第三阶段是 2020 年 7 月 1 日《社区矫正法》和《社区矫正法实施办法》颁布实施之后，全面进入社区矫正法治化建设阶段。其特色体现在以下几个方面：

（一）社区矫正组织机构建设规范化

江苏省各级司法行政机关为切实加强对社区矫正对象的监督管理、教育帮扶，逐步建立起社区矫正机构，形成专门机关与社会力量相结合的工作格局，特别是近年来进行探索创新，形成了一定特色。2015 年，江苏省在机构设置全覆盖的基础上，探索推行社区矫正机构“队建制”，在设区市、县级层面分别建立支队、大队，负责社区矫正执法及管理工作。全省 98 个县（市、区）中，83 个县级司法局内设社区矫正局（科）并建立“局（科）队合一”的管理体制。2019 年，江苏省委办公厅、江苏省政府办公厅印发“三定”方案，设立江苏省司法厅社区矫正管理局（社区矫正管理总队）。社区矫正法正式实施后，江苏省司法厅指导盐城市司法局先行试点，将市司法局社区矫正管理局（支队）更名为市社区矫正管理局（支队），拥有独立法人和统一社会信用代码，可以独立开展社区矫正工作，同时提请江苏省委、省政府设立省级社区矫正委员会，筹备召开委员会第一次会议，明确议事规则和各部门职责。

江苏省积极推进社区矫正机构实战化扁平化智能化建设，优化人员力量配置，建立科学高效的勤务运行模式，形成上下联动、内外协同、规范高效的工作机制。2009 年，江苏省司法厅部署启动县级社区矫正中心建设，推动县级司法局社区矫正机构向一线实战单位转型。2012 年起，江苏省在全省所有县级社区矫正中心建成基础上，积极推进县级社区矫正中心升级，通过县级社区矫正机构与中心合署，实现社区矫正工作主要执法管理事项由县级社区矫正中心承担。2015 年，在江苏省司法厅和设区市司法局推行社区矫正机构指挥中心建设，强化对县乡社区矫正工作的实战化指导管理、监督考核。2019 年，在全省推行“1+N”模式，即每个县（市、区）建立一个社区矫正中心及若干分中心。各地根据就近就便原则，以大型司法所建设为基础，有序推行县级社区矫正分中心建设，江苏省司法厅验收通过 42 个县级社区矫正分中心。

（二）社区矫正管理法治化

2014 年，江苏省人大常委会通过《江苏省社区矫正工作条例》，在组织领导、保障监督、社会参与、执行主体等多个方面进行明确规定，实现较大突破和发展，是我国首部社区矫正地方性法规。2014 年底到 2015 年初，陆续发布社区矫正刑罚执行权力清单、社区矫正机构责任清单和社区矫正对象义务清单，进一步深化执法规范化建设，全面提升执法公信力和教育管理水平。2016 年，江苏省司法厅联合省质量技术监督部门和相关院校、基层司法行政机关，研究制定了覆盖社区矫正工作各环节的 38 项工作标准并全面试行，准确指导社区矫正工作者依法履职、规范执法。2012 年以来，江苏省司法厅和相关部门联合先后制订《江苏省社区矫正对象监督管理办法》等 10 余份规范性文件。江苏省司法厅单独印发了《江苏省社区矫正对象教育矫正办法》等 20 余份规范性文件。特别是《社区矫正法》颁布以来，将宣传贯彻社区矫正法列入全省普法工作重点内容，开展社区矫正法集中宣传月活动，全面梳理现行工作制度规范，做好“废改立”工作，对38项江苏省社区矫正工作标准进行修订，制定社区矫正对象考核管理办法，试点社区矫正执法回避、律师进驻社区矫正中心值班制度，部署开展暂予监外执行类社区矫正对象执法专项整顿活动，联合江苏省检察院开展执法专项检查，防范工作人员失职渎职和社区矫正对象脱管失控的情况发生。

（三）“智慧矫正”信息化

近年来，江苏省紧紧围绕司法部“数字法治 智慧司法”决策部署，坚持“内网管理智能化、外网服务移动化”的理念，在全省司法行政一体化智能平台总体构建下，紧扣数字化、智能化、实战化，加快社区矫正信息化建设和应用，形成江苏特色的“一网三通”：社区矫正信息系统和工作人员“矫务通”、矫正对象“在矫通”、矫正小组成员“协矫通”移动应用软件等一体融合、高效运行模式，支撑服务全省社区矫正工作高质量发展。积极探索实施科学评估，整合风险评估、需求评估和心理评估系统，在入矫阶段对社区矫正对象开展危险性评估和矫正需求评估，生成个性化评估报告，并根据评估结果推送初步矫正方案，经集体合议后充实完善矫正方案，为后续监管教育工作提供指引。广泛应用智能监管，研发矫正纪实、“四色积分预警”、25项智能提醒和警示工具以及17项分析研判工具，其中，公安机关提供的飞机乘坐、铁路出行、旅店住宿、网吧上网等数据为社区矫正对象不请假外出行为提供预警。依托江苏省社区矫正信息管理系统、政法协作大平台和“矫务通”“在矫通”“协矫通”等系统，对社区矫正对象实施手机核查、人脸识别、电子定位等监管措施。与“雪亮工程”“天网工程”对接，实现对社区矫正对象信息化核查、重点人员腕带定位核查等功能，构建无缝隙的监管新模式。启动“大数据+特殊人群管理”项目建设，分析研判社区矫正对象的矫正类别、犯罪类型、损害成因等因素，建立行为控制模型，智能推演活动轨迹，灵活设置电子围栏，提升管控的精准度。充分发挥监狱、社区矫正、安置帮教网上平台原有数据资源优势，设计开发刑事执行一体化系统，实现委托评估、人员交接、必接必送等业务线上协同。调研开发刑释人员重新犯罪风险预警模块，上线运行安置帮教蓝信移动平台等。探索社区矫正对象自助矫正模式，先后开发上线社区矫正对象自助教育学习平台，在部分地区试点“自助矫正亭”设备。《社区矫正法》颁布后，江苏省主动顺应《社区矫正法》教育公益等活动形式变化要求，充分利用网站、微信、蓝信等平台，开设“空中课堂”，推广应用“自助矫正亭”等自助矫正设施，建立健全“菜单式”学习教育和职业技能培训新模式，根据社区矫正对象矫正阶段和矫正需求，通过“在矫通”自动推送必修、专修、选修课程，实现线上个别化矫正。探索大数据在智慧考核上的应用，研发试点“区块链+社区矫正”考核评价系统，对社区矫正对象在矫期间活动情况和行为进行评价，形成综合画像，生成考核积分，作为审批经营性外出、扩大活动范围、佩戴腕带、兑现奖惩等的参考依据，从而降低执法风险、助力精准矫治。

（四）矫正力量社会化

江苏省充分认识到社会力量的重要性，积极引导其参与社区矫正工作。2011 年，江苏省发布《江苏省综治委关于进一步加强社区矫正工作的意见》，明确提出“2015 年前实现专职社会工作者与社区矫正对象的配备比例不低于 1：15”的发展目标。2014 年初出台《江苏省社区矫正工作条例》，规定县（市、区）人民政府应当通过公开招聘和购买服务的方式配备社区矫正社会工作者。目前，社区矫正中的社会力量已经成为江苏省开展社区矫正工作不可或缺的重要力量。2014 年以来，江苏省司法厅先后联合江苏省关工委、江苏省政法系统关工委出台关于动员组织“五老”志愿者队伍参与社区矫正工作的意见，建立定期研究、联动会商、矫情通报、“三帮”（帮学、帮教、帮困）机制，加强志愿者队伍建设，培育发展社会组织参与社区矫正，2016 年江苏省司法厅下发《社区矫正专业型社会组织培育发展推进方案》，要求江苏省各县（市、区）至少培育发展 1 个可参与社区矫正的专业型社会组织，普遍建立县级社区矫正工作协会及乡镇（街道）社区矫正工作协会，同时明确推进措施要求等。目前，江苏省各地大力加强对社会组织的培育孵化，通过政府购买、公益创投等多途径支持引导 172 家社会组织参与社区矫正工作。充分发挥基层自治组织等独特作用，2014 年 10 月，江苏省司法厅下发《关于进一步加强全省村（社区）司法行政服务站建设的指导意见》，依托村（社区）基层自治组织开展司法行政工作。村（居）民委员会发挥贴近社区矫正对象日常工作、生活的优势，及时掌握社区矫正对象的思想动向和行为表现，协助做好社区矫正对象的困难帮扶、公益活动工作。目前，司法行政服务站建设已成为江苏省社会力量参与社区矫正工作的重要阵地。江苏省积极引入社会组织，对社区矫正对象实施专门的损害修复，突出家庭、学校、社会参与，提高教育矫治成效。

（五）矫正项目专业化

2016 年起组织指导苏州市局和江苏省司法警官高等职业学校联合开展循证矫正试点，2017 年起实施损害修复工程，在东南大学中国犯罪预防与社会修复研究中心及 25 个县级社区矫正中心开展项目试点，2019 年在全省推开社区矫正损害修复工作并成立国内首个社区矫正损害修复协会。2020 年，部署开展社区矫正损害修复“深化提升年”活动，进一步扩大损害修复项目类型，编制 10 类损害修复项目指引，规范损害修复阵地建设，培育损害修复社会支持系统，完善损害修复协同协作机制，促进社区矫正对象顺利回归融入社会。深化互帮共建，调整刑事执行一体化建设领导小组及其办公室人员，扎实推进刑事执行一体化建设，完善“双向挂职”等互帮共建机制，2014 年起，先后选派 7 批共计 1073 名“互帮共建”民警参与社区矫正工作，实现全省社区矫正中心及分中心全覆盖，形成大融合工作格局，有力提升互帮共建工作的制度化、规范化水平。

第四章 基层法律服务工作

基层法律服务，是指基层法律服务机构接受公民、社会组织及基层人民政府的委托，提供一定范围的法律服务，以维护委托人的合法权益，保障和促进社会稳定和经济发展的活动。本书认为，基层法律服务有广义和狭义之分，广义的基层法律服务是指市（地）、县（区）、乡镇（街道）的律师事务所、公证机构、法律服务所等我国目前的基层法律服务机构所提供的法律咨询、律师服务、社区矫正、法制宣传、安置帮教等服务。狭义的基层法律服务仅指设在乡、镇、街道办事处辖区的基层法律服务所及其工作人员，依照司法部规定的业务范围和执业要求，为基层政权组织、群众自治组织、企业事业单位、社会团体、其他组织和公民所提供的法律服务。本章仅指狭义的基层法律服务。

第一节 基层法律服务工作概述

一、基层法律服务所的起源与发展

我国基层法律服务所最早于 1980 年底出现在广东、福建、辽宁等地，主要是面向广大农民群众，开展调整生产经营性纠纷，代书、解答法律咨询等简单的法律服务工作。1984 年 8 月，司法部召开全国司法行政工作会议，印发了辽宁海城的经验材料，充分肯定了这一新生事物。同年 11 月，司法部在广东省召开现场会，介绍了海城建立乡镇法律服务机构的经验，要求各地在试点的基础上加以推广。从此，基层法律服务机构在全国范围内逐步发展起来。1985 年 3 月，全国司法厅（局）长会议根据“四个服务”的指导思想，再次要求各地根据实际情况，积极创造条件，在乡镇设立法律服务机构。同年 7 月，中央书记处（第 221 号）会议纪要充分肯定了司法部“四个服务”的业务指导思想，为基层法律服务工作指明了方向。

1986 年 1 月，司法部专门发出通知，要求全国各地积极创造条件，继续抓紧建立基层法律服务所，同时对已经建立的基层法律服务所要加强管理指导，完善工作制度，提高服务质量，并提出在城市街道和厂矿企业也要积极探索出加强基层法律服务的路子。同年 8 月，司法部又召开会议进一步提出了既要积极又要实事求是、稳步发展基层法律服务所的指导思想。

1987 年 5 月，司法部在北京召开全国乡镇法律服务工作会议，全面总结了创建法律服务所的成绩和经验，提出了“巩固、提高、完善、发展”的方针任务，讨论、修改了

《关于乡镇法律服务所的暂行规定》，并于 5 月 30 日颁发各地执行。该规定对乡镇法律服务所的宗旨、业务范围、人员组成、领导体制及工作制度等都作了规定，标志着基层法律服务工作进入了规范化管理阶段。

同年 8 月，司法部制发了统一的《乡镇法律工作者证》，由县（市、区）司法局发给经审查合格的基层法律服务工作者。1988 年 2 月，国务院物价局下发的《关于印发第二批〈国务院有关部门行政事业性收费管理目录〉的通知》中，将基层法律服务所业务收费列为准予收费的项目。1989 年，司法部又相继发出了《关于进一步加强乡镇法律服务所组织建设的若干意见》《乡镇法律工作者守则》《乡镇法律服务业务工作细则》等一系列规范性文件。1992 年，司法部召开全国乡镇法律服务所整顿总结暨经验交流会议，提出了广泛开展等级所评定和倡优达标活动，把基层法律服务所建设重点转到了上等级、上水平、上质量、上效益的新阶段。

邓小平视察南方，发表重要谈话之后，为适应建立社会主义市场经济体制的要求，司法部专门研究下发了《关于深化基层法律服务工作改革的意见》，明确提出了改革的指导思想、目的要求、具体内容和方法措施，使基层法律服务所在体制、机制等各个方面不断健全完善。随后，基层法律服务所在全国进入稳步迅速发展的新时期，直到 1999 年达到巅峰状态。

进入 2000 年以后，各地深入贯彻《基层法律服务所管理办法》和《基层法律工作者管理办法》两个规章，对现有的基层法律服务所的设置、布局和管理体制进行调整整顿，并逐一进行检查清理。自该年度始，全国基层法律服务所的数目、从业人数均有所减少，业务量处于不稳定状态，有的有所上升，有的则开始下降。

2002 年 8 月，国务院在清理整顿经济鉴证类中介机构的通知中，将基层法律服务机构明确列为“经济鉴证类中介机构”，要求进行“脱钩改制”；同年，司法部在《关于加强大中城市社区法律服务工作的意见》中明确提出基层法律服务所要面向基层、面向社区、面向群众，坚持服务的公益性、便民性。

随后，时任司法部部长张福森在上海举行的加强大中城市社区法律服务工作座谈会上表示：不能让基层法律服务演变成为“二律师”，街道法律服务所要从诉讼领域逐步调整出来，必须对法律服务的资质进行更为科学统一的管理，否则不同的资质从事相同领域的法律服务，不仅会造成法律服务秩序的混乱，而且还会影响司法的权威性。

2003 年 7 月，司法部基层工作指导司副司长杜茂在全国司法厅（局）长会议上的讲话中，将基层法律服务所进一步定位为“公益性社区法律服务组织”，主张将基层法律服务所一部分转变为律师事务所，一部分过渡为我国未来法律援助体系的一部分，通过政策调节逐步减少并消亡现有基层法律服务所。这是迄今为止官方正式会议对基层法律服务所所做的最新定位，也是与司法部近几年不断出台的方针、政策相吻合的。

2017 年 12 月 25 日司法部对《基层法律服务所管理办法》和《基层法律服务工作者管理办法》进行了修订，进一步定位基层法律服务所是“在乡镇和街道设立的法律服务组织，是基层法律服务工作者的执业机构”。基层法律服务工作者是“为社会提供法律服务的人员，是基层法律服务工作者”。

“截至 2020 年底，全国共有基层法律服务机构 1.4 万多家，其中乡镇所 8700 多家，占 59.5%；街道所 5900 多家，占 40.5%。全国基层法律服务工作者 6.3 万人，其中在乡镇所执业的基层法律服务工作者 2.8 万多人，占 44.4%，在街道所执业的基层法律服务工作者 3.5 万多人，占 55.6%。”“全国基层法律服务工作者共办理诉讼案件 67.3 万多件；办理非诉讼法律事务 12.7 万多件；为 7.2 万多家党政机关、人民团体、企事业单位担任法律顾问；参与仲裁 5.4 万多件。”“2020 年，基层法律服务工作者共提供各类公益法律服务 45.6 万多件，其中办理法律援助案件 15.3 万多件，参与人民调解 24.9 万多件，参与接待和处理信访案件 5.4 万多件。基层法律服务工作者为 15 万多个村（居）担任法律顾问，为弱势群体提供免费法律服务 46 万多件。”①

二、基层法律服务的社会作用

基层法律服务工作者通过开展各项业务，为基层社会提供法律服务，保障和促进基层社会稳定和经济发展。

（一）满足市场经济发展的内在要求

从一定意义上说，市场经济就是法制经济。法律服务的发展是市场经济发展的必然要求和重要保障。我国社会主义市场经济的建立和发展，在许多方面都与基层法律服务工作有着密切的联系。在经济建设和改革开放的全局中，农业是国民经济的基础，农业的改革和发展需要有效的法律服务；在所有制结构中，个体经济和民营经济遍布城乡，成千上万的劳动者迫切要求依法维护自身的合法权益；在基层特别是农村，广大群众和法人、社会组织需要全面的法律服务。基层法律服务工作扎根基层、服务基层，为市场经济的发展提供了重要的法律保障。

（二）进一步加强基层法治建设

基层法治建设是我国法制建设的重要组成部分和基础。基层法律服务工作在基层法治建设中具有重要的地位和作用。通过做好基层法律服务工作，可以提高基层政府依法行政和依法办事的能力；可以帮助执法和司法部门严格执法和公正司法，防止并减少违法行为；可以有效地推动普法教育和依法治理工作，增强公民的法律意识，提高守法用法的自觉性。因此，基层法律服务工作与基层政法工作一起，构成了基层法治建设的有机整体，成为依法治国的重要基础。

（三）促进基层民主政治建设和社会稳定

基层法律服务工作通过为基层组织、群众提供法律服务，健全民主选举、民主管理和民主监督制度；用法律手段解决一些涉及群众利益的问题，改善基层党群、干群关系；通

① 中公教育网：《司法部：2020 年度律师、基层法律服务工作统计分析》，网址：http://www.zjbar.com/info/9abe614d2ed84caca66f9b8c15b2b5f8，发布时间：2021 年 6 月 15 日，访问时间：2022 年 3 月 17 日。

过各项法律服务工作，化解经济和社会生活中的纠纷，防止矛盾激化，发挥预防性和治本性的作用，促进基层民主政治建设和社会治安综合治理，维护基层社会的稳定。

三、基层法律服务的业务内容

基层法律服务业务，是指基层法律服务所在司法行政机关与乡镇人民政府街道办事处的指导和监督下，依据 2018 年 2 月 1 日起施行的《基层法律服务工作者管理办法》的规定可以从事的业务，包括："（一）担任法律顾问；（二）代理参加民事、行政诉讼活动；（三）代理非诉讼法律事务；（四）接受委托，参加调解、仲裁活动；（五）解答法律咨询；（六）代写法律事务文书。"此外，基层法律服务所还可以接受县级司法行政机关或乡镇（街道）司法所委托，协助开展基层司法行政工作。

（一）担任法律顾问

基层法律服务工作者受基层法律服务所指派，接受聘请，担任本辖区乡镇人民政府（街道办事处）及其各行政管理部门、村（居）民委员会、企事业单位、农村承包经营户、个体工商户、个人合伙组织以及公民的法律顾问。

基层法律服务所担任乡镇人民政府、村（居）民委员会等的法律顾问，主要办理的法律业务有：第一，对重大的行政、经济决策进行法律论证，提出法律意见。第二，参与拟订或修订规范性文件，或者对规范性文件进行合法性审查。第三，参与修改、审查各类合同、协议、章程等法律文书。第四，处理各种纠纷事件和仲裁、诉讼活动。第五，参与法治宣传教育活动。第六，提供有关的法律咨询、法律意见等。

（二）代理参加民事、行政诉讼活动

基层法律服务工作者受基层法律服务所指派，接受民事、经济、行政诉讼一方当事人的委托，代理当事人参加诉讼活动。

（三）代理非诉讼法律事务

基层法律服务工作者受基层法律服务所指派，接受非诉讼法律事务当事人的委托，为当事人提供法律帮助，协助当事人办理有关法律事务的活动。主要包括解答法律询问，代写法律事务文书，出具法律意见书，审查法律事务文书，协商、谈判，参与仲裁、调解，申请行政复议，协助委托人代理工商企业登记、联营、合作、租赁、承包、税务、信贷、保险、担保、遗产继承、分家析产等法律事务。

（四）接受委托，参加调解、仲裁活动

基层法律服务工作者受基层法律服务所指派，接受纠纷当事人的申请，运用说服疏导的方式，主持对纠纷进行非诉讼调解，促使双方自愿协商、达成协议、解决纠纷，维护双方当事人的合法权益的活动。

（五）解答法律咨询

基层法律服务工作者对机关、法人和公民提出的有关法律事务方面的各种询问，做出解释和回答，并提供解决问题的具体途径、方法和依据，为咨询者提供法律咨询服务，并通过这项业务进行法制宣传教育。

（六）代写法律文书

代写法律文书，是指基层法律服务工作者接受公民和法人的委托，代表委托人的真实意思表示，以委托人的名义，根据事实和法律，代为书写各种法律事务文书，为委托人办理各项法律事务提供帮助。

（七）协助办理公证事项

基层法律服务所在本地区公证处的指导下，协助办理有关公证事项，为本辖区的公民、法人和其他组织申办公证提供帮助。

（八）协助公证部门提供各种公证咨询和办证联络事务

主要由基层法律服务所、基层法律服务工作者与公证部门协作，以法律宣传或者专项法律服务的形式，为公民、法人和其他组织提供公证咨询服务；也可以作为公民、法人、其他组织与公证部门的沟通桥梁，协助办理公证事务。

（九）协助基层司法所开展法治宣传教育和其他有关业务工作

主要是充分利用处在基层社区和农村的优势，运用所掌握的法律知识，和基层司法所一起开展法治宣传和法律方面的便民服务。

（十）法律援助

其中，基层法律服务所在开展业务工作中不能超越规定的职责权限开展业务，并应注意以下几个方面的问题：第一，基层法律服务所不得承办刑事辩护案件；第二，基层法律服务所不得直接以公证处名义办理公证；第三，禁止以法律服务所的名义处理民间纠纷；第四，基层法律服务所不得采取任何强制性措施。

四、基层法律服务的现状

经过40多年的发展和改革，基层法律服务工作在组织模式、运行机制、队伍建设、管理体制和执业环境等各个方面都取得了较大成绩，受到了人民群众的欢迎。但是，司法行政机关对基层法律服务工作管理的法律依据依然缺乏。因此，规范和健全基层法律服务工作管理制度成为当前司法行政工作亟待解决的重要课题。

除了基层法律服务工作法治建设薄弱的问题之外，基层法律服务工作本身也存在这样或那样的问题，有些问题甚至很突出、很严重，规范和监督的任务十分迫切。

第一，少数基层法律服务工作者违反职业道德和执业纪律的问题比较突出，片面追求经济利益，故意出具虚假的法律意见书；有的办关系案、人情案，甚至为了打赢官司向司法人员行贿；有的采取滥做广告、压低价格、给回扣等手段进行不正当竞争；有的收费不办案，承诺不兑现，恶意欺诈等，这些现象严重损害了基层法律服务业的社会信誉。

第二，虽然基层法律服务工作者执业实行了行业准入制度，但标准过低，一些具备执业资格的基层法律服务工作者的文化水平低，执业技能差，法律知识贫乏，不能适应新形势下法律服务市场的需要。

第三，基层法律服务的性质和定位问题没有得到根本解决，执业环境窘迫，执业条件差，在一定程度上影响了服务功能的发挥。

第二节　基层法律服务所

一、基层法律服务所的性质和种类

基层法律服务所是依法在乡镇和城市街道设立的接受司法行政机关管理的法律服务组织，是基层法律服务工作者的执业机构。

根据司法部 2017 年 12 月 25 日修订的《基层法律服务所管理办法》第 2 条规定：“基层法律服务所是在乡镇和街道设立的法律服务组织，是基层法律服务工作者的执业机构。”这个概念需要明确以下几点：

第一，基层法律服务所是法律服务组织，其职能是面向社会开展法律服务业务。

第二，基层法律服务所是设立在特定地方即乡镇和城市街道的法律服务组织，在服务对象、业务形式、组织办法等许多方面不同于其他法律服务组织，拥有自己的特点和优势。

第三，基层法律服务所的任务是组织基层法律服务工作者开展业务活动，并进行相关的管理、培训、服务等。基层法律服务所是开展基层法律服务业务唯一合法的组织形式。基层法律服务工作者只有在一个基层法律服务所工作，才能合法执业。

《基层法律服务所管理办法》第 7 条第 2 款规定：“事业体制基层法律服务所除应当符合第一款规定外，还应当持有事业单位登记管理机关颁发的《事业单位法人证书》。”第 3 款规定：“普通合伙制基层法律服务所除应当符合第一款规定外，还应当至少有两名具有三年以上执业经历、能够专职执业的基层法律服务工作者作为合伙人，并有经全体合伙人协商一致并签名的合伙协议。”由此，基层法律服务所分为事业体制基层法律服务所和普通合伙制基层法律服务所两种。

根据这一规定，基层法律服务所在法律地位上是企业法人和事业法人，即以自己的名义开展活动，以自己的财产独立承担民事责任，有执业和财产的自主权，不受非法干预和侵犯。这一规定还强调了基层法律服务所与企业、机关和社会团体等组织的区别，亦即基层法律服务所是基层法律服务工作者的执业机构。

二、基层法律服务所的设立

基层法律服务所由市、地级司法行政机关按照规定的条件和程序予以核准登记。司法行政机关是法律服务工作的主管部门，管理和指导各级、各类法律服务机构。未经司法行政机关核准登记，任何机构不得以基层法律服务所的名义开展业务，否则应当依法予以取缔。

（一）设立基层法律服务所的法定条件

1. 具有规范的名称。基层法律服务所只准使用一个名称。基层法律服务所的名称应当由三部分内容依次排列组成：县级行政区划名称；乡镇、街道行政区划名称；法律服务所。

2. 具有规范的章程。基层法律服务所的章程是其内部管理的主要依据。基层法律服务所的章程的主要内容包括：名称、执业场所和组建单位；本所法定代表人或者负责人的职责；执业工作制度；基层法律服务工作者及辅助工作人员的聘用、管理办法；财务管理制度、分配制度；其他内部管理制度；停办、解散及清算办法；章程修改的程序；其他需要载明的事项。

3. 其他要求。有 3 名以上专职从业的基层法律服务工作者，有固定的执业场所和必要的开办资产。

（二）设立基层法律服务所的基本程序

乡镇法律服务所，由住所地的县级司法行政机关组建，或者在县级司法行政机关的指导下，由本辖区的乡镇人民政府组建。城市街道基层法律服务所，则由街道办事处在所在地县级司法行政机关指导下组建。这是因为基层人民政府和县级司法行政机关比较了解当地经济社会的发展情况和群众对法律服务的需求状况，有利于通盘考虑、合理安排基层法律服务所的设置和布局，有利于加强对基层法律服务所的指导和监督，也便于解决工作中的具体困难。

设立基层法律服务所，组建单位应当提交的文件主要有：基层法律服务所设立申请报告，章程草案，从业人员的名单、简历和执业资格证明，执业场所使用证明和开办资金证明等。由乡镇人民政府或者街道办事处组建的，还须由县级司法行政机关出具审核意见。

市、地级司法行政机关应当自收到设立申请文件之日起 30 日内完成审核，以书面形式作出准予设立或者不准予设立的决定。准予设立的，由核准机关办理设立登记，颁发《基层法律服务所执业证书》。基层法律服务所凭准予设立的批件和《基层法律服务所执业证书》，办理刻制公章、开立银行账户、申领收费许可证。

此外，基层法律服务所根据业务需要，还可以在本乡镇行政区域内的大中型集贸市场、经济开发区、旅游区或者经济发达的行政村设立业务接待站（点）。设立业务接待站

（点），应当报经住所地的县级司法行政机关审查同意。业务接待站（点）应当有固定的场所，接待业务由本所聘用的基层法律服务工作者承办。

三、基层法律服务所的变更和注销

基层法律服务所变更名称、法定代表人、执业场所、合伙人、修改章程，基层法律服务所分立、合并，应当由住所地的县级司法行政机关同意后报请原核准登记机关办理变更登记。

基层法律服务所停办，应当在完成善后清算工作后，由住所地的县级司法行政机关收缴该所的执业证书、印章、票据、案卷及有关文件，报请原核准登记机关办理注销登记。

基层法律服务所核准登记后6个月内未能开业的，或者开业后停止业务活动满一年的，视为自行停办，由住所地的县级司法行政机关报请原核准登记机关办理注销登记。

四、基层法律服务工作者

基层法律服务的业务工作人员称为基层法律服务工作者。基层法律服务工作者应当符合规定的执业条件，领取《基层法律服务工作者执业证》，在基层法律服务所执业。从事基层法律服务业务，必须进行基层法律服务工作者执业登记，这是保证基层法律服务队伍素质的重要制度。基层法律服务工作者执业，必须遵纪守法，热情服务、文明服务；同时享有相应的执业权利。基层法律服务所通过聘用、考核、处分等途径实现对基层法律服务工作者的管理。司法行政机关要建立违纪处罚和日常管理制度，加强对基层法律服务工作者执业活动的监督。

（一）基层法律服务工作者执业登记

执业登记除须取得基层法律服务工作者执业资格或者具有律师、公证员、企业法律顾问资格外，依照司法部2017年12月25日修订的《基层法律服务工作者管理办法》的规定，还应具备以下条件："（一）拥护中华人民共和国宪法；（二）高等学校法律专业本科毕业，参加省、自治区、直辖市司法行政机关组织的考试合格；（三）品行良好；（四）身体健康；（五）在基层法律服务所实习满一年，但具有二年以上其他法律职业经历的除外。各省、自治区、直辖市的自治县（旗），国务院审批确定的国家扶贫开发工作重点县，西部地区省、自治区、直辖市所辖县，可以将前款第二项规定的学历专业条件放宽为高等学校法律专业专科毕业，或者非法律专业本科毕业并具有法律专业知识。"曾因故意犯罪受到刑事处罚的；被开除公职的；无民事行为能力或者限制民事行为能力的不予以登记。

基层法律服务工作者的执业登记，由设区的市级或者直辖市的区（县）司法行政机关负责基层法律服务工作者执业核准，颁发《基层法律服务工作者执业证》。

申请基层法律服务工作者执业登记，应当填写登记表，并提交有关材料。申请执业登记材料，由拟聘用申请人的基层法律服务所提交住所地的县级司法行政机关审查，由其出具审查意见后逐级上报执业登记机关。执业核准机关应当自决定受理申请之日起20日内完成审核，作出准予执业核准或者不准予执业核准的书面决定。对准予执业核准的申请人，由执业核准机关颁发《基层法律服务工作者执业证》。申请人对不准予执业核准决定有异议的，可以依照《行政复议法》和司法部有关规定申请行政复议。

《基层法律服务工作者管理办法》第 13 条规定：“对有下列情形之一的申请执业核准的人员，司法行政机关应当作出不准予执业核准的决定：（一）具有本办法第八条规定情形之一的；（二）曾因严重违法违纪违规行为被基层法律服务所解除聘用合同或者劳动合同的；（三）曾被吊销律师执业证书或者受到停止执业处罚期限未满的；（四）具有法律职业资格或者律师资格、公证员资格并已在律师事务所或者公证机构执业的。”

《法律服务工作者执业证》是基层法律服务工作者执业的合法凭证，不得伪造、涂改、抵押、出借、出租。基层法律服务工作者变更执业机构或者执业证遗失、损坏的，应当向原执业登记机关申请补发或者更换。基层法律服务工作者因调离、辞职、被辞退、开除，所在基层法律服务所停办以及因其他原因停止执业的，由所在地的县级司法行政机关收回其《法律服务工作者执业证》，报请执业登记机关予以执业注销。

鉴于基层特别是广大农村专业人才严重缺乏的实际，为了更充分地利用人才资源，加强基层法律服务工作，目前还有必要保留一些兼职基层法律服务工作者。取得基层法律服务工作者执业资格或者律师、公证员、企业法律顾问资格，在教育科研部门、乡镇企业工作者或者务农的人员，经基层法律服务所聘用，可以兼职从事基层法律服务工作。申请兼职基层法律服务工作者执业登记，依照专职基层法律服务工作者执业登记的条件和程序办理。

（二）基层法律服务工作者的职责和义务、执业权利

1. 基层法律服务工作者的职责和义务。《基层法律服务工作者管理办法》规定，基层法律服务工作者的职责和义务是依据司法部规定的业务范围和执业要求，开展法律服务，维护当事人的合法权益，维护法律的正确实施，促进社会稳定、经济发展和法治建设。为了履行好职责，基层法律服务工作者在业务活动中必须做到以下几点：

第一，遵守宪法和法律。基层法律服务工作者执业，应当遵守宪法、法律法规和规章，坚持“以事实为根据，以法律为准绳”，严格依法办事，自觉维护法律的尊严与公平、正义。在办理有关法律事务时，应当遵守司法、仲裁和行政执法活动的有关制度，尊重司法、仲裁和行政执法机关及其工作人员依法行使职权。严格遵守由基层法律服务所统一收案、统一委派、统一收费的规定。

第二，恪守职业道德和执业纪律。基层法律服务工作者应当尽职尽责，努力维护当事人的合法权益，接受当事人和社会的监督。对于符合条件的当事人，应当依照有关规定履行法律援助义务。

第三，依法执业、诚信执业、规范执业。基层法律服务工作者应当爱岗敬业、坚持原则、诚实守信、举止文明、廉洁自律，自觉维护执业声誉和社会形象。尊重同行和其他法律服务工作人员，同业互助，公平竞争，共同提高执业水平。勤奋学习，加强职业修养，积极参加司法行政机关组织的业务培训和进修，不断提高专业水平和服务技能。

2. 基层法律服务工作者的执业权利。

（1）执业权。基层法律服务工作者依法执业，任何组织和个人不得干涉。基层法律服务工作者持基层法律服务所出具的介绍信、当事人的委托书和《法律服务工作者执业证》，经有关单位和个人同意，可以向他们调查、收集与承办法律事务有关的证据材料；可以向人民法院申请查阅有关的案卷或者庭审材料。

（2）拒绝权。基层法律服务工作者对坚持非法要求、故意隐瞒重大事实、提供虚假证据或者严重违反委托合同约定义务的当事人，可以拒绝为其代理或者解除委托关系。

（3）建议权。基层法律服务工作者在执业中发现本地区政府机关、村民（居民）自治组织、企业事业单位、社会团体在执行法律、法规和规章方面存在问题的，可以向其提出法律建议。

（4）请求保护权。基层法律服务工作者对侵犯其执业权利的行为，可以请求司法行政机关、基层法律服务行业协会依法予以保障其合法权益。

此外，基层法律服务工作者在应聘执业期间，有权获得执业所需的工作条件，有权参加政治学习和业务培训，有权参与所务民主管理，有权获得劳动报酬和享受保险、福利待遇。

（三）基层法律服务所对基层法律服务工作者的管理

1. 实行聘用制和合伙制。基层法律服务所对已获准执业的基层法律服务工作者应当实行聘用制，并订立聘用合同，明确聘用双方的权利义务、聘用期限、续聘解聘的条件和办法以及违约、争议的处理办法。聘用期间，基层法律服务所应当加强对基层法律服务工作者的职业道德教育和执业活动监督，并为其提供必要的工作条件和待遇。

2. 年度考核。基层法律服务所应当建立对基层法律服务工作者执业实绩和遵守职业道德、执业纪律情况的年度考核制度。年度考核结果分为优秀、称职、基本称职、不称职四个等次。年度考核结果应当作为对基层法律服务工作者奖惩的依据。

对年度考核被评为优秀或者在平时执业中有突出成绩或者显著贡献的基层法律服务工作者，应当给予奖励。奖励应当坚持精神鼓励与物质鼓励相结合的原则。对事迹特别突出的，可以同时报请司法行政机关给予表彰或者记功嘉奖。

3. 解除聘用合同或者劳动合同。依照《基层法律服务工作者管理办法》第 23 条的规定：“基层法律服务工作者有下列情形之一的，基层法律服务所可以按照有关规定解除聘用合同或者劳动合同：（一）在年度考核中连续两年被评为不称职的；（二）严重违反本所规章制度，经多次教育仍不改正的；（三）无正当理由连续停止执业满三个月的；（四）因患病或者非因公负伤，在规定的医疗期满后不能从事基层法律服务工作的。基层法律服务所按照前款规定与基层法律服务工作者解除聘用合同或者劳动合同的，应当报所在地县级司法行政机关备案，并按照规定程序办理注销手续。”基层法律服务工作者提出辞职，基层法律服务所应当准许。但是有下列情形之一的，辞职申请人须在有关因素消除后，方可离职：本人承办的业务或者工作交接手续尚未办结；本人与所在基层法律服务所的债权债务关系尚未清结；本人被发现有违反执业纪律的行为，正在查处。

4. 违规违纪的处理。基层法律服务所对基层法律服务工作者违反职业道德和执业纪律，违反司法行政机关的管理规定和本所章程、制度的执业或者其他违法行为，应当根据其情节轻重，按照责罚相当的原则，给予处分。依照《基层法律服务工作者管理办法》第46条的规定，基层法律服务工作者有下列行为之一的，基层法律服务所所在地县级司法行政机关或者直辖市的区（县）司法行政机关具有对法律服务工作者的违规违法行为予以警告、没收违法所得、罚款等处罚的权力。

（1）超越业务范围和诉讼代理执业区域的；

（2）以贬损他人、抬高自己、虚假承诺或者支付介绍费等不正当手段争揽业务的；

（3）曾担任法官的基层法律服务工作者，担任原任职法院办理案件的诉讼代理人的；

（4）冒用律师名义执业的；

（5）同时在基层法律服务所和律师事务所或者公证机构执业，或者同时在两个以上基层法律服务所执业的；

（6）无正当理由拒绝履行法律援助义务的；

（7）明知委托人的要求是非法的、欺诈性的，仍为其提供帮助的；

（8）在代理活动中超越代理权限或者滥用代理权，侵犯被代理人合法利益的；

（9）在同一诉讼、仲裁、行政裁决中，为双方当事人或者有利害关系的第三人代理的；

（10）不遵守与当事人订立的委托合同，拒绝或者疏怠履行法律服务义务，损害委托人合法权益的；

（11）在调解、代理、法律顾问等执业活动中压制、侮辱、报复当事人，造成恶劣影响的；

（12）不按规定接受年度考核，或者在年度考核中弄虚作假的；

（13）泄露在执业活动中知悉的商业秘密或者个人隐私的；

（14）以影响案件审判、仲裁或者行政裁定结果为目的，违反规定会见有关司法、仲裁或者行政执法人员，或者向其请客送礼的；

（15）私自接受委托承办法律事务，或者私自收取费用，或者向委托人索要额外报酬的；

（16）在代理活动中收受对方当事人、利害关系人财物或者与其恶意串通，损害委托人合法权益的；

（17）违反司法、仲裁、行政执法工作有关制度规定，干扰或者阻碍司法、仲裁、行政执法工作正常进行的；

（18）泄露在执业活动中知悉的国家秘密的；

（19）伪造、隐匿、毁灭证据或者故意协助委托人伪造、隐匿、毁灭证据的；

（20）向有关司法人员、仲裁员或者行政执法人员行贿、介绍贿赂，或者指使、诱导委托人向其行贿的；

（21）法律、法规、规章规定应予处罚的其他行为。

司法行政机关处以违法所得的罚款数额必须在三倍以下，且罚款数额最高为三万元。司法行政机关对基层法律服务工作者实施上述行政处罚的同时，应当责令其改正。

五、基层法律服务所的制度

多年的实践证明，基层法律服务所只能按照国家关于事业单位管理的规定，结合自身实际，建立健全各方面的规章制度，不断完善运行机制，才能切实提高基层法律服务所组织建设的水平，为充分发挥职能作用奠定坚实的基础。因此《基层法律服务所管理办法》等规章对此作出了比较详尽的规定。

（一）组织和人事制度

基层法律服务所主任，经基层法律服务所民主推荐或者按照有关规定产生。其任职条件，除应具备执业资格外，还应当有三年以上从事基层法律服务工作或者基层司法行政工作的经历。基层法律服务所主任为该所的法定代表人，负责管理本所行政事务和组织开展业务工作，负责向所在地县级司法行政机关或者直辖市的区（县）司法行政机关报告工作。

基层法律服务所应当建立由本所全体基层法律服务工作者组成的会议制度，民主管理本所重大事务。职权主要是：制订本所的发展规划和年度工作计划；制订本所的管理规章制度；审议本所年度工作总结报告；审议本所的年度预决算报告和重大财务开支项目；决定对本所基层法律服务工作者和辅助工作人员的奖惩等。

基层法律服务所对在本所执业的基层法律服务工作者应当实行聘用制。聘用基层法律服务工作者，应当符合规定的执业条件和聘用程序，签订聘用合同。根据工作需要，还可以聘用文秘、财务、行政辅助工作人员。

基层法律服务所要按照《基层法律服务工作者管理办法》的有关规定，建立健全执业管理、业务培训、投诉查处、人员奖惩等内部管理制度，对基层法律服务工作者加强职业道德和执业纪律教育，加强业务知识和技能的培训，加强执业活动的检查、监督。

（二）业务管理制度

开展业务活动应当严格执行司法部关于基层法律服务的业务范围、工作原则和服务程序的规定，建立统一收案、统一委派、疑难法律事务集体讨论、重要案件报告等各项制度；建立对基层法律服务工作者遵守职业道德、执业纪律和服务质量、效率的检查、监督、考评和处分制度；自觉接受委托人和社会的监督；统一收费，公开收费项目和收费标准，严格遵守基层法律服务收费管理制度；对符合规定条件的当事人应当履行法律援助义务；建立健全基层法律服务业务档案管理制度。

（三）财务管理制度

原则上实行自收自支、独立核算。尚不具备自收自支条件的基层法律服务所，应根据当地的情况分别实行全额管理或者定额、定项补助的财务管理形式。

实行自收自支的基层法律服务所，应当单独设立账户，由专人负责财务工作，建立健全会计账目。严格开支范围和审批程序，完善财务管理制度，接受财政、审计和司法行政机关的检查监督。根据本所收支情况和实际需要，设立事业发展、社会保障和奖励等各项基金。

基层法律服务所工作人员的报酬，应当在综合考评的基础上，与其业务水平、工作实绩和遵守职业道德、执业纪律情况挂钩，实行按劳分配原则。依照国家和地方有关社会保障的政策和规定，为聘用的基层法律服务工作者办理医疗保险和养老保险。

(四) 工作程序制度

主要指基层法律服务工作者在办理各项法律事务时在程序上应遵循的制度。包括：

当事人申请制度：办理各项基层法律服务业务时，一般要由当事人提出申请，由基层法律服务所统一受理。

立案、登记制度：基层法律服务所在接受当事人的申请时，应按《业务专用文书格式》中有关业务登记表的要求予以立案，并逐项填写清楚。

回避制度：基层法律服务工作者在办理诉讼代理、协办公证等法律事务时，应遵循回避原则。

诉讼代理有关制度：基层法律服务工作者受基层法律服务所的指派，担任诉讼代理人，代理当事人进行民事、经济、行政诉讼，应按照法定的程序来进行。

集体讨论制度：法律服务业务由基层法律服务所统一受理，并统一委派一至两名基层法律服务工作者办理，重大、疑难的法律服务业务，则由基层法律服务所主任主持，进行集体讨论研究，确定工作方案。

重要案件报告制度：基层法律服务所在业务工作中，遇有涉及国家安全或有可能造成重大社会影响的案件，应及时向基层人民政府或上级司法行政机关报告。

(五) 业务统计和分析制度

基层法律服务所对开展的各项业务工作，按照一定的形式进行数字记录和分析比较。业务统计按时限分为年度统计、季度统计、月份统计和临时统计；按内容分为综合统计、分类统计、分项统计。基层法律服务所应有各项统计报表，如组织建设状况统计表，受理、调解纠纷情况统计表，法律服务情况统计表和其他情况统计表。

(六) 档案管理制度

基层法律服务所应当根据档案管理的有关规定，对业务工作中形成的各种文件资料及时进行收集整理，分类归档保管。

六、基层法律服务的基本程序

基层法律服务的基本程序是基层法律服务所在司法行政机关和乡镇人民政府（街道办事处）的指导和监督下，依据法律、法规的规定，通过担任法律顾问，受托代理民事、经济、行政诉讼法律事务和非诉讼法律事务，民间调解、咨询、代书，协办公证等方式和手段，为当事人和公民提供法律服务。基层法律服务所开展业务时，按照以下基本程序：

（一）受理前的准备

通过接待来访、前往接洽、初步调查了解等步骤，以决定是否受托承办相应法律事务。

（二）受理

这是正式程序的开始，即正式受托承办某项法律事务，标志着合法的委托关系的成立。受理要经申请登记和审批，并办理相关的手续，如订立聘用合同或委托合同、出具授权委托书、收取相关费用等。

（三）收集证据和有关材料

为完成受托代理人的法律事务而做的各项准备工作，主要是收集证据、积累资料、进行必要的交涉、分析事实、核对法律依据等。这是业务工作中任务最重、内容最多、难度最大，而又最关键的环节。在此过程中，一般要进行必要的调查、询问、研究论证和大量的案头工作。

（四）实施职务行为

即做出一定行为以完成受托承办的法律事务，这是执业活动的根本步骤。例如，出庭应诉、向顾问单位提出法律意见、主持调解并订立协议、代写法律文书等。这标志着该项业务活动的基本结束。

（五）善后工作

善后工作，主要指某些法律服务业务的后续工作，如回访、督促执行、文书送达、立卷归档等。

第三节　我国基层法律服务所的改革

一、基层法律服务存在的问题

回顾 40 多年的发展历程，我国基层法律服务工作的产生的确与当时律师、公证力量不足有关，但其发展和壮大有着更加深刻的历史背景。第一，在法律服务方面，它适应了农村商品生产和市场经济发展的迫切需要，与律师服务形成了拾遗补阙的格局；第二，在法律援助方面，它贴近群众、服务便捷、收费低廉，便于广大贫困和弱势群体获得法律救助，是我国尚不发达的法律援助制度的重要补充；第三，在基层司法行政工作方面，它适应了基层司法所人员（司法助理员）少、任务重、增编缓慢的实际，在不受编制和财政经费限制的情况下，建立和发展了一支专门队伍，成为乡镇街道司法所履行职能的得力助手。

归纳起来看，我国基层法律服务所40多年来取得了一定的发展成就，特别是在满足基层群众法律服务需求方面、在协助基层政府和村（居）民自治组织推进依法行政和依法治理方面发挥了积极作用，已经成为具有新时代中国特色社会主义法律服务体系的重要组成部分。但是，我们也应看到，由于国家对基层法律服务工作的性质和功能定位长期以来没有统一的认识，实践中存在的问题确实比较多，已经严重影响了基层法律服务所的健康发展。目前，我国基层法律服务所在实践中存在的问题具体表现在：

（一）基层法律服务所在立法上缺乏法律基础

从立法来看，截至目前，尚未出台一部与基层法律服务制度有关的法律法规，与其切身相关的法律法规仍是一些部门规章或者规范性文件。这固然是由于在当时背景之下，立法意识薄弱和多以带有行政命令性质的“红头文件”为主。对于一项诞生至今已有近40年的制度而言，没有一部专属性法律作为支撑，这必然阻碍了该制度的进一步发展。

由于基层法律服务所的设置仅依据两个“部令”，其法律的权威性和社会的认知度与法治社会对法律活动的要求明显不相适应，也难免与国家陆续出台的有关机构、人事、收费、税管、整顿法律服务秩序等改革措施相冲突，处境一直颇为尴尬。直到2017年司法部新修订的《服务所管理办法》中，仍然以是否为事业单位将基层法律服务所分为事业体制和普通合伙制。这也从侧面说明了基层法律服务所的脱钩改制任务仍未完成。众所周知，我国诉讼法律制度由三大诉讼法构成，《刑事诉讼法》规定，只有律师才能作为职业法律工作者接受委托，担任辩护人；《民事诉讼法》和《行政诉讼法》规定，经法院许可的公民可以担任诉讼代理人，所谓公民代理，是一种临时性的、个人性的不得收取代理费用的活动，而不是专门的职业性活动。三大诉讼法都没有赋予基层法律服务人员代理诉讼的职能。同时，基层法律服务人员由于缺乏明确的法律主体资格，在查案阅卷、调查取证、代理诉讼等方面受到很大限制，这不利于维护当事人的合法权益。

（二）基层法律服务工作缺乏应有的稳定性

我们知道，基层法律服务所最早是在沿海地区出现，由司法部在全国加以推广，因此没有任何立法上的依据，也没有任何成功经验可以借鉴，完全是在实践中摸索，其管理方式是靠行政命令不断向全国发通知、指示或精神，发现问题立即解决。由于没有现成的模式，基层法律服务所的工作总是根据司法部的政策或国务院的命令不断地变化。基层法律服务所由最初与乡镇政府司法所“政事合一”“合署办公”，到体制改革后“不再属于行政挂靠机构或事业单位，实行自主执业、自收自支、自我管理、自我发展的自律性运行机制，成为符合法律中介服务行业规则的合伙制执业组织形式”，再到司法部要求基层法律服务应立足社区，从满足城市低收入阶层和弱势群体的法律需求等特殊作用出发，将大中城市基层法律服务工作的职能定位在“以街道社区为依托，面向基层、面向社区、面向群众，提供公益性、非营利性法律服务”上，使得基层法律服务定位在短时间内出现政策的反复性和不连续性，以及定位本身带来的难以把握性和可操作性。

（三）基层法律服务所的职能作用和业务范围不清

在职能作用和业务范围上，基层法律服务所与律师等法律服务队伍界限不清、形成交叉和矛盾。由于在管理模式和发展模式上盲目效仿律师或者其他法律服务业的经验，基层法律服务工作常常脱离实际，特别是农村基层法律服务组织建设、队伍建设和业务发展各个方面，或受到牵制，或面临矛盾，或动力不足，总体水平提高缓慢。这些矛盾和问题，尽管在一定的历史时期内可以通过科学管理在一定程度上得到缓解，但随着我国社会主义市场经济的发展，法治的完善和社会管理制度的健全，其内在固有矛盾必将日渐突出，渐渐使这项工作、这支队伍难以为继。因此，必须根据基层法律服务的基本特征、功能定位和发展方向，从实际出发，走自己的发展道路，确定区别于普通律师的基层法律服务工作职能、业务范围、组织形式和运行机制，建立适合农村基层法律服务工作自身特点的机构、人员管理体制，形成规范的基层法律服务机构和人员称谓，使群众便于识别，避免将其混同于普通律师机构和人员。

（四）基层法律服务所缺乏自我发展的机制和活力

目前，大部分法律服务所与乡镇司法所是两块牌子、一套人马，大部分法律服务工作者同时又是政府公务员，法律服务所的工作受制于司法所，司法所必须服从党委、政府名目繁多的中心工作，因而很多法律服务工作者真正从事法律服务的时间非常有限。根据司法部《基层法律服务所管理办法》第3条规定：“……面向基层的政府机关、基层群众性自治组织、企业事业单位、社会组织和承包经营户、个体工商户、合伙组织以及公民提供法律服务，维护当事人合法权益，维护法律正确实施，促进社会稳定、经济发展和法治建设。”即基层法律服务所要配合当地司法所协助承担调解民间纠纷、普法宣传、法律援助、“12348”法律服务等司法行政工作，参与基层民主法制建设等，并且这些都是没有报酬的。《基层法律服务所管理办法》第34条规定：“县级司法行政机关或者直辖市的区（县）司法行政机关对基层法律服务所的日常执业活动和内部管理工作进行指导和监督，可以按照有关规定对基层法律服务所进行检查，要求基层法律服务所报告工作、说明情况、提交有关材料……”不仅如此，在法律服务事项、收费标准等方面相当一部分是听命于行政领导。由于法律服务受制于行政管理，不可能按照市场规律运行，这是造成我国基层法律服务市场长期弱化、徘徊不前的根本原因。

（五）基层法律服务市场秩序混乱

基层法律服务所受到业内人士批评最多的是从业人员素质普遍低下，准入门槛低，低价竞争，与律师“抢饭碗”。据有关报道，我国法律服务市场秩序混乱主要表现在：法律服务主体不规范，机构林立，业务交叉，甚至还有一些未经任何部门批准、擅自设立的机构；法律服务市场管理职责不清，权威性不强，管理力度不够；少数法律服务市场从业人员职业道德低下、诚信缺失，恶性竞争，高收费、乱收费现象还比较严重。针对上述现象，2017 年 12 月 25 日修订发布的《基层法律服务所管理办法》和《基层法律服务工作者管理办法》都做出了相应的规定。要求严格执行司法部关于基层法律服务业务范围、工作原则和服务程序的规定，建立统一收案、统一委派、疑难法律事务集体讨论、重要案件报告等制度；建立对基层法律服务工作者遵守职业道德、执业纪律和服务质量、效率的检查、监督、考评制度；由基层法律服务所按照有关规定统一收取服务费，公开收费项目和收费标准，严格遵守基层法律服务收费管理制度。从法律服务的发展规律和世界发达国家的情况看，未来中国法律服务队伍的构成人员主要是律师，在现阶段，由于律师队伍不足，在广大农村应以基层法律服务机构为补充。基层法律服务机构和社会法律咨询服务机构只能从事法律、法规许可和政策规定的业务，因此，必须开展整顿和规范法律服务市场秩序工作，要对各类面向社会从事有偿法律服务的机构进行一次普遍清理。

（六）基层法律服务工作者的专业水平欠缺

在 2020 年中央全面依法治国会议上，习近平总书记在讲话中就已经明确指出，要教育引导法律服务工作者坚持正确政治方向，依法依规诚信执业，认真履行社会责任。这里的法律服务工作者包含了广义上为人民群众提供法律服务的律师、基层法律服务工作者、公证员、仲裁员，党和国家领导人如此重视法律服务工作队伍的政治建设和如此强调其社会责任，从中也可窥见基层法律服务工作者中的政治觉悟和思想道德素质有待提升。

在最早的司法部 2000 年颁布的《基层法律服务工作者管理办法》中规定的申请基层法律服务工作者执业，只要求高中或者是中专以上的学历便可参加由司法行政机关组织的考试，通过之后即可申请执业。由此可以看出这是一个比较低的学历要求，但随着时代的发展，以及法律法规不断地新增修订，仅凭高中或者中专文化层次已经无法解决当前遇到的法律问题。所以，在 2017 年司法部又对其学历要求做出了修改，明确申请基层法律服务工作者职业资格的学历要求从原来的高中或者中专提升到了大学法律类本科毕业，但是，此项修改时至今日间隔较短，还无法收获成效；同时，修订之后全国范围内还存在许多老规定的“老人”，这一部分基层法律服务工作者虽然有着较为丰富的执业经验，但在专业水平上仍存在一定差距。在 2018 年实施的《国家统一法律职业资格考试实施办法》中将法律职业资格作为更多与法律有关职业的准入门槛，用严格的考试来筛选出更为专业的法律人才。反观基层法律服务工作者的执业核准考试，其考试科目包括：中国特色社会主义法治理论、法理学、宪法、中国法律史、基层法律服务相关管理规定、基层法律服务工作实务、民法、人民调解法及相关司法解释等。考试难度较低、内容较少，且因为历史的原因，基层法律服务工作者普遍受教育程度和学历水平较低。这不禁让人质疑这样筛选出来的人员能否适应当前越来越复杂的法律问题的需求。这也使基层法律服务工作者与其他法律职业从业人员的差距不断拉大。除去准入考核机制过于简单的原因，基层法律服务制度还面临着没有新鲜的“血液”注入的困境。由于现今物质生活压力较大，基层法律服务咨询、代理的费用相较于律师而言较低，无法吸引更多的年轻人加入基层法律服务工作者队伍中来。自 2018 年起实施的新《基层法律服务工作者管理办法》提高了基层法律服务工作者的学历要求，从积极方面来看，提高了从业者的专业水平，对基层法律服务队伍的发展是有利的，但也要看到，这个规定一定程度地挫伤了一些没有达到学历要求，但又有志于从事法律服务行业人群的积极性，法学专业本科以上学历的大学毕业生很少进入这个行业。基层法律服务行业对他们而言没有太大的吸引力。①

二、基层法律服务所存在的价值

基层法律服务在目前我国社会形态下，对我国的基层社会治理和法治建设不仅是必要的，而且具有自身的价值。②

（一）基层社会治理的价值

基层作为一个社会最基本的组织集体，既是国家治理的根本出发点，也是各种矛盾发生的原始地。党的十九大报告提出，推进国家治理体系和治理能力现代化，推动社会治理重心向基层下移。"全面推进依法治国，基层是出发点、落脚点、发力点。"基层社会治理是国家法治发展与治理能力、治理体系现代化的基础性工作③。法治作为基层治理最有效的方式，一以贯之的动力来自诸多方面，离不开群众自觉守法、执法部门依法执法、立法部门合理立法等一系列群体的协作。有学者将之概括为："自治是目标，法治和德治是轨道，是实现自治的两种基本方式。二者之如鸟之两翼，车之双轮，两者共同发力才能正确推进基层的社会自治。"④

在以坚持自治、法治和德治相结合的新时代中，更加强调法治在基层治理中的重要地位，基层治理必将遵循依法治理。基层治理的法治化不断深入，离不开人民群众自身法律意识的提高。基层法律服务通过为其提供法律服务，既普及了法律，又提高了人民群众的法律意识，使得人民群众发自内心地拥护法治并自觉维护法治。此外，中国的基层社会脱胎于以血缘关系为纽带，以家族为核心的原始宗族社会与封闭性较强的自给自足的小农经济，据此形成了一套道德性较强的社会行为规范——宗族法便是一个典型代表，现在的农村仍受到其一定的影响。

基层法律服务工作者因其法律职业这一共同大背景，与基层司法制度有着密不可分的关系，与基层法官、法律文书送达人一道构成了中国基层司法制度体系。成为乡土社会法律人中的一员⑤，而基层法律服务者所达成的工作效果，之于基层治理而言，不仅是在法律程序上的秩序得到了维护，从更为宏观的角度出发，更应被视作现代社会文明的教育，一种对个体的训练，一种关于说话的场合、方式、口气、语词、态度的指教，一种对权

---

① 耿健翔：《基层法律服务工作制度的困局与破局》，载《荆楚学刊》2021 年第 5 期。

② 以下内容见耿健翔：《基层法律服务工作制度的困局与破局》，载《荆楚学刊》2021 年第 5 期。

③ 《中共中央关于全面推进依法治国若干重大问题的决定》，载《江西省人民政府公报》2014 年第 19 期。

④ 俞可平：《自治与基层治理现代化》，载《党政视野》2016 年第 7 期。

⑤ 苏力：《送法下乡——中国基层司法制度研究》，北京大学出版社 2011 年版，第 227 页。

威、证据的辨认，一种对新的人格和生命的操练。

基层法律服务由于其自身扎根乡镇，有着贴近基层群众的天然优势。当前我国律师直接为农民提供法律服务还存在一定的距离。很多律师在城市执业工作，缺少对农村生活情况的了解和切实体会。基层矛盾需要对基层工作熟悉的人用贴近基层的方式去解决，而律师作为商业化的法律服务提供者，其思维模式难以得到农民的认同，律师也难以切身体会农民对纠纷化解结果的心理期待①。只有基层法律服务在这一方面的优势得到充分发挥，才能实现“小事不出村，大事不出镇，矛盾不上交，就地化解”的目标。

基层法律服务是专门解决基层群众日常生活中出现的法律问题的制度。基层之治需要明确各类主体职责，党委统筹全局，政府合法行政，群众依法自治。机制体制有机结合，相互促进，相得益彰，相互协调，注重长期方针，树立大局观念，建立长效机制，实现长治久安②。所以，为了实现长治久安的目标，需要通过基层法律服务来推动“三治结合”中的法治实现，而法治是治国理政的基本方式，基层是依法治国的落脚点。法治国家最终要体现在基层，基层法律服务工作制度的不断完善、发展，能有效保障基层长治久安。

（二）基层法律服务工作者的现实价值

当下有部分人士认为，基层法律服务已经无法适应市场规律，也无法满足人民群众现实生活的需要，基层法律服务工作者这种职业还有法律服务所已经没有存在的必要，日益壮大的律师队伍，覆盖范围越来越广的律师事务所能够承担起向基层群众提供法律服务的责任。这种观点忽视了中国许多地区发展水平有限，群众的收入无法支付较高的律师代理费和咨询费，但大多数中低收入群体尚能承受其法律服务的费用。同时，基层法律服务工作者承办了相当部分律师因为办案成本与办案收入入不敷出而不愿受理的案件，使当事人的合法权益得到维护，因而起到了拾遗补阙的作用。

在中国的行政体系之下，代表国家政权的政府最低级的组织体是乡镇，而乡镇以下的村落实行的是基层群众自治制度，乡镇人民政府仅负有指导村民依法开展自治的责任，平时并不会过多干预。农村实行的基层群众自治制度，受到的行政命令式干涉较少，对于基层法律服务工作者接受代理、提供法律咨询、参与纠纷调解来说，受到的不当外部力量干预较小。

此外，基层法律服务工作者有着“离得近、叫得应、谈得拢、信得过”的优势。群众尤其是农民群众出现了法律纠纷，位于乡镇上的法律服务所能够第一时间为农民群众提供法律服务咨询。基层法律服务工作者身处乡镇与农民群众打交道的机会多，明白农民群众的核心诉求。同时，由于各地方言差异较大，尤其在村镇，基层法律服务工作者因为本身执业在这里，对于当地方言较为熟稔，便于和群众沟通交流，有专业法律知识又熟稔风土人情的基层法律服务工作者是实现化解基层矛盾的不二人选。另外，作为占总人口大多数的农村人口，其合理合法的诉求能否得到法律上的支持，关乎基层社会的稳定，进而对法

① 罗灿：《基层法律服务所化解纠纷的路径研究——以“枫桥经验”为视角》，载《辽宁公安司法管理干部学院学报》2018 年第 5 期。

② 汪世荣：《提升基层社会治理能力的“枫桥经验”实证研究》，载《法律适用》2018 年第 17 期。

治中国的建设产生影响。

三、基层法律服务所的改革

基层法律服务所虽然具有先天的优势，也是我国社会治理和法治化建设所必需，但是，中国特色社会主义进入新时代，基层法律服务所也必须适应时代的发展而进行改革。有学者对基层法律服务所的改革提出了有建设性的观点：①

（一）改革执业核准考核形式与考核内容

一是要求基层法律服务工作制度很好地对外部环境的变迁做出积极适应。二是要具备“改造情景以平衡自身发展与外部条件的变化”。适应功能强调基层法律服务必须始终保持与外部环境的平衡与交互，自我调节与自我改造能力与外部环境之间的协调性和适应性相匹配。我国的基层法律服务工作者执业核准考试存在过于简单、考试标准不统一、具体操作由地方负责等弊病。司法部2017年12月25日修订的《基层法律服务工作者管理办法》，提高了基层法律服务工作者的学历要求，那么，职业核准考试的内容、难度也应有相应的提高，这样才能选拔出适应时代需要的基层法律服务者。另外，目前执业核准考试仍是由省级的司法行政机关组织，以后可以考虑将形式上组织考试的权利仍划归省一级司法行政机关，但出题的权力应收回司法部，由司法部负责职业核准考试的具体考试内容，然后各省根据本省情况划定相应的分数线。

从考核内容来说，应增加习近平法治思想在执业申请考试中的分值比例与考试内容。试题应侧重习近平法治思想与实践的结合。通过试题让理论内熟于心，外化于行，更要让基层法律服务工作者在日常执业中面对文化程度不高的人民群众也能浅显易懂地揭示其中蕴含的道理。除此之外，加大对基层法律服务工作者对习近平法治思想学、悟、用的平日考核，也是提升基层法律服务工作者政治领悟力与法学理论水平的有效手段。

（二）开拓新的法律市场服务需求

目前，基层法律服务工作者的生存空间受到挤压，除了提高基层法律服务工作者的业务技能与专业素养外，还要求基层法律服务所积极探寻除传统市场外的新生法律服务市场。随着我国法治建设的不断完善，社会主义核心价值观中的“法治、民主、文明、和谐”等理念深入人心，人民群众追求的不再是基本层次的需要，而是通过合法的途径与法律解决的方式来维护自身当前的物质资料的安全，以及为日后物质资料的积累提供一个安全稳定的环境。法律服务需求正是人民群众安全需求的现实表现形式。

我国社会主义市场经济体制不断完善与发展，对于法律层面的保障要求与日俱增，党的十九大报告中指出，农业农村农民问题是关系国计民生的根本性问题，必须始终把解决好“三农”问题作为全党工作的重中之重，实施乡村振兴战略。而“三农”问题集中在

---

① 以下内容见耿健翔：《基层法律服务工作制度的困局与破局》，载《荆楚学刊》2021年第5期。

基层，其解决需要依靠法治思维，运用法律手段，创新制度规章。基层乡村的经济潜力已经得到有效释放，它们现在对于法律服务的需求不断加大。目前的情况是乡村企业的法律意识以及商事风险意识仍较为淡薄，其对应的法律服务市场还是一片“处女地”。基层法律服务工作者大可借助自身深耕乡镇的天然优势，为乡村企业提供法律咨询，定期为乡村企业开展“法治体检”，助力乡村企业外部运行与内部治理的法治化。2019 年中共中央办公厅、国务院办公厅印发的《关于加强和改进乡村治理的指导意见》中强调要加强农村法律服务供给，整合包括基层法律服务工作者在内的各项资源，健全乡村基本公共法律服务体系①。这里已经明确指出，基层法律服务工作者是健全乡村基本公共法律服务体系中重要的一种资源，基层法律服务所更应该调动已有的资源，充分发挥自身体制机制的创新能动性，为乡村群众提供更好的法律服务。

（三）修订法律法规中基层法律服务工作者用人制度与行业协会建设条款

针对基层法律服务缺乏专门法律规范的情况，我们要不断修正现行的《基层法律服务工作者管理办法》和《基层法律服务所管理办法》。修订的内容有：一是推广基层法律服务工作者的聘用制，借以形成一套带有竞争激励性质的管理体系。二是增加基层法律服务工作者可以设立行业协会的条款，对内形成自我约束、自我监督、自我管理的新范式，对外保障基层法律服务工作者的合法权益。

将聘用制推广到已获准执业的基层法律服务工作者中去。对基层法律服务所主任，区分不同情况，采取合理有效的选用机制。通过这些措施，进一步转换用人机制，“能者上”的同时也要完善退出或是转所机制，形成一套科学的人事管理制度②。同时，基层法律服务所也要建立一套健全、人性化的管理制度，成为基层法律服务工作者有力的后盾。

对于基层法律服务工作者来说，若建立一个带有组织性、规范性、自律性的行业协会组织，让这个团体组织对从业者发挥一定的约束引导作用，由熟悉行业运作规律和市场需求的群体管理本行业事务，则可以减轻司法行政机关的管理压力以及因为不熟悉从业者工作形式与内容而带来的管理混乱。在实践中，一些地方通过参照比对与基层法律服务工作者同为法律职业的律师，以律师行业的职业性组织——律协的建设体例为蓝本，成立了“基层法律服务工作者协会”。通常定位为自愿性、非营利性的法人社团组织，接受司法行政机关、上级基层法律服务工作者协会等有关部门的业务指导和监督管理③。

（四）改革基层法律服务所管理体制

基层法律服务所最早定义为“基层政法组织”，到后来的“法律服务组织”。从与基层司法行政机关“两小无猜”，共同担负着基层社会治安职责，到现在为群众提供法律服务并逐步市场化，其潜在范式随着时代的需要在不断调整自己的节奏并提升自己的功能

---

① 中共中央办公厅、国务院办公厅：《关于加强和改进乡村治理的指导意见》，载《新农村》2019 年第 9 期。

② 高鹏：《加强基层法律服务的若干思考》，载《福州党校学报》2009 年第 2 期。

③ 张艺馨：《基层法律服务工作者制度问题与对策分析》，中央民族大学 2016 年硕士学位论文。

水平。

加强基层法律服务所行业组织建设，与改革基层法律服务所管理体制是相辅相成、相互促进的关系，基层法律服务工作者协会可以通过组织业务培训、惩戒勉励、执业经验交流等形式，扩大自身在行业内外的影响力，从而为基层法律服务所提供案源。而基层法律服务所作为基层法律服务工作者的执业平台，其在建设发展的过程中所遇到的问题和积攒的经验，又反哺于行业协会，使其成为基层法律服务所的“智库”，为其建言献策以促进其稳步发展。

具体到措施层面，与基层法律服务所有着较高的重叠性的律师事务所，因为其市场化和商业化起步早，程度高，机制体制完善。所以，可以通过让律师事务所有偿承担对于基层法律服务所的业务培训和规范化运营模式建立的指导，让律师事务所和基层法律服务所之间建立类似于省际“对口帮扶”的模式，这样既可以让律师事务所从对基层法律服务所的培训中得到一定的经济收益，也让基层法律服务所的业务水平和对市场的适应性得到提升，进而增加其抗压的能力。

第五章　人民调解工作

人民调解是人民群众运用自己的力量实行自我教育、自我管理、自我服务的一种自治活动，也是我国社会主义民主与法制建设的重要组成部分。它通过人民群众自己的调解组织，专门调解民间纠纷，协助政府化解社会矛盾，增进人民内部团结，维护社会稳定。2010 年 8 月 28 日，第十一届全国人民代表大会常务委员会第十六次会议通过了《人民调解法》，使我国的人民调解制度法制化，标志着我国的人民调解工作进入了规范阶段。

第一节　人民调解工作概述

一、人民调解的相关概念

（一）调解与人民调解

1. 调解。调解是指纠纷双方当事人以外的第三者，以国家法律、法规和政策以及社会公德为依据，对纠纷双方进行疏导、劝说，促使他们相互谅解，进行协商，自愿达成协议，消除纷争的活动。从这里，我们可以看出，调解包含了三层内容①：调解是一种正当有效的纠纷解决机制；调解是由中立第三方居中形成的多方结构；调解以促成当事人自主解决纠纷为目的。

2. 人民调解。人民调解是我国调解体系的重要组成部分，是我国调解的一种。它是指在人民调解委员会主持下，以国家的法律、法规和政策，以及社会公德为依据，对纠纷双方当事人进行协商、劝说，通过说服、疏导等方法，促使当事人在平等协商的基础上自愿达成调解协议，从而解决民间纠纷的活动。在这里，民间纠纷，又称民事纠纷、民事冲突、民事争议，“是指平等主体之间发生的，以民事权利义务为内容的社会纠纷”。②

（二）人民调解制度

人民调解制度是我国调解制度的重要组成部分，是指国家制定和认可的有关人民调解

① 宋行主编：《调解实务教程》，法律出版社 2008 年版，第 1 页。

② 刘金华：《人民调解实务》，中国人民大学出版社 2021 年版，第 2 页。

的法律、法规、规章以及规范性文件的总称。这一制度由有关人民调解的专门法律法规，其他法律、法规和司法解释以及有关规章和规范性文件中对人民调解所作的规定等共同构成。①《人民调解法》是人民调解制度的基本法律依据。

二、人民调解的特征

人民调解是解决纠纷的重要方法，在国际上享有“东方经验”的美名。作为一种民间活动，其具有以下基本特征：

（一）民间性

人民调解是一种民间性质的调解，也称为群众性，是在人民调解委员会的主持下进行的调解活动，而人民调解委员会是村民委员会和居民委员会下设的调解民间纠纷的群众性组织，其成员全部由群众选举产生，是国家管理之外部分的自治组织，是群众自己管理自己，自己解决自己的事务，同时，人民群众可以对调解活动进行监督。

（二）民主性

人民调解通过人民群众的自我教育、自我管理、自我服务，化解自己内部的矛盾纠纷，是社会主义国家人民当家做主、行使管理社会事务民主权利的重要体现。人民调解坚持平等自愿的原则，不得强行调解。人民调解运用说服教育、耐心疏导、民主讨论和协商解决的方法，在查明事实、分清是非的基础上，依法帮助当事人达成调解协议。

（三）自治性

人民调解坚持合法合理原则和不限制当事人诉讼权利的原则。人民调解委员会无权强迫任何一方当事人接受调解或履行义务，更无权对当事人的人身或财产采取强制性措施。根据有关法律、法规的规定，对于调解协议，当事人应当履行，但如果一方当事人反悔，则允许另一方当事人向人民法院提起诉讼。调解协议非经人民法院依法确认其效力，没有强制执行的效力，这体现了人民调解的自治性。

（四）准司法性

人民调解是在依法设立的人民调解委员会的主持下进行的调解活动，人民调解委员会在法律规定的范围内调解民间纠纷，不得超越其职权范围。人民调解以事实为根据，以法律为准绳，判明是非，明晰权利义务，帮助当事人达成调解协议，并且接受司法行政部门和人民法院的指导与监督。《人民调解法》第 33 条规定：“经人民调解委员会调解达成调解协议后，双方当事人认为有必要的，可以自调解协议生效之日起三十日内共同向人民法院申请司法确认，人民法院应当及时对调解协议进行审查，依法确认调解协议的效力。人

① 张绍彦主编：《中国司法制度》，法律出版社 2001 年版，第 241 页。

民法院依法确认调解协议有效，一方当事人拒绝履行或者未全部履行的，对方当事人可以向人民法院申请强制执行……”因此，一旦人民法院对调解协议予以司法确认，调解协议便转换为具有法律效力的法律文书。

（五）义务性

人民调解实行免费调解，具有待遇上的义务性。《人民调解法》第4条规定：“人民调解委员会调解民间纠纷，不收取任何费用。”这一规定明确了人民调解的义务性。

三、人民调解的性质

人民调解的性质是由人民调解委员会的性质决定的。《人民调解法》第7条规定：“人民调解委员会是依法设立的调解民间纠纷的群众性组织。”这一规定充分表明了人民调解委员会的性质。由此，人民调解是人民调解委员会进行的调解民间纠纷的一种民间性、群众性、自治性和法定性活动。

（一）群众性

人民调解员由人民调解委员会委员和人民调解委员会聘任的人员担任，由公道正派、热心人民调解工作，并具有一定文化水平、政策水平和法律知识的成年公民担任。调解的民间纠纷是人民内部矛盾；调解的依据是国家的法律、法规、规章、政策和社会公德；调解的宗旨是为人民群众排忧解难；调解的目的是平息人民群众之间的纷争，增强人民内部团结，维护社会稳定。

（二）自治性

人民调解通过人民群众的自我教育、自我管理、自我服务，化解自己内部的矛盾纠纷，增进人民内部团结。村民委员会、居民委员会的人民调解委员会委员由村民会议或者村民代表会议、居民会议推选产生；企业、事业单位设立的人民调解委员会委员由职工大会、职工代表大会或者工会组织推选产生，他们接受群众的监督，群众有权撤换他们认为不称职的调解人员。人民调解委员会调解民间纠纷，遵循在当事人自愿、平等的基础上进行调解；不违背法律、法规和国家政策；尊重当事人的权利，不得因调解而阻止当事人依法通过仲裁、行政、司法等途径维护自己的权利。调解不是诉讼的必经程序。人民调解运用说服教育、耐心疏导、民主讨论、平等协商的方法，在分清是非的基础上，依法帮助当事人达成调解协议。

（三）法定性

人民调解是依法进行的，人民调解委员会必须依法设立，必须依照《宪法》《人民调解法》《村民委员会组织法》《城市居民委员会组织法》等法律的规定而设立，主体和工作制度、工作范围等，都必须合乎法律的规定。人民调解委员会主要是调解民间纠纷，不能调解涉及重大公共利益的案件，亦不能调解应当由专责机关管辖处理的纠纷案件。

四、人民调解的任务

（一）调解民间纠纷

民间纠纷是指发生在公民之间、公民与法人及其他社会组织之间涉及民事权利义务争执的各种纠纷。例如，婚姻家庭纠纷，邻里纠纷，赡养、扶养纠纷，房屋宅基地纠纷，损害赔偿纠纷，生产经营纠纷以及新形势下凸显的有关土地承包、经济合同、计划生育、村务管理方面的纠纷，有关企业转制、破产、租赁、兼并和转让过程中引发的劳动争议纠纷，有关市政建设、危旧房改造中征地拆迁、安置补偿、噪声扰民、物业管理、房地产买卖等方面的纠纷。人民调解委员会对发生在辖区内的矛盾纠纷进行调解，力争把矛盾纠纷化解在萌芽状态、解决在基层。对于居高不下的多发性纠纷，人民调解组织要在党委、政府的统一领导下，会同各有关部门开展对矛盾纠纷的专项治理；对群众意见大，反映强烈，集中、复杂的群体性纠纷，要在稳定事态的基础上及时向基层人民政府或有关部门报告，协助党委、政府做好当事人工作；对调解不了的矛盾纠纷，要引导纠纷当事人通过法律的渠道来解决，可以向人民法院起诉。

（二）预防矛盾激化

预防矛盾激化，即防止民间纠纷激化为自杀、刑事案件和群体性事件。根据民间纠纷发生、发展和变化的规律，坚持抓早、抓小、抓苗头，力争把纠纷化解在激化之前，解决在基层。

（三）开展法治宣传和社会主义道德教育，预防民间纠纷的发生

第一，通过调解工作进行法治宣传教育。寓法治宣传和道德教育于调解矛盾纠纷的过程之中，做到调解一案，教育一片。

第二，针对矛盾纠纷发生、发展的规律进行法治宣传教育。例如，农村春节前后容易发生婚姻家庭纠纷；年终结算时，容易发生赡养纠纷和债务纠纷；农忙季节生产任务多，容易发生生产经营性纠纷；农闲季节建房多，容易发生房屋宅基地纠纷；城市建设，容易发生拆迁、安置、噪声扰民纠纷；居民搬迁，容易与物业管理部门发生纠纷等。人民调解委员会应当掌握这些规律，有针对性地开展法治宣传教育，使预测走在预防前，预防走在调解前，防患于未然。

第三，配合普法教育进行宣传。普法教育是全民性的法治宣传教育，人民调解委员会应当结合当地矛盾纠纷发生的特点，经常性地开展社会主义法治和社会主义公德的教育，从源头上减少矛盾纠纷的发生。

（四）促进基层的民主法治建设

人民调解委员会是基层群众自治组织，是我国社会主义民主政治制度的重要体现。人民调解是广大人民群众参与社会事务管理的重要形式，也是党和政府倾听群众的意见和要求，密切联系群众的桥梁和纽带。人民调解要充分发挥自己来自群众根植于群众的优势，定期开展矛盾纠纷的排查工作，及时向村委会或者居委会和基层党委政府反馈矛盾纠纷的信息，反映人民群众的意见和要求，反映人民调解工作的情况和问题。这既可使基层人民政府了解掌握情况，加强对人民调解工作的指导管理，又能充分发挥人民调解工作的作用，促进基层的民主法治建设。

除了上述规定的四项任务外，人民调解委员会还要积极参加基层安全文明创建活动，开展对失足青少年、刑满释放人员的帮教工作等。

五、人民调解工作的地位

在新民主主义革命时期，人民调解制度完全融于人民司法制度的形成和发展之中。新中国成立后，我国进入社会主义革命和建设时期，人民调解制度与审判制度分离，成为我国司法体系中一个独立的制度。现在我国已进入全面改革开放、建设中国特色社会主义的新时期，人民调解的地位显得更加重要。

（一）人民调解工作的法律地位

人民调解制度和民事诉讼制度、仲裁制度一样，是我国民事程序法律制度系统中的重要组成部分，在社会生活特别是司法活动中，发挥着重要的作用。我国的《宪法》《村民委员会组织法》《城市居民委员会组织法》《继承法》《婚姻法》《人民调解法》等法律法规对人民调解均有明确规定。人民调解制度经由宪法和许多实体法律的规范，享有较高的法律地位，成为独具中国特色的社会主义民主法律制度。

我国《宪法》第111条第2款规定："居民委员会、村民委员会设人民调解……委员会……调解民间纠纷……"这就从宪法上确立了人民调解的法律地位。

《人民调解法》第3条规定："人民调解委员会调解民间纠纷，应当遵循下列原则：(一）在当事人自愿、平等的基础上进行调解；（二）不违背法律、法规和国家政策；(三）尊重当事人的权利，不得因调解而阻止当事人依法通过仲裁、行政、司法等途径维护自己的权利。"

（二）人民调解工作在社会主义民主政治建设中的地位

人民调解工作在社会主义民主政治建设中的地位主要表现在以下三个方面：

1. 人民调解工作是社会主义民主政治建设的一项重要内容。人民调解委员会调解矛盾纠纷的活动，是依照有关法律规定开展的，是对社会事务的一种群众性自我管理，它本身就是人民行使民主管理的权利，是人民在解决矛盾纠纷、维护社会稳定上当家做主的具体表现。

2. 人民调解工作是社会主义民主的直接体现。人民调解是通过人民群众自己选举的调解组织，来调处发生在人民群众内部的纷争，化解人民内部矛盾，自己动手维护公民的合法权益。可见，人民调解正是人民群众直接行使民主权利，直接参加国家生活，直接管理社会事务的一种重要表现。

3. 人民调解组织是政府与广大群众之间的桥梁和纽带。人民调解组织通过开展调解工作，将人民政府和广大群众联结起来，沟通了他们之间的关系，使他们在社会和政治生活中相互协调，方向一致，从而大大地促进了基层社会主义民主制度的建设和发展。

（三）人民调解工作在社会主义法治建设中的地位

人民调解工作集法律制度、执法、守法三方面于一体，理所当然地成为我国社会主义法治的重要组成部分。首先，人民调解本身就是一种法律制度，它在我国的法律体系特别是程序法体系中，处于预防纠纷、化解矛盾、防止矛盾纠纷激化的第一线，是我国法治体系中的基础性环节。其次，人民调解组织调解纠纷的过程也是适用法律的过程，通过这种群众性的司法活动，使法律成为广大人民群众手中的武器，使司法机关有了广泛的群众基础，使法律在基层得以贯彻实施。最后，人民调解组织通过调解工作宣传国家法律、法规、规章和政策，增强公民的法律意识，推动人民群众知法、守法，这也是社会主义法治建设的基本要求。

（四）人民调解工作在社会治理和社会治理能力现代化中的地位

党的十九届五中全会提出，健全基本公共服务体系，完善共建共治共享的社会治理制度。“共治”强调多元主体共同参与治理，发挥国家、政府、社会组织、个人等作用。人民调解组织属于“共治”中的社会组织，是基层群众自治组织发挥作用的途径和方式之一。人民调解工作处于社会治理能力现代化的第一道防线上，在基层筑起一道化解纠纷、缓解矛盾、预防犯罪的坚固防线，在维护社会安定团结方面具有预防性、超前性和治本性的特点，发挥着不可替代的重要作用。因此，人民调解工作理所当然的是社会治理和社会治理能力现代化总体工程中的重要一环，是社会治理和社会治理能力现代化系统工程中不可缺少的一个子系统。

六、人民调解工作的作用

（一）人民调解工作为维护社会稳定起着巨大作用

第一，正确、及时地化解矛盾纠纷，增强人民内部团结。全国的人民调解组织每年调解矛盾纠纷多达几百万件，把大量的人民内部矛盾解决在基层，使成千上万的当事人在不伤感情、不失和气的情况下消除了隔阂，改善了人际关系，有效地维护了社会安定团结。

第二，防止矛盾纠纷激化，预防犯罪行为发生。人民调解组织通过及时发现、正确调解矛盾纠纷，把许多因发生矛盾纠纷而准备行凶的人从犯罪的边缘拉了回来，制止了许多一触即发的、危害人民生命财产安全的重大恶性案件。通过广泛、深入、生动、具体地向人民群众进行法治宣传教育，不断增强群众的法治观念，为预防犯罪起到了治本的作用。通过对刑满释放和解除强制隔离戒毒人员的安置帮教、对失足青少年的教育感化，有效预防了重新犯罪现象的发生。通过开展多种形式的建设社会主义精神文明活动，移风易俗，净化了社会风气，创造了预防犯罪的外部环境。

（二）人民调解工作促进了改革开放和经济建设

第一，通过调解大量的矛盾纠纷，消除了当事人之间的纷争，解除了其精神负担，增进了团结，有利于调动人民群众生产和工作的积极性，使人们都能心情舒畅地投入生产和工作。

第二，人民调解组织设在基层，人民调解员生活在群众之中，对群众中发生的各种矛盾和纠纷，不仅可以及早发现，而且可以就地解决，这样可以节省当事人的时间、人力和物力，免除讼累，避免因打“官司”而耽误生产和工作。

第三，人民调解组织把大量的人民内部矛盾化解在基层，可以使基层党政领导从解决纠纷的烦琐事务中解脱出来，使他们集中更多的时间和精力搞改革、抓生产。

第四，人民调解组织依照法律和政策，不仅及时调解农村中因争水、争电、争场院、争山林、争农机具等发生的生产经营性纠纷和承包经营合同纠纷，调解城乡集贸市场中因争摊位、争门店、抢生意、掺杂使假、缺斤短两等发生的各种矛盾纠纷，而且积极预防、主动化解了企业改革中职工与职工、职工与领导、职工与家庭之间发生的大量矛盾纠纷，同时还有效地化解了城市在市政建设、危房改造中引发的各种矛盾纠纷。这都直接服务于改革开放，促进了经济建设的发展。

（三）人民调解工作推动了社会主义精神文明建设

人民调解工作是社会主义精神文明建设的重要组成部分，与精神文明建设密切联系，息息相关。实践证明，把人民调解工作与社会主义精神文明建设有机结合起来，既能促进人民调解工作的发展，又能为社会主义精神文明建设增添力量，二者互相渗透，互相促进。通过配合基层政权组织和有关部门，积极开展群众性的精神文明建设活动，弘扬正气、净化环境、扶正压邪、移风易俗，使文明个人、文明家庭、文明单位大量涌现，对社会主义精神文明建设起到了重要的推进作用。

七、人民调解工作的基本原则

人民调解工作的原则，是人民调解委员会在调解民间纠纷过程中应当遵守的基本准则。《人民调解法》第 3 条规定：“人民调解委员会调解民间纠纷，应当遵循下列原则：（一）在当事人自愿、平等的基础上进行调解；（二）不违背法律、法规和国家政策；（三）尊重当事人的权利，不得因调解而阻止当事人依法通过仲裁、行政、司法等途径维护自己的权利。”由此，人民调解工作应当遵循下列原则：

（一）平等自愿原则

这一原则是指人民调解委员会调解民间纠纷必须在双方平等自愿的基础上进行，实行当事人意思自治，尊重和保障当事人的意愿。平等自愿原则体现在四个方面：一是纠纷的受理必须基于当事人自愿，如果当事人不愿意接受调解，或者不愿意接受某个组织和个人的调解，或者有一方当事人不愿意接受调解，均不能强行调解。二是当事人接受调解出于自愿，一方面要求人民调解委员会对当事人进行耐心细致的劝解、开导，不允许采取歧视、强迫、偏袒和压制的办法；另一方面当事人在调解中可以随时拒绝调解。三是对人民调解员的选择出于当事人自愿，当事人可以接受人民调解委员会安排的人民调解员，也可以自主选择人民调解员调解纠纷。四是调解达成的协议必须出自当事人自愿，人民调解委员会不得把调解意见强加于当事人。

平等自愿原则，并不禁止人民调解委员会主动上门调解纠纷，并不排除人民调解员对于纠纷当事人的错误言行予以必要的批评教育，也并不意味着当事人可以违背法律、政策和社会公德，随心所欲地订立调解协议。同时，平等自愿原则中的平等，“是指当事人在调解过程中地位平等，享有平等的权利，履行平等的义务，任何人均不享有特权”。①

（二）合法合规原则

合法合规原则，是指人民调解委员会调解民间纠纷，不能违背法律法规和国家政策的规定，这是人民调解委员会调解民间纠纷的前提。

第一，人民调解委员会进行调解以及调解的矛盾纠纷的范围要符合法律、法规和规章的规定。法律、法规规定只能由专门机关管辖处理的，或者法律、法规禁止采用民间调解方式解决的，人民法院、公安机关或者其他行政机关已经受理或者解决的，如治安案件、刑事犯罪案件、法院审结的民事案件，人民调解委员会不得调解。但治安案件、刑事犯罪案件引起的人身伤害、损坏财产的赔偿，人民法院、公安机关虽已受理，但认为更适合用人民调解解决，移交或者建议人民调解委员会调解的，人民调解委员会可以受理。

第二，人民调解委员会要依据法律、法规、规章和政策进行调解，法律、法规、规章和政策没有规定的，依据社会公德进行调解。人民调解委员会调解纠纷要以事实为根据，以法律为准绳，在充分听取当事人的陈述，调查了解，查明矛盾纠纷发生的事实后，以法律、法规、规章、政策为依据，分清是非责任，说服有过错的一方承担责任，双方都有过错的，各自承担相应的责任。

第三，达成调解协议的内容要符合法律、法规、规章和政策的规定。任何与现行法律、法规、规章和政策相悖的调解协议都是无效的。对不符合法律、法规、规章、政策和违背社会公德的调解协议，当事人可以要求重新调解，基层人民政府和基层人民法院也可予以纠正。

---

① 刘金华：《人民调解实务》，中国人民大学出版社 2021 年版，第 72 页。

（三）尊重当事人权利原则

尊重当事人权利原则，“是指人民调解委员会对纠纷进行调解，不是纠纷解决的必经程序，不得因未经人民调解委员会调解或者调解不成，而阻止当事人依法通过仲裁、行政、司法等途径维护自己的权利”。①《人民调解法》第 23 条规定：“当事人在人民调解活动中享有下列权利：（一）选择或者接受人民调解员；（二）接受调解、拒绝调解或者要求终止调解；（三）要求调解公开进行或者不公开进行；（四）自主表达意愿、自愿达成调解协议。”这就要求：

第一，当事人在纠纷解决的方式上，具有自决的权利。人民调解不是诉讼的必经程序，不得因未经调解或者调解不成而阻止当事人向人民法院起诉。民间纠纷发生后，当事人有权直接向人民法院提起诉讼，不得因未经调解而限制其诉讼权利。

第二，在调解民间纠纷的过程中，当事人有放弃或者中断调解的权利。也就是说，人民调解以当事人自愿为基础，调解程序的启动、开展，以及调解协议的达成和履行等，当事人有自主选择权。在其中的任何一个环节，当事人都可以放弃或者中断，选择向人民法院提起诉讼等其他方式解决纠纷。

第三，经调解达成协议的纠纷，当事人如果不履行调解协议确定的义务，权利人享有纠纷解决方式的选择权。当事人对达成的调解协议反悔时，其仍然有权利提起诉讼，请求人民法院对纠纷及其协议予以裁判。

八、人民调解工作方针

人民调解工作的方针是“调防结合，以防为主，多种手段，协同作战”。“调”和“防”是辩证统一的关系，调解工作做好了，就能控制事态的发展，防止矛盾纠纷激化，避免更大的损失；而预防工作做好了，就能防患于未然，减少、避免由纠纷造成的损失和影响。既要调解，又要预防，要立足于调解，着眼于预防。在预防思想指导下进行调解，在调解工作中抓紧预防，调中有防，寓防于调，防重于调。“多种手段，协同作战”是指人民调解委员会对调解不了的疑难纠纷、社会难点、热点纠纷和群体性纠纷要主动及时送交党委、政府或各有关部门处理，并积极配合党委、政府或各有关部门，发挥职能作用，运用多种手段加以解决，防止久调不决导致矛盾纠纷激化。

① 刘金华：《人民调解实务》，中国人民大学出版社 2021 年版，第 73 页。

第二节 人民调解机制

一、人民调解组织

依据《人民调解法》第 7 条的规定："人民调解委员会是依法设立的调解民间纠纷的群众性组织。"因此，人民调解组织是人民调解委员会。

（一）人民调解组织的设置与组织形式

根据《宪法》《村民委员会组织法》《居民委员会组织法》和《人民调解法》的规定，人民调解委员会的设置与组织形式是：

第一，村民委员会、居民委员会设立人民调解委员会。人民调解委员会是人民调解组织的基本形式。

第二，企业、事业单位根据需要设立人民调解委员会。企业、事业单位人民调解组织在保障企业改革的进行、维护职工的合法权益、化解职工在生产生活中的各种矛盾纠纷、解决企业与周边地区群众之间的矛盾纠纷中发挥着重要作用。

第三，乡镇、街道设立人民调解委员会。依照《人民调解法》第 34 条的规定："乡镇、街道以及社会团体或者其他组织根据需要可以参照本法有关规定设立人民调解委员会，调解民间纠纷。"实践中，乡镇、街道人民调解委员会主要调解村、居调委会调解不了的疑难、复杂的民间纠纷，以及跨地区、跨单位的民间纠纷，制止群众性械斗和群体性上访，防止矛盾纠纷激化，维护社会稳定。

第四，区域性、行业性人民调解委员会。区域性、行业性人民调解委员会是"社会团体或者其他组织根据需要可以参照本法有关规定设立人民调解委员会"的规定而设置的。区域性、行业性人民调解委员会对于发展和完善市场经济条件下的人民调解工作具有积极的意义。区域性人民调解委员会是指在特定的行政区域，特定的生产、生活地区等建立的人民调解组织。目前，已建立的区域性、行业性人民调解委员会主要有："（1）为了解决区域性、专业性的纠纷设立的人民调解委员会，包括妇联、残联、消费者协会、行业协会等社会团体依法设立的人民调解委员会。（2）为了解决特定类型纠纷设立的人民调解委员会，包括为解决医疗纠纷、交通事故纠纷、劳动纠纷等设立的人民调解委员会。（3）在外来务工人口居住区、集贸市场、经济开发区等特定地区设立的区域性人民调解委员会。"①

（二）人民调解委员会的组成

《人民调解法》第 8 条第 2 款对人民调解委员会的组成和产生作了明确规定："人民调解委员会由委员三至九人组成，设主任一人，必要时，可以设副主任若干人。"人民调解

① 刘金华：《人民调解实务》，中国人民大学出版社 2021 年版，第 19 页。

委员会委员的具体人数可以根据需要由设立主体自行确定，但不能少于 3 人，不能多于 9 人。为了体现民主原则，人民调解委员会的组成人数应该为单数。

乡镇、街道人民调解委员会由辖区内设立的村民委员会、居民委员会、企业事业单位的人民调解委员会主任，本乡镇、街道的司法所工作人员、司法助理员和在本乡镇、街道辖区内居住的懂法律、有专长、热心人民调解工作的社会志愿人员组成。乡镇、街道人民调解委员会主任一般应当由司法所长、司法助理员担任；区域性、行业性人民调解委员会主任一般应当由设立人民调解委员会的组织任命。

人民调解委员会主任的主要职责是，组织开展人民调解工作；向村民委员会、居民委员会和上级主管部门报告人民调解工作情况和重大纠纷信息，组织、传达、贯彻、落实党委、政府、司法行政部门对人民调解工作的指示、要求、工作安排部署等。人民调解委员会副主任协助主任做好上述工作。

人民调解委员会应当有妇女成员，多民族居住的地区应当有人数较少民族的成员。人民调解组织的成员在年龄结构上，要注意老、中、青相结合，以便发挥他们各自的优势和长处，相互取长补短，更加有效地开展工作。

人民调解委员会及其组成人员，应当向所在地乡镇、街道司法所备案；乡镇、街道人民调解委员会应当向县级司法行政机关备案。区域性、行业性人民调解委员会应当向所在省辖市的司法行政机关备案。

（三）个人调解工作室

依照《关于加强人民调解员队伍建设的意见》的要求，为了完善人民调解组织网络，创新人民调解组织形式，及时化解矛盾纠纷，2018 年 11 月 13 日，司法部发布了《关于推进个人调解工作室建设的指导意见》，努力实现矛盾不上交，对个人调解工作室建设做出了具体规定。

1. 申请设立个人调解工作室的条件。人民调解员应具备以下条件：具有较高的政治素质，为人公道正派，在群众中有较高威信；热心人民调解工作，有较为丰富的调解工作经验，调解成功率较高；具有一定的文化水平、政策水平和法律知识，形成有特点、有成效的调解方式方法；获得过县级以上党委政府、有关部门或司法行政机关表彰奖励。

2. 规范个人调解工作室的命名。个人调解工作室全称由“所属人民调解委员会名称”“个人姓名或特有名称”和“调解工作室”三部分内容依次组成，简称由“个人姓名或特有名称”和“调解工作室”两部分内容依次组成，由县级以上司法行政机关负责命名。

3. 个人调解工作室组成。个人调解工作室可以由一名调解员组成，也可以由多名调解员组成。鼓励专职人民调解员和退休政法干警、律师等社会专业人士、基层德高望重的人士等建立个人调解工作室，推动形成一支结构合理、优势互补的调解工作团队。

4. 个人调解工作室职责。开展辖区内一般矛盾纠纷排查调解，参与当地重大疑难复杂矛盾纠纷调解；开展法治宣传教育；参与承担人民调解员培训授课任务；主动向所属人民调解委员会报告工作情况，做好调解统计和文书档案管理等工作；自觉接受司法行政机关指导和基层人民法院业务指导，认真完成司法行政机关和所属人民调解委员会交办的其他工作任务。

5. 加强信息化建设。个人调解工作室要充分利用中国法律服务网和人民调解信息系统，开展人民调解在线咨询、受理、调解等服务。积极运用人民调解移动终端、手机应用软件、微信群等开展调解工作，创新在线调解、视频调解等方式方法。

6. 建立健全工作制度。个人调解工作室应当依法建立健全岗位责任、学习培训、纠纷登记、排查调解、回访、信息反馈、考核奖惩、统计报送、文书档案等制度。县级以上司法行政机关要建立名册制度，定期向社会公布个人调解工作室情况；完善绩效评价制度，加强对个人调解工作室的动态管理。

7. 工作保障。个人调解工作室的调解员与所属人民调解委员会的调解员在补贴、培训、表彰等方面享受同等待遇。个人调解工作室应有相对独立的办公场所和必要的办公设备，不具备条件的可以与所属人民调解委员会共用办公场所，但应有固定的调解场所。支持个人调解工作室登记为民办非企业组织，或通过当地人民调解员协会承接政府购买服务项目，促进工作有效开展。

要充分利用传统媒体和网络、微信、微博等新媒体，大力宣传个人调解工作室的优势特点、工作成效和典型案例，不断扩大个人调解工作室的社会影响力。要加大对个人调解工作室及其调解员的表彰奖励力度，为个人调解工作室开展工作营造良好社会氛围。

（四）人民调解委员会建设标准

村民委员会、居民委员会和企业事业单位应当为人民调解委员会开展工作提供办公条件和必要的工作经费。人民调解委员会场所门口应当悬挂人民调解委员会标志牌，配备统一规格的人民调解委员会印章、统一格式的人民调解文书和统一制发的人民调解统计台账。

人民调解委员会的调解场所应当悬挂统一的人民调解标志，调解主持人、调解人、记录人、当事人席位环行排放，人民调解员名单，调解纠纷的种类范围，调解的原则、纪律，调解协议的效力，当事人的权利与义务等应上墙明示。人民调解委员会应当建立健全岗位责任制以及例会、学习、考评、业务登记、统计和档案管理、回访、纠纷排查、纠纷信息传递与反馈等各项规章制度，保障人民调解活动顺利开展。

二、人民调解员

人民调解员是人民调解委员会委员的简称，是具体进行人民调解工作的人员。《人民调解法》第 13 条规定：“人民调解员由人民调解委员会委员和人民调解委员会聘任的人员担任。”由此，人民调解员包括人民调解委员会委员和人民调解委员会聘任的人员。

（一）人民调解员的条件

《人民调解法》第 14 条第 1 款规定：“人民调解员应当由公道正派、热心人民调解工作，并具有一定文化水平、政策水平和法律知识的成年公民担任。”根据这一规定，人民调解员应具备下列条件：

1. 公道正派。人民调解员应具有公道正派的高尚品德和情操，坚持合法合理的调解工作原则。

2. 热心人民调解工作。人民调解员必须树立全心全意为人民服务的思想，发扬无私奉献的精神，爱岗敬业，对调解工作具有坚定的事业心和高度的责任感。

3. 有一定文化水平、政策水平和法律知识。人民调解员熟悉及掌握与调解工作直接有关的法律和政策，要合法、合理地开展调解工作，不断提高自己的法律素质和政策水平。

4. 成年公民。具有完全民事行为能力、年满 18 周岁的中国公民，才能被选举为人民调解员。

（二）人民调解员的产生

人民调解员的产生有选举和聘任两种方式。《人民调解法》第 9 条规定："村民委员会、居民委员会的人民调解委员会委员由村民会议或者村民代表会议、居民会议推选产生；企业事业单位设立的人民调解委员会委员由职工大会、职工代表大会或者工会组织推选产生。人民调解委员会委员每届任期三年，可以连选连任。"乡镇、街道人民调解委员会委员由乡镇、街道司法所聘任。区域性、行业性的人民调解委员会，由设立该人民调解委员会的组织聘任。

（三）人民调解员的工作守则

1. 依据法律、法规、规章和政策进行调解，法律、法规、规章和政策没有明确规定的，依据社会主义道德进行调解。

2. 坚持原则，爱岗敬业，热情服务，诚实信用，举止文明，廉洁自律，注重学习，不断提高自身法律道德素养和调解技能。

3. 以公民道德准则严格要求自己，做公民道德建设的表率，坚持公平、公正，不徇私情。

4. 服务于民，取信于民，发挥人民调解工作在建设社会主义精神文明中的作用。

5. 在双方当事人自愿平等的基础上进行调解：不得对当事人压制、打击报复；不得侮辱、处罚纠纷当事人；不得吃请受礼。

6. 尊重当事人的诉讼权利，不得泄露当事人的隐私，不得因未经调解或者调解不成而阻止当事人向人民法院起诉。

（四）人民调解员的权利

人民调解员从事调解工作，应当给予适当的误工补贴；因从事调解工作致伤致残，生活发生困难的，当地人民政府应当提供必要的医疗、生活救助；在人民调解工作岗位上牺牲的人民调解员，其配偶、子女按照国家规定享受抚恤和优待。人民调解员依法履行职务，受到非法干涉、打击报复的，可以请求司法行政机关和有关部门依法予以保护。

（五）人民调解员任务

依照《关于加强人民调解员队伍建设的意见》的要求，人民调解员的主要任务有：

第一，积极参与矛盾纠纷排查，对排查发现的矛盾纠纷线索，采取有针对性的措施，预防和减少矛盾纠纷的发生。

第二，认真开展矛盾纠纷调解，在充分听取当事人陈述和调查了解有关情况的基础上，通过说服、教育、规劝、疏导等方式方法，促进当事人平等协商、自愿达成调解协议，督促当事人及时履行协议约定的义务，人民调解员对当事人主动申请调解的，无正当理由不得推诿不受理。

第三，做好法治宣传教育工作，注重通过调解工作宣传法律、法规、规章和政策，教育公民遵纪守法，弘扬社会公德、职业道德和家庭美德。

第四，发现违法犯罪以及影响社会稳定和治安秩序的苗头隐患，及时报告辖区公安机关。

第五，主动向所在的人民调解委员会报告矛盾纠纷排查调解情况，认真做好纠纷登记、调解统计、案例选报和文书档案管理等工作。

第六，自觉接受司法行政部门指导和基层人民法院业务指导，严格遵守人民调解委员会制度规定，积极参加各项政治学习和业务培训。

第七，认真完成司法行政部门和人民调解委员会交办的其他工作任务。

三、人民调解工作制度

人民调解工作制度是指人民调解委员会在从事调解活动时应遵循的基本准则和规范。我国《人民调解法》第 11 条规定：“人民调解委员会应当建立健全各项调解工作制度，听取群众意见，接受群众监督。”人民调解工作是一种纠纷解决机制，为了保障纠纷解决的规范性，需要建立完整的工作制度。

（一）人民调解员岗位责任制度

人民调解员岗位责任制度是人民调解委员会各项工作制度的核心内容，是对人民调解员岗位责任、权利义务、考核奖惩等的具体规定。

1. 组织调委会开展人民调解工作，参与和督促民间纠纷的依法调解。
2. 组织开展本辖区民间纠纷的排查工作，掌握本辖区纠纷重点户、重点人和纠纷苗头。
3. 向村委会、居民委员会和上级主管部门报告人民调解工作情况和重大纠纷信息。
4. 传达贯彻落实各级党委、政府和司法行政部门关于人民调解工作的法律法规、政策、意见和工作部署等。
5. 组织调委会各项工作制度的实施。
6. 负责调委会报表的审查和有关人民调解文书的档案管理等工作。

7. 负责向广大人民群众开展法制宣传教育。

（二）纠纷登记制度

纠纷登记制度，是指人民调解委员会对于受理的案件逐件予以文字记载的工作制度。其内容包括：

1. 建立统一的纠纷登记簿册，对当事人的自然情况、住址、事由、调解结果要详细记录。

2. 纠纷登记后要对纠纷进行审查，对属于人民调解范围的纠纷，要在稳定事态发展的基础上，告知当事人到有关部门申请处理。

3. 纠纷登记簿册要由专人管理。

4. 纠纷登记要及时汇总上报，每季度汇总后报司法所或司法助理员。

（三）统计制度

统计制度是为了准确掌握人民调解工作的情况，分析民间纠纷发生的特征和规律，按照一定的标准，进行统计汇总的工作制度。工作要求包括：

1. 确定统计人员，建立统计簿册。

2. 设立统计表，即人民调解委员会建设统计表和人民调解委员会工作统计表。

3. 统一统计标准。严格按照司法部下发的统计说明进行统计，确保统计数字真实、准确。

4. 及时汇总上报。调结的民间纠纷每月月底统计上报司法所，人民调解工作统计表每季度、组织建设统计表每半年由司法所上报县（区）司法局。

5. 建立统计档案，设立统计台账。各种登记簿册、统计报表按时间、年份分类装订成册，建立统计档案和统计台账，保管备查。

（四）文书档案管理制度

《人民调解法》第 27 条规定："人民调解员应当记录调解情况。人民调解委员会应当建立调解工作档案，将调解登记、调解工作记录、调解协议书等材料立卷归档。"这是文书档案管理制度的法律规定。这一制度要求：

1. 人民调解委员会受理的民间纠纷必须建立相应的调解文书，调解文书包括调解申请书、民间纠纷受理调解登记表以及调委会受理调解未成功的纠纷的处理意见及各种证明材料等。

2. 文书档案必须由专人建立和管理。

3. 借阅文书档案必须严格履行借阅手续，对涉及个人隐私的文书档案要注意保密，一般不予借阅。

4. 村（居）调委会主持达成的调解协议书必须经乡镇（街道）调委会审核。

5. 不需出具人民调解协议书的必须填写《民间纠纷受理调解登记表》，按时间先后顺序或纠纷类别及编号一年一装订，年终归档。

6. 达成调解协议的调解文书档案要求一事一卷，装订成册，一般保管期限为 3 年。

（五）回访制度

回访制度是指人民调解委员会对于达成调解协议的案件，通过回访的方式，了解案件自觉履行的情况，总结纠纷调解中的经验和存在的问题，及时予以改进的工作制度。这一制度要求：

1. 人民调解委员会对已调解结案的纠纷特别是较复杂的或有可能出现反复的纠纷必须进行回访。

2. 回访的主要内容包括：了解协议的执行情况，影响协议履行的隐患；了解当事人特别是重点人的思想状况、行为有无反常，对调解协议的态度等；有无新的纠纷苗头；对调解人的意见、建议。

3. 对回访结果要认真加以分析和总结，对于存在的问题及时妥善解决。

（六）纠纷排查制度

纠纷排查制度是指为了防患于未然，把矛盾解决在未出现纠纷之时，人民调解委员会及时深入群众之中，对可能存在的矛盾纠纷进行摸底排查，掌握纠纷的重点户、重点人，及早介入纠纷的调解制度。要求做到：

1. 明确排查的目的、意义。

2. 掌握排查的时间、范围、方法。

3. 逐门、逐户、逐人进行摸底排查，掌握纠纷的重点户、重点人。

4. 排查工作要做好登记，填写排查工作统计表。

5. 对应当由人民调解委员会调解的，落实人民调解员，及时化解；不属于调解范围或调解不了的，及时上报；对排查中揭发出的犯罪线索，立即移交公安部门。

6. 排查结束要认真总结，并制订出新的防范措施。

（七）纠纷信息传递与反馈制度

纠纷信息传递与反馈制度是为了化解民间纠纷，建立畅通的信息渠道，及时将民间纠纷信息传递给人民调解委员会，以便于人民调解委员会及时分析、研判，及早处理和解决纠纷的工作制度。具体要求：

1. 人民调解委员会要将本辖区划分为若干小组，建立相应的信息员。

2. 及时组织信息传递，即对于获取的纠纷信息要及时向上级调解组织或有关部门传递。

3. 做好信息的加工处理，即人民调解组织对获取的信息进行分析，并按照矛盾纠纷的性质、轻重缓急做出相应的处理。

4. 及时进行信息反馈，保障信息渠道畅通。

四、人民调解的工作程序

（一）民间纠纷的受理

民间纠纷的受理，是指人民调解委员会根据当事人的申请或者依法主动对民间纠纷予以接受，决定进行调解的活动。《人民调解法》第 17 条规定："当事人可以向人民调解委员会申请调解；人民调解委员会也可以主动调解……"第 18 条规定："基层人民法院、公安机关对适宜通过人民调解方式解决的纠纷，可以在受理前告知当事人向人民调解委员会申请调解。"人民调解委员会对民间纠纷的受理包括：一是纠纷当事人向人民调解委员会的申请调解；二是人民调解委员会主动调解。

1. 民间纠纷受理的种类。

（1）申请受理，即纠纷当事人一方或双方采用口头或书面形式要求调解委员会解决他们之间的矛盾纠纷。

（2）主动受理，即人民调解委员会对群众反映、有关部门或单位的转告、纠纷信息员报告以及人民调解委员会在民间纠纷大排查中发现的矛盾纠纷主动及时登门调解。

（3）移交受理，即党委、政府及有关部门或人民法院已经受理的矛盾纠纷，党委、政府及有关部门、人民法院认为更适宜通过人民调解方式解决的，在征得当事人同意后，由当地人民调解委员会调解。

2. 民间纠纷受理的原则。人民调解委员会受理民间纠纷应当遵循便利当事人申请调解、便利人民调解委员会调解的原则。应当根据当事人的居住地、纠纷发生地、不动产或主要遗产所在地来确定受理。

3. 受理。

（1）一般民间纠纷的受理。一般民间纠纷主要指双方当事人在同一居住地、争议标的不大、情节不复杂的纠纷。一般民间纠纷由当事人居住地或者所在单位的人民调解委员会受理。当事人居住地与户籍所在地不一致时，以居住地为准。如果当事人是未成年人或者限制行为能力、无行为能力人，则应以其家长或监护人的所在地来确定。如果纠纷双方当事人是企业职工，并且纠纷发生在其工作单位的，则应由双方当事人所在单位的人民调解组织受理。

一般民间纠纷也可以由纠纷发生地的人民调解委员会受理。例如，因侵权行为发生的纠纷，可以由侵权行为地的人民调解组织受理；因不动产产生的纠纷，可以由不动产所在地的人民调解组织受理；因遗产继承所产生的纠纷，可以由被继承人生前户籍所在地或主要遗产所在地人民调解组织受理；因民事合同产生的纠纷，可以由合同缔结地或合同履行地的人民调解组织受理等。

（2）复杂、疑难和跨地区、跨单位民间纠纷的受理。村民委员会、居民委员会或者企业、事业单位的人民调解委员会调解不了的纠纷，纠纷当事人不在同一行政辖区的纠纷，纠纷涉及的财产、侵权行为地连跨或分散在几个区域内，纠纷涉及不同单位和地区的数名当事人，或者适用的法律和政策比较复杂、调解难度大的纠纷，由乡镇、街道人民调解委员会受理。

复杂、疑难和跨地区、跨单位民间纠纷也可以由相关的人民调解委员会共同受理。共同受理的调解委员会应该确定主要调解方和协助调解方，主要调解方应当进行纠纷登记和统计。

4. 纠纷审查。人民调解委员会受理民间纠纷时，应当对纠纷进行审查，符合下列条件的，人民调解委员会应当及时受理。

（1）有明确的被申请调解人。纠纷当事人在向人民调解委员会提出申请时，应当说明与其发生纠纷的对方当事人，即被申请调解人的情况，包括姓名、性别、住址、工作单位等。如果被申请调解人是法人或者其他社会组织，则应当说明其单位地址、法定代表人姓名等基本情况。

（2）有具体的调解要求。申请调解的当事人要说明请求调解所要解决的问题和要达到的目的，如要求被申请人给付或返还财物，请求确认继承权，要求对方履行法定或约定义务等。

（3）有提出调解申请的事实依据。申请人应当提出申请调解所根据的事实，即纠纷的事实，包括纠纷发生时的事实情况及相应的证据。下列矛盾纠纷人民调解委员会不能受理：法律、法规明确规定由有关部门管辖处理的；人民法院已经受理或正在审判的；一方当事人不同意调解的；已构成犯罪或构成违反治安管理处罚行为的；已经申请基层人民政府处理或处理完毕的。

人民调解委员会对不符合受理条件的纠纷，应当向当事人做出解释，并且告诉当事人到相关部门去解决，或主动与相关部门联系、配合，帮助解决问题。例如，对违反《治安管理处罚法》的行为，应主动与公安机关联系并告知当事人到公安机关去解决；如果是依法应当由人民法院审理的纠纷，应告知当事人向人民法院提起诉讼。

人民调解委员会移交纠纷，并不等于对这类纠纷听之任之或者放任不管，对于随时有可能激化矛盾或者可能造成严重后果、影响社会稳定的纠纷，人民调解委员会应当首先采取必要的缓解和疏导措施，并及时向基层人民政府和有关部门反映。

5. 纠纷登记。登记是人民调解委员会决定受理纠纷的文字记载。口头申请的民间纠纷，人民调解员应认真听取当事人对纠纷情况的陈述，并按陈述的内容进行纠纷登记。在进行纠纷登记时，要严肃认真，尽量记录当事人的原话或者原意，切不可把自己的分析判断加进去。对于一些可以当即调解的简单纠纷，也可以调解后补办登记。

人民调解委员会受理的民间纠纷应当向双方当事人发出调解通知，告知调解的时间与地点。一般的民间纠纷可以即时调解。

（二）调解前的准备

除了是非分明、情节简单、事实清楚的纠纷可以在受理后直接进入调解阶段外，一般情况下，人民调解委员会应当在调解前做好相应的准备工作：

1. 选定调解主持人。依照《人民调解法》第 19 条的规定：“人民调解委员会根据调解纠纷的需要，可以指定一名或者数名人民调解员进行调解，也可以由当事人选择一名或者数名人民调解员进行调解。”人民调解委员会对于已经受理的纠纷，要在正式调解前尽快指定1名或者数名人民调解员，有数名人民调解员时，由其中1人担任调解主持人，并将调解日期告知当事人，以便当事人做好准备。同时要教育当事人保持克制态度。避免发生新的纠纷，使纠纷复杂化。根据《人民调解委员会组织条例》和《人民调解法》的规定，人民调解员根据调解纠纷的需要，在征得当事人的同意后，可以邀请当事人的亲属、邻里、同事等参与调解，也可以邀请具有专门知识、特定经验的人员或者有关社会组织的人员参与调解。人民调解委员会支持当地公道正派、热心人民调解工作、群众认可的社会人士参与调解。

在确定人民调解员时，应当遵守有关回避的规定，即人民调解员对与本人有特定关系的纠纷不应承担调解任务，以维护人民调解的公正性。人民调解员有两种回避方式：一是人民调解员自动回避；二是根据当事人的申请回避。有下列情形之一的应当回避：一是人民调解员是当事人的近亲属；二是人民调解员与该纠纷的处理结果有利害关系；三是人民调解员与当事人有其他关系，可能影响该纠纷的公正解决；四是有其他正当理由的。对于当事人提出回避要求的，人民调解委员会应另行指定人民调解员调解，或由当事人提名、双方都同意的人民调解员主持调解。

2. 调查核实纠纷情况。人民调解委员会调解纠纷，应当分别向双方当事人询问纠纷的事实和情节，了解双方的要求及其理由，根据需要向有关方面调查核实，做好调解前的准备工作。

调查的内容包括纠纷的性质，争执焦点，纠纷产生的原因、发展过程以及目前处于什么程度；证据和证据的来源；当事人的个性特征和当事人对纠纷的态度；对纠纷当事人产生影响或起制约作用的各种因素和社会关系等情况。调查核实要尽量做到全面细致，重点要放在查明有助于弄清纠纷症结和事实真相的关键情节上。调查的方法和途径主要有：第一，要耐心细致地听取各方当事人的陈述，询问纠纷的有关情况，了解和洞察当事人的真实思想和要求。要避免先入为主和偏听偏信，做到客观公正。第二，要对知情人及周围群众进行调查。要做好被调查人的思想工作，使他们消除顾虑，如实反映纠纷情况。必要时，人民调解委员会需要派人到当事人所在单位进行调查，求得单位领导和同事对调查工作的帮助和支持。第三，对于争执标的属于房屋、宅基地、水利设施、山林等纠纷，需要到现场进行实地调查，以便准确掌握纠纷的第一手材料。在调查过程中，人民调解员应当对调查的情况做出详细的记录，必要时可以请被调查人写出书面材料。在调查核实的基础上，调解委员会还要对材料进行综合全面的分析判断，去伪存真，以便得出最为接近事实真相的正确结论。

3. 拟定调解方案。在对纠纷事实进行充分调查分析的基础上，人民调解委员会要着手拟定调解方案。主要包括：确定调解所要达到的目的；准备好消除双方当事人争执的可行性方案；调解过程中可能出现的问题和对策；调解具体纠纷所涉及的法律、法规、政策条款；具体的调解方法和工作重点等。对于通过一次调解难以解决或容易出现反复的纠纷，应当事先做好多次调解的准备。在遇到疑难、复杂纠纷时，应经调解委员会集体讨论、集思广益。当然调解方案只是人民调解委员会在调解纠纷前所做出的各种设想，在调解时，要根据情况的变化，灵活、有效地把握调解活动的进程，不能机械地生搬硬套事先拟定的调解方案。

（三）实施调解

《人民调解法》第 22 条规定："人民调解员根据纠纷的不同情况，可以采取多种方式调解民间纠纷，充分听取当事人的陈述，讲解有关法律、法规和国家政策，耐心疏导，在当事人平等协商、互谅互让的基础上提出纠纷解决方案，帮助当事人自愿达成调解协议。"

1. 确定调解场所。人民调解委员会调解疑难复杂的矛盾纠纷，应当在专门的调解场所进行。专门的调解场所应设有调解主持人座席、调解申请人座席和被申请人座席，还应当根据需要设置旁听席。对于一些事实清楚、情节简单、争议不大、可以即时调解的纠纷，人民调解委员会应当从便利当事人的角度出发，在其他场所如当事人所在的车间、工段、田间、地头进行调解。

2. 调解的主要步骤。

（1）告知权利义务。人民调解委员会调解纠纷，在调解前应当以口头或书面形式告知当事人人民调解的性质、原则和效力，以及当事人在调解活动中享有的权利和承担的义务，使当事人对人民调解工作的性质、工作程序、当事人在调解活动中享有的权利、承担的义务以及达成协议后双方应承担的责任有比较清楚的了解，从而自觉地配合调解员的工作，保证调解活动的正常进行，自觉履行达成的调解协议。《人民调解法》第 23 条规定："当事人在人民调解活动中享有下列权利：（一）选择或者接受人民调解员；（二）接受调解、拒绝调解或者要求终止调解；（三）要求调解公开进行或者不公开进行；（四）自主表达意愿、自愿达成调解协议。"第 24 条规定："当事人在人民调解活动中履行下列义务：（一）如实陈述纠纷事实；（二）遵守调解现场秩序，尊重人民调解员；（三）尊重对方当事人行使权利。"

（2）双方当事人陈述。在调解开始后，调解主持人要积极、耐心地引导当事人进一步讲清纠纷的事实真相，并在当事人陈述的过程中进一步查明事实，分清双方的责任。对于个别当事人在陈述过程中故意歪曲事实、无理纠缠的，人民调解员应当及时予以制止和纠正。

（3）进行调解。在听取当事人陈述后，人民调解员要结合所掌握的证据材料，帮助当事人分清是非，明确责任。在此基础上，人民调解员应当根据纠纷当事人的特点和纠纷的性质、难易程度、发展变化的情况，采取灵活多样的方式方法，向当事人宣传有关的法律、法规、政策，对他们进行法制教育和社会主义道德教育，同时开展耐心细致的说服疏导工作，帮助他们提高认识，互谅互让，端正对待纠纷的态度，消除对立情绪。

（4）达成调解协议。人民调解委员会在做通当事人的思想工作后，要积极促使双方当事人互相谦让，互相谅解，引导、帮助当事人达成解决纠纷的调解协议。

人民调解委员会在调解纠纷的过程中，要密切注意当事人的情绪和周围情况的变化，及早发现纠纷激化的苗头，防止纠纷激化。对于已有激化征兆或易向恶性案件转化的纠纷，及时采取必要的防范措施，以免当事人情绪失控，酿成恶性事件。

3. 调解期限。人民调解委员会调解纠纷，一般在一个月内调结，以充分体现人民调解程序简单、方法灵活、便利快捷的特点。

（四）调解结束

调解结束，是指在人民调解委员会的主持下，通过充分说理，耐心疏导，在分清责任的基础上，互谅互让，促使双方当事人就解决争议达成一致意见、消除纷争，或者达不成一致意见、终止调解的结果。

1. 达成调解协议。达成调解协议，是指在人民调解委员会的主持下，纠纷当事人依照国家的法律、法规、规章、政策和社会主义道德，在查清事实、分清责任的基础上，通过平等协商、互相谅解，对纠纷的解决自愿达成一致意见，而消除纷争的结果。实践中，达成的调解协议有两种情况，一是当事人之间平等协商解决纠纷，二是调解委员会提出解决纠纷建议，双方当事人认可。无论哪种方式，都必须出于当事人自愿，必须是当事人真实的意思表示，不能把一方当事人的意见或者调解委员会的建议强加给对方或者双方当事人。达成调解协议后，根据需要或当事人要求，人民调解委员会可以制作调解协议书。简单的纠纷也可达成口头协议。口头协议，一般应当是即调即结，避免留下后遗症。

2. 达不成调解协议。人民调解员调解纠纷，调解不成的，应当终止调解，并依据有关法律、法规的规定，告知当事人可以依法通过仲裁、行政、司法等途径维护自己的权利。人民调解委员会可以帮助打不起“官司”的当事人寻求法律援助。

五、调解纠纷的主要方式

（一）个别调解

个别调解又称“背靠背调解”，是指人民调解委员会在调解民间纠纷时，由人民调解员分别对当事人进行个别谈话、疏导劝说，促使双方达成谅解，解决纠纷。个别调解具有简便易行、方便群众、节约时间和人力的特点，一般适用于比较简单的纠纷，或者涉及当事人隐私或其他不宜公开的纠纷。

（二）直接调解

直接调解就是人民调解员直接把双方当事人召集在一起，主持调解他们之间的纠纷。在实行这种调解之前，人民调解员一般需事先分别与当事人谈话，掌握处理纠纷的底数。这种形式普遍适用于情节比较简单的纠纷，矛盾冲突只限于当事人之间的纠纷，以及涉及当事人隐私或其他不宜公开的纠纷。

（三）公开调解与不公开调解

人民调解委员会调解纠纷，根据需要可以公开进行，允许当事人的亲属、邻里和当地群众、本单位的领导旁听。这样做，有助于促成当事人达成和解，提高调解的成功率，同时还可以通过调解活动，对广大群众进行法制教育，提高他们的法治意识。但是，对于涉及当事人隐私、商业秘密的纠纷，或者当事人表示反对公开进行调解的纠纷，则不宜公开进行。

（四）联合调解

联合调解又称共同调解，是指人民调解委员会调解纠纷时，主动联络、会同其他地区或部门的调解组织、群众团体、政府部门，相互配合，对纠纷实行联合调解。因此，这种形式主要适用于调解跨地区、跨单位、跨行业的纠纷，久调不决或者有可能激化的纠纷，以及某个调解组织无力单独解决的纠纷。

（五）座谈调解

座谈调解，是指人民调解委员会在调解民间纠纷时，由人民调解员主持召集双方当事人和有关群众参加的座谈会，对双方当事人之间的纠纷进行调解。座谈调解可以分为家庭座谈会调解和小型群众座谈会调解两种。家庭座谈会调解是人民调解委员会解决家庭纠纷的主要方式。小型群众座谈会调解主要用于打架斗殴事件中，一方当事人明显有错却拒绝承认错误的纠纷调解。

六、调解协议

调解协议是指在人民调解委员会的主持调解下，民间纠纷双方当事人就解决相互之间的纠纷依法达成的协议。《人民调解法》第 28 条规定：“经人民调解委员会调解达成调解协议的，可以制作调解协议书……”

（一）调解协议的性质与效力

1. 调解协议的性质。《人民调解法》第 31 条规定：“经人民调解委员会调解达成的调解协议，具有法律约束力，当事人应当按照约定履行。人民调解委员会应当对调解协议的履行情况进行监督，督促当事人履行约定的义务。”调解协议实际上就是传统民法上的和解合同。其最大的特点在于：它是对已经发生的争议达成的如何解决该争议的协议。

在这里，需要说明的是，不是所有的调解协议都具有民事合同的性质，只有符合下列条件的调解协议才具有民事合同的性质：

第一，主持调解的必须是人民调解委员会。行政机关、其他组织或者调解机构支持达成的调解协议，不适用《人民调解法》的规定。

第二，调解协议必须具有民事权利义务内容。不具有民事权利义务内容的约定，不是民法调整的对象，其约定就不是《合同法》所称的合同。

第三，调解协议的形式必须是书面协议。因为如果是口头协议，当事人举证困难，当事人对是否存在协议，协议的具体内容均可能产生争议，也会给人民法院审理涉及调解协议的民事案件带来困难。

第四，双方当事人签字或者盖章。这是双方当事人合意这一民事合同最本质的特征，缺少这一要件也不是民事合同。

2. 调解协议的效力。调解协议的效力适用民事合同效力的原则规定。一般在订立合同时就产生法律效力，除非法律另有规定或者当事人另有约定。也就是说双方当事人达成协议后，没有法定事由或法定程序一般不能改变，否则，就要承担法律责任。

（二）调解协议的形式

调解协议有口头、书面两种形式：简单的纠纷，在当事人同意的情况下可以适用口头协议；有民事权利义务内容的，或者当事人要求制作书面调解协议的，应当制作书面调解协议。

（三）调解协议的内容

调解协议书应当主体合法，即双方当事人应当具有民事行为能力；内容合法，即为双方当事人真实的意思表示，且不违反法律法规的强制性规定和社会公共利益；形式合法，应采用书面形式。同时，调解协议书要按司法部统一制定的文书格式制作。合法的调解协议书应当载明下列事项：

1. 双方当事人的基本情况。包括：双方当事人的姓名、性别、民族、年龄、职业、单位或住址等自然情况。

2. 纠纷的简要事实、争议事项及双方责任。此即当事人双方产生纠纷的主要原因、过程，所争议的具体事项及内容，以及在该纠纷中双方当事人各自承担什么样的责任。需要说明的是，由于人民调解活动是在双方当事人自愿的基础上进行的，目的在于增进当事人之间的团结、消除纷争，因此，在制作调解协议时，应避免使用过于激烈或者过于尖锐的语言，并且使双方当事人都能够接受。只有这样，才能起到更好地疏导矛盾、化解纷争的作用。

3. 双方当事人的权利和义务。通过人民调解委员会的调解，当事人在互谅互让、平等协商的基础上，就如何解决纠纷所达成的一致意见。这是调解协议中最关键的部分，也是调解活动获得成功的具体体现。因此，在调解协议书中，当事人双方应当享有什么样的权利、承担什么样的义务必须清楚、明确和具体，不能含糊其词、责权不明，以免在实际履行过程中产生争议，影响和削弱调解效果。

4. 履行协议的方式、地点、期限。履行调解协议的具体方式有许多种，具体适用哪一种或几种方式都要在协议中写明。同时，调解协议的履行地点、具体期限要在调解协议中加以明确，避免因方式、地点、期限不明导致协议无法得到实际履行，当事人的权益无法得到及时保护。

5. 当事人签名、人民调解员签名、人民调解委员会加盖印章。调解协议制作完成后，要由双方当事人签名，表明双方当事人对该协议的认可，是双方真实意思的表示。由人民调解员签名和人民调解委员会加盖印章，表明该调解协议是在人民调解委员会的主持下达成的。调解协议制作完成后，由纠纷当事人各执一份，人民调解委员会留存一份。

（四）调解协议的有效要件

1. 当事人具有完全行为能力。如果一方当事人没有行为能力或者为限制行为能力人，人民调解委员会应请其法定代理人代理；如果对一方当事人的行为能力存在争议，应当提请人民法院对当事人的行为能力做出认定；如果一方当事人发现与自己达成调解协议的是一个限制民事行为能力人，则可以按照《合同法》第 47 条的规定，向限制行为能力的法定代表人催告，催告其在一个月内追认调解协议的效力。

2. 意思表示真实。调解协议在达成的过程中有人民调解委员会的介入和主持，在一定程度上也体现出人民调解委员会解决纠纷争议的意见。但该意见必须为当事人所接受，要转化为当事人自己的意志，成为当事人自己真实的意思表示，调解协议才能成立。

3. 不违反法律、行政法规的强制性规定或者社会公共利益。损害国家、集体或者第三人利益，以合法的形式掩盖非法目的，损害社会公共利益，违反法律、行政法规的强制性规定，人民调解委员会强迫调解而达成的调解协议无效。只有符合有效要件的调解协议，人民法院才会认定其有效，才能得到肯定和支持。

（五）调解协议的司法确认

为了完善人民调解制度，规范调解活动，发挥人民调解协议的法律效力，《人民调解法》第 33 条第 1 款规定："经人民调解委员会调解达成调解协议后，双方当事人认为有必要的，可以自调解协议生效之日起三十日内共同向人民法院申请司法确认，人民法院应当及时对调解协议进行审查，依法确认调解协议的效力。"自此正式确立了人民调解协议的司法确认制度。同时，为了确认人民调解协议司法确认程序，2012 年我国修正的《民事诉讼法》在"特别程序"一章中，增加规定了"确认调解协议案件"的程序，即司法确认调解协议案件程序。2015 年 2 月 4 日施行的《最高人民法院关于适用〈中华人民共和国民事诉讼法〉的解释》，对司法确认调解协议案件程序进一步作出了明确具体的规定。

（六）调解协议的履行

调解协议的履行，是指当事人遵照协议的约定，实现双方的权利和义务，它是人民调解活动的继续和完成。履行调解协议的意义，一是实现协议所规定的权利，二是增强人民内部团结，三是教育公民自觉遵守法律和社会公德。

1. 自觉履行。调解协议的自觉履行，是指纠纷当事人主动履行协议中确定的义务。调解协议的达成执行了国家的法律、法规、规章、政策和社会主义道德，体现了当事人的意志，维护了当事人的合法权益，特别是协议的达成是在当事人提高了认识的基础上，出于自觉自愿的心理，心平气和地进行协商的结果，当事人应当自觉履行。

2. 说服教育履行。当事人无正当理由不履行协议的，人民调解委员会应当做好当事人的工作，督促其履行。当事人在达成调解协议后没有自觉履行，人民调解委员会应当在确认其没有不履行协议的正当理由后，对不履行调解协议的当事人进行说服教育，告知其相关法律、法规关于当事人应当自觉履行调解协议的规定，并讲明不履行协议的利害关系，要求当事人履行协议。

3. 强制履行。依照《人民调解法》第 33 条第 2 款的规定："人民法院依法确认调解协议有效，一方当事人拒绝履行或者未全部履行的，对方当事人可以向人民法院申请强制执行。”

4. 履行情况的回访。人民调解委员会应当对调解协议的履行情况适时进行回访，并就履行情况做记录。

回访，是指人民调解委员会主持达成调解协议后，适时派员了解、掌握、检查调解协议的履行情况，听取当事人和有关群众的意见，巩固调解成果。回访的意义和作用在于：其一，通过回访及时了解情况，总结调解经验和改进调解方式、方法。其二，通过回访，可以及时发现并采取措施解决可能出现的新情况、新问题，使纠纷得到彻底的化解。其三，回访工作是对群众进行法制宣传教育的重要方式之一。

要做好回访工作，必须坚持以下几点：第一，必须坚持实事求是的原则。要本着对当事人负责的精神，认真进行，讲求实效，不走过场。第二，回访工作必须及时。人民调解委员会要在调解协议达成后的适当时间内派员进行回访，以便及早发现和解决新出现的情况和问题，缩小因工作失误造成的影响。第三，回访应当有重点地进行。对那些比较复杂、疑难的纠纷，或者协议的履行有一定难度的纠纷，或者当事人思想情绪尚不稳定、容易出现反复的纠纷，要列为重点回访的对象，坚持适时回访。第四，回访必须注意发现问题，加强对当事人的说服教育工作，如当事人的思想出现反复，或是有些问题尚未落实的，或是未能完全履行协议的，人民调解员一旦发现，都应当针对不同情况及时采取措施加以解决。

（七）调解协议的变更

调解协议的变更，是指对已经达成的调解协议的修改。实践中，由于客观条件的复杂性和情况的不断变化，以及人民调解员和当事人的主观条件限制，在调解过程中难免出现疏漏，如对纠纷的主体、事实认定有误，调解时适用的法律、法规不当等，这时就需要对协议的部分甚至全部内容进行修改和变更。

调解协议的变更，包括协议主体的变更、客体的变更和内容的变更。主体的变更，是指调解协议规定的权利义务当事人发生了变化。客体的变更，指协议双方权利、义务所指向的对象，即标的的种类、规格、数量、质量等的变动。协议内容的变更包括：履行协议的时间、地点、方式以及其他权利、义务的变更。调解协议的变更包括：一是人民调解员在回访中发现原来的协议有错误或不当之处而提出变更；二是当事人认为原调解协议有不当之处而要求变更。无论是哪种情况，都要尊重当事人的意愿，在取得双方当事人同意的基础上，进行重新调解。经重新调解，对调解协议进行修改或者撤销原调解协议，达成新的调解协议并进行登记。

调解协议变更的后果是在当事人之间形成了新的权利义务关系，要求当事人按这种新的关系行使权利，履行义务。同时，原调解协议所确立的权利义务关系自然失去效力。

（八）不履行协议的法律后果

1. 向人民法院起诉。向人民法院起诉分为两种情况：一是就调解协议起诉，二是就原纠纷起诉。就调解协议起诉，当事人一方请求履行调解协议，对方当事人反驳的，有责任对反驳诉讼请求所依据的事实提供证据予以证明。当事人一方起诉请求变更或者撤销调解协议，或者请求确认调解协议无效的，有责任对自己的诉讼请求所依据的事实提供证据予以证明。没有证据或者证据不足以证明当事人的事实主张的，由负有举证责任的当事人承担不利的后果。就原纠纷起诉的，当事人之间达成的调解协议视为民事诉讼的证据。如果一方当事人就原纠纷起诉，另一方当事人以调解协议抗辩的，以调解协议抗辩的一方当事人应当将调解协议作为证据提交法庭，以证明调解协议存在的事实，支持抗辩。

2. 申请支付令。符合《民事诉讼法》规定条件的调解协议，债权人可以持协议书向人民法院申请支付令。

3. 申请强制执行。人民法院依法确认有效的调解协议，一方当事人拒绝履行或者未全部履行的，对方当事人可以向人民法院申请强制执行。

（九）调解协议的裁判

1. 一方当事人不履行协议，另一方当事人向人民法院起诉，请求对方当事人履行调解协议的，人民法院对符合受理条件的应当及时受理，并按纠纷性质确定案由，及时受理，依法公正审理。

2. 当事人持已经生效的调解协议向人民法院申请支付令的，只要符合《民事诉讼法》规定的条件，人民法院应当支持。

3. 当事人一方起诉请求履行调解协议，对方当事人反驳的；或者一方当事人请求变更、撤销、确认调解协议无效的，有责任对反驳诉讼请求所依据的事实提供证据予以证明或者对自己的诉讼请求所依据的事实提供证据予以证明。当事人一方以原纠纷起诉，对方当事人以调解协议抗辩的，应当提供调解协议书。

4. 无效的调解协议或者被撤销的调解协议自始没有法律约束力。调解协议部分无效，不影响其他部分效力的，其他部分仍然有效。

当事人请求变更调解协议的，人民法院不得做出撤销调解协议的裁判。

5. 涉及调解协议的民事案件在基层人民法院审理时，一般应当适用简易程序。

七、民间纠纷的预防

民间纠纷的预防，是指人民调解委员会针对矛盾纠纷的发生、发展、变化的规律，以预防、减少矛盾纠纷为目的，采取的具体有效的处理矛盾纠纷的措施。

（一）预测

矛盾纠纷一般都有一个从潜伏、萌芽、形成到激化的过程。人民调解组织通过对矛盾纠纷的调查研究，分析、推断、预测矛盾纠纷的发生、发展、变化的特点及趋势，了解各种矛盾纠纷在什么时令、什么地域以及何种人身上容易发生和激化，从而掌握矛盾纠纷发生、激化的规律，做好超前防范，避免、减少矛盾纠纷的发生。

（二）预防

1. 因时预防。人民调解组织根据矛盾纠纷发生具有时令性的特点，对一定阶段、一定季节的多发性矛盾纠纷予以预测分析，有针对性地采取预防措施，把时令性矛盾纠纷减少到最低限度。

2. 因地预防。人民调解组织针对矛盾纠纷的发生、变化的地域性特点，采取措施，预防和控制矛盾纠纷的发生。

3. 因人预防。人民调解组织针对不同类型人员的不同特点，采取相应措施，预防和控制矛盾纠纷的发生、发展。

4. 分类预防。人民调解组织针对各类矛盾发生变化的不同特点，采取相应措施，预防和控制矛盾纠纷的发生。

5. 重点预防。人民调解组织针对本地区易发生矛盾纠纷的重点人、户、事、场所进行分析预测，实行重点控制，以预防和减少矛盾纠纷的发生。

6. 普遍预防。人民调解组织通过在广大群众中开展经常性的法制宣传教育活动，增强广大群众的法律意识和道德观念以及对纠纷的自我控制、解决能力，从而预防和减少矛盾纠纷的发生。

（三）防止纠纷激化

人民调解委员会应当主动积极地防止因矛盾纠纷引发重大刑事案件、自杀案件，防止矛盾纠纷激化。其做法有：

1. 抓苗头，建立信息网络。把触角延伸到村户、楼院、车间、班组，明确人民调解员、纠纷信息员，形成完备的矛盾纠纷的信息反馈系统。

2. 抓重点，开展矛盾纠纷的排查。通过排查，做到对易发生纠纷的重点户、重点人底数清楚，对易激化纠纷的类型和主要环节清楚，对失足青少年、刑释解教人员、社区矫正对象等底数清楚，对矛盾集中、群众反映强烈的社会难点、热点纠纷和群体性纠纷清楚。

3. 抓调解，果断制止即将激化的矛盾纠纷。对于有激化征兆的矛盾纠纷，人民调解组织应做到：

“快”：对正在发生的易激化纠纷，要直赴现场，采取措施，制止事态发展。

“敢”：人民调解员面对可能激化的险情，要发扬大无畏的英雄主义精神，临危不惧，挺身而出，冷静排险，防止事态扩大，为进一步做疏导工作创造条件、赢得时间。

“稳”：就是稳住当事人，防止当事人铤而走险，行凶伤人。

“细”：就是耐心细致地做疏导工作，动之以情、晓之以理、喻之以法，使双方当事人明大义、识大体，消除隔阂。

“准”：就是找准症结，对症下药，一把钥匙开一把锁，促使当事人思想转化，打消激化念头。

“紧”：就是与各有关部门紧密配合，相互协作，齐抓共管，特别是对群体性纠纷，更要与有关部门通力合作，运用多种手段开展工作，防止矛盾激化。

“访”：就是对易激化纠纷调处后要及时回访，发现有反复苗头时，及时做工作，以巩固调解效果。

4. 抓治本，强化法律意识。用社会主义的法制和道德教育公民，提高公民的法制和道德观念，是防止矛盾纠纷激化最积极、最根本的措施。

第六章　法律援助工作

习近平总书记指出："要把体现人民利益、反映人民愿望、维护人民权益、增进人民福祉落实到全面依法治国各领域全过程，保证人民在党的领导下通过各种途径和形式管理国家事务、管理经济文化事业、管理社会事务，保证人民依法享有广泛的权利和自由、承担应尽的义务。"① 在我国，法律援助制度体现国家对弱势群体的权利保障和关怀，旨在促进社会公正，是社会保障和救济体系的重要组成部分。法律援助制度是为经济困难的公民提供免费的法律服务，体现的是国家责任，有利于更好地贯彻"国家尊重和保障人权""法律面前人人平等"的宪法原则和精神。

第一节　法律援助概述

一、法律援助制度

法律援助，在英文中为"Legal Aid"，字面意思为法律帮助，是世界上许多国家普遍采用的一种司法救济行为。也有人将其翻译为"法律救助""司法救助""法律救济""法律扶助""法律救援"等。在日本和我国台湾地区，均称"法律扶助"。② 应该说，这些提法就反映"法律援助"的含义而言都有道理。2003 年，国务院颁布的《法律援助条例》中采用了"法律援助"的概念。因此，尽管在不同的国家有不同的名称，其含义也因国家和地区的不同而有所差异，但是在此统一使用"法律援助"这一概念是相对科学的。2015 年 6 月 30 日，中共中央办公厅、国务院办公厅印发的《关于完善法律援助制度的意见》指出："法律援助是国家建立的保障经济困难公民和特殊案件当事人获得必要的法律咨询、代理、刑事辩护等无偿法律服务，维护当事人合法权益、维护法律正确实施、维护社会公平正义的一项重要法律制度。"第十三届全国人民代表大会常务委员会第三十次会议于 2021 年 8 月 20 日通过的《法律援助法》第 2 条规定："本法所称法律援助，是国家建立的为经济困难公民和符合法定条件的其他当事人无偿提供法律咨询、代理、刑事辩护等法律服务的制度，是公共法律服务体系的组成部分。"

---

① 习近平：《坚定不移走中国特色社会主义法治道路　为全面建设社会主义现代化国家提供有力法治保障》，载《求是》2021 年第 5 期。

② 宫晓冰主编：《中国法律援助制度研究》，中国方正出版社 2004 年版，第 1 页。

在美国、英国、加拿大、澳大利亚等英美法系国家，往往以“Legal Service”，即“法律服务”来表述“民事法律援助”。在他们的观念中，“Service”严格地界定为“非营利行为”和“公益行为”，因而他们把“民事法律援助”称为“Legal Service”。在这些国家，律师为客户提供代理获取报酬的行为，是不能称为“法律服务”的。① 在我国，由于存在“泛服务”的思维方式，因而在“法律代理”领域，也习惯性地把律师收取当事人报酬为当事人提供的“法律代理”行为称为“法律服务”。可以说，我国的“法律服务”概念涵盖了律师、公证员、基层法律工作者等提供的一切服务，即所有有偿的法律服务，而且在司法行政机关的内部公文中，“法律服务”被含糊地与无偿（包括“减费”）的法律援助混用。②

尽管在不同的国家和地区，法律援助的定义各不相同，但从大的发展趋势看，人类社会进入 20 世纪中叶以来，随着越来越多的相关国际公约的签订和实施，法律援助逐渐由传统的社会慈善、道义行为和社会福利措施，演变为国家或政府对公民的法律保障职责，成为现代意义上的法律援助制度。现代法律援助制度与传统法律援助制度相比，具有本质的区别。

二、法律援助的特点

法律援助是国家（政府）对因经济困难无力支付或不能完全支付法律代理费用的公民给予免收费或者由当事人分担部分费用的法律帮助，以维护法律赋予公民的权益得以平等实现的一项司法保障制度。其共同特点如下：③

（一）法律援助是国家对公民的义务或责任

法律援助的责任主体是国家或者行使国家权力的政府。国家或政府通过设立法律援助机构、提供法律援助经费、制定法律援助法律等形式，授权法律援助机构履行国家或政府对公民的法律援助义务或责任。这是现代法律援助制度区别于传统的律师道义、慈善行为和社会福利行为的最根本的标志。

（二）受援对象是经济困难、无力支付或不能完全支付法律代理费用的公民

各国法律援助的共同对象，绝大多数都是因经济困难、无力支付或不能完全支付法律代理费用的自然人。这里排斥了法人作为法定法律援助的对象。

（三）受援人享受的是免费的或者分担费用的法律帮助

根据受援人的经济条件，予以其全部免费或者“费用分担”，即由有一定支付能力但

① 宫晓冰主编：《中国法律援助制度研究》，中国方正出版社 2004 年版，第 2 页。

② 宫晓冰主编：《中国法律援助制度研究》，中国方正出版社 2004 年版，第 2 页。

③ 宫晓冰主编：《中国法律援助制度研究》，中国方正出版社 2004 年版，第 3 页。

不能完全支付律师费用的公民分担部分办案费用的法律帮助，这在一些国家的法律援助中是允许的。但是，个别国家也有一些独特的做法，如日本早先的法律援助制度中规定了受援人应先缓交律师费，以后再视经济收入状况逐步归还，但这一做法在日本国内也颇具争议。

（四）提供法律援助的法律专业人员主要是律师

提供法律援助的法律专业人员主要是律师，包括私人律师和专职法律援助律师，也有专职法律援助律师的辅助人员（在一些国家称之为律师助理）实施一些简易的法律援助；一些大学法学院的学生也以“法律诊所”的形式，以法律援助为手段开展诊所式法律教育。

（五）法律援助制度已经成为整个司法制度的重要组成部分

在西方国家的法律制度中，法律援助制度伴随着国家法制化的社会发展进程，已经逐步与其司法制度融为一体，成为确保实现社会正义、健全完善的司法制度不可分割的重要组成部分。在当代西方国家的法律框架中，没有法律援助的司法制度，如同没有科学框架的科学、没有正义机制的正义一样，是不可想象的。因此，法律援助的经费来源，应该由国家或政府保障。

三、我国法律援助的定义

我国早在2003年《法律援助条例》中就对法律援助进行了解释，但并没有对法律援助作进一步的法律界定。2015年出台的《关于完善法律援助制度的意见》首次对法律援助制度的概念进行了明确的法律界定：法律援助是国家建立的保障经济困难公民和特殊案件当事人获得必要的法律咨询、代理、刑事辩护等无偿法律服务，维护当事人合法权益、维护法律正确实施、维护社会公平正义的一项重要法律制度。2021年通过的《法律援助法》第2条规定，法律援助是国家建立的为经济困难公民和符合法定条件的其他当事人无偿提供法律咨询、代理、刑事辩护等法律服务的制度，是公共法律服务体系的组成部分。

还有人认为，法律援助，也称法律扶助，是指对需要专业性法律帮助而又无力承担诉讼费用以及无力支付律师费用的公民予以援助，以维护其合法权益的制度。法律援助有广义和狭义之分。广义的法律援助，既是一项国家责任、政府行为，又是一项社会公益事业，既包括在整个法律程序的各个环节为当事人提供法律帮助，也包括法院对诉讼费用的减免等，受援对象涵盖全社会需要法律帮助的一切公民，不分民族、种族、性别、职业、年龄，不分一般群体和特殊群体，援助范围涉及法律事务的各个领域，包括诉讼和非诉讼的方方面面。广义的法律援助也就是我们在这里所说的法律服务。狭义的法律援助，是指律师对公民的法律援助义务。主要表现为律师为社会有特殊需要的成员免费或减免费用提供法律服务，其目的是保障那些因为经济困难请不起律师或其他原因得不到律师帮助的刑事被告人同样能得到律师的帮助。①

也有学者将法律援助表述为：法律援助就是国家以制度化、法律化的形式，为贫者、弱者和残疾者提供免费或减少收费的法律服务，以实现法律赋予公民的平等权利。法律援助有广义和狭义之分。广义的法律援助，是指在包括诉讼费在内的整个法律程序的各个环节提供法律服务。狭义的法律援助，是指仅从律师、公证和基层法律服务方面提供免费或减少收费的法律帮助。②

也有人将其表述为：广义上的法律援助，是指为经济困难的或者特殊案件的当事人（社会上的弱势群体）提供免费的法律帮助的一种制度。服务的形式为法律咨询，代拟法律文书，提供刑事诉讼，民事、行政诉讼代理，非诉讼法律事务代理。狭义上的法律援助，是指符合资格的申请人，在民事、行政、刑事诉讼代理中提供代理律师（法律援助工作者）的服务，目的是确保任何具备充分理由提出诉讼或答辩的人，不会因缺乏经济能力或处于弱势地位而无法打官司，保护自己的合法权益。③

综上所述，根据我国法律援助的立法和工作实际，本书将法律援助界定为：法律援助是国家建立的保障经济困难公民和特殊案件当事人获得必要的法律咨询、代理、刑事辩护等无偿法律服务，维护当事人合法权益、维护法律正确实施、维护社会公平正义的一项重要法律制度。

四、法律援助的定位

根据上述定义，进一步明确了法律援助的概念，通过对法律援助概念的立法界定，明确了法律援助的主体、对象、性质、内容、形式和重要地位。

（一）法律援助的责任主体是国家

法律援助制度体现了国家对弱势群体的权利保障和关怀，旨在促进社会公正，是社会保障和救济体系的重要组成部分。县级以上人民政府应当将法律援助工作纳入国民经济和社会发展规划、基本公共服务体系，保障法律援助事业与经济社会协调发展。通过立法明确为经济困难公民提供法律援助，体现国家责任，有利于更好地贯彻“国家尊重和保障人权”“法律面前人人平等”的宪法基本原则和精神。明确法律援助是政府责任，主要是要求政府制定相关政策，积极采取措施引导和推动这项工作，其中包括：政府要为开展法律援助提供必要的机构保障和人员保障；调动广大律师、社会组织等多方面积极性；政府提供必要经费保障；广泛开辟资金渠道，鼓励各方面对法律援助提供支持。法律援助是国家建立的一项法律制度，包括负责制定法律援助法律法规以及政策、投入经费、机构设立、组织实施以及监督管理等，不仅政府有责任，立法机关、司法机关以及社会各方面都有责

---

① 连春亮主编：《社区矫正理论与实务》，法律出版社 2020 年版，第 192 页。

② 张绍彦主编：《中国司法制度》，法律出版社 2001 年版，第 226 页。

③ 载中国沈阳法律服务网：http：//www. sypf. com/gzpt/。

任①。明确法律援助国家责任，有利于调动更多力量参与法律援助工作，推动法律援助国家保障与社会参与相结合，鼓励和支持更多人民团体、事业单位、社会组织等法律援助主体，依法参与法律援助工作，持续推动法律援助工作健康有序发展。

（二）法律援助的对象是特定群体

法律援助的对象包括经济困难公民和符合法定条件的其他当事人两类。

改革开放以来，随着社会主义市场经济的不断发展，人们之间的相互交往空间逐步扩大，各种社会关系日趋多样复杂。立法的完善使越来越多的社会关系纳入法律调整的范围，广大人民群众的民主权利和人身、财产等权利也越来越多地需要借助法律予以保障。同时，一部分公民请不起律师、打不起官司，没有经济能力获取法律服务。为了保障经济困难公民能够同其他公民一样有机会平等地获取法律援助，有机会平等地进入司法程序、获得平等的法律服务，就必须通过立法不断完善和规范法律援助制度。因此，保障经济困难公民获得必要的法律援助成为《法律援助法》的重要目的。具体而言，法律援助是面向经济困难公民的一项救济措施，因而把法律援助的受援对象限定在经济困难的标准上，即法律援助是当事人确需专业法律服务，却又无力支付相关费用，由国家负责为其提供法律帮助的制度。根据经济发展实际情况，经济困难的标准会随之变化。实践中，经济困难的标准，由省、自治区、直辖市人民政府根据本行政区域经济发展状况和法律援助工作需要确定，并实行动态调整，关于符合法定条件的其他当事人，在《法律援助法》第 24 条至第 32 条作了详细规定。

（三）法律援助是无偿的救济行为

“无偿”是法律援助的重要特征，真正体现援助性质。法律援助服务均无偿提供给受援人，受援人无须承担与此相关的义务，如无须缴纳服务费用或提供相应财物。这笔费用由国家支付。法律援助机构不得以任何理由办理有偿法律援助案件。《法律援助条例》也明确规定法律援助是免费服务，并对办理法律援助案件收取当事人财物以及法律援助机构从事有偿服务行为，明确规定了处罚措施，《法律援助法》延续了这一立法精神。在市场经济条件下，法律执业人等对求助者提供专业的法律服务，本应获得相应的服务报酬。由于智识、经济因素造成的个体差别，导致这类群体难以及时进行维权，甚至止步于诉。国家履行公共管理职能，有必要通过法律援助切实改变这类现象，虽然市场经济遵循等价有偿原则，但仅依靠市场自身调节，有偿的、专业的乃至高价的法律服务对于经济困难的公民来说是难以承受的。需要说明的是，我国法律援助是无偿的，而不是减交、缓交费用。这一点需要和法院、公证机构、司法鉴定等部门减、免、缓交相关费用区分开来。

（四）法律援助的具体内容是为受援助者提供法律服务

所谓法律服务系指律师、非律师法律工作者、法律专业人士（包括法人内部在职人

---

① 张勇、熊选国主编：《中华人民共和国法律援助法释义》，法律出版社 2021 年版，第 30 页。

员，退、离休政法人员等）或相关机构以其法律知识和技能为法人或自然人实现其正当权益、排除不法侵害、防范法律风险、维护自身合法权益而提供的专业活动。《法律援助法》第三章详细规定了法律援助的形式和范围，例如，提供法律咨询、代拟法律文书、刑事辩护与代理，民事案件、行政案件、国家赔偿案件的诉讼代理和非诉讼代理，值班律师法律帮助、劳动争议调解与仲裁代理等。

（五）法律援助是公共法律服务体系的组成部分

公共法律服务是保障和改善民生的重要举措，是全面依法治国基础性、服务性和保障性工作。推进公共法律服务体系建设，对于更好满足广大人民群众日益增长的美好生活需要、提升国家治理体系和治理能力现代化水平具有重要意义。2017 年 1 月，法律援助作为基本社会服务的重要内容被写进《基本公共服务均等化规划》，“公共法律服务体系建设”成为实现基本社会服务的重要保障措施之一。2019 年 7 月发布的《公共法律服务体系建设意见》对加快建设覆盖全业务、全时空的法律服务网络做出顶层设计。法律援助不仅是基本公共法律服务的重要内容，而且已经成为衔接法律咨询、人民调解、司法鉴定和公证等其他基本公共法律服务的重要工作。

综上所述，我国的法律援助制度，是指国家建立的为经济困难公民和符合法定条件的其他当事人无偿提供法律咨询、代理、刑事辩护等法律服务的制度。对我国的法律援助制度可作如下理解：①我国法律援助的宗旨是通过提供法律援助维护公民的合法权益。②法律援助的对象是为了维护自身的合法权益需要获得法律服务，但因经济困难无力支付法律服务费用的当事人或者是符合法定条件的其他当事人。③法律援助的内容是向法律援助对象提供法律服务，包括刑事辩护或刑事代理、民事代理、公证证明、法律咨询等。④法律援助对象不论涉及诉讼案件还是非诉讼法律事务都可以申请法律援助。由此可以看出，我国的法律援助制度既符合社会主义制度的本质特征，又吸收了发达国家现代法律援助制度中有益的东西。

第二节　法律援助的基本原则与宗旨

一、法律援助的基本原则

我国《法律援助法》第 3 条规定了法律援助工作的基本原则，即法律援助工作坚持中国共产党领导，坚持以人民为中心，尊重和保障人权，遵循公开、公平、公正的原则，实行国家保障与社会参与相结合。基本原则贯穿整个法律援助具体规范中，对法律援助工作具有普遍指导意义，是基本的、本源的法律准则。法律援助工作的基本原则并非宣示性条款，而是具有适用效力。法律援助工作基本原则不仅是解释法律援助法律法规的基准，而且是补充法律漏洞的工具。在现行法律缺乏相应具体规范、出现法律漏洞时，法律援助实施主体可直接通过法律援助基本原则对其进行理解和把握。

（一）坚持中国共产党领导

中国共产党领导是中国特色社会主义最本质的特征，是社会主义法治最根本的保证。法律援助工作必须把坚持中国共产党的领导贯穿法律援助工作的全过程和各方面。党中央历来高度重视法律援助工作，尤其是党的十八大以来，以习近平同志为核心的党中央从更好满足广大人民群众日益增长的美好生活需要、提高国家治理体系和治理能力现代化的新高度，对完善法律援助制度、加强法律援助工作做出部署安排。2014 年中共中央《关于全面推进依法治国若干重大问题的决定》提出，建设完备的法律服务体系，完善法律援助制度，健全司法救济体系。2015 年《关于完善法律援助制度的意见》进一步明确法律援助工作持续发展的指导思想、基本原则、政策措施。2019 年《公共法律服务体系建设意见》从构建完善公共法律服务体系的角度，对推进法律援助工作提出明确要求。总之，法律援助工作必须充分发挥党总揽全局、协调各方的领导核心作用，通过贯彻落实好法律，保障党的政策有效实施，确保法律援助工作的正确政治方向。

（二）坚持以人民为中心

人民立场是中国共产党的根本政治立场。习近平总书记指出："法治建设要为了人民、依靠人民、造福人民、保护人民。"① "要把体现人民利益、反映人民愿望、维护人民权益、增进人民福祉落实到全面依法治国各领域全过程，保证人民在党的领导下通过各种途径和形式管理国家事务、管理经济文化事业、管理社会事务，保证人民依法享有广泛的权利和自由、承担应尽的义务。"② 法律援助是一项重要的民生工程，是服务保障和改善民生的重要工作。法律援助工作在服务保障和改善民生中承担重要职责，发挥独特作用。法律援助通过运用法律手段帮助困难群众解决生活生产等方面问题，促进实现人民安居乐业，让改革发展成果更多更公平惠及全体人民。

（三）尊重和保障人权

人权保障程度是衡量一个现代法治国家法律体系发展进程的重要因素。宪法规定，国家尊重和保障人权。2012 年修正《刑事诉讼法》时，率先将"尊重和保障人权"这一宪法原则规定为刑事诉讼的法律原则并贯彻于刑事诉讼辩护制度具体规范中，如进一步扩大法律援助范围等。《法律援助法》坚持以习近平新时代中国特色社会主义思想为指导，认真落实党中央关于法律援助工作的决策部署，始终把维护人民群众合法权益作为出发点和落脚点，进一步扩大了刑事、民事法律援助的范围，并对我国《刑事诉讼法》和《律师法》等法律中只作原则性规定的法律援助规范作了详细规定，通过提供无偿法律援助，为人民群众生存权、发展权保驾护航，从组织管理和经费保障等方面构筑比较完善的法律援

---

① 习近平：《习近平谈治国理政》第三卷，外文出版社 2020 年版，第 284 页。

② 习近平：《坚定不移走中国特色社会主义法治道路 为全面建设社会主义现代化国家提供有力法治保障》，载《求实》2021 年第 5 期。

助体系，让公民不论经济条件好坏，社会地位高低，都能平等地进入诉讼程序，获得及时便利、优质高效的法律援助服务，实现宪法法律赋予的权利，保证其依法享有广泛权利和自由，充分彰显中国人权保障的发展进步和制度优势。

（四）遵循公开、公平、公正的原则

“公开、公平、公正原则”是相互联系、不可分割的统一整体。《法律援助法》多处规定体现公开、公平、公正原则，进一步扩大了法律援助范围，敦促各类实施主体依法履行法律援助职责，使符合条件的公民都能获得法律援助，平等享受法律保护，努力让人民群众在每一个司法案件中感受到公平正义。具体来讲，“公开”是指有关法律援助的规定应当公布，未经公布的，不得作为实施法律援助的依据；法律援助的实施和结果，除涉及国家秘密、商业秘密和个人隐私外，都应当公开。“公平”“公正”是指申请人只要符合法定条件、标准，即有依法取得法律援助的平等权利，行政机关不得歧视。“公平”最重要的价值是保障法律面前人人平等和机会均等，避免歧视对待；“公正”主要是维护正义，防止营私舞弊。“公平”强调实质正义和实体正义，核心是平等；“公正”强调形式正义和程序，核心是保持中立。

（五）坚持国家保障和社会参与相结合的原则

法律援助工作坚持国家保障与社会参与相结合的原则。法律援助强化国家对弱势群体的权利保障和关怀，以实现社会公正，属于社会保障和救济体系的重要组成部分。县级以上人民政府应当将法律援助工作纳入国民经济和社会发展规划、基本公共服务体系，保障法律援助事业与经济社会协调发展。鼓励和支持人民团体、事业单位、社会组织在司法行政部门指导下，依法参与法律援助工作。同时新增鼓励社会捐赠的条款，鼓励和支持组织、个人提供法律援助志愿服务，捐助法律援助事业，推动法律援助事业实现可持续发展。

二、法律援助的宗旨

法律援助的根本宗旨集中体现在实现司法程序的公正。从传统意义上来看，我国在相当长一段时间内，突出地表现为重实体、轻程序的现象。为此，从司法程序公正的角度研究法律援助的宗旨，显得尤为重要。

（一）诉讼程序公正的重要性

司法诉讼程序，是由国家创制用以裁决社会冲突或纷争，保障既定的实体法律关系得以实现的规范和机制。诉讼程序的存在价值和永恒的生命力，在于它在程序上的公正性。[①] 程序公正是司法公正的前提和基础，尽管它不等同于司法公正，因为后者还包含司

① 宫晓冰主编：《中国法律援助制度培训教程》，中国检察出版社 2002 年版，第 12 页。

法者的个人因素对理解和运用法律的主观影响，以及司法裁判结果的实体公正。可以说，诉讼程序公正原则是整个诉讼活动的灵魂与核心，它与诉讼活动的内在联系，比它与其他领域的行为或活动之间的联系更具有本质性。这种本质联系的内在机理在于：“任何社会冲突和纷争都包含着对某一社会公正原则的践踏或扭曲，矫正这种践踏或扭曲社会公正原则现象的最终形式必须借助于公正的诉讼程序，即运用既定法律的规范和国家的强制力来解决社会冲突与纷争。”①因此，在诉讼制度和诉讼过程中必须有公正的意识、公正的评价和公正的力量。

一个国家的诉讼程序不公正所产生的负面影响，是难以简单地用数字表明的。概括地说，它势必破坏司法机关裁决社会冲突纷争的是非曲直和依法维护社会公正的功能，直接影响代表国家执掌司法权的司法机关的正义形象，并且往往由此滋生司法腐败，还可能引致公民对法律和司法公正丧失信心，导致社会冲突和纷争的非法律方式解决，从而削弱国家法律调整社会关系的力度和权威，实际上还会对社会冲突和纷争中破坏、扭曲公正原则的一方起到鼓励和袒护作用。

（二）法律援助制度在实现诉讼程序公正中的作用

关于建立和实施法律援助制度在完善国家司法公正机制中的作用，可以用一种“短木块决定水桶容量”的机理来说明。一个水桶能装多少水，不是由组成水桶的最长的木块决定的，而是由最短的木块决定的。如果构造水桶用十块木块，其他九块木块都很长，而另外一块却很短，则水桶的盛水量必然由最短木块的长度来决定。国家的诉讼程序公正机制一如此理，决定司法审判能否实现公正的各个环节中，如果其他环节都有可靠的制度保证，而唯独缺少一种保障经济收入较少的公民平等地进入诉讼程序并获得合格的法律帮助的机制，则经济困难的公民在有诉讼请求时就有可能因此而得不到公正程序的保障。如此，其他各种公正司法的机制再合理、再健全，都有可能因为存在这一制度缺陷而使司法公正荡然无存。正是由于法律援助制度在保障程序公正中的这一重要作用，联合国《公民权利和政治权利国际公约》和我国加入的《联合国少年司法最低限度标准规则》（即“北京规则”）中，都专门对法律援助制度作了规定，以此作为衡量一个国家的司法制度健全与否的重要标准。②

三、法律援助的意义

创建法律援助制度的意义，具体来说，可从以下几个方面进行理解：③

（一）法律援助制度是完善诉讼程序不可或缺的重要机制

法律援助制度属于诉讼程序制度的范畴，要了解法律援助在诉讼程序中的地位，首先

① 宫晓冰主编：《中国法律援助制度培训教程》，中国检察出版社 2002 年版，第 12 页。
② 宫晓冰主编：《中国法律援助制度培训教程》，中国检察出版社 2002 年版，第 14 页。
③ 宫晓冰主编：《中国法律援助制度培训教程》，中国检察出版社 2002 年版，第 14~17 页。

应从律师在刑事和民事两种诉讼程序中的地位谈起。

在控辩式刑事诉讼中，对控诉、辩护、审判三项职能进行了严格的分工，形成公诉人、律师、法官“三足鼎立”。如果没有律师辩护，从严格意义上讲就不能称其为“诉讼”，律师在刑事诉讼中的地位和作用是显而易见的。

在民事诉讼程序中，原告与被告的法律地位完全平等，强调民事诉讼当事人的举证责任，大部分证据都由当事人双方提供，案件的利害关系决定了双方当事人都只提供对自己有利的证据，可信度难免有问题，这就需要由当事人双方在法庭审理过程中进行质证，以确保证据真实可信，一般当事人都不具备完备的法律知识和诉讼技能条件，因而必须借助于律师的专门知识和专业化服务，才能在民事诉讼中保证原、被告双方“对抗”的结果有助于法官客观、公正地认定案件事实和正确适用法律。

可见，无论是在刑事诉讼还是民事诉讼之中，律师对当事人提供法律帮助的作用均是不可缺少的。我国与世界各国一样，实行律师有偿服务的市场中介机制，故而当事人的经济状况与其能否支付服务费用以获得律师的法律帮助具有直接的联系，导致客观上需要由国家设立法律援助制度来救济经济困难无力聘请律师的诉讼当事人。可见，只要律师在诉讼程序中扮演不可或缺的角色，法律援助制度就必然成为诉讼程序中的重要机制，成为司法制度的重要组成部分。

（二）法律援助制度是实现程序公正的重要保障

法律援助制度在诉讼程序中的功能，如果就广义的法律援助而言，一方面是帮助被援助者平等地获得法律服务，以弥补其法律知识和诉讼技能的不足；另一方面是保障被援助者能够平等地进入诉讼程序，后者主要指民事诉讼的当事人在作为原告向法院提起诉讼、主张某种权利时，不因交不起案件受理费及其他诉讼费用而被拒于法院之外。如果就狭义的法律援助而言，则着重于解决被援助者减免费用获得法律服务的问题。

从这个意义上看，无论是广义的还是狭义的法律援助，实际所发挥的功能都是或者说仅仅是解决程序公正方面的问题。从严格意义上讲，法律援助所保障的并不是完整意义上的“公民在法律面前一律平等”，而是保障公民一律平等地站在法律面前，即保障公民不受经济困难因素的影响；通过减、免、缓交有关费用进入诉讼程序，获得与其他有支付能力的公民所能享有的相同的法律服务，平等地行使诉讼权利。法律援助律师在诉讼过程中形成的对案件事实的看法和对法律规定的理解，会在一定程度上对法官准确认定案件事实和正确适用法律产生重要的影响作用。事实上，大凡有律师出庭的案件审理，无论是刑事案件还是民事案件，法院裁判的正确率都会大大高于没有律师出庭的案件。

（三）法律援助制度弥补了有偿法律服务机制难以克服的缺陷

法律援助以法律化、制度化的形式，提供了一种解决公民在法律面前事实上不平等的弥补机制。事实上，无论我们承认与否，只要实行律师法律服务的有偿原则，律师提供法律服务与当事人获取法律服务的供求关系就必然受市场法则的调节，这是不以人的意志为转移的。问题的关键并不在于律师的法律服务必须以接受服务者支付报酬为前提是否“道德”和合理，因为既然国家不以公职律师的形式为所有人提供免费的法律服务，只要法律服务的市场机制存在，那么律师在付出法律服务的劳动之后，按照等价劳动交换的市场法则，就理应得到与他提供的劳动时间和质量相对等的那一部分报酬。问题的关键在于，既然国家在制度设计上把有支付能力的公民获得法律服务的条件交给了法律服务的市场机制调节，就应该相对应地确立一种对不能支付法律服务费用和民事诉讼费用的公民的司法救济和保障机制，作为对有偿法律服务机制不能克服，并且可能导致诉讼程序不公正缺陷的弥补。否则，仅仅推行律师的有偿服务机制（包括有偿诉讼机制）就是不合理、不道德的，因为这无异于肯定法律在事实上只保障“有钱人”的利益。从这个意义上讲，法律援助制度在法律体系中的地位又是举足轻重的，它像天平一端的砝码，托起了另一端法律公正的一切分量，从体制上弥补了有偿法律服务机制难以克服的诉讼程序不公正的缺陷。

四、《法律援助法》实施的价值

我国法律援助制度在机构建设、建章立制、业务开展等方面不断发展完善，为维护公民合法权益、促进社会公平正义发挥了积极作用。1994 年司法部提出了建立法律援助制度，1996 年修正《刑事诉讼法》时首次将法律援助明确写入法律，2003 年，国务院制定《法律援助条例》，推动我国法律援助立法“从无到有”，对规范和促进法律援助事业发展发挥了重要作用。近年来，法律援助覆盖面逐步扩大、服务质量不断提高、建章立制积极推进、保障功能逐步增强，在维护公民合法权益、维护社会公平正义等方面发挥了积极作用。随着我国经济社会不断发展，《法律援助条例》已经不能很好地适应法律援助工作需要，与人民群众特别是困难群众日益增长的法律援助需求相比，法律援助工作还存在制度不够完善、保障不够充分、援助范围亟待扩大等问题。因此，及时立法，将法律援助立法形式从行政法规上升为法律是贯彻落实党中央关于推进全面依法治国的重大战略部署的重要举措，是完善中国特色社会主义法律援助制度的必然要求，是努力让人民群众在每一个司法案件中感受到公平正义的实际行动，对于更好地维护公民合法权益、保障法律正确实施、维护社会公平正义具有十分重要的意义。

《法律援助法》积极回应社会关切，注重总结和吸收我国多年法律援助实践经验，在立法目的等方面做了充实完善，具体体现在以下四个方面：

（一）规范和促进法律援助工作

法律援助作为一项法律制度，其具体实施工作需要法律法规进行规范。在《法律援助法》制定之前，法律援助工作主要依据国务院 2003 年制定的《法律援助条例》。多年来，法律援助制度在中国发展取得进步，但实践中也存在影响法律援助制度进一步发展的障碍。一是法律资源有待进一步扩充，我国法律援助制度存在供求不平衡的现象，法律援助供应量有限，但人民群众对法律服务的需求持续增长。2013 年，我国对法律援助工作拨款为 16.29 亿元，但人均法律援助拨款仅为 1.21 元。① 此外我国律师数量在法律援助实践中也显得不足，特别是经济社会发展相对落后的地区，律师资源稀缺，更不用说提供法律援助了。二是法律援助范围有待进一步拓展，实践中，部分需要法律援助的公民因自身条件不符合要求而无法获得法律援助，辩护律师因无法及时进入诉讼阶段而无法有效进行辩护，法律援助主体范围、客体范围、具体程序都需进一步规范。三是法律援助案件质量有待进一步提高。实践中，部分律师不够重视法律援助案件，在办理案件时存在不积极履职等现象，成为影响法律援助质量的重要因素。近年来，许多人大代表针对上述问题，提出议案和建议，希望加快制定法律援助法，完善法律援助制度。在此背景下，为有效解决制约法律援助事业发展的难点问题，推动法律援助工作规范化，促进法律援助工作高质量发展，制定《法律援助法》成为必然要求。

（二）保障公民和有关当事人合法权益

法律援助工作是体现以人民为中心的发展思想、切实维护人民群众合法权益的一项民生工程。保障公民和有关当事人合法权益，是法律援助制度所追求的重要目标，即保障公民不因经济困难而失去平等、公正的法律保护。《法律援助法》的制定，即是通过调节法律援助资源再分配，保障贫困和弱势公民享有平等的法律服务，与其他公民一样能够平等地站在法律面前，公正地实现自己的合法权益。现实生活中，法律援助通过向缺乏能力、经济困难的当事人提供法律帮助，让他们切实感受到法治的力量和温暖。此外，制定《法律援助法》，亦是尊重和保障人权的现实需要。与《法律援助条例》相比，《法律援助法》加大人权保障力度，把保障公民和有关当事人合法权益体现在法律援助范围、法律援助申请与审查、法律援助实施等各方面、全过程，进一步彰显我国人权保护的法治进步，必将在我国人权司法保障进程中发挥重要作用。《法律援助法》出台后，社会各界普遍认为，无论是法律援助覆盖面，还是法律援助保障力度和质量监督管理内容等方面，都有实质性提高和进步，更有利于保障受援人的合法权益。

（三）保障法律正确实施

法律的生命在于实施。在中国特色社会主义法律体系已经形成的背景下，确保宪法和法律统一正确实施，对于全面推进依法治国，加快“法治中国”建设具有重要意义。宪法和法律实施，是指宪法、法律等规范性法律文件在实施过程中，从抽象的行为模式转变为具体行为规范，它涵盖执法、司法、守法和法律监督等方面。保障宪法和法律实施有助于彰显当代法治内在价值。“法治”体现民主、自由、平等、人权、理性、文明、秩序、正义、效益等价值。只有全面、及时、统一、正确实施宪法和法律，才能让各项法律规定从纸面走进生活，切实形成和谐有序的社会主义法治秩序。② 现代法治的基本要求之一就是保障宪法和法律的有效实施，让全社会自觉学法、尊法、信法、守法、护法，努力让法治

① 司法部法律援助中心编：《2013 年中国法律援助年鉴》，中国民主法制出版社 2015 年版，第 204 页。

② 张勇、熊选国主编：《中华人民共和国法律援助法释义》，法律出版社 2021 年版，第 25 页。

内在价值得以彰显。《法律援助法》在具体制度上，采取多项措施保障这一目的实现。通过使《法律援助法》规定的各项制度在执法、司法、守法各环节中得到正确适用、贯彻落实，确保《法律援助法》调整的抽象权利义务关系转化为现实生活中的具体权利义务关系。《法律援助法》制定全过程都认真落实党中央关于法律援助工作的决策部署，在总结我国法律援助实践经验的基础上，坚持问题导向，对法律援助概念、基本原则、运行机制以及法律援助形式和范围、程序和实施、保障和监督等法律援助工作重要方面、重点环节作出全面系统规定。法律援助制度从行政法规上升为法律，不仅是形式的升格，更是实质内容的完善；不仅让公民切实感受到法律援助的功效，更在于最大限度地避免法律调整和规范的“死角”，从而切实保障法律所规定的社会关系得以实现。《法律援助法》的颁布实施，不仅是对司法实践尤其是法律援助工作实践的经验总结，更是法律援助制度在新形势下的新发展。实践中，应当准确理解与适用《法律援助法》，切实把法律援助各项制度规范贯彻落实到执法、司法、守法等各环节、全过程，切实保障法律正确实施，有效维护社会公平正义。

（四）维护社会公平正义

法律援助制度是维护社会公平正义的一项重要制度安排，法律援助制度保障社会公正体现在两方面：一是保障公民不受经济困难等因素的影响，有权获得同等的法律服务与帮助，与其他公民平等地行使诉讼权利；二是帮助犯罪嫌疑人、被告人获得有效辩护，平衡控、辩双方的力量，以保障审判程序的正当性，防止出现冤假错案。① 制定《法律援助法》，就是进一步完善法律援助制度，让人民群众无论经济情况好坏、社会地位高低，在遇到法律问题或权益受到侵害时都能及时有效地获得法律帮助。贯彻实施《法律援助法》有利于让符合条件的公民都能获得法律援助，平等地得到法律保护。切实把法治价值、平等价值、公正价值贯穿于法律援助工作全过程，有效发挥法律援助制度在维护人民合法权益、服务经济社会发展、推进法治国家建设中的重要作用。

第三节　法律援助的体系

一、法律援助的指导、监督的主体

我国的法律援助指导、监督机构主要包括各级政府司法行政部门。《法律援助法》第5条规定：“国务院司法行政部门指导、监督全国的法律援助工作。县级以上地方人民政府司法行政部门指导、监督本行政区域的法律援助工作。县级以上人民政府其他有关部门依照各自职责，为法律援助工作提供支持和保障。”据此，上级司法行政部门对下级的法律援助工作进行指导监督。《法律援助法》第13条规定，法律援助机构根据工作需要，“可以设置法律援助工作站或者联络点”。在这里，这种“指导、监督、可以设置”的表

① 樊崇义：《我国法律援助立法与实践的哲理思维》，载《江西社会科学》2021年第6期。

述，同“主管、领导”还有一定的差距。因此，如何真正建立一个完善的法律领导体系或指挥机制，是《法律援助法》在实施中必须解决的问题，以防止上级对下级法律援助工作的监督变成“软”监督。①

根据规定，法律援助工作不仅是司法行政部门的主要职责，也是政府工作部门共同的职责权限，这一规定有利于实现对法律援助工作的整体治理。具体来讲，应当从以下三个方面进行把握：

（一）法律援助指导监督主体

法律援助指导监督主体，是指谁有法定权限对法律援助机构及其相关工作人员和活动等实施指导监督。依据《法律援助法》的规定，我国法律援助指导监督主体为县级以上各级人民政府司法行政部门。司法行政部门基于行政管理关系，在其职权范围内，对法律援助机构及其工作人员的工作，以及对社会法律服务人员履行法律援助义务、社会组织人员提供法律援助等事项进行监督。

（二）法律援助指导监督对象

法律援助指导监督对象是司法行政部门根据需要确定的法律援助机构、法律援助人员和社会团体、事业单位、社会法律援助组织的法律援助志愿者。法律援助人员主要指在法律援助机构中从事法律援助工作的人员，以及具体承办法律援助案件的社会律师和其他社会组织中在职的从事法律援助工作的人员。

（三）法律援助指导监督内容

法律援助指导监督内容较为广泛，涉及法律援助管理工作、法律援助办案质量和社会团体、院校等社会法律援助组织开展法律援助活动三大方面。具体内容包括：一是对法律援助具体工作制度及活动合法性进行监督；二是对各类法律援助人员是否遵守国家法律、工作纪律和职业道德进行监督；三是对各类法律援助人员实施法律援助活动的具体情况进行监督，指导工作、监督办案质量，提出改进意见，监督程序合法性，保证法律援助工作质量。

此外，根据《法律援助法》第 5 条第 2 款的规定，县级以上人民政府其他有关部门依照各自职责，为法律援助工作提供支持和保障。法律援助工作顺利开展，切实发挥作用，需要政府其他有关部门支持和协作，提供相应保障。2015 年《关于完善法律援助制度的意见》明确提出，民政、财政、人力资源和社会保障、国土资源、住房和城乡建设、档案等部门要按照职能分工，支持法律援助基层基础设施建设，落实经费保障，提供办案便利。为此，县级以上人民政府其他有关部门应当落实有关文件精神，依据法律规定积极履行各自职责，有效形成工作合力，共同推动法律援助工作，更好保障和改善民生。

---

① 樊崇义：《〈法律援助法〉的学习、理解和实施》，载《中国检察官》2021 年第 19 期。

二、法律援助机构

《法律援助法》第 12 条规定："县级以上人民政府司法行政部门应当设立法律援助机构。法律援助机构负责组织实施法律援助工作，受理、审查法律援助申请，指派律师、基层法律服务工作者、法律援助志愿者等法律援助人员提供法律援助，支付法律援助补贴。"

（一）法律援助机构的设立主体

法律援助机构的设立主体是县级以上人民政府的各级司法行政机关，即司法部和县级以上人民政府的司法厅（局）。需要注意的是，《法律援助法》规定的是"应当设立"，即县级以上人民政府司法行政部门必须设立法律援助机构，主要是为避免一些地方政府在事业单位改革中随意撤并法律援助机构。

实践中，法律援助机构的性质主要有三类：行政机构参照公务员管理的全额拨款事业单位、非参照公务员管理的全额拨款事业单位，此外还有个别机构仍处于没有编制状态。当前，在中央层面，司法部内设的公共法律服务管理局负责指导、监督法律援助工作，具体承担法律援助服务职能的是作为直属事业单位的司法部法律援助中心。地方层面，机构设置模式也不完全相同：如江苏省司法厅设置模式与司法部保持一致；浙江省司法厅实行在内设机构"法律援助处"加挂"法律援助中心"的合署办公模式；广东省深圳市司法局则由直属机构"法律援助处"统一负责辖区法律援助工作的行政监管和服务保障。

从《法律援助法》第 56 条、第 57 条、第 61 条等相关法律条文的规定来看，立法机关对行政监管职责与服务保障职责做出了一定区分，并将行政监管职责赋予同级司法行政机关，同时规定，法律援助机构存在违法行为的，应当由设立该法律援助机构的司法行政部门责令限期改正。

（二）法律援助机构的法定职责

根据《法律援助法》的规定，法律援助机构的主要职责包括三项：受理、审查申请；指派法律援助人员；支付法律援助补贴。但是，司法部直属的司法援助中心很少承办具体的法律援助工作，具体职责主要是宏观方面，包括：负责组织开展法律援助宣传、培训和理论研究；承办法律援助对外交流合作等工作；负责组织开展法律援助案件质量评查工作；承担最高人民法院、最高人民检察院受理的申诉案件的法律援助工作；负责中国法律服务网的服务运营，监督管理驻中国法律服务网的法律服务机构和法律服务人员的工作；指导各地法律服务网服务运营工作；负责全国"12348"公共法律服务热线管理工作；负责法律援助信息管理系统维护运营工作；负责法律援助案例库建设工作；承办司法部交办的其他事项。

除了司法部法律援助中心外，其他各级的法律援助机构具体职责为：

1. 受理、审查申请。受理、审查法律援助申请是法律援助机构中最主要的职能之一，严格来说这属于司法行政职能的组成部分，属于广义上的行政给付行为。法律援助属于依申请事项，需要符合条件的申请人依照《法律援助法》第38条等规定依法提出申请。法律援助机构对法律援助申请进行的审查属于行政行为的范畴，审查后无论是否同意法律援助申请，根据《法律援助法》第43条第1款规定，都应当作出书面决定。法律援助机构不同意法律援助申请的决定，与申请人具有直接的利害关系，《法律援助法》第49条据此赋予申请人相应的异议提出权以及对司法行政机关作出维持决定的申请行政复议、提起行政诉讼的权利。

2. 指派法律援助人员。法律援助机构经审查认为申请人的申请符合法定情形的，应当及时指派法律援助人员提供法律援助服务。法律援助机构指派人员提供法律援助服务的行为属于行政命令，具有强制性，受指派人员无正当理由不接受指派应当承担相应的法律责任。①《法律援助法》第46条第1款规定："法律援助人员接受指派后，无正当理由不得拒绝、拖延或者终止提供法律援助服务。"律师事务所、基层法律服务所及其所属的律师、基层法律服务工作者无正当理由拒绝指派的，依法要承担法律责任。

3. 支付法律援助补贴。法律援助机构、法律援助人员虽然不向受援助对象收取任何费用，但承担法律援助工作的人员需要付出一定的成本和支出，这部分费用应当由政府来承担，即办案补贴。自《法律援助条例》实施以来，县级以上地方人民政府司法行政部门基本都会同同级财政部门制定了本行政区域法律援助的相关补贴标准。例如，广州市司法局、广州市财政局2018年11月8日联合制定的《广州市法律援助案件办案补贴标准》，不仅区分了刑事、民事、行政、非诉讼、咨询等不同援助案件类型，还充分考虑了中心城区、非中心城区、跨地区等地域因素，制定了不同的法律援助补贴标准。《法律援助法》第52条第1款也明确规定："法律援助机构应当依照有关规定及时向法律援助人员支付法律援助补贴。"

三、法律援助人员

法律援助人员指受法律援助机构指派向法律援助对象直接提供免费法律服务的单位或个人。主要体现在《法律援助法》第13条、第16条、第17条及第68条。

以往法律援助大多是司法行政部门设立的法律援助机构根据当事人的申请，指派律师或者安排本机构人员，为符合条件的公民提供法律援助，渠道相对单一、力量较为有限。对此，《法律援助法》进一步拓宽了提供法律援助的渠道，动员更多力量参与，大致明确了四个渠道：一是司法行政部门设立的法律援助机构可以安排本机构具有律师资格或者法律职业资格的工作人员提供法律援助；二是明确律师事务所、基层法律服务所、律师、基层法律服务工作者负有依法提供法律援助的义务；三是国家支持和鼓励法律援助志愿者依法提供法律援助；四是规定了工会、共产主义青年团、妇女联合会、残疾人联合会等群团组织开展法律援助工作。不同渠道的法律援助工作，都接受司法行政部门的指导和监督。

① 吴宏耀、赵常成：《法律援助的管理体制》，载《国家检察官学院学报》2018年第4期。

（一）法律援助机构的具有律师资格或者法律职业资格的工作人员

法律援助机构的工作人员可以提供法律援助服务，但应当具备两个条件：一是根据工作需要。这里的“工作需要”应当是法律援助机构所在辖区法律援助人员较少，不能满足人民群众法律援助的正当需求。如果法律援助机构所在辖区执业律师、基层法律工作者、法律援助志愿者等符合条件的法律援助人员数量较多，能够满足或者基本满足当地正常的法律援助申请数量，则法律援助机构就应当优先考虑本机构以外其他符合条件的法律援助人员，尽量避免既当“裁判员”，又当“运动员”。二是具有律师资格或者法律职业资格。这是对法律援助机构工作人员的资质限定，并不是所有法律援助机构的工作人员都能作为法律援助人员。“具有律师资格”是指符合《律师法》第 5 条规定条件并根据该法第 6 条规定依法提出申请，获省、自治区、直辖市人民政府司法行政部门颁发律师执业证书的人员。根据《律师法》第 6 条第 2 款的规定，法律援助机构工作人员符合法定条件并经所在机构同意的，可以兼职从事律师职业。“具有法律职业资格”，根据司法部规章《法律职业资格管理办法》第 11 条第 1 款第 1 项规定，是指符合《国家统一法律职业资格考试实施办法》第 18 条规定的法律职业资格授予条件的，由司法部审核认定后作出授予法律职业资格的决定，颁发法律职业资格证书。在此，需要注意律师资格和法律职业资格的区别。律师执业证是依法取得律师执业证书，从事执业活动①的有效证件，是证明律师身份合法有效的证件。法律职业资格证书是证书持有人通过法律职业资格考试并依法取得的证书，担任法官、初任检察官，申请律师执业、公证员执业和初次担任法律类仲裁员，以及行政机关中初次从事行政处罚决定审核、行政复议、行政裁决、法律顾问的公务员必须先取得该证书。

另外，为提高人民群众申请法律援助的便利性，《法律援助法》规定法律援助机构可以设置法律援助工作站或者联络点，就近受理法律援助申请。设立法律援助工作站和联络点，有助于强化公共法律服务供给，健全法律援助工作网络和扩大法律援助机构覆盖面，切实为人民群众提供更加优质、便捷、高效的法律援助服务。法律援助工作站或联络点，可以在司法机关基层司法所设立，也可以在高等院校、企事业单位、群众团体等单位设立，还可以在律师事务所、法律服务所、村庄社区等设立。例如，四川省人力资源和社会保障厅、四川省司法厅、四川省总工会 2016 年 5 月 11 日联合发文，向全省各级劳动人事争议仲裁院派驻法律援助工作站。江苏省高级人民法院、江苏省司法厅、江苏省民政厅 2021 年 4 月 7 日联合发布《关于加强社会救助对象法律援助工作的通知》，规定“司法行政机关可以根据需要在民政部门设立法律援助联络点”，为社会救助对象就近申请法律援助提供服务。

（二）律师事务所、基层法律服务所、律师、基层法律服务工作者

《法律援助法》第 16 条规定，律师事务所、基层法律服务所、律师、基层法律服务工

① 在这里是指接受委托或指定，为当事人提供法律服务的执业人员。

作者负有依法提供法律援助的义务。律师事务所、基层法律服务所应当支持和保障本所律师、基层法律服务工作者履行法律援助义务。该条进一步统一和明确法律援助的社会主体及相关保障，为社会力量参与法律援助提供了法律依据。具有专业法律知识的律师和基层法律服务工作者人数众多，法律实践经验丰富，尤其是执业律师具有较高的法律素质和职业修养，是法律援助社会主体的中坚力量。事实上，在我国多年的法律援助实践中，也是大多数的法律援助工作的中流砥柱。律师事务所和基层法律服务所也应当为律师和基层法律服务工作者提供相应的支持和保障，为他们提供相应的物质和人员条件。

律师事务所、基层法律服务所应当在日常工作中安排负有法律援助义务的律师和基层法律服务工作者具体负责法律援助事务。律师和基层法律服务工作者应当为受援人提供与付费法律服务标准相当的法律援助服务。同时。律师事务所、基层法律服务所应当强化法律援助案件管理责任。要严格接受指派、内部审批、办理案件、案卷归档、投诉处理等各环节流程。建立重大、疑难案件集体讨论制度。根据法律援助常涉纠纷案件类别和办案专长，培养擅长办理法律援助案件的团队。教育引导法律援助人员严格遵守法定程序和执业规范，确保提供符合标准的法律援助服务。改进案件指派工作，综合案件性质和办案人员专业特长等因素指派合适承办人，严格办理死刑、未成年人等案件法律援助人员的资质条件，提高案件办理专业化水平，推进信息化在法律援助流程管理、质量评估、业绩考核等方面的应用，促进提高办案质量。完善服务质量监管机制，综合运用案件质量评估、案卷检查、当事人回访等措施，强化案件质量管理，努力为受援人提供优质高效的法律援助。

法律援助人员应当具备相应资质。根据《律师法》第 2 条和《基层法律服务工作者管理办法》第 2 条、第 6 条、第 7 条等规定，提供法律援助服务的人员应当具备以下资质条件：（1）律师应当取得律师执业资格证，基层法律服务工作者应当取得基层法律服务工作者执业证；（2）具备相应的法律专业知识；（3）品行良好。律师事务所和基层法律服务所不得指派不符合上述规定条件的人员办理法律援助事务。受援人认为法律援助人员未依法履行职责的，可以依据《法律援助法》第 55 条，向司法行政部门投诉，并可以请求法律援助机构更换法律援助人员。具体的投诉处理流程应当按照《法律援助投诉处理办法》的规定处理。

（三）法律援助志愿者

《法律援助法》第 17 条规定，国家鼓励和规范法律援助志愿服务；支持符合条件的个人作为法律援助志愿者，依法提供法律援助。高等院校、科研机构可以组织从事法学教育、研究工作的人员和法学专业学生作为法律援助志愿者，在司法行政部门指导下，为当事人提供法律咨询、代拟法律文书等法律援助。法律援助志愿者具体管理办法由国务院有关部门规定。

1. “符合条件的个人”的理解。本条“符合条件的个人”应当做广义的理解，即所有具备提供法律援助能力的个人。结合《法律援助法》及其他法律、法规的规定，主要包括以下几类人员：一是《法律援助法》第 16 条规定的律师、基层法律服务工作者。除了接受法律援助机构的指派之外，其他律师、基层法律服务工作者也可以志愿加入法律援助服务当中。二是《法律援助法》第 17 条第 2 款规定的高等学校、科研机构中从事法学教育、研究工作的人员和法学专业学生。三是其他符合条件的个人。实践中，相关管理部门和法律援助机构可以探索离退休司法工作人员志愿加入法律援助服务工作机制，充分发挥此类人员的专业能力，为实质性化解矛盾纠纷贡献新的力量。

2. 法律援助服务的社会化补充。法律援助服务不仅要依靠国家和政府的力量，还应当顺应时代潮流，培育社会法律援助服务力量，《法律援助法》第 17 条第 2 款首次明确了法律援助服务的社会主体，以及相关工作要求，分为三个层次理解：(1) 主体。即高等院校、科研机构可以组织从事法学教育、研究工作的人员和法学专业学生作为法律援助志愿者。也就是说高等院校法学院的老师、科研机构的法律研究员以及法学专业学生均可以作为法律援助服务志愿者。法学专业学生应当在高等院校老师的指导下开展法律援助服务，以确保法律援助服务的质量。(2) 要求。即法律援助志愿者需要在司法行政部门的指导下开展法律援助。这种“指导”不能简单理解为受司法行政部门的“领导”，更倾向于法律援助服务方面的业务指导，以保障法律援助工作依法进行。(3) 业务。法律援助志愿者可为当事人提供法律咨询、代拟法律文书等法律援助。

3. 法律援助志愿者的管理。针对法律援助志愿者也应予以规范化、制度化的管理，《法律援助法》第 17 条第 3 款规定法律援助志愿者的具体管理办法由国务院有关部门规定。目前，国务院颁布的《志愿服务条例》是规范志愿者服务的行政法规；在没有其他具体的法律援助志愿者管理规定出台前，行政机关应当依《志愿服务条例》的相关规定履行管理职责。

（四）群团组织

《法律援助法》第 68 条规定，工会、共产主义青年团、妇女联合会、残疾人联合会等群团组织开展法律援助工作，参照适用《法律援助法》的相关规定。这样规定有利于群团组织结合各自的工作职责和实际情况充分发挥自身优势，确定法律援助工作的原则、对象、程序和方法等。工会、共产主义青年团、妇女联合会、残疾人联合会等群团组织开展的法律援助也各有侧重，覆盖社会领域不同的主体，涉及不同的社会关系，法律援助的标准设定也有所不同。

工作指导和监督。群团组织开展法律援助工作要接受司法行政部门的指导和监督。《法律援助法》第 5 条第 1 款规定，国务院司法行政部门指导、监督全国的法律援助工作。县级以上地方人民政府司法行政部门指导、监督本行政区域的法律援助工作。因此，本条在对群团法律援助工作明确法律参照适用，赋予灵活性和创新性的同时，也意味着司法行政部门对群体组织的法律援助工作提供指导、推动规范化建设，以此促进群团组织的法律援助和司法行政部门开展的法律援助相得益彰、优势互补、共同促进。

由此看来，我国法律援助主体主要包括以下几类：

1. 律师事务所、律师、具有法律职业资格的工作人员。

2. 基层法律服务所、基层法律服务工作者。

3. 法律援助志愿者。主要指高等院校、科研机构从事法学教育、研究工作的人员和法学专业学生，以及其他符合条件的个人。

4. 工会、共青团、妇联、残联等群团组织。

第四节　法律援助的范围和形式

一、确定法律援助范围的基本条件

（一）受援对象一般为自然人

因为法律援助制度是为保障人权而建立的一项司法救济制度，是为那些经济困难和其他符合法定条件的当事人提供无偿的法律服务，使其能够平等、公正地实现法律赋予的公民权利。对于受援对象各国一般规定为自然人，法人没有资格申请作为援助对象。只有极少数国家有条件地允许法人作为受援对象，即只限于非营利性法人或诸如法人终止后的财产处理登记此类特殊的法律事务，并对其规定了极严格的条件和程序。

在我国司法实践中，对于具有公益性质的社会组织如社会福利机构、敬老院、优抚医院、精神病院等可以向人民法院申请司法救助，这是因为该机构所服务的对象是社会弱势群体，有助于提高社会弱势群体的整体保障水平。根据司法实践需要，我们认为，法律援助覆盖范围可以适度延伸到具有公益性质的社会组织。尽管立法和理论上对法律援助服务是否应当涵盖法人和非法人组织多采取否定态度，但法律援助实践却呈现一种更为开放的姿态。早在 2000 年，最高人民法院《关于对经济确有困难的当事人提供司法救助的规定》就已经将特定法人和非法人组织纳入了司法救助的范围。该规定第 3 条第 13 项规定，“当事人为社会福利机构、敬老院、优抚医院、精神病院、SOS 儿童村、社会救助站、特殊教育机构等社会公共福利单位的”，可以向人民法院申请司法救助。很显然，由于非营利性质的福利机构直接服务于社会弱势群体，因此，在此类机构遇到民事、行政纠纷时，其诉讼结果如何，将在一定程度上间接影响到福利机构所服务的特定人群。因此，将此类机构纳入法律援助范围，等于间接保护了该机构所服务的社会弱势群体，有助于提高社会弱势群体的整体保障水平。

（二）受援对象为经济困难公民和符合法定条件的其他当事人

在总结当前我国法律援助工作现状的基础上，《法律援助法》对法律援助范围做出了适当扩大。除了原来规定的经济困难的公民外，还增加了符合法定条件的其他当事人。一是在刑事法律援助范围方面，将“申请法律援助的死刑复核案件被告人”纳入了应当通知辩护范围，并新增可以通知辩护的援助类型；二是在民事、行政法律援助范围方面，《法律援助法》新增了“确认劳动关系”“支付劳动报酬”“生态破坏损害赔偿”等事项；三是新增申请法律援助不受经济困难条件限制的情形，规定在英雄烈士近亲属为维护英雄烈士的人格权益、因见义勇为行为主张相关民事权益等情形下，当事人申请法律援助的，不受经济困难条件限制。

世界各国根据本国经济发展水平和居民收入状况，参考本国的贫困线标准，确定哪些人员属于法律援助的对象，并根据困难程度确定减免费用的额度。我国规定的经济困难的标准，由省、自治区、直辖市人民政府根据本行政区域经济发展状况和法律援助工作需要确定，并实行动态调整。

（三）受援对象的诉讼是基于正当理由

受援对象的诉讼是基于正当理由而进行的诉讼，并确实需要法律援助。在确定受援对象是否符合条件时，要对受援对象的诉讼理由的正当性进行审核，如果是基于滥用诉权所提起的诉讼，即不属于法律援助的对象，也就是说，必须是受援对象的合法权益遭受侵害需要以诉讼程序获得司法救济而又无力支付费用时，才能申请法律援助。

（四）法律援助大多只适用于本国公民

大多数国家只给本国公民以法律援助，对外国人或无国籍人在本国进行民事诉讼不给予法律援助。外国人或无国籍人在本国进行刑事诉讼，法院可以为没有请律师的刑事被告人指定律师，是否收费，如何收费，各国规定不尽一致。我国《法律援助法》第 69 条规定，对外国人和无国籍人提供法律援助，我国法律有规定的，适用法律规定；我国法律没有规定的，可以根据我国缔结或者参加的国际条约，或者按照互惠原则，参照适用《法律援助法》的相关规定。

二、法律援助的范围

法律援助的范围，即法律援助的案件范围，是指根据法律规定，对哪些案件可以提供法律援助，即提供法律援助的具体领域。根据《法律援助法》第三章的规定，我国法律援助的范围具体包括：

（一）申请法律援助的范围

1.《法律援助法》第 24 条规定的申请法律援助范围。《法律援助法》第 24 条规定："刑事案件的犯罪嫌疑人、被告人因经济困难或者其他原因没有委托辩护人的，本人及其近亲属可以向法律援助机构申请法律援助。"经济困难是申请法律援助的重要原因之一。在任何一种法律制度下构建法律援助制度的基本初衷不外乎让经济困难的公民能够享受到政府出资聘请律师为他提供法律服务。但是政府对法律援助的出资是有限度的，政府提供法律援助资金不可能让所有人及其所有事项都能获得免费法律服务。也就是说，法律援助面向全体公民，但又不是所有的人、所有的事都可以申请法律援助。

加强对特殊群体的保护。《法律援助法》第 24 条设置了"其他原因没有委托辩护人"的兜底性规定。2013 年《关于刑事诉讼法律援助工作的规定》第 2 条也规定，犯罪嫌疑人、被告人符合一级或二级智力残疾、共同犯罪案件中其他犯罪嫌疑人、被告人已委托辩护人等条件的，可以申请法律援助，看重于对特殊群体的保护。由此而言，结合《刑事诉讼法》相关规定，对于该兜底性规定，可以考虑参照适用《关于刑事诉讼法律援助工作的规定》，不必严格受经济困难限制，而以犯罪嫌疑人、被告人是否属于应当酌情提供法律援助的特殊群体为标准。

2.《法律援助法》第29条规定的申请法律援助范围。《法律援助法》第29条规定："刑事公诉案件的被害人及其法定代理人或者近亲属，刑事自诉案件的自诉人及其法定代理人，刑事附带民事诉讼案件的原告人及其法定代理人，因经济困难没有委托诉讼代理人的，可以向法律援助机构申请法律援助。"该条主要包括三类群体，一是刑事公诉案件的被害人及法定代理人或者近亲属，二是刑事自诉案件的自诉人及其法定代理人，三是刑事附带民事诉讼案件的原告及其法定代理人，因经济困难可以申请法律援助。我国整个刑事诉讼中对于维护犯罪嫌疑人、被告人的人权保障还是处于主流地位，被害人为遭受犯罪行为直接侵犯的人，其人权保障在制度上仍有所缺失，在刑事诉讼的过程中没有得到足够的重视。而犯罪行为大部分都是存在被害人的，维护被害人的合法权益也应当是刑法的目的之一，对被害人的保护实际上也是对公民基本人权的保护。因此，被害人在没有能力委托诉讼代理人时，应当可以寻求法律援助，在准确惩罚犯罪的同时，给予被害人充分的保护和救济对从个案中修复被破坏的社会关系，促进社会的和谐统一有重要的意义。同样，对于刑事案件的自诉人而言，其往往也是受害者，更是诉讼参与主体。在刑事诉讼过程中理应享有委托诉讼代理人的权利。因此《法律援助法》吸收了《刑事诉讼法律援助工作规定》和《刑事诉讼法》中的规定，明确刑事自诉案件自诉人及其法定代理人同样享有申请法律援助的权利。关于刑事附带民事诉讼原告人及其法定代理人，根据《刑事诉讼法》第101条的规定，被害人因被告人的犯罪行为而遭受物质损失的，在刑事诉讼过程中，有权提起附带民事诉讼。被害人死亡或者丧失行为能力的，被害人的法定代理人、近亲属有权提起附带民事诉讼。可见刑事附带民事诉讼案件的原告人通常都是刑事案件的被害人，在被害人死亡或者丧失行为能力时，可能会是被害人的法定代理人、近亲属。因此，这个主体范围其实和前一个刑事公诉案件的被害人及其法定代理人或者近亲属相同，但是前一个主体范围没有规定刑事诉讼案件中的附带民事诉讼原告人的情况，而且考虑到刑事附带民事诉讼案件中原告人的地位并不同于刑事案件中被害人的地位，享有的诉讼权利也并不一样，因此《法律援助法》采用《刑事诉讼法》的规定，将此类主体单独列出，强调对其诉讼权利的保护。

《法律援助法》第29条中的近亲属按照《刑事诉讼法》第108条第6项的规定，是指夫、妻、父、母、子、女、同胞兄弟姊妹。该条中的法定代理人按照《刑事诉讼法》第108条第3项的规定，是指被代理人的父母、养父母、监护人和负有保护责任的机关、团体的代表。

3.《法律援助法》第33条规定的申请法律援助范围。《法律援助法》第33条的规定："当事人不服司法机关生效裁判或者决定提出申诉或者申请再审，人民法院决定、裁定再审或者人民检察院提出抗诉，因经济困难没有委托辩护人或者诉讼代理人的，本人及其近亲属可以向法律援助机构申请法律援助。"

2014年10月23日，中国共产党第十八届中央委员会第四次全体会议通过的《中共中央关于全面推进依法治国若干重大问题的决定》中强调："落实终审和诉讼终结制度，实行诉访分离，保障当事人依法行使申诉权利。对不服司法机关生效裁判、决定的申诉，逐步实行由律师代理制度。对聘不起律师的申诉人，纳入法律援助范围。"为贯彻落实这一精神，《法律援助法》第 33 条对此专门进行了规定。

关于再审案件法律援助的适用范围。根据《刑事诉讼法》《民事诉讼法》《行政诉讼法》的规定，再审案件的启动分为三种情形：一是当事人向人民法院申请再审，人民法院决定再审或者当事人向人民检察院申请抗诉，人民检察院提出抗诉，人民法院进行再审。二是人民法院发现需要再审的情形的，依法启动再审程序。三是人民检察院主动提起抗诉，人民法院依法进行再审。《法律援助法》第 33 条规定中的再审情形仅限于第一种当事人主动申请启动再审的情形，是指人民法院根据当事人的申请决定、裁定再审，以及人民检察院根据当事人的申请提出抗诉，人民法院根据该抗诉依法决定再审的案件。也就是说，申诉、再审案件申请法律援助的，必须是当事人主动申请触发再审程序的案件。

关于"当事人"的理解。《法律援助法》第 33 条所指"当事人"应当依据不同案件类型理解，刑事申诉案件的当事人包括被害人、自诉人、原审被告人，刑事附带民事诉讼案件的当事人包括原告人、被告人；民事申诉案件的当事人包括原告、被告；行政申诉案件的当事人包括原告、被告。

当然，此类案件的前提条件为"因经济困难没有委托辩护人或者诉讼代理人的"，这是申请法律援助的前提。

（二）指派法律援助的范围

1.《法律援助法》第 25 条规定的指派法律援助范围。《法律援助法》第 25 条规定："刑事案件的犯罪嫌疑人、被告人属于下列人员之一，没有委托辩护人的，人民法院、人民检察院、公安机关应当通知法律援助机构指派律师担任辩护人：（一）未成年人；（二）视力、听力、言语残疾人；（三）不能完全辨认自己行为的成年人；（四）可能被判处无期徒刑、死刑的人；（五）申请法律援助的死刑复核案件被告人；（六）缺席审判案件的被告人；（七）法律法规规定的其他人员。其他适用普通程序审理的刑事案件，被告人没有委托辩护人的，人民法院可以通知法律援助机构指派律师担任辩护人。"该条规定主要整合了《刑事诉讼法》第 278 条，第 35 条第 2 款、第 3 款和第 293 条的规定，修改了关于"盲、聋、哑"等的规定，增加了死刑复核的指定辩护的规定，并且设置了兜底条款，适度扩大了指定辩护的范围，以逐步实现刑事案件指定辩护全覆盖。

兜底条款中规定的是"可以"指定辩护，不是"应当"指定辩护，主要考虑到，对于有条件的地区，可以与刑事案件律师辩护全覆盖试点工作相结合、相衔接，持续扩大刑事法律援助范围，一般均应予以指派；对于条件尚不成熟的地区，一概要求指定辩护，地方法律服务资源和经费难以承受，不利于法律援助事业的健康发展。因此，可以在保障应当指定辩护的覆盖率与质量的前提下，有计划地逐步将法律援助扩展到所有适用普通程序审理的刑事案件当中。

《法律援助法》第 26 条对法律援助人员进行了专门规定，对可能被判处无期徒刑、死刑的人，以及死刑复核案件的被告人，法律援助机构收到人民法院、人民检察院、公安机关通知后，应当指派具有三年以上相关执业经历的律师担任辩护人。这里规定应当指派具有三年以上相关执业经历的律师担任辩护人，主要是因为这些案件案情重大、疑难复杂，如果交给那些相关业务经验不足的律师，难以保证重大案件法律援助的质量。

2.《法律援助法》第 28 条规定的指派法律援助范围。《法律援助法》第 28 条规定："强制医疗案件的被申请人或者被告人没有委托诉讼代理人的，人民法院应当通知法律援助机构指派律师为其提供法律援助。"强制医疗程序是《刑事诉讼法》规定的刑事特别程序，根据《刑事诉讼法》第 302 条的规定，实施暴力行为，危害公共安全或者严重危害公民人身安全，经法定程序鉴定依法不负刑事责任的精神病人，有继续危害社会可能的，可以予以强制医疗。因此，强制医疗案件的被申请人、被告人均系依法不负刑事责任的精神病人。虽然强制医疗案件要求人民法院应当通知被申请人或被告人的法定代理人到场，但为了更加充分地保障当事人合法权益，有必要指派律师提供法律帮助。

（三）法律援助的案件范围

《法律援助法》第 31 条规定："下列事项的当事人，因经济困难没有委托代理人的，可以向法律援助机构申请法律援助：（一）依法请求国家赔偿；（二）请求给予社会保险待遇或者社会救助；（三）请求发给抚恤金；（四）请求给付赡养费、抚养费、扶养费；（五）请求确认劳动关系或者支付劳动报酬；（六）请求认定公民无民事行为能力或者限制民事行为能力；（七）请求工伤事故、交通事故、食品药品安全事故、医疗事故人身损害赔偿；（八）请求环境污染、生态破坏损害赔偿；（九）法律、法规、规章规定的其他情形。"

2015 年《关于完善法律援助制度的意见》将"不断扩大法律援助范围、提高援助质量"作为法律援助制度改革的目标。此后，"应援尽援"和"应援优援"成为从中央到地方对制度改革目标的形象化描述。之后，在全国范围内开展了刑事案件审判阶段的法律援助全覆盖试点，而在民事、行政领域的法律援助范围的扩大在《法律援助法》中也得以体现。相较于《法律援助条例》，进一步扩大了法律援助的范围，将请求社会救助、确认劳动关系、认定无民事行为能力或限制民事行为能力、环境污染、生态破坏损害赔偿等纳入其中，保障更多事项能够获得法律援助，全方位保护公民的合法权益。

（四）法律援助的特定案件范围

《法律援助法》第 32 条规定："有下列情形之一，当事人申请法律援助的，不受经济困难条件的限制：（一）英雄烈士近亲属为维护英雄烈士的人格权益；（二）因见义勇为行为主张相关民事权益；（三）再审改判无罪请求国家赔偿；（四）遭受虐待、遗弃或者家庭暴力的受害人主张相关权益；（五）法律、法规、规章规定的其他情形。"这里明确了五类特殊案件不受经济困难条件限制。由于以上案件具有一定的特殊性，在维护法律公平正义和倡导追求社会主义核心价值观方面具有积极因素，所以法律明确规定了不受经济困难的限制。

1. 英雄烈士近亲属为维护英雄烈士的人格权益申请法律援助，不受经济困难条件限制。英雄是民族最闪亮的坐标，英雄烈士的事迹和精神是中华民族共同的历史记忆和社会主义核心价值观的重要体现。《英雄烈士保护法》第 25 条规定："对侵害英雄烈士的姓名、肖像、名誉、荣誉的行为，英雄烈士的近亲属可以依法向人民法院提起诉讼。英雄烈士没有近亲属或者近亲属不提起诉讼的，检察机关依法对侵害英雄烈士的姓名、肖像、名誉、荣誉，损害社会公共利益的行为向人民法院提起诉讼。负责英雄烈士保护工作的部门和其他有关部门在履行职责过程中发现第一款规定的行为，需要检察机关提起诉讼的，应当向检察机关报告。英雄烈士近亲属依照第一款规定提起诉讼的，法律援助机构应当依法提供法律援助服务。”本条和《英雄烈士保护法》作了衔接，将英雄烈士近亲属为维护英雄烈士的人格权益作为不受经济困难条件限制的法律援助情形。

2. 因见义勇为行为主张相关民事权益申请法律援助的，不受经济困难条件限制。见义勇为，是指非负有法定职责或者义务的自然人为保护国家、集体利益或者他人的人身财产安全，积极主动、义无反顾地与危害行为或者自然灾害进行斗争的行为。见义勇为者，其人身或者财产权益因见义勇为行为受到侵害，主张损害赔偿等民事权益的，根据本条规定，申请法律援助时不受经济困难条件的限制。虽然目前法律没有对见义勇为行为作明确的概念界定，但通过《民法典》第 183 条、第 184 条可以看出，见义勇为行为应当具备义务主体、利他性、自愿性、积极性作为等显著特征。为培育和鼓励良好的社会风尚，避免公民在见义勇为时存在后顾之忧甚至因帮助他人而产生不利后果，《民法典》对侵权人的民事责任以及受益人适当补偿责任作了规定，为见义勇为行为提供了法律支持，而本条规定则作为程序性衔接进一步为见义勇为者提供了法律保障。

3. 再审改判无罪请求国家赔偿的案件申请法律援助的，不受经济困难条件的限制。根据《国家赔偿法》第 17 条第 3 项、第 18 条第 2 项的规定，依照审判监督程序再审改判无罪，原判刑罚已经执行的或依照审判监督程序再审改判无罪，原判罚金、没收财产已经执行的，受害人有取得国家赔偿的权利。本条再次将“再审改判无罪请求国家赔偿”的情形单列，免予经济困难要件审查，一是基于再审改判案件的当事人往往在之前的审判程序中已经耗费很长时间和大量精力，其人身权和财产权都受到不同程度的损害；二是基于再审改判无罪的“纠错性”，以更好地凸显公平正义，尽快实现救济、保障人权。

4. 遭受虐待、遗弃或者家庭暴力的受害人主张相关权益申请法律援助的，不受经济困难条件的限制。《民法典》第 1042 条规定了“禁止家庭暴力”和“禁止家庭成员间的虐待和遗弃”；《刑法》第 260 条、第 261 条分别规定了虐待罪、遗弃罪；《反家庭暴力法》第 2 条规定：“本法所称家庭暴力，是指家庭成员之间以殴打、捆绑、残害、限制人身自由以及经常性谩骂、恐吓等方式实施的身体、精神等侵害行为。”第 19 条规定：“法律援助机构应当依法为家庭暴力受害人提供法律援助。人民法院应当依法对家庭暴力受害人缓收、减收或者免收诉讼费用。”第 37 条规定：“家庭成员以外共同生活的人之间实施的暴力行为，参照本法规定执行。”遭受此类犯罪的受害人多属于弱势群体，在自我保护和自力救济上能力不足，因此，纳入不受经济困难限制的法律援助范围体现了我国法律人道主义关怀以及对特殊弱势群体的特别保护。

三、法律援助的形式

法律援助的形式，是指提供具体法律援助服务的方式。由于法律援助对于公民个人来讲是免费提供的法律服务，对于律师和其他法律服务工作者来讲是一种由国家付费的法律服务（律师出于自愿提供的免费的法律援助服务和由慈善组织资助的法律援助服务除外），因而，法律援助的形式和法律服务的形式在此指的是同一个概念，即都是指法律服务的具体提供方式。

《法律援助法》第 22 条明确规定："法律援助机构可以组织法律援助人员依法提供下列形式的法律援助服务：（一）法律咨询；（二）代拟法律文书；（三）刑事辩护与代理；（四）民事案件、行政案件、国家赔偿案件的诉讼代理及非诉讼代理；（五）值班律师法律帮助；（六）劳动争议调解与仲裁代理；（七）法律、法规、规章规定的其他形式。"根据本条规定，法律援助人员可以为受援人提供民事案件、行政案件、国家赔偿案件的诉讼代理或非诉讼代理，在劳动争议案件中提供调解、仲裁代理。在以上类型案件中，法律援助人员可以通过非诉讼手段在诉前或仲裁前介入纠纷，为受援人提供法律援助服务，即便在刑事案件中，亦有值班律师可以在刑事诉讼开始前为犯罪嫌疑人提供法律服务，从而将刑事诉讼前的法律活动涵盖在法律援助的范围之中。依此而言，通过对诉前法律援助形式的规定，法律援助实现了全流程的覆盖。而法律援助全流程覆盖的优势在于可以将法律援助的介入阶段提前，帮助受援人将矛盾、纠纷解决在争端早期，推进法律实践的进程，避免纠纷向更深层次发展。在充分全面保障受援人合法权利的同时，又节约司法资源。除法律明确规定应当指派法律援助的情形外，法律援助发起自申请人的申请，但法律援助形式的选择由法律援助机构决定。关于法律援助形式的选择，首先应当基于"便利受援人"的角度考虑，法律援助机构应当根据受援事项的具体情况，结合受援人申请，从有利于保障受援人权益的角度出发，合理确定援助形式。对于部分标的金额不大、法律关系明晰的事项，首先可以提供相关非诉讼等较为快捷的法律援助服务，推进受援事项及时解决；其次可以根据受援事项情况同时提供多种法律援助服务，如在提供法律咨询或代拟法律文书后，继续提供民事案件的诉讼代理或非诉讼代理。

（一）法律咨询、提供法律意见

法律咨询，是指律师或其他法律服务工作者，就国家机关、企事业单位、社会团体或公民个人提出的有关法律事务的询问，做出解释与说明，或提供法律方面的解决意见或建议的一种业务活动。

需要指出的是，《法律援助法》第 23 条规定了法律咨询的方式，即法律援助机构应当通过服务窗口、电话、网络等多种方式提供法律咨询服务；提示当事人享有依法申请法律援助的权利，并告知申请法律援助的条件和程序。

（二）代拟法律文书

代拟法律文书，简称代书，是指律师或其他法律服务工作者接受委托人的委托，就委托人所指定的事项，以委托人的名义，根据事实和法律，按照委托人的意见书写有关法律事务文书的一种业务活动。其范围主要有：代写诉讼文书，主要是起诉状、上诉状、答辩状、申诉状等；代写非诉讼法律事务文书，主要有协议书、委托书、合同、遗嘱等。

（三）刑事辩护与代理

1. 刑事辩护。刑事辩护是指刑事诉讼中被告人及其辩护人根据事实和法律反驳控诉人的一项诉讼活动。辩护针对控诉而提出，并同控诉相对立；只有当被告人被控诉犯有罪行后，才能够或者才有必要进行辩护。法律援助律师介入刑事诉讼活动，为被告人提供减免费的辩护服务，是通过两种方式实现的：一是接受被告人（或其近亲属）的委托，二是接受人民法院的指定并经法律援助机构指派。在前一种情况下，法律援助律师接受被告人（或其近亲属）的委托，必须以当事人申请法律援助并获得批准为前提；在后一种情况下，法律援助律师在接受当事人授权委托之前，必须先接受人民法院的指定（人民法院的指定是通过统一指定到法律援助机构，然后再由法律援助机构统一指派律师实现的），律师的代理辩护权限虽然来源于当事人的授予，但是必须以人民法院的指定和法律援助机构的统一指派为前提。

2. 刑事代理。律师在刑事诉讼活动中，可以接受委托人的委托参与刑事诉讼，代理公民行使其诉讼权利。根据《律师法》的规定，律师可以“接受自诉案件自诉人、公诉案件被害人或者其近亲属的委托，担任代理人，参加诉讼”。法律援助律师代理刑事诉讼主要分为以下几种：一是接受自诉案件中自诉人的委托，代理自诉案件中自诉人参加诉讼；二是在自诉案件中，被告人反诉的情况下，律师可以接受自诉案件中反诉人的委托，担任反诉人的代理人参加诉讼；三是接受公诉案件中被害人一方的委托，担任被害人的代理人参加诉讼；四是接受刑事附带民事诉讼的原告人的委托，担任刑事附带民事诉讼原告人的代理人参加诉讼；五是刑事申诉中的代理工作；六是根据《刑事诉讼法》的规定，在刑事侦查阶段，律师还可以受犯罪嫌疑人的委托或法律援助机构的指定，为犯罪嫌疑人提供法律帮助。

（四）民事案件、行政案件、国家赔偿案件的诉讼代理及非诉讼代理

法律援助民事诉讼代理，是指法律援助代理人为了维护被代理人的合法权益，在被代理人的授权范围内，根据事实和法律，进行民事诉讼活动，实现、履行被代理人的民事诉讼权利和民事诉讼义务，并直接对被代理人产生民事法律后果的代理活动。法律援助律师所提供的法律援助民事诉讼代理与社会律师的有偿服务的民事诉讼代理，在服务方式、内容上都是相同的。根据《民事诉讼法》的有关规定，民事诉讼代理主要包括代理起诉、应诉、反诉、庭前准备、参与调解、代理出庭、代理上诉、代理二审诉讼、代理执行等几项主要代理活动。

行政诉讼代理。依照我国《行政诉讼法》的有关规定，行政诉讼代理分为法定代理、指定代理和委托代理。《行政诉讼法》第 30 条规定：“没有诉讼行为能力的公民，由其法定代理人代为诉讼……”这一规定是行政诉讼中法定代理产生的法律依据，和其他的法定代理一样，代理权发生的原因是基于法律的直接规定，而不取决于被代理人、代理人的意思表示。《行政诉讼法》第 30 条还规定：“……法定代理人互相推诿代理责任的，由人民法院指定其中一人代为诉讼。”这一规定即指定代理的法律根据。根据此项规定，行政诉

讼中的指定代理只能是在法定代理人中指定代理；在没有法定代理人的情况下，人民法院不能直接指定代理，须经过有关机关，按照《民法典》的有关规定，先确定法定代理人。《行政诉讼法》第 31 条第 1 款规定："当事人、法定代理人，可以委托一至二人作为诉讼代理人。"这一规定是当事人、法定代理人可以委托他人代为诉讼的法律依据。律师接受委托，代为诉讼的范围，主要是指《行政诉讼法》第 12 条规定的案件范围，共有 12 类，以及人民法院受理的法律法规规定可以提起行政诉讼的其他行政案件。行政诉讼代理工作的主要工作程序有收案、代写起诉状、代写答辩状、庭前准备和代理出庭、代理上诉等。

非诉讼法律事务代理。非诉讼法律事务，是指没有纠纷，无须进行诉讼的事件；或者虽然已经形成纠纷，但不到法院进行诉讼，通过调解或者仲裁解决的事件。法律援助的非诉讼法律事务代理，由法律援助本身的性质和特点决定。主要包括财产继承、分家析产、解除收养、偿还信贷、索取债款、合同变更、解除发生的争执、违约的索赔、土地争议等。一般不包括商业登记、办理信托、申请专利、办理公证、商标注册、合同见证等。

（五）值班律师法律帮助

值班律师法律帮助是指看守所、检察院、法院等场所内设置的法律援助工作站的法律援助人员，为犯罪嫌疑人、被告人提供法律咨询、程序选择等方面意见、建议的法律援助服务。

（六）劳动争议调解与仲裁代理

劳动争议调解与仲裁代理是指为与用人单位产生劳动争议的劳动者提供调解代理或劳动仲裁代理的法律援助服务。《劳动争议调解仲裁法》第 2 条规定："中华人民共和国境内的用人单位与劳动者发生的下列劳动争议，适用本法：（一）因确认劳动关系发生的争议；（二）因订立、履行、变更、解除和终止劳动合同发生的争议；（三）因除名、辞退和辞职、离职发生的争议；（四）因工作时间、休息休假、社会保险、福利、培训以及劳动保护发生的争议；（五）因劳动报酬、工伤医疗费、经济补偿或者赔偿金等发生的争议；（六）法律、法规规定的其他劳动争议。"第 5 条规定："发生劳动争议，当事人不愿协商、协商不成或者达成和解协议后不履行的，可以向调解组织申请调解；不愿调解、调解不成或者达成调解协议后不履行的，可以向劳动争议仲裁委员会申请仲裁；对仲裁裁决不服的，除本法另有规定的外，可以向人民法院提起诉讼。"

（七）法律、法规、规章规定的其他形式

除了明确规定的形式之外，只要在法律、法规、规章规定的范围之内，也可以其他形式提供法律援助。

第五节 法律援助的实施

一、申请法律援助程序

法律援助按如何启动法律援助程序分为申请法律援助和刑事案件通知指派法律援助。申请法律援助的程序包括申请法律援助、法律援助的管辖、法律援助申请的审查和处理、先行提供法律援助、异议的提出、处理与救济等。

（一）法律援助的申请

根据《法律援助法》第 24 条、第 29 条、第 31 条、第 32 条、第 33 条的规定，需要法律援助的经济困难的当事人可以向法律援助机构提出申请。根据《法律援助法》第 41 条第 1 款的规定，因经济困难申请法律援助的，申请人应当如实说明经济困难状况。

对于经济困难的具体标准，我国立法机构和行政机关没有明确规定普遍适用的具体标准，但在《法律援助法》第 34 条规定，经济困难的标准，由省、自治区、直辖市人民政府根据本行政区域经济发展状况和法律援助工作需要确定，并实行动态调整。

本条还明确了承担说明义务的主体是法律援助申请人，但并未对“如实说明经济状况困难”的具体方式作出列举式规定，申请人可以根据所在地法律援助部门的安排，选择“如实说明”的具体方式。各地立法机关和法律援助机构可以对“如实说明经济状况困难”的义务具体规定，进一步细化简便易行的说明方式，但需要注意的是，应避免不当增加申请人的义务、损害申请人的权利。

另外，《法律援助法》第 42 条还规定了免予核查经济困难的人员范围，具体包括：无固定生活来源的未成年人、老年人、残疾人等特定群体；社会救助、司法救助或者优抚对象；申请支付劳动报酬或者请求工伤事故人身损害赔偿的进城务工人员；法律、法规、规章规定的其他人员。以上人员只需要提供相应材料证明自身属于法定“免予核查经济困难”的范围，即可免予经济困难状况核查。

（二）法律援助的管辖

法律援助的管辖，是解决申请人向何处法律援助机构提出申请的问题。根据《法律援助法》第 38 条的规定，对诉讼事项的法律援助，由申请人向办案机关所在地的法律援助机构提出申请；对非诉讼事项的法律援助，由申请人向争议处理机关所在地或者事由发生地的法律援助机构提出申请。

该规定把法律援助事项分为诉讼事项和非诉讼事项两类，采取了概括式的管辖方式，即诉讼事项为办案机关所在地，非诉讼事项为争议处理机关所在地或者事由发生地，一方面有利于法律援助申请人清晰明了确定法律援助机构，另一方面也有利于加强各机关之间的沟通，申请人就地提出法律申请，就近解决问题，提高法律援助工作的效率。在具体适用方面，针对诉讼事项的法律援助，包括刑事、民事、行政诉讼的法律援助，申请人应当向对应的办案机关所在地法律援助机构申请；对非诉讼事项的法律援助，包括法律咨询、代写文书、调解等，申请人应向争议处理机关所在地或者事由发生地的法律援助机构提出申请。

另外，关于管辖冲突的问题，应结合相关法律规定适用，当申请人就同一事项同时向两个以上法律援助机构提出申请时，根据《办理法律援助案件程序规定》第 8 条的规定，由最先收到申请的法律援助机构办理。该条没有明确通知辩护情况下的管辖问题，在通知辩护情况下仍适用最高人民检察院、最高人民法院、公安部、司法部《关于刑事诉讼法律援助工作的规定》第 9 条规定，犯罪嫌疑人、被告人具有该条规定的没有委托辩护人的情形时，公安机关、人民检察院、人民法院应当自发现该情形之日起 3 日内，通知所在地同级司法行政机关所属法律援助机构指派律师为其提供辩护。

（三）援助申请的审查和处理

法律援助申请是启动法律援助服务的第一步，无论申请人最终能否获得法律援助，其相关的程序权利都应受到法律的保护。

法律援助机构应当自收到法律援助申请之日起 7 日内进行审查，作出是否给予法律援助的决定。决定给予法律援助的，应当自作出决定之起 3 日内指派法律援助人员为受援人提供法律援助；决定不给予法律援助的，应当书面告知申请人，并说明理由。申请人提交的申请材料不齐全的，法律援助机构应当一次性告知申请人需要补充的材料或者要求申请人做出说明。申请人未按要求补充材料或者作出说明的，视为撤回申请。

申请条件的审查分为两个层面。一是对申请书的形式审查，主要是看申请书上是否载明必要的内容。主要包括申请人姓名、家庭住址、请求原因、请求法律援助的内容等。二是对申请书的实质审查。实质审查主要是判断申请书载明的申请人的基本情况、申请法律援助的原因和理由是否符合法律规定。

从法律规定来看，主要从四个方面保护申请人的程序权利。第一，对于申请人的法律援助申请，法律援助机构必须在7日内作出审查，包括实质审查和形式审查，不能在收到申请后久拖不决。第二，对于符合法律援助条件的，应在作出决定之日起3日内指派法律援助人员提供法律援助，以保证法律援助服务的及时性。第三，对于不符合法律援助条件的申请人，应当书面告知不给予法律援助的决定，并说明理由，让申请人充分了解不给予法律援助的原因。第四，对于申请书不齐全或不符合形式要求的，法律援助机关应告知当事人补正，可以现场补正的，应告知申请人具体补正方式，无法现场补正的，则应当一次性告知申请人应补交的材料，并就当事人不理解的问题进行说明，以便让申请人能在下次申请时满足法律援助申请的形式要求。

（四）先行提供法律援助

先行提供法律援助，是指法律援助机关在收到法律援助申请后，在尚未审查是否符合法律援助条件前，先行向申请人提供法律援助的行为。先行提供法律援助服务是在常规法律援助程序外的特别程序，类似于《民事诉讼法》规定的先予执行制度。在我国法律体系中，无论是诉讼、仲裁还是行政复议，均有相关的时效规定，超过法定时效将会产生不利的法律后果。此时，如果还是按照常规程序进行审查，就可能导致当事人的权益因超过时效无法获得法律援助，造成损失。先行提供法律援助是一种临时措施，目的在于及时向当事人提供法律援助，以免造成难以挽回的损失。因为法律援助属于国家公共法律服务，法律援助机构不能随意作出先行提供法律援助的决定，所以《法律援助法》采取列举式的方式明确了先行提供法律援助的范围，是我国法律援助制度的创新，也是对实践经验积累的肯定。

《法律援助法》第44条规定，法律援助机构收到法律援助申请后，发现有以下情形之一的，可以决定先行提供法律援助：(1) 距法定时效或者期限届满不足7日，需要及时提起诉讼或者申请仲裁、行政复议；(2) 需要立即申请财产保全、证据保全或者先予执行；(3) 法律、法规、规章规定的其他情形。法律援助机构先行提供法律援助的，受援人应当及时补办有关手续，补充有关材料。

先行提供法律援助的同时，受援人应当及时补办有关手续材料。先行提供法律援助并不豁免受援人提供手续材料等义务，法律援助机构开始先行提供法律援助后，受援人应该按规定向法律援助机构提供有关证明其符合法律援助条件的手续材料。如果法律援助机构申请人补交的手续材料不符合法律援助条件，或者有终止法律援助情形之一的，应当终止法律援助，并书面通知受援人。

(五) 异议的提出、处理和救济

异议的提出、处理和救济程序是关于申请人、受援人不服法律援助机构决定时的救济途径的规定。司法行政部门是法律援助工作的监督管理部门，其通过对法律援助工作的监督、指导，确保法律援助机构和人员依法履行职责，以维护申请人、受援人的合法权益。因此，申请人、受援人有向相应的司法行政部门提出异议的权益，司法行政部门应对异议进行审查并作出处理。同时，为避免司法行政部门的决定可能侵害申请人、受援人的合法权益，申请人、受援人在不服司法行政部门的决定时可以申请行政复议或者提出行政诉讼。

1. 异议的提出。申请人、受援人对法律援助机构不予法律援助、终止法律援助的决定有异议的，可以向设立该法律援助机构的司法行政部门提出。异议的提出主体是申请人和受援人，通常情况下，申请人即为受援人，即为需要法律援助的当事人本人，但是在特殊情况下也可以是当事人的法定代理人或者近亲属代为提出法律援助申请。异议的提出包括两种情况，一是申请人不服法律援助机构不予法律援助的决定，二是受援人不服法律援助机构终止法律援助的决定。另外，设立相应法律援助机构的各级司法行政部门是受理并处理异议的机关，申请人、受援人应向司法行政机关提出异议。

2. 异议的处理。司法行政部门应当自收到异议之日起5日内进行审查，作出维持法律援助机构决定或者责令法律援助机构改正的决定。首先审查、处理异议的时限，是自收到异议之日起的5日内。其次是处理异议的方式，如果司法行政机关认为法律援助机构认定事实无误、作出决定正确，应当作出维持法律援助机构的决定，书面告知申请人并说明理由；如果司法行政机关经审查认为当事人符合申请法律援助的条件，或者不存在法定应当终止法律援助的情形，应当书面责令法律援助机构为当事人提供法律援助，同时书面告知申请人，以维护当事人的合法权益。

3. 异议的救济。申请人、受援人对司法行政部门维持法律援助机构决定不服的，可以依法申请行政复议或者提起行政诉讼。司法行政部门维持法律援助机构决定是在行政管理活动中行使职权、影响行政相对人权利义务的行为，属于具体行政行为。因此不服该决定的申请人、受援人有权申请行政复议或者提起行政诉讼。

根据《行政复议法》第 2 条的规定，公民、法人或者其他组织认为行政机关的具体行政行为侵犯其合法权益的，可以申请行政复议。申请人、受援人可以自知道司法行政部门的具体行政行为之日起 60 日内，向司法行政部门的本级人民政府或者上一级主管部门申请行政复议，方式上既可以采取书面申请，也可以采取口头申请。

《行政诉讼法》第 2 条规定，公民、法人或者其他组织认为行政机关和行政机关工作人员的行政行为侵犯其合法权益的，有权向人民法院提起诉讼。需要注意的是，行政复议并非行政诉讼的前置程序，所以，申请人、受援人既可以先行政复议再提起行政诉讼，也可以直接提起行政诉讼。

二、刑事案件法律援助的通知指派程序

根据《法律援助法》第 36 条的规定，人民法院、人民检察院、公安机关办理刑事案件，发现有《法律援助法》第 25 条第 1 款、第 28 条规定情形的，应当在 3 日内通知法律援助机构指派律师。法律援助机构收到通知后，应当在 3 日内指派律师并通知人民法院、人民检察院、公安机关。第 36 条是关于刑事案件法律援助通知指派程序的规定，明确了当人民法院、人民检察院、公安机关在办理刑事案件中如发现符合法定刑事案件时通知法律援助义务和时限要求，也一并规定了法律援助机构的指派义务和时限，整合了以前散见于《刑事诉讼法》《人民检察院刑事诉讼规则》《关于刑事诉讼法律援助工作的规定》《刑事案件律师辩护全覆盖试点工作办法》等法律条款，更具有系统性和准确性。

1. 通知、指派的主体。人民法院、人民检察院、公安机关发现有《法律援助法》第 25 条第 1 款、第 28 条规定情形的，应当通知法律援助机构指派律师，可见，通知主体为各级人民法院、人民检察院、公安机关。而指派律师提供法律援助是法律援助机构的职责，所以，指派主体为法律援助机构。

2. 司法机关通知法律援助机构指派律师的情形。《法律援助法》第 25 条规定了以下七种情形：（1）未成年人；（2）视力、听力、言语残疾人；（3）不能完全辨认自己行为的成年人；（4）可能被判处无期徒刑、死刑的人；（5）申请法律援助的死刑复核案件被告人；（6）缺席审判案件的被告人；（7）法律法规规定的其他人员。第 28 条规定，强制医疗案件的被申请人或者被告人没有委托诉讼代理人的，人民法院应当通知法律援助机构指派律师为其提供法律援助。相较于《刑事诉讼法》，《法律援助法》在规定上有三个方面的改进：第一，增加了死刑复核案件被告人、缺席审判案件的被告人、强制医疗案件的被申请人或者被告人三类，扩大了刑事案件法律援助适用对象的范围；第二，把“盲、

聋、哑人”更改为“视力、听力、言语残疾人”，表述更加准确、客观；第三，增加了兜底条款，预留了扩大法律援助覆盖面的立法空间，保障了刑事案件法律援助主体的全面性，尤其是“其他适用普通程序审理的刑事案件，被告人没有委托辩护人的，人民法院可以通知法律援助机构指派律师担任辩护人”的规定，推动了刑事案件律师辩护全覆盖。但是，需要注意《法律援助法》第25条第1款和第2款中“应当通知”和“可以通知”的区别。

3. 通知和指派的具体时限。明确规定了通知、指派时限均为“三日内”，即人民法院、人民检察院、公安机关要在3日内通知法律援助机构，法律援助机构接到通知后应当在3日内指派律师提供法律援助并通知人民法院、人民检察院、公安机关。这不仅提高了法律援助的工作效率，也为法律援助律师了解案情预留了充分的时间，明确了刑事案件通知指派程序的时效性要求，确保法律援助工作及时顺利开展。

4. 需要指出的是，《法律援助法》第27条规定，人民法院、人民检察院、公安机关通知法律援助机构指派律师担任辩护人时，不得限制或者损害犯罪嫌疑人、被告人委托辩护人的权利。这里主要是指如果犯罪嫌疑人、被告人自行委托律师或者其他代理人的，司法机关不得以法律援助为名拒绝犯罪嫌疑人、被告人自行委托。近年的杭州保姆案、劳荣枝案等热点案件就出现了法院不接受被告人亲属委托的律师而强行指定法律援助律师的问题，违背法律、法理和常识，引发民众对司法公正和公信的质疑。因此本条规定公检法机关不得违反当事人意愿强行指定法律援助律师。

三、法律援助人员提供法律援助服务

为了有效维护受援人的合法权益，保障受援人获得实质援助，法律援助人员应当在接受指派后严格遵守法定程序和职业规范，及时提供符合标准的法律援助服务，不能因为是法律援助案件办案补贴低等原因降低办案质量，损害受援人的合法权益。《法律援助法》第19条明确规定，法律援助人员应当依法履行职责，及时为受援人提供符合标准的法律援助服务，维护受援人的合法权益。

关于“及时”的理解。《法律援助法》第44条、第50条等有近十处设立了法律援助机构、法律援助人员应当及时履责的情形，其中，第36条、第39条、第43条等条文分别对审查、指派、通知等时限，明确作出了“三日”“二十四小时”“七日”“三日”的规定，有效保证申请人以最短的时间获得法律援助服务，受援人的合法权益得到最大限度的保障。

关于对“符合标准的法律援助服务”的理解。司法部2019年2月25日发布了《全国刑事法律援助服务规范》，对刑事法律援助案件各个环节严格规范，具有较强的可操作性和指导意义。2019年11月15日，司法部又发布了《全国民事行政法律援助服务规范》，规定了民事行政法律援助的服务原则、服务类型、法律咨询、诉讼案件的代理、非诉讼案件代理以及服务质量控制等要求。上述规范性文件逐步完善了我国法律援助行业的服务标准，要求法律援助人员办理法律援助案件时质量要符合标准，以保障受援人的合法权益。

四、应当终止法律援助范围的事项

为了提高法律援助机构的工作效率，防止法律援助范围无限扩大，避免浪费法律援助资源，《法律援助法》第48条规定，有下列情形之一的，法律援助机构应当作出终止法律援助的决定：

1. 受援人以欺骗或者其他不正当手段获得法律援助；
2. 受援人故意隐瞒与案件有关的重要事实或者提供虚假证据；
3. 受援人利用法律援助从事违法活动；
4. 受援人的经济状况发生变化，不再符合法律援助条件；
5. 案件终止审理或者已经被撤销；
6. 受援人自行委托律师或者其他代理人；
7. 受援人有正当理由要求终止法律援助；
8. 法律法规规定的其他情形。

法律援助人员发现有前款规定情形的，应当及时向法律援助机构报告。

五、法律援助补贴的发放

法律援助补贴存在的问题长期以来是制约法律援助工作的开展。经费保障不足，补贴标准较低，影响了法律援助人员开展法律援助工作的积极性。2019年2月25日，司法部发布了《法律援助补贴标准指导意见》，指导地方合理确定和及时调整法律援助补贴标准。《法律援助法》第52条作了以下规定，法律援助机构应当依照有关规定及时向法律援助人员支付法律援助补贴。法律援助补贴的标准，由省、自治区、直辖市人民政府司法行政部门会同同级财政部门，根据当地经济发展水平和法律援助的服务类型、承办成本、基本劳务费用等确定，并实行动态调整。法律援助补贴免征增值税和个人所得税。

（一）法律援助补贴支付主体、对象和时限

1. 法律援助补贴的支付主体是法律援助机构，《法律援助法》第12条规定法律援助机构的职责包括“负责组织实施法律援助工作，受理、审查法律援助申请，指派律师、基层法律服务工作者、法律援助志愿者等法律援助人员提供法律援助，支付法律援助补贴”。

2. 法律援助补贴的支付对象为法律援助人员。法律援助人员的范围包括律师、基层法律服务工作者、法律援助志愿者。根据《法律援助补贴标准指导意见》，法律援助机构工作人员以及其他具有公职身份的基层法律服务工作者、社会组织人员被安排提供法律援助，是履行职务行为，不应领取补贴，而应按照机关内部财务管理制度，对承办的法律援助事项实际产生的费用据实报销。

3. 支付时限。法律规定了支付补贴应该按照有关规定及时支付，以解决实践中存在的法律援助补贴支付迟延，导致法律援助人员长时间垫付相关费用问题。实践中，支付时间主要有结案支付和定时支付两种。结案支付是指受指派办理法律援助案件的社会组织人

员在案件结案时，应向法律援助机构提供相应的法律文书副本或者复印件以及结案报告等材料，法律援助机构收到结案材料后，应当向法律援助社会组织人员支付法律援助办案补贴。还有一种模式为定时支付，就是按月或者按季度及时足额支付法律援助补贴。

（二）支付补贴的标准制定和调整

1. 标准制定主体。根据法律规定，法律援助补贴的标准，由省、自治区、直辖市人民政府司法行政部门会同同级财政部门核定法律援助办案补贴标准。这样规定，既有利于根据本地实际确定适当的补贴标准，也有利于标准的执行。

2. 标准的核算。确定及调整补贴标准的主要因素首先要考虑当地经济发展水平。根据法律规定，法律援助经费保障要纳入地方国民经济和社会发展规划，列入本级政府预算，由县级以上人民政府承担。所以，法律援助补贴的标准应根据各地社会经济发展水平确定。其次要综合考虑不同法律援助服务类型和劳务费用。法律援助服务形式包括法律咨询、代理、刑事辩护、非诉讼法律事务代理等，不同形式的工作量不尽相同，应当适用不同的补贴标准。

3. 动态调整。建立健全法律援助补贴标准动态调整机制。各地经济发展水平和办案成本处于变化中，补贴标准也不能一成不变。法律援助事项的直接费用、基本劳务费用发生较大变化时，应当及时调整法律援助补贴标准，使其能够适应当地的经济发展水平。

（三）免征税收的规定

法律援助是国家责任，法律援助补贴的性质是法律服务成本的部分补偿，远低于办理正常案件的费用，与法律援助人员的工作付出不成比例，对法律援助补贴征税会挫伤法律援助人员主要是律师参与法律援助工作的积极性，因而不应征税。法律也明确规定了对法律援助补贴免征增值税和个人所得税。

六、法律援助服务的监督、服务质量标准和考核

服务质量是法律援助工作的生命线，直接关系到受援人的合法权益能否得到充分保障，尤其是那些经济困难群众的合法权益，法律援助工作是体现以人民为中心的发展思想、切实维护人民群众合法权益的一项民心工程，高质量、严要求地保障公民的合法权益，保障公民不因经济困难而失去平等公正的法律保护，是法律援助工作追求的目标。因此，司法行政部门应当加强对法律援助服务质量的监督，制定规范化、标准化的质量标准，依法公正、公开开展质量考核评估，推进法律援助服务标准化建设。

（一）司法行政部门负有法律援助服务监督职责

司法行政部门是法律援助工作的主管部门，负有指导、监督法律援助工作的职责。司法行政部门负责和指导本辖区法律援助服务的监督工作，法律援助机构负责法律援助个案服务的监督，其他司法机关、律师协会、公证协会等应当对法律援助服务监督工作予以积

极配合。

（二）法律援助服务质量标准的具体内容

法律援助服务质量标准，是指法律援助工作的服务内容、服务程序、服务结果的质量标准体系。建立一套全面、客观、规范的质量标准，既是开展质量考核的前提，也是依法履行监督职责的基础。为规范法律援助服务标准，司法部分别制定了《全国刑事法律援助服务规范》《全国民事行政法律援助服务规范》，对刑事、民事以及行政法律援助的服务原则、服务类型、服务质量提出了明确的要求，设定了实体标准和程序标准。比如《全国刑事法律援助服务规范》8.5.1.4 规定："审判阶段的工作要求如下：a）在审判阶段，承办律师会见时可向被告人核实有关情况；查阅案卷；调查、收集与案件有关的证据；依法参加庭前会议、法庭调查和法庭辩论，向人民法院提出关于本案的辩护意见；b）承办律师接受指派后，应及时到审判机关查阅、摘抄、复制本案的案卷材料，依法调查取证或者申请人民法院调查取证以及申请证据保全，并制作阅卷笔录或者证据目录附卷归档；c）承办律师应会见被告人，认真听取被告人的陈述和辩解，发现、核实、澄清案件事实和证据材料中的矛盾和疑点。会见时，应向被告人介绍法庭审理程序，征询辩护意见，告知权利义务和风险及应注意的事项，制作会见笔录并附卷归档；d）承办律师经证人或者其他有关单位和个人同意，可向证人或者有关单位、个人收集与本案有关的证据材料，也可申请人民法院收集、调取证据，或者申请人民法院通知证人出庭作证……"这些规定，既是法律援助人员提供服务的标准，也是司法行政机关履行监督职责的重要依据。

（三）法律援助服务质量考核的方式

法律援助服务内容专业化程度较高，为保证考核的客观、公正，建立第三方评估机制是最为合适的方式。该第三方评估机构应由专业评估人员组成，且与被评估对象涉及各方无利害关系，根据法律援助服务质量标准，按照科学的评估方法和规则，依法规范、独立的原则开展评估，并对评估结论负责。我国法律规定的是"通过第三方评估等方式定期进行质量评估"，所以并不排斥其他的科学的评估方式，司法行政部门可以结合工作实际，采取多样化、针对性强的质量考核方式。

七、法律援助经费

《法律援助法》的出台，使我国实现了对法律援助制度国家层面上的立法确认。《法律援助法》对法律援助经费保障制度方面进行了明确的规定。《法律援助法》第 4 条明确规定："县级以上人民政府应当将法律援助工作纳入国民经济和社会发展规划、基本公共服务体系，保障法律援助事业与经济社会协调发展。县级以上人民政府应当健全法律援助保障体系，将法律援助相关经费列入本级政府预算，建立动态调整机制，保障法律援助工作需要，促进法律援助均衡发展。"明确规定了将法律援助相关经费列入本级政府预算，建立动态调整机制。当前，存在城乡之间、地区之间以及法律援助制度内部各要素之间发展不平衡、不充分的问题，各级政府应该切实发挥保障作用，根据本行政区域经济发展状况和法律援助工作需要，建立和保障与经济社会发展水平相适应的法律援助制度。为此，将法律援助工作纳入国民经济和社会发展规划，有利于县级以上人民政府及相关部门树立全局意识、大局意识，从推进共同富裕的高度进行宏观考虑、统筹安排，弥补缺陷，有效配置资源，促进法律援助事业的协调发展。

《法律援助法》第9条规定："国家鼓励和支持企业事业单位、社会组织和个人等社会力量，依法通过捐赠等方式为法律援助事业提供支持；对符合条件的，给予税收优惠。"通过规定税收上的优惠政策，鼓励、支持企事业单位、社会组织和个人，为法律援助事业提供社会捐助。

在法律援助经费使用上，《法律援助法》第52条对法律援助补贴的发放、标准、免税政策进行了规定，既明确了法律援助人员依法获得办案补贴的权利，又明确了法律援助经费的主要支出途径。

从来源上看我国法律援助经费主要来自财政拨款、民间捐助与行业奉献。其中，地方财政是法律援助经费的基本来源。《法律援助法》第4条明确规定法律援助经费纳入县级以上政府财政预算，要求县级以上政府为法律援助提供财政支持。依据中共中央办公厅、国务院办公厅《关于完善法律援助的意见》的有关规定，在国家层面，法律援助费用主要包括市、县级财政划拨与中央、省级财政援助两个部分。其中，市、县级的地方财政主要是同级财政拨款，所占比例最大，起主要的基础性作用。中央、省级财政援助主要包括中央补助地方法律援助办案专款、省级法律援助专项资金、中央专项彩票公益金法律援助项目资金、中央及省级政法转移支付资金，起到补充性作用。①《法律援助法》进一步规定，地方政府的经费投入和保障应当与本行政区域法律援助工作需要相适应，建立动态调整机制，以促进法律援助均衡发展。

法律援助作为社会公益事业，经费不仅需要国家财政支持，还需要社会力量的广泛参与，进一步扩大法律援助经费的来源。法律规定，国家鼓励和支持企业事业单位、社会组织和个人等社会力量，依法通过捐赠等方式为法律援助事业提供支持；对符合条件的，给予税收优惠。对符合条件的企事业单位、社会组织和个人，要给予税收优惠，落实国家鼓励和支持政策，推动社会力量积极主动地参与到法律援助事业中来。2003年，国家税务总局曾就纳税人向中国法律援助基金会捐赠税前扣除问题下发通知，规定纳税人向中国法律援助基金会的捐赠并用于法律援助事业的，可按照法律、法规规定的比例在所得税前扣除。根据《法律援助法》第9条的规定，对符合条件的，给予税收优惠，这一规定与《个人所得税》有效衔接。根据《个人所得税法》，个人将其所得用于对教育、扶贫、济困等公益事业进行捐赠，捐赠额未超过纳税人申报的应纳税所得额30%的部分，可以从其应纳税所得额中扣除；国务院规定对公益慈善事业捐赠实行全额税前扣除的，从其规定。所以，企事业单位、社会组织和个人为法律援助事业提供社会捐助，且符合这些条件的，国家给予税收优惠。

---

① 赵天红：《法律援助经费保障制度研究——以我国〈法律援助法〉为导向》，载《法学杂志》2022年第2期。

1997 年，中国法律援助基金会成立。法律援助基金会的主要职责是募集、管理和使用法律援助基金，宣传国家法律援助制度，促进社会公正。资金来源主要包括国内社团、企业及个人的捐赠和赞助，对捐助方式和捐赠途径及时公布，并在有关媒体发布捐赠流程，保证资金筹集的畅通性。

第七章　法治宣传与依法治理工作

在历史上，我国的法制宣传，一般是指向民众说明、讲解法律制度，并引导民众跟着执行，长期使用“法制宣传”一词。2014 年 10 月召开的党的十八届四中全会指出，要“深入开展法治宣传教育”“把法治教育纳入国民教育体系”“把法治教育纳入精神文明创建内容”。这是首次提出“法治教育”这一概念。自此，由“法制宣传”改变为“法治宣传”。党的十九大报告指出要“加大全民普法力度，建设社会主义法治文化，树立宪法法律至上、法律面前人人平等的法治理念”“各级党组织和全体党员要带头尊法学法守法用法，任何组织和个人都不得有超越宪法和法律的特权”。因此，与法制教育相比，法治教育更重视公民权利的维护和法律信仰的培育。这一变化说明，我国现在正在进行的“法治宣传”，有别于“法制宣传”内在含义。法治宣传是指以政府为主导，根据国家法治建设需要，通过各种传播途径以宪法教育为核心，以法律知识和法律适用为基础，以培养公民法治思维和法治方式为方法，以培育公民法治观念、法治精神和法治信仰为目标，推进依法治理工作的宣传教育活动。本章所介绍的法治宣传工作，主要体现在基层普法教育，因此，在讲解时用了普法教育的概念。

第一节　基层普法教育

一、基层普法教育的主要目标和主要内容

从 1986 年开始，我国每 5 年进行一轮普法教育，截至目前，已经进入第八个五年普法活动。要求以习近平法治思想引领全民普法工作，这是因为习近平法治思想是顺应实现中华民族伟大复兴时代要求而产生的重大理论创新成果，是马克思主义法治理论中国化最新成果，是习近平新时代中国特色社会主义思想的重要组成部分，是全面依法治国的根本遵循和行动指南。必须用习近平法治思想武装头脑、指导实践，推动普法工作守正创新、提质增效、全面发展。

（一）主要目标

到 2025 年，公民法治素养和社会治理法治化水平显著提升，全民普法工作体系更加健全。公民对法律法规的知晓度、法治精神的认同度、法治实践的参与度显著提高，全社会尊法学法守法用法的自觉性和主动性显著增强。多层次多领域依法治理深入推进，全社

会办事依法、遇事找法、解决问题用法、化解矛盾靠法的法治环境显著改善。全民普法制度完备、实施精准、评价科学、责任落实的工作体系基本形成。

（二）基层普法教育的重点内容

1. 突出学习宣传习近平法治思想。深入学习宣传习近平法治思想的重大意义、丰富内涵、精神实质和实践要求，引导全社会坚定不移走中国特色社会主义法治道路。把习近平法治思想作为党委（党组）理论学习中心组学习重点内容，列入党校（行政学院）和干部学院重点课程，推动领导干部带头学习、模范践行。把习近平法治思想融入学校教育，纳入高校法治理论教学体系，做好进教材、进课堂、进头脑工作。通过多种形式，运用各类媒体和平台，发挥好各类基层普法阵地作用，推动习近平法治思想入脑入心、走深走实。

2. 突出宣传宪法。在全社会深入持久开展宪法宣传教育活动，阐释好“中国之治”的制度基础，阐释好新时代依宪治国、依宪执政的内涵和意义，阐释好宪法精神。加强国旗法、国歌法等宪法相关法的学习宣传，强化国家认同。全面落实宪法宣誓制度。加强宪法实施案例宣传。结合“12·4”国家宪法日，开展“宪法宣传周”集中宣传活动。加强宪法理论研究，推动宪法类教材和图书的编写、修订、出版。在新市民仪式、青少年成人仪式、学生毕业仪式等活动中设置礼敬宪法环节，大力弘扬宪法精神。在“五四宪法”历史资料陈列馆基础上建设国家宪法宣传教育馆。

3. 突出宣传民法典。广泛开展民法典普法工作，阐释好民法典中国特色社会主义的特质，阐释好民法典关于民事活动平等、自愿、公平、诚信等基本原则，阐释好民法典关于坚持主体平等、保护财产权利、便利交易流转、维护人格尊严、促进家庭和谐、追究侵权责任等基本要求，阐释好民法典一系列新规定新概念新精神。推动各级党和国家机关带头学习宣传民法典，推动领导干部做学习、遵守、维护民法典的表率，提高运用民法典维护人民权益、化解矛盾纠纷、促进社会和谐稳定的能力和水平。把民法典纳入国民教育体系，加强对青少年民法典教育。以“美好生活·民法典相伴”为主题，组织开展民法典主题宣传，让民法典走到群众身边、走进群众心里。

4. 深入宣传与推动高质量发展密切相关的法律法规。继续把宣传中国特色社会主义法律体系作为基本任务，大力宣传国家基本法律，强化“十四五”期间制定和修改的法律法规宣传教育。适应立足新发展阶段、贯彻新发展理念、构建新发展格局需要，大力宣传有关平等保护、公平竞争、激发市场主体活力、防范风险的法律法规，推动建设市场化法治化国际化营商环境。适应实施创新驱动发展战略需要，大力宣传知识产权保护、科技成果转化等方面法律法规，促进科技强国建设。适应统筹推进国内法治和涉外法治需要，大力宣传我国涉外法律法规，促进依法维护国家主权、安全、发展利益。围绕国家发展战略和区域重大战略，组织开展专项法治宣传教育，加强区域性普法与依法治理合作。

5. 深入宣传与社会治理现代化密切相关的法律法规。适应统筹发展和安全的需要，大力宣传总体国家安全观和国家安全法、反分裂国家法、国防法、反恐怖主义法、生物安全法、网络安全法等，组织开展“4·15”全民国家安全教育日普法宣传活动，推动全社会增强国家安全意识和风险防控能力。适应更高水平的平安中国建设需要，继续加强《刑法》《刑事诉讼法》《治安管理处罚法》等宣传教育，促进依法惩治和预防犯罪。围绕生态文明建设、食品药品安全、扫黑除恶、毒品预防、社区管理服务、构建和谐劳动关系、防治家庭暴力、个人信息保护等人民群众关心关注的问题，开展经常性法治宣传教育，依法保障社会稳定和人民安宁。

6. 深入宣传党内法规。以党章、准则、条例等为重点，深入学习宣传党内法规，注重党内法规宣传同国家法律宣传的衔接协调。突出学习宣传党章，教育广大党员以党章为根本遵循，尊崇党章、遵守党章、贯彻党章、维护党章。把学习掌握党内法规作为合格党员的基本要求，列入党组织“三会一课”内容，在考核党员、干部时注意了解相关情况，促进党内法规学习宣传常态化、制度化。

二、基层普法教育的基本措施

基层普法教育是基层依法治理的基础环节。搞好基层普法依法治理工作，必须充分利用各种方式和载体，发挥不同渠道的作用，持续不断地把基层法治宣传教育引向深入，为基层经济社会全面、协调发展奠定坚实的基础。普法教育的对象范围广、层次多，但是主要集中在机关事业单位、各类学校、乡村农户、厂矿企业、城镇社区。因此，要通过各种途径送法进机关、送法进校园、送法进乡村、送法进企业、送法进社区。同时，要根据不同对象的特点，采用不同的方法和形式，把普法理论与实际相结合，说教与熏陶相结合，法理与情理相结合，寓教于乐，构建多形式推进、立体化覆盖的普法教育体系。

（一）持续提升公民法治素养

1. 加强教育引导。实行公民终身法治教育制度，把法治教育纳入干部教育体系、国民教育体系、社会教育体系。

加强基层国家工作人员法治教育。落实基层国家工作人员学法用法制度，引导基层国家工作人员牢固树立宪法法律至上、法律面前人人平等、权由法定、权依法使等基本法治观念。重点抓好“关键少数”，提高各级基层领导干部运用法治思维和法治方式深化改革、推动发展、化解矛盾、维护稳定、应对风险能力。建立基层领导干部应知应会法律法规清单制度，分级分类明确基层领导干部履职应当学习掌握的法律法规和党内法规，完善配套制度，促使知行合一。把法治素养和依法履职情况纳入考核评价干部的重要内容，让尊法学法守法用法成为基层领导干部自觉行为和必备素质。

加强青少年法治教育。全面落实《青少年法治教育大纲》，教育引导青少年从小养成尊法守法习惯。充实完善法治教育教材相关内容，增加法治知识在中考、高考中的内容占比。推进教师网络法治教育培训，对所有道德与法治课教师进行轮训。探索设立“法学+教育学”双学士学位人才培养等项目，加强法治教育师资培养。持续举办全国学生“学宪法讲宪法”、国家宪法日“宪法晨读”、全国青少年网上学法用法等活动。推进青少年法治教育实践基地建设，推广法治实践教学和案例教学。深入开展未成年人保护法、预防未成年人犯罪法等学习宣传。进一步完善政府、司法机关、学校、社会、家庭共同参与的青少年法治教育新格局。

分层分类开展法治教育。加强基层组织负责人学法用法工作，开展村（社区）“两委”干部法治培训，提高基层干部依法办事意识和依法治理能力。加强基层行政执法人员法治培训，提升依法行政能力。加强对非公有制经济组织、社会组织管理和从业人员法治教育，促进依法诚信经营管理。加强对媒体从业人员法治教育，将法治素养作为从业资格考评的重要内容，提高其运用法治思维和法治方式解读社会问题、引导社会舆论的能力。根据妇女、残疾人、老年人、农民工等群体特点，开展有针对性的法治宣传教育活动，提高其依法维护权益的意识和能力。

2. 推动实践养成。把提升公民法治素养与推进依法治理等实践活动有机结合，把公民法治素养基本要求融入市民公约、乡规民约、学生守则、行业规章、团体章程等社会规范，融入文明创建、法治示范创建和平安建设活动。从遵守交通规则、培养垃圾分类习惯、制止餐饮浪费等日常生活行为抓起，提高规则意识，让人民群众在实践中养成守法习惯。通过严格执法、公正司法，让人民群众感受到正义可期待、权利有保障、义务须履行，引导全社会树立权利与义务、个人自由与社会责任相统一的观念，纠正法不责众、滥用权利、讲“蛮”不讲法、遇事找关系等思想和行为。

3. 完善制度保障。建立健全对守法行为的正向激励和对违法行为的惩戒制度，把公民法治素养与诚信建设相衔接，健全信用奖惩和信用修复机制。大力宣传崇法向善、坚守法治的模范人物，选树群众身边先进典型。完善激励制约机制，形成好人好报、德者有得的正向效应，形成守法光荣、违法可耻的社会风尚。

实施公民法治素养提升行动，分步骤、有重点地持续推进，不断提升全体公民法治意识和法治素养，推进全民守法。

（二）加强社会主义法治文化建设

1. 推进法治文化阵地建设。扩大法治文化阵地覆盖面，提高使用率。把法治文化阵地建设纳入城乡规划，在公共设施建设和公共空间利用时体现法治元素，推动法治文化与传统文化、红色文化、地方文化、行业文化、企业文化融合发展。把法治元素融入长城、大运河、黄河等国家文化公园建设，形成一批深受人民群众喜爱的区域性法治文化集群。利用好新时代文明实践中心（所、站）等场所，因地制宜建设法治文化阵地。加强边疆地区法治文化阵地建设，支持边疆法治文化长廊建设和普法教育实践基地建设。着力提升市县法治文化阵地建设质量，推动从有形覆盖向有效覆盖转变。基本实现每个村（社区）至少有一个法治文化阵地。法治文化阵地内容上要准确传播社会主义法治精神，功能上要便于群众学习理解法律、便于开展法治实践活动。加强全国法治宣传教育基地的命名、管理，发挥其在法治文化阵地建设中的引领和示范作用。

2. 繁荣发展社会主义法治文艺。把社会效益放在首位，组织创作一批法治文化精品，创建一批法治文化传播品牌栏目、节目和工作室。继续组织开展全国法治动漫微视频征集展播活动，扩大影响力。建设网上法治文化产品资料库。加大法治文化惠民力度，广泛开展群众性法治文化活动，组织青年普法志愿者、法治文艺团体开展法治文化基层行活动，推动社会主义法治精神深入人心。

3. 推动中华优秀传统法律文化创造性转化、创新性发展。传承中华法系的优秀思想和理念，挖掘民为邦本、礼法并用、以和为贵、明德慎罚、执法如山等中华传统法律文化精华，根据时代精神加以转化，使中华优秀传统法律文化焕发出新的生命力。加强对我国法律文化历史遗迹和文物的保护，宣传代表性人物的事迹和精神。弘扬善良风俗、家规家训等优秀传统文化中的法治内涵，把不违反法律、不违背公序良俗作为家风家教的重要内容，让社会主义法治精神在家庭中生根。

4. 加强红色法治文化保护、宣传、传承。注重发掘、总结党在革命时期领导人民进行法治建设的光荣历史和成功实践，大力弘扬红色法治文化。探索建立红色法治文化遗存目录，明确保护责任，修缮相关设施，完善展陈内容。组织开展红色法治文化研究阐发、展示利用、宣传普及、传播交流等活动。建设一批以红色法治文化为主题的法治宣传教育基地。讲好红色法治故事，传承红色法治基因，教育引导全社会增强走中国特色社会主义法治道路的自信和自觉。

（三）推进普法与依法治理有机融合

1. 加强基层依法治理。深化法治乡村（社区）建设。加大乡村（社区）普法力度，实施乡村（社区）“法律明白人”培养工程。完善和落实“一村（社区）一法律顾问”制度。开展面向家庭的普法主题实践活动，培育农村学法用法示范户，建设尊老爱幼、男女平等、夫妻和睦的模范守法家庭，注重发挥家庭家教家风在基层社会治理中的重要作用。健全党组织领导的自治、法治、德治相结合的城乡基层治理体系，加强乡村（社区）依法治理，探索实行积分制，因地制宜推广村民评理说事点、社区“法律之家”等做法，打造基层普法和依法治理有效阵地。坚持和发展新时代“枫桥经验”，完善社会矛盾纠纷多元预防调处化解综合机制，做到“小事不出村、大事不出乡、矛盾不上交”。深入开展“民主法治示范村（社区）”创建，加强动态管理，提高创建质量，促进乡村社会既充满活力又和谐有序，推动全面依法治国各项措施在城乡基层落地生根。

深化依法治校。深化“法律进学校”，推动各级各类学校健全依法治理制度体系，加强学校法治文化建设，切实提升依法办学、依法执教的意识和能力。落实“法治副校长”、法治辅导员制度，有针对性地开展防范校园欺凌、性侵害等方面法治教育，深化学校及周边环境依法治理。

深化依法治企。深化“法律进企业”，落实经营管理人员学法用法制度。加强企业法治文化建设，提高经营管理人员依法经营、依法管理能力。推动企业合规建设，防范法律风险，提升企业管理法治化水平。

2. 深化行业依法治理。引导和支持各行业依法制定规约、章程，发挥行业自律和专业服务功能，实现行业自我约束、自我管理，依法维护成员合法权益。推进业务标准程序完善、合法合规审查到位、防范化解风险及时、法律监督有效的法治化行业治理。

深化“法律进网络”，加强对网络企业管理和从业人员法治教育，推动网络企业自觉履行责任，做到依法依规经营。完善网络管理制度规范，培育符合互联网发展规律、体现公序良俗的网络伦理、网络规则。加强网络安全教育，提高网民法治意识，引导广大网民崇德守法、文明互动、理性表达。

3. 开展专项依法治理。加强社会应急状态下专项依法治理，开展公共卫生安全、传染病防治、防灾减灾救灾、突发事件应急管理等方面法治宣传教育，促进全社会在应急状态下依法行动、依法办事，依法维护社会秩序。

坚持依法治理与系统治理、综合治理、源头治理有机结合，深入开展多层次多形式法治创建活动，加强对县（市、区、旗）、乡镇（街道）、村（社区）等区域治理中法治状况的研究评估工作，大力提高社会治理法治化水平。

（四）着力提高普法针对性实效性

1. 在立法、执法、司法过程中开展实时普法，把普法融入立法过程。在法律法规制定、修改过程中，通过公开征求意见、听证会、论证会、基层立法联系点等形式扩大社会参与。通过立法机关新闻发言人等机制解读法律问题，回应社会关切。在司法解释制定过程中，加强相关普法工作。法律法规正式公布时，一般应当同步进行解读。

把普法融入执法、司法过程。制定执法、司法办案中开展普法的工作指引，加强行政许可、行政处罚、行政强制、行政复议、行政诉讼等相关法律规范的普法宣传，把向行政相对人、案件当事人和社会公众的普法融入执法、司法办案程序中，实现执法办案的全员普法、全程普法。在落实行政执法公示、执法全过程记录、重大执法决定法制审核制度中，加强普法宣传。在行政复议工作中，利用受理、审理、决定等各环节实时普法，引导教育申请人依法维权、表达诉求。充分运用公开开庭、巡回审判、庭审现场直播、生效法律文书统一上网和公开查询等生动直观的形式宣讲法律，释法说理。

把普法融入法律服务过程中。法律服务工作者在为当事人提供法律服务、调处矛盾纠纷、参与涉法涉诉信访案件处理时，加强释法析理，引导当事人和社会公众依法办事。加快公共法律服务体系建设，在人民群众需要法律的时候，能够及时得到法治宣传和法律服务，让人民群众感受到法律的温暖和力量。

加大以案普法力度。落实法官、检察官、行政复议人员、行政执法人员、律师等以案释法制度和典型案例发布制度，健全以案普法长效机制，使广大法治工作者成为弘扬社会主义法治精神、传播社会主义法治理念的普法者。培育以案普法品牌，针对人民群众日常生活中遇到的具体法律问题及时开展普法。充分利用典型案（事）件向公众进行法律解读，使典型案（事）件依法解决的过程成为全民普法的公开课。

2. 充分运用社会力量开展公益普法，壮大社会普法力量。发挥群团组织和社会组织在普法中的作用，畅通和规范市场主体、新社会阶层、社会工作者和志愿者等参与普法的途径，发展和规范公益性普法组织。加强普法讲师团建设，充分发挥法律实务工作者、法学教师的作用。加强普法志愿队伍建设，组织、支持退休法官检察官、老党员、老干部、老教师等开展普法志愿服务。

健全社会普法教育机制。加强对社会力量开展普法的管理服务、组织引导和政策、资金、项目扶持，完善政府购买、社会投入、公益赞助等相结合的社会普法机制。健全嘉许制度，推动普法志愿服务常态化、制度化。

3. 充分运用新技术新媒体开展精准普法，创新普法内容。适应人民群众对法治的需求从“有没有”向“好不好”的转变，提高普法质量，形成法治需求与普法供给之间更高水平的动态平衡。注重运用新技术分析各类人群不同的法治需求，提高普法产品供给的精准性和有效性。走好全媒体时代群众路线，鼓励公众创作个性化普法产品，加强对优秀自媒体制作普法作品的引导。加大音视频普法内容供给，注重短视频在普法中的运用。

拓展普法网络平台。以互联网思维和全媒体视角深耕智慧普法。强化全国智慧普法平台功能，推动与中国庭审公开网、中国裁判文书网等网络平台的信息共享。建立全国新媒体普法集群和矩阵，发挥“学习强国”等平台优势，形成多级互动传播。建设全国统一的法律、法规、规章、行政规范性文件、司法解释和党内法规信息平台，及时更新数据，免费向公众开放。

创新普法方法手段。坚持效果导向，在充分利用传统有效的普法方式基础上，促进单向式传播向互动式、服务式、场景式传播转变，增强受众参与感、体验感、获得感，使普法更接地气，更为群众喜闻乐见。建设集“报、网、端、微、屏”于一体的全媒体法治传播体系，使互联网变成普法创新发展的最大增量。

三、普法教育工作存在的问题

经过 30 多年的普法宣传教育，总结了一系列有效的法治宣传方式和方法，如媒体宣传、专家辅导、讲师团授课、上街宣传、法律咨询、图片展、黑板报、墙报、橱窗、网络平台、多媒体、自媒体等，也取得了一些实际效果，使老百姓的法治意识和维权意识越来越强，全社会法治化程度也越来越高。随着普法工作的不断深入，法治宣传形式也经历着一个发展进化的过程，特别是在“八五”普法全面实施阶段，不仅要求在内容上要进一步丰富，在形式上也需要进一步创新。

（一）宣传内容和形式的局限性

无论是媒体宣传还是黑板报、墙报、标语宣传等形式，都避免不了内容的单一性和时段性。特别是媒体宣传，难以体现内容的独特性和全面性，满足不了老百姓对法律的渴求，形式上也总是记者或专家结合有关法律讲解一下案情，难以做到生动、活泼。对于黑板报、墙报等，有的地方好几个月内容不更新，比较陈旧，而且数量有限，往往是一个居委会、社区只设立一处，最多为两处。对于墙头标语，刷写后一成不变，一些“陈年老话”影响了城市和农村环境的美观。对于规模较大的法律咨询活动，效果虽然好，但因为费用较高，只能有针对性地偶尔搞几次，根本满足不了群众经常性的需求。

（二）普法宣传缺乏系统性和制度化

每次大型普法宣传，总是针对某个新出台的法律法规或条例，或是针对某一个纪念活动集中宣传一下，宣传过后，就放在一边。至于其他法律法规，没有特殊要求的一般很少宣传，容易使群众顾此失彼，只记得一些新内容，没有把握全盘，导致看问题、解决实际问题、运用法律都存在片面性。另外，在宣传形式上也难以创新和突破，总是拘泥于老思路、老形式和老方法，群众也是多见不怪，没有新鲜感，难以达到理想的宣传效果。对于一些好的形式，又没有形成长效工作机制，效果不明显。例如，一些地方开展的“法律进社区”工作，其中一项社区律师坐堂法律咨询接待日制度，由于社区知悉的人很少，很少有人上门咨询。

（三）普法宣传的深度不够

在普法宣传时，有时虽然采用了一些丰富多彩、群众喜闻乐见的形式，但往往只停留在表面上，十分肤浅，造成老百姓的理解不透彻，且容易误解。在采用发放宣传资料等形式时，也只是摘抄印制一些条目或简单的问答，这些皮毛的知识，也起不到很好的作用。对于基层农村这一块，一般只宣传到村委会，老百姓很难接触到第一手宣传资料。除了媒体宣传、村里的黑板报、墙头张贴的宣传资料及宣传标语外，似乎再难接触到其他形式的宣传。至于送法下乡活动，一年也难得举办一两次，所以从整体的宣传声势、形式和效果来看不是很理想。

（四）现代化、高科技宣传形式欠缺

根据目前法治宣传的情况，由于受到村级集体经济的制约，在基层以村为单位的办公地点中，有一部分村没有现代化的技术设备，只有传统的宣传设施，在物质装备、办公条件的制约下，要召集全村人搞法治宣传或观看法治录像片比较困难，至于运用现代网络进行宣传更是无从谈起。网络宣传可以跨越地区、跨越时空，方便、实用、快捷，特别是能为广大青少年所接受。所以，缺少这种宣传形式是很大的一个遗憾。

四、关于普法教育内容和形式的优化

（一）指导思想

普法教育必须坚持以马克思列宁主义、毛泽东思想、邓小平理论、“三个代表”重要思想、科学发展观、习近平新时代中国特色社会主义思想为指导，全面贯彻党的十九大和十九届二中、三中、四中、五中全会精神，深入贯彻习近平法治思想，增强“四个意识”、坚定“四个自信”、做到“两个维护”，坚定不移走中国特色社会主义法治道路，紧紧围绕服务“十四五”时期经济社会发展，以使法治成为社会共识和基本准则为目标，以持续提升公民法治素养为重点，以提高普法针对性和实效性为工作着力点，完善和落实“谁执法谁普法”等普法责任制，促进提高社会文明程度，为全面建设社会主义现代化国家营造良好法治环境。

（二）普法教育应注意的问题

1. 普法要注重“条块”结合。普法教育工作应保持整体一盘棋，地方与行业应形成一种互动、联动、齐动的普法机制。具体来说，地方各级部门要经常开展以各种专门法为主要内容的普法宣传活动，普及行业法律、法规，各行业部门也应在努力开展系统内的法律法规学习宣传的同时，积极投身于地方的普法活动中，使二者相互渗透、相互影响，形

成你中有我、我中有你的良好普法模式。

2. 普法内容要有针对性。普法工作应结合不同人群的特征和需求有针对性地选择普法内容，如对于工人应以《劳动法》《安全生产法》等相关法律法规为主要内容，对于农民应以《继承法》《婚姻法》《人口与计划生育法》等为主要内容，对于老年人应以《老年人权益保障法》为主要内容，对于青少年应以《未成年人保护法》《预防未成年人犯罪法》等为主要内容。通过有针对性的普法教育，能够更加有效地推动普法工作。

3. 普法对象要有重点。应把青少年的法律教育作为普法的重点。因为青少年普法教育工作相对薄弱，青少年的法律意识、法律素质亟待提高。只有扎实地做好青少年的普法工作，才能有效地减少青少年违法犯罪现象，并为我国社会治理体系和治理能力现代化建设打下坚实的基础。青少年的普法教育应以学校为主体、以家庭为中心、以社区为依托，形成“三位一体”的教育体系。此外，广播、电视、报纸、网络平台、多媒体、自媒体等宣传媒体，也应加强青少年的普法教育。

4. 普法要健全队伍和网络。目前普法队伍还不完善，缺少专职和兼职的普法宣传员，市、县、乡、村四级普法网络也不健全。为此，应把退休的老法官、老检察官、老公安和其他具有较高法律素质的人员组织起来，聘请他们担任专职或兼职的普法宣传员，组成“普法宣讲团”，让他们走进社区、学校和农村，充分发挥作用。同时也应对在职的专业法律队伍进行资源整合，担任学校、街道、乡镇的兼职法律辅导员，利用业务时间，对大家进行法律宣传，增强公民的法律意识。此外，各级普法机关也应开展多种形式的普法检查活动，加强对下级普法机关的指导和联系，真正形成一个市、县、乡、村辐射式的普法网络体系，使普法工作做到全面、有序，扎实有效。

（三）法制宣传内容和形式的优化

针对普法教育内容和形式方面存在的种种问题和不足，按照《中央宣传部、司法部关于开展法治宣传教育的第八个五年规划（2021~2025 年）》的要求，重新定位，找准宣传的突破口和切入点，使法治宣传工作更加符合广大人民群众的要求，更加符合时代进步的要求，从而为法治宣传工作的更大发展注入新的内容和赋予新的内涵。

1. 更新观念，使宣传形式更具时代性。随着人们生活条件的不断改善，人们的精神需求和文化素养也在潜移默化中提高。为此，我们在法治宣传形式上也要及时更新观念，寻找适合形势发展的新方法和新形式，使法治宣传教育渗入社会的角角落落，深入广大人民群众的生活中。随着我国社会主义市场经济的不断完善，人们思想活动的独立性、选择性、多变性、差异性也明显增加，对他们的普法再用原来那种灌输式的形式和方法显然已不再适用，所以必须更新观念，随着客观形势的变化而变化。要对法治宣传教育形式向市场化运作方面进行探索，并采取一些有针对性的措施，如建立农村法治广播电视学校、开辟各类法治栏目、编排法治文艺节目等，效果都比较好。有的地方推出的法治宣传多媒体平台的推送，也是对公众进行宣传教育的一种新尝试，可以借鉴。所以说，观念的更新是当务之急，只有观念新了，法治宣传形式才能不断创新，才能使我们的法治宣传更加贴近生活，并逐步走向市场化。

2. 更新内容，在探索人们的需求中寻找宣传的突破点。在普法中明确提出法治宣传的具体内容和要求，与此同时，也要紧密结合人们的需求和社会的变化，适当灵活地变动，使法律真正为民所学、为民所思、为民所用。法律知识可以赋予人们崭新的思维和严密的逻辑，法律知识的充实过程就是从不懂到懂的过程。为此，一些人们原本熟悉的，或是许多年前颁布的法律法规，群众并不见得已经真的懂了、真的理解了、真正会用了。所以，宣传内容的选择是一项非常慎重的工作。作为法治宣传部门或者媒体，都要高度重视，慎重选择，真正把人们需要的、人们关注的、人们常用的法律法规，以新的思维和视角进行学习和宣传，以达到良好的宣传效果。

3. 更新机制，促进宣传形式的制度化。一些非常有效的宣传形式，如多媒体、自媒体、网络平台、微信等，可以形成一种制度。对于借助现代媒体进行法治宣传还明显偏少，可以适当加大宣传的数量和力度。另外，开展法治宣传要逐步制度化，并加强对这些制度的宣传，做到尽人皆知，促使长效机制的形成，如宣传学法用法制度、定期法治宣传咨询制度、发放法律援助优惠卡等。

4. 更新形式，使法治宣传更有新意，更有成效。各类传统的宣传形式和方法可以继续借鉴、运用，如法制文艺下乡演出、张贴法制宣传标语和彩色宣传挂图、公益广告、展览、悬拉横幅、办墙报等。此外，应着重探索和推出一些比较新的宣传形式和做法以供借鉴：一是充分发挥网络的优势和作用。在新的历史时期，利用互联网开展法治宣传教育，具有传播速度快、覆盖面大、影响力广、高度开放性和全球交互性的优势，有利于向国外全面、及时地宣传改革开放以来特别是近年来我国民主法治建设的发展成就，让世界更多地了解中国。为此，要充分利用现代传媒在法治宣传教育中的独特优势，特别是利用网络进行法治宣传教育。同时，要主动创造条件，建立自己的普法网站，把普法工作情况或其他一些好的内容充实进来，不断扩大网站的容量，扩大宣传效果。二是开展立法听证、公民旁听等活动。实践证明，随着人民群众民主法治意识的进一步提高，人大的各方面工作越来越受到人民群众的普遍关注，人民群众希望有机会直接或间接地融入权力机关的工作中来。为此，人大开展立法听证、公民旁听和民主评议制度等，不仅能够满足人民群众的愿望，而且也是不可多得的法治宣传形式。三是寓教于审，开展“模拟法庭”等法治宣传活动。“模拟法庭”这种宣传形式，不仅受到学校老师、学生的欢迎，而且还受到各级领导的高度评价。它充分发挥庭审功能，在模拟过程中警示公民学法、懂法和护法。四是组建精通业务的法治宣传员队伍和法律服务志愿者队伍。要充分发挥法治辅导员、法治文艺宣传员、法治讲师团、志愿者等队伍的作用，通过举办法治讲座、法治培训、法律服务、法律援助和法律咨询等活动，开展广泛深入的宣传和教育，使全社会主动了解、支持、配合、参与，让广大干部群众受到形象生动的法治教育。五是充分发挥大众文化的作用。经常举办一些群众性的法治文艺演出、法治文艺广场活动，将法治文化融入艺术之中，使老百姓看得懂、喜欢看，在观看中学到法律知识，在观看中增强法治观念。同时，还可以充分利用已经开通的“12348”法律服务专线，方便居民咨询。

五、农村普法教育的新途径

随着改革开放的深入和社会主义市场经济的发展，农村普法教育工作，逐步由低级向高级推进，由表面向实效转变。

（一）利用新闻媒体进行法治宣传，体现普法教育的广泛性

随着经济的快速发展，农民的生活条件有了明显改善，广播电视全面普及，农村的法治教育工作自然增加了广阔的宣传空间，农民的普法教育阵地逐步宽广起来。尤其是手机的普及，使农民每天能直观地看到网络平台推送的各种各样的法治节目，进一步了解和掌握了法律知识，从而达到了面广量大、自然直观的教育效果。

（二）采取以会代训和定期培训进行法治宣传，体现普法教育的针对性

农村每年要举办多次各种形式的普法培训，根据培训的对象，结合普法，分类施教。一是通过领导干部参加学法培训、研究工作，安排法律教育的内容，党委中心组学习、干部指定学法日等形式，坚持干部带头，学有标兵；二是每年利用党员冬训班活动日组织党员学习法律，接受面大，普及性强；三是集中骨干培训，采取三天、五天不同等级骨干培训，较好地落实普法任务，更好地帮助农民学法、用法；四是抓好企业厂长、职工培训，促进依法经营和市场经济的发展，促进企业增收增效；五是推进科技示范户的培训，带动广大农户发展经济，依法勤劳致富；六是在纠纷处理过程中，结合实际，针对不同矛盾，结合有关法律，向当事人进行宣传教育；七是采取其他不同方式的培训，开展法治宣传教育，增强法治教育效果。

（三）运用多种手段和方法，体现普法教育的实效性

根据不同季节，采取形式多样的普法宣传，一是开辟法制长廊，定期开展法治宣传。二是采取灵活多样的法治宣传展板巡回在各村和物资交流会等民间活动场所、群众密集的地方进行宣传。三是针对新形势下农民的学法需求，县、乡（镇）组建普法宣传小分队和讲师团进村入户进行宣传，接受群众咨询。同时，根据地方习惯组织法治演出宣传队，发挥农民的聪明才智，自编自演，将最贴近农民实际的法律，运用小品的形式送给农民，深受农民欢迎。

（四）采取以案释法宣传，体现普法教育的真实性

针对农村普法教育面广量大的特点，采取以图释法、以案释法的宣传形式，增强农民学法的趣味性、真实性。运用挂图、漫画在重要场所张贴，印制小册子发放到单位、企业、学校、家庭进行宣传。同时，针对所发生的案例，逐个进行案例分析，内容通俗易懂，形象直观，让人一目了然。将群众中的倾向性、苗头性、群体性矛盾与案例说法结合，以事论法、以案讲法，让群众听得懂、好理解，现场开庭、现场说法、更贴近广大群众。为推进农村普法教育要充分发挥党校、政校、夜校、职校的作用，同时，成立普法学校，不定期安排干部、职工、农民等多方面人员进入普法学校接受教育，提高广大农民的学法自觉性。

第二节　依法治理工作

习近平同志指出：“法律是治国之重器，法治是国家治理体系和治理能力的重要依托。”现代治理的核心是依法治理，中国特色社会主义法治体系是我国现代治理体系的基础和骨干工程。“社会管理必须走法治化之路，运用法治思维和法治方式是确保社会长治久安的必要前提。牢固树立依法治理的理念，必须把群众路线与法治方式有机结合起来，既要支持群众依法实现自我管理、自我服务，也善于运用法治解决涉及群众切身利益的矛盾和问题。”① 自十八届三中全会提出“全面深化改革的总目标是完善和发展中国特色社会主义制度，推进国家治理体系和治理能力现代化”后，依法治理成为保证宪法和法律实施的广大人民群众的社会实践活动，其实质是各地区、各部门和各项事业管理的法治化，是推进依法治国方略实施的有效措施和基础性工作。

一、依法治理的概念

所谓依法治理，就是在中国共产党的领导下，广大人民群众运用法律手段，依照宪法和法律的规定，通过各种途径和形式管理国家的政治、经济、文化等各项工作，使之逐步纳入法治的轨道实现国家政治生活、经济生活和社会生活的法治化、规范化和民主化，保证国家的长治久安和人民权利的真正实现。可见，依法治理以党的领导为关键、人民群众为主体、法律调控为手段、民主法治为目标，是党的领导、群众参与和民主法治观念深化的有机结合。同时，依法治理充分体现了依法治国的本质精神，是依法治国全面实施的有效措施和具体形式，更是依法治国、建设社会主义法治国家的具有中国特色的必由之路。

依法治理是人民群众在长期的社会法治实践中，尤其是基层人民群众在30多年的普法、用法实践中形成和发展起来的。几十年来，广大人民群众在七个五年普法的基础上，已经进入八个五年普法阶段，学法用法，把法治理论与实践相结合，创造性地开展了各种不同形式的依法治理活动：在基层，开展了村、厂、街、校、店、所的依法治理，扩大了基层民主，保证了人民群众直接行使民主权利，从而极大地推动了基层社会生产力的发展；在地方，广泛开展了依法治乡（镇）、依法治县、依法治市、依法治省的活动，总结出了各种形式的责任制、公示制、执法过错责任追究制等制度，建立了领导依法治理工作的正规化、经常化组织；各行业也开展各种形式的专项治理活动，税务、邮电、通信、建设、运输、水利、土地等行业，基本形成了一定的专项治理的经验。通过以上各种依法治理活动的开展，现在已形成了以基层依法治理为基础、行业依法治理为支柱、地方依法治理为主体的全方位的依法治理格局，为营造依法治国氛围，推进依法治国进程，发挥了重要的基础性作用。

---

① 沈跃春：《依法治理是社会稳定的前提》，载《中国青年报》2013年10月18日第02版。

二、依法治理的特征

（一）全局性

依法治理是一个全局性的系统工程，对于一个国家如此，对于地方也是如此。基层的依法治理要求本地区的一切国家机关积极依法行政、依法司法、依法监督，要求一切公民、法人和组织都要增强法律意识，对各个国家机关或者居民自治组织行使各项权力进行监督，专门监督机关和社会监督（舆论监督、群众监督）相结合，最终实现国家或地方的各项事务依法进行。

而实现依法治理的过程要求各机关互相配合、互相制约，各种社会组织、团体和个人要认清自身在依法治理中的角色，积极投入依法治理这个全局性的系统工程中来。

（二）目标性

实现本地区依法治理应是各地所要达到的目标。每年各地依法治理领导小组要制订本地区的依法治理实施计划，对本地方的各机关在实现依法治理中的职权职责，基层国家机关、团体本年度所要达到的目标进行界定，年底要对本年度的依法治理状况进行评估并根据评估做工作报告。

在我国现阶段，基层的依法治理工作还存在一些问题，尤其是在一些经济不发达地区，依法治理工作甚至是举步维艰，落不到实处。因此，依法治理的具体工作计划和目标要与本地区法治水平相吻合，过高或过低都不利于本地区依法治理工作的开展。

（三）社会性

国务院将指导依法治理工作的职能赋予了各级司法行政部门，基层的司法局或司法所负责指导本辖区的依法治理工作。但需要注意的是，依法治理是各辖区的系统工程，绝非仅仅靠司法行政部门单方面就可以做到。

依法治理要求本辖区的基层人大要加强对本级其他国家机关的监督，各基层人民政府要依法行政，并督促和检查各工作部门依法行政，对违法行政行为予以纠正，司法部门要依法司法，确保司法独立和司法公正。此外，基层依法治理还要求各团体、社会组织和个人要发挥群众监督的功能，借助新闻媒体来监督基层国家机关的行为，并通过民主选举、行使建议权等参加到本地区的各项经济、文化、社会事务的管理中来。因此，依法治理是需要全社会参与的系统工程。

三、基层依法治理工作的要求

党的十九届六中全会指出："全面依法治国最广泛、最深厚的基础是人民，必须把体现人民利益、反映人民愿望、维护人民权益、增进人民福祉落实到全面依法治国各领域全过程，保障和促进社会公平正义，努力让人民群众在每一项法律制度、每一个执法决定、每一宗司法案件中都感受到公平正义。”基层依法治理是依法治国的基础工程，它直接体现依法治国的价值和基本原则，从根本上保障依法治国进程的顺利推进。

基层依法治理生动体现了依法治国的价值和基本原则，因此，法治的价值当然也就是依法治国的价值。我们推行依法治国，就是要在现代法治的价值指引下，通过依法治理和深化改革，让人们在法治实践中逐渐摆脱传统人治思想的种种束缚，建立有中国特色的法治国家。

（一）依法治理对基层领导干部的要求

习近平总书记 2016 年 1 月 5 日在重庆考察时，引用毛泽东“政治路线确定之后，干部就是决定因素”的话，要求党的各级领导干部在“十三五”的开局年，认真践行“四个全面”战略布局，落实五大发展理念，在国家治理中全力推进依法治国，切实把法治思维和法治方式体现在国家治理实践中，逐步实现国家治理体系和治理能力的现代化。

第一，坚持全面依法治国是国家治理战略转变，是各级领导干部的必然选择。实现国家治理现代化、法治化首要是抓住领导干部这个“关键少数”，这是习近平总书记在省部级主要领导干部专题研讨班讲话中提出的科学论断。基层领导干部作为国家治理的“关键少数”，必须从国家治理现代化高度来践行依法治国，树立法治思维和法治方式，走出“人治”、以言代法、以权代法的治理误区，在坚持“四个全面”战略布局指导下实现全面依法治理，在出政策、定路线、制规定、施行政、管社会等的工作实践中依法实现国家治理，把十八届三中、四中、五中全会任务纳入法治化轨道，作为行为指南，创造具有中国特色的全面依法治理新模式，提升国家治理水平及领导干部治理能力，切实做到科学化、法治化、规范化。

第二，坚持全面依法治国是国家治理方略提升，是各级领导干部的必然要求。十八届四中全会把全面依法治国作为治国理政基本方略，十八届五中全会要求各级领导干部“运用法治思维和法治方式推动发展”。依法治理要成为基层领导干部和公民的自觉实践，要学习、运用法治思维和法治方式来推动发展，切实把全面依法治国作为国家治理现代化的基本方略，使国家治理迈向法治化和科学化轨道，以领导干部法治思维和法治方式确保全面小康社会伟大目标的实现。

第三，坚持全面依法治国是国家治理路径创新，是基层领导干部的必然实践。十八届三中、四中、五中全会在国家治理上的巨大创新，就是在党领导下创新国家依法治理体系，提升领导干部治理能力现代化、法治化的路径、法律保障等，完全符合我国国情和党情，并有别于西方国家依法治国理政的方式，具有鲜明的中国社会主义特色。各级领导干部要按习近平总书记所提出的“依法治国、依法执政、依法行政”要求，全面提升国家治理的法治化水平和能力，把“十三五”目标任务纳入法治轨道，在法治轨道上实现全面建成小康社会的宏伟目标。①

① 本部分内容参见张舒、祝福恩：《国家治理视角下全面依法治理的主体要求》，载《新视野》2016 年第 3 期。

（二）依法治市（县）工作的要求

依法治市（县）是一项具有战略性、综合性、长期性的社会系统工程，必须在市（县）委和各级党委的领导下，充分发挥基层司法行政机关在依法治市（县）中的主导作用，充分调动和发挥各级人民政府、人民法院、人民检察院在执法、司法中的主体作用，并做好事后的监督工作，各方面要协调一致，齐抓共管，才能真正将依法治市（县）工作落到实处。

依法治市（县）工作的专项经费按年度列入各级财政预算，专款专用。各有关部门和单位也要安排必要的经费，保障依法治理工作的开展。具体来讲，基层司法行政机关在依法治市（县）中，要从以下几个方面入手：

1. 加大法制宣传教育的力度，打牢依法治市（县）的基础工程。依法治市（县）要求必须提高全社会的法律意识，因此，作为同时负有普法宣传和指导依法治理工作的司法行政机关，应对本市（县）的各国家机关的领导干部和公务员加强法制教育，定期举办法制教育讲座，组织学法考试等来提高国家机关依法治理的观念。对于本市（县）的公民，应使用一切群众喜闻乐见的方式，在群众中进行普法宣传教育，增强公民的法律意识，提高公民的法律观念，更好地发挥群众监督作用。

2. 加大社会矛盾调解处理和社会帮教工作的力度，打牢依法治市（县）的平安工程。“坚持以人为本，做到依法管理”是依法治市（县）的内涵之一。司法行政机关担任着矛盾纠纷大调解、刑释解教人员的安置帮教及社区矫正的职能，这些都是关系到社会稳定的基础性工作，是建设法治市（县）的平安工程，司法行政系统能否做好这些工作直接关系到社会的稳定和平安。

3. 加大法律服务和法律援助的力度，打牢依法治市（县）的民心工程。建立完备的法律服务市场和良好的法律服务市场秩序，搞好法律援助工作，保障社会弱势群体的合法权益，是依法治市（县）的必然要求，法律服务是引导群众依法办事的一个重要手段，对弱势群体搞好法律援助工作是保障公民的合法权益和在法律面前人人平等的一个重要途径，也是依法治市（县）的一项重要的民心工程，因此，必须加大力度，严格规范法律服务市场，加强对律师、公证、仲裁、社会法律服务的管理，并不断健全我国的法律援助制度，真正保障困难群众能够享受到无偿的法律服务。

（三）依法治乡（镇）工作的要求

近年来，在乡镇一级行政区域，各乡镇党委也纷纷组建了乡镇依法治理领导小组，制订本地依法治理的实施计划和工作重点，取得了一定成效。在农村地区，各地纷纷成立依法治乡（镇）领导小组，并具体由综合治理办公室牵头，协调派出所、司法所、法庭、人民调解组织，齐抓共管，形成紧密网络，全面推进依法治理工作。而在乡镇一级行政区域，司法所在依法治乡（镇）中发挥着非常重要的作用。

司法所是县区司法局在乡镇人民政府（街道办事处）的派出机构，是司法行政部门最基层的组织机构，直接面向社会、服务基层，是司法行政机关服务社会、联系群众的一个重要窗口。司法所也是乡镇人民政府（街道办事处）的一个职能部门和执法机关。同时在基层政法机构体系中，它还是基层政法组织机构之一。司法所必须认识到自身指导本地区依法治理的责任，真正发挥监督与协调的功能，促使本地区的依法治理工作顺利进行，对依法治理中出现的问题要及时向有关部门和本级人民政府反映，确保各乡镇的依法治理工作顺利进行。

（四）依法治村工作的要求

我国在村一级没有设立政府机构，实行村民自治，成立自治组织，行使自治权。依法治村要求各村民委员会应遵守有关村民自治的法律法规，依照法律规范行使自治权，并及时和上级人民政府做好沟通工作，及时反馈。各村依法治理领导小组应认真落实依法治乡的各项决定、决议、规划及实施方案，完善村民自治，加强民主建设，全面推进政务、村务、组务、校务公开。

为了进一步推进农村基层民主法制建设，努力提高广大农村的法治化管理水平，2003年1月8日，民政部、司法部联合下发了《关于进一步加强农村基层民主法制建设的意见》，2003年6月26日，司法部、民政部又联合下发了《关于开展“民主法治示范村”创建活动的通知》，明确了创建“民主法治示范村”的基本标准：

第一，村民自治组织健全，村民委员会及其下属委员会、村民小组能有效发挥作用。

第二，民主选举规范有序，村民委员会成员、村民小组长、村民代表都能依法选举或推选产生，选举程序规范，选举秩序良好，选举结果群众满意。

第三，民主决策切实落实，村民会议或者村民代表会议制度健全，重大事项都能由村民讨论决定，“一事一议”制度能较好地发挥作用。

第四，民主管理扎实细致，村干部依法实行民主管理，村民自治章程和村规民约健全，村委会公章、财务账目、集体财产、用人制度等管理有序。

第五，民主监督推进有力，村干部依法接受村民监督，定期报告工作，接受群众评议，村务公开制度健全，群众满意率达到90%以上，没有发生因村级账目不清、村务不公开而引发的群众上访案件。

第六，法制宣传教育深入人心，村民学法、懂法、守法、用法，法律素质不断增强，村干部遵纪守法，依法依章办事，农村法治化管理水平逐步提高。

第七，农民能够熟悉寻求法律服务的渠道，依法维护自身的合法权益。

第八，治保、人民调解组织充分发挥作用，农村不稳定因素能够及时消除。

第九，农村经济发展，社会公益事业不断发展，村民安居乐业，物质文明、政治文明、精神文明协调发展。

要求基层司法行政机关要按照各项标准，完善各项制度，最终全面推动基层民主与法制建设的开展。

同时还必须加强村民委员会设立的人民调解委员会的基层人民调解工作。它在化解民间纠纷，消除不稳定因素和社会矛盾，维护社会稳定中发挥着重要作用，也是依法治理、实现群众自治及基层民主政治建设的重要内容。因此，要积极探索适应形势要求的科学的人民调解新机制，积极配备司法助理员及基层人民调解委员会人员，加强人民调解员素质培训，运用激励政策激发司法警察及人民调解员工作热情，通过加强司法所规范化、现代化建设等方面来推动人民调解工作向规范化、科学化、法制化发展。通过民主与法治模范村的创建活动和人民调解工作的加强，凸显并充分发挥司法行政的职能作用。

经过多年的探索，在贯彻落实党的十九大精神和中央决策部署的基础上，为助推乡村振兴战略实施，加强法治乡村建设，提高乡村治理法治化水平，逐步形成了“全国民主法治示范村”建设的指导标准。主要内容包括：

1. 村级组织健全完善。

第一，村党组织领导作用发挥明显，全面领导村的各类组织和各项工作，领导和支持村民委员会行使职权，支持和保障村民开展自治活动，保证基层民主法治建设的正确方向。村党组织书记通过法定程序担任村民委员会主任和村集体经济组织、合作经济组织负责人，村“两委”班子成员交叉任职。

第二，村民委员会及村务监督机构等工作制度健全、运行规范、履职尽责。村民委员会自觉接受乡镇人民政府（街道办事处）的工作指导和监督。

第三，村党组织落实全面从严治党要求，党风廉政建设扎实有效，村级组织成员没有受过刑事处罚且不存在“村霸”或涉黑涉恶等问题，无违纪违法行为。

2. 基层民主规范有序。

第一，村党组织、村民委员会、村务监督机构、村人民调解委员会等村级组织按期换届、程序规范、选风良好，各类代表人数符合法定要求，选举结果符合规定。

第二，通过民主恳谈、民主听证等村民说事、议事的方式，对村工程项目、征地拆迁等重大民生问题开展民主协商，协商过程有记录、协商结果有运用。

第三，村级重大事项决策实行“四议两公开”，决策程序规范，表决、会议等记录完整。村民会议和村民代表会议制度健全，村民代表会议每季度不少于一次，有三分之二以上的组成人员参加方可召开，所作决定应当经到会人员的过半数同意。

第四，及时依法制定和修改村民自治章程、村规民约，程序完整，内容合法，符合实际，执行规范。多种形式推进自治章程、村规民约入户率实现全覆盖。

第五，健全党务、村务、财务公开制度，设有“三务”公开栏。村务、财务一般事项至少每季度公布一次；集体财务往来较多的，财务收支情况应当每月公布一次；涉及村民利益的重大事项应当及时公布。

第六，制定村级小微权力事项清单，建立事项流程图。权力清单、规章制度、运行程序、运行过程、运行结果全程公开。

第七，村民委员会成员应当接受村民会议或者村民代表会议对其履行职责情况的民主评议。民主评议每年至少进行一次，由村务监督机构主持。

3. 法治建设扎实推进。

第一，深入宣传习近平总书记全面依法治国新理念新思想新战略，大力宣传宪法法律和党内法规，广泛宣传土地承包、婚姻家庭、赡养继承、生态保护、道路交通安全、劳动保障、农产品质量安全、民间纠纷调解、扫黑除恶等与群众生产生活密切相关的法律法规。

第二，村级组织成员、党员、村民代表带头学法守法，积极参加法治培训。将法治内容统筹纳入县级党委对村党组织书记轮训内容和中央、省、市示范培训内容，统筹纳入其他有关村干部和党员培训内容。

第三，加强法治公园、法治长廊、法治宣传栏、法治景区等阵地建设，广泛开展以案普法、以案释法、法治文艺演出、法治讲座等各种形式的法治宣传教育，基本形成群众办事依法、遇事找法、解决问题用法、化解矛盾靠法的良好氛围。

第四，建有功能完备、设施健全的公共法律服务工作室、人民调解室，配有至少一名村法律顾问、一名专职人民调解员。培育一批“法治带头人”“法律明白人”，引导群众依法解决矛盾纠纷。协助做好社区矫正和安置帮教工作，社会治安防控体系完善，“雪亮工程”及相关技防设施齐全，实现无村霸、无黑恶势力、无黄赌毒、无邪教活动、无以拐卖的外籍妇女为妻、无非法收养儿童，社会治安良好。

第五，坚持法德并举，组织开展社会主义核心价值观教育，宣传优秀传统道德文化，传承良好家风家训，培育富有地方特色和时代精神的乡贤文化。开展专项文明行动，遏制大操大办、天价彩礼、互相攀比、厚葬薄养等陈规陋习，树立新风正气。

4. 经济社会和谐发展。

第一，国家各项惠农利民政策得到落实，依托乡村自然资源、人文禀赋、乡土风情及产业特色，发展形式多样、特色鲜明的乡村传统文化、餐饮、旅游等休闲产业，村民收入持续增加，无贫困人口，经济社会发展在当地处于领先水平。

第二，村公共事务和公益事业健康发展，公共卫生、合作医疗制度完善，村民关系平等和谐，群众安居乐业。

第三，村容村貌绿化、美化、净化，人与环境和谐友好，人居环境明显改善。群众的获得感、幸福感、安全感有效提升，满意度不断提高。

四、依法治理工作方式

司法行政机关作为依法治理的指导机关，要按照各地方依法治理工作计划的要求，有步骤、有计划地开展工作。依法治理不能浮于表面，更不能流于形式。各基层司法行政机关必须发挥自身作用，真正实现司法行政机关对依法治理工作的指导。

然而，在指导依法治理的具体方式上，司法行政机关要予以高度重视。在行使立法监督权、行政决策监督权以及本地区其他行政机关的监督权时，要在职权范围内，采取合理的方式进行监督，同时又不能超越职权或滥用职权。

（一）提出法律建议

基层司法行政机关负责监督和指导本地区依法治理工作的任务，因此，对本地区的法治状况相当熟悉，也最容易发现基层存在的问题。针对基层群众关心的问题和遇到的困难，以及某些政策、制度在基层中运行的状况，基层司法行政机关应当及时总结，及时整理，并以立法建议的形式报送有关立法机关。尤其是一些还处于试验阶段的制度，如社区矫正制度，基层司法行政机关要及时总结经验和教训，并就社区矫正实施过程中遇到的问题提出相应的立法建议。

立法建议的提出，必将促进有权机关在制定法律、行政法规等规范性文件时，能从基层的实际情况出发，制定的规范性文件更具有可操作性、可行性和针对性，而“良法”的制定必将从源头上推进基层乃至全国的依法治理顺利进行。

除向有权机关提出立法建议外，在日常的司法行政管理过程中，各司法行政机关还可以向有关单位提出法律意见，帮助各机关团体、企事业单位和社区实现依法治理。

（二）参与重大决策

基层司法行政机关有管理本地区法律服务市场，如律师队伍、公证队伍、人民调解及法律援助队伍的职能，因此，基层司法行政机关有着发现问题的便利渠道，而基层群众的需要和纠纷，是党制定各项政策的考虑范畴。因此，基层司法行政机关要围绕土地征收征用、城市建设拆迁、环境治理保护、企业重组改制和破产中遇到的涉法涉诉问题，以及就业、就学、就医、社会保障等民生问题，提供及时便捷的法律服务，并参与党委及政府有关部门政策的制定，促进人民群众最关心、最直接、最现实利益问题的有效解决。

（三）审查有关文件

对于基层人大或者人民政府制定的有关文件，基层司法行政机关要定期审查，对违反上位法或有关机关越权制定的规范性文件或者其他文件进行处理。

针对目前基层地方“红头文件”泛滥，制定机关越权、滥用职权的现象较为普遍，且有些文件明显违反上位法的“土政策”横行的状况，依法治理的工作要从检查各类文件入手，对地方的各类文件进行整理归类，对于基层司法行政机关无权处理但涉及违法的文件，应转送有关机关进行处理；对于越权制定的文件，司法行政机关应告知该机关并提出相应的建议，如其拒绝改正的，向依法治理领导小组汇报或者向该机关的上级机关汇报，争取有关问题获得解决。

（四）建立健全有关制度

任何机关的职能都必须与制度挂钩，才能发挥其功效。没有具体的制度，依法治理的职能只能是一句空话、一个口号而已。亚里士多德早就指出，法治应包含两重意义：“已成立的法律获得普遍的服从，而大家所服从的法律又应该本身是制定得良好的法律。”①只有真正建立和完善各项依法治理的制度，才能真正实现本辖区的依法治理。具体来说，要实现本地区的依法治理，必须做好以下工作：

1. 建立健全执法责任制。依法治理是一项系统工程，需要全社会、所有国家机关之间的通力合作。因此，要想实现本地区的依法治理，各级行政执法部门、法院、检察院要将法律、法规、规章规定的职责，按性质、门类分别落实到各执法部门，将法律、法规、规章规定的执法范围、内容和有关执法的权力、义务分解细化，层层落实，做到执法主体到位、责任到位、保障措施到位，各司其职、各负其责，上级或者法定的专门机关进行检

① ［古希腊］亚里士多德：《政治学》，吴寿彭译，商务印书馆 1997 年版，第 199 页。

查、考核和奖惩。在各机关内部建立错案责任、执法过错责任追究制和依法赔偿制，对确属执法违法的，要追究直接责任人和相关人员的责任，切实保障公民、法人和其他组织的合法权益。

2. 理顺党委领导的依法治理小组与司法行政机关的关系。如前所述，依法治国方略提出后，各地纷纷建立了依法治理领导小组，且一般为当地党委书记任组长，而具体的小组办公室有的设在政法委，有的设在本地区的基层司法行政机关。而对具体依法治理领导小组和司法行政机关及政法委在依法治理中的作用和具体职能未做出任何明确规定，导致实践中依法治理工作流于形式。因此，应制定有关法律来确定两者之间在依法治理中的具体职能，从而保障司法行政机关行使指导依法治理工作的职权时有法可依，这也是依法治理的必然要求，司法行政机关行使这项职能应该也必须有明确的法律、法规授权。

3. 建立健全司法行政机关的法制宣传教育制度。司法行政机关要建立对本地区行政机关的领导干部和公务员的法律培训和学法考试，并通过对法官、检察官、律师、公证员等司法队伍和法律服务队伍的管理，提高本地区行政机关的依法行政水平、促进本地区的司法工作，规范本地区法律服务队伍的管理，促进本地区各国家机关和法律服务队伍有序运行。

依法治国和依法行政是一个全方位、全局性的国家工程，既不可能在全国法治尚不健全、地区法治发展严重不平衡，甚至国家法制统一受到个别地区严重破坏的情况下，由局部地区率先实现“地方法治”，也不可能将所谓率先实现的“地方法治”简单相加构成国家法治。而要确立法律首先治官、治权的法治主义意识，在此前提下通过地方和部门的依法治理，让法律真正贴近每个普通老百姓的日常生活，使法律真正成为他们信赖的行为准则和生活方式，因此，法制宣传教育的意义非常重大。

正因如此，对公民的普法宣传教育也就有了非常重要的意义，可以说，公民的法律素质，直接影响到社会主义法制建设的水平。因此，各级国家机关和新闻、文化、教育、厂矿等企业事业单位，要采取有力措施，加强法治宣传教育，以增强公民的法律意识、法治观念和依法维护自身合法权益、依法同违法犯罪行为做斗争的自觉性。

4. 建立健全司法行政机关对政府监督的专门制度。政府职能转变后，各级政府由过去的微观管理转变为宏观管理。加强宏观管理的力度，就必须加强政府的监督检查职能，加强行政处罚职能。对市场主体是否遵守法律、法规或者执行行政机关的决定、命令，履行法定义务，都要通过行政监督检查来查证处理。在市场经济体制下，市场主体出于小集团或个人的利益考虑，有可能不执行国家法律、法规规定的义务，出现偷税漏税、假冒伪劣、欺诈、垄断、暴利或者不正当竞争等违法行为。这就必须加强政府的监督检查职能，对违法行为进行行政处罚，维护市场经济秩序。我们国家颁布了一系列法律、法规和规章，如行政处罚法，赋予了行政机关行政处罚权；行政监察法，赋予了行政机关监督监察权；审计法，赋予了审计机关审计监督权；统计法，赋予了统计机关统计监督权；会计法，赋予了财会人员监督权。这些行政监督机关，都要认真负责地行使监督职权，促使行政机关依法行政，促使公民、法人和其他组织认真履行法定义务。

而司法行政机关既是政府的一个职能部门，也是依法治理的指导机关，理论上讲其具有对本地区的各行政机关进行监督的义务，但是具体通过什么途径来监督本地方的依法行政工作，并没有相应的制度规范予以保障。因此，应当通过对其监督权的具体职权职责和工作方式、步骤、程序进行具体规定，全面建立起司法行政机关监督政府依法行政的相关制度。

第八章　公共法律服务体系

公共法律服务体系首先通过公共法律服务，在全社会涵养法治精神、弘扬法治精神，使领导干部带头学法、模范守法，引导全民自觉守法、遇事找法、解决问题靠法。其次，让法律服务像医疗、教育、交通服务一样，成为一种普遍提供、均等享受的社会公共产品，只要是中华人民共和国的公民就应该享有。最后，公共法律产品的提供方式更加积极主动，让人民群众看得到、摸得着，用得上、用得好。公共法律服务体系是通过公共法律服务平台而实现的。本章主要介绍公共法律服务平台，同时，作为公共法律服务体系构成部分的“12348”法律服务专线，建立比较早，运行比较成熟，因此单列一节。

第一节　公共法律服务平台

2017 年 9 月 4 日，为深入贯彻落实党的十八届四中全会关于公共法律服务体系建设的决策部署，认真贯彻国务院《“十三五”推进基本公共服务均等化规划》，贯彻落实《全国司法行政工作“十三五”时期发展规划纲要》，加快构建覆盖城乡居民的公共法律服务体系，更好地服务保障和改善民生，维护人民群众合法权益，2017 年司法部发布了《关于推进公共法律服务平台建设的意见》，2018 年司法部发布了《关于深入推进公共法律服务平台建设的指导意见》，2019 年 3 月，中央深化改革委员会第七次会议审议通过了《关于加快推进公共法律服务体系建设的意见》，对公共法律服务平台建设做出了具体安排。

一、公共法律服务的特性和构成要素

2014 年 1 月司法部发布《关于加快推进公共法律服务体系建设的意见》，该文提出：“公共法律服务，是指司法行政机关统筹提供，旨在保障公民基本权利、维护人民群众合法权益，实现社会公平正义和保障人民安居乐业所必需的法律服务，是公共服务的重要组成部分。”党的十八届四中全会通过《中共中央关于全面推进依法治国若干重大问题的决定》。党的十八届四中全会明确提出，要“推进覆盖城乡居民的公共法律服务体系建设，加强民生领域法律服务。完善法律援助制度，扩大援助范围，健全司法救助体系，保证人民群众在遇到法律问题或者权利受到侵害时获得及时有效法律帮助。发展律师、公证等法律服务业，统筹城乡、区域法律服务资源，发展涉外法律服务。健全统一司法鉴定管理体制”。并对加强法律服务队伍建设提出了具体要求。之后党的十八届五中全会以及十九大，十九届二中、三中全会，又就促进基本公共法律服务均等化，推动公共法律服务专业化、

多元化，加快建设覆盖城乡、便捷高效、均等普惠的现代公共法律服务体系作出了决策部署，赋予公共法律服务新的内涵和要求，以期不断增强人民群众的获得感、幸福感、安全感。

公共法律服务本质上是国家法律实施过程的重要一环，是实现社会公平正义所必需的一般性公共法律服务，是中国特色社会主义法治体系的有机组成部分。① 狭义上来说，公共法律服务具体囊括司法行政部门管理范畴内的法律援助、公证业务、仲裁业务和司法鉴定等内容。在政府职能理论框架内推进公共法律服务体系建设，可以将公共法律服务的范畴明确为：为全体人民提供普惠制、无差别的公共服务，为培育法律服务市场提供的公共服务两大部分，既充分发挥政府的公共服务职能，也发挥调节、监管、扶持和培育法律服务市场的职能②。换言之，我们认为公共法律服务的范围除了传统意义上的法律咨询、法律援助、公证业务、纠纷仲裁、司法鉴定业务等司法行政部门提供的一般性法律服务之外，其范围边界还可以外延至律师事务所、基层法律服务所的管理及法律服务市场的养成优化。同时，笔者认为，法治宣传教育、人民调解活动和法治文化阵地建设，及在大规模的移民征地拆迁、行业内集体性劳动纠纷、企事业单位破产改制中所产生的群体性法律诉求同样可以纳入公共法律服务的范畴。

（一）公共法律服务的特性

在我国，公共法律服务是政府公共职能的重要组成部分，是全面依法治国的基础性、服务性和保障性工作，是保障和改善民生的重要举措，公共性、民生性、普惠性、服务性是其基本特征。

1. 公共性。提供公共法律服务是现代国家合法性的证明，政府之所以有存在的必要，很大程度上是因为其承担着提供公共服务包括公共法律服务的主要职责。提供公共法律服务是 项国家义务，国家是公共法律服务的责任主体，其通过行使公共权力，提供公共配给来维护和促进公共利益。因此，政府统筹和管理的法律服务必然具有公共性。

公共法律服务的公共性集中体现在服务对象、服务内容和服务成效上。服务对象是有基本法律服务需求的全体民众，任何符合既定条件的公民都可以享受到政府购买提供的公共法律服务。服务内容上具备非竞争性和非排他性，即不同于市场上以营利为目的的法律服务机构，公共法律服务平台系统所供给的法律服务产品不会让已享有其服务的人群影响到其他人对公共法律服务的体验。服务成效则是政府通过购买公共法律服务来维护和捍卫民众的合法权益不受侵犯，以期有效履行其公共职能和实现对公共利益的普遍追求。

2. 民生性。公共法律服务作为一种慈善行为是对政府采取的行政措施的价值判断。行政部门通过现实的措施和有效地履行具有扶弱济贫性质的义务法律服务活动，以便帮助穷困家庭等弱势群体最大限度地获取其正当权益，使公众（特别是弱势群体）可以切实体会到来自政府的温暖和同情，守住社会公平正义的红线。

3. 普惠性。普惠性实质上即指公共法律服务的均等化、均衡化。换言之，建立公共

① 刘炳君：《当代中国公共法律服务体系建设论纲》，载《法学论坛》2016 年第 1 期。

② 马艳、贾秋美：《机构改革视野下公共法律服务职能辨析》，载《中国司法》2018 年第 11 期。

法律服务体系的根本原则和设计要点必须是基于国家发展平均水平，确保符合既定要素条件的城乡居民都能被该体系给予平等的机会并分享大致均等的法律服务，推动城乡一体化，确保全体公民都能平等公正地享有我国改革开放的发展成果。

4. 服务性。在我国人民是国家的主人，全心全意为人民服务是对我国政治权力的根本要求。公共法律服务提供的是专业性的法律服务，其中既有无偿或公益性的法律服务，也有面向社会公众有偿性的法律服务，服务性当为公共法律服务的基本特性。

（二）公共法律服务的构成要素

公共法律服务建设的主体是各级司法行政机关，而“公共法律服务体系”即是由司法行政机关统筹建立的，提供各类公共法律服务的组织机构、服务平台的集合体。公共法律服务包含以下四个要素：

1. 服务主体。服务主体，即向公众和社会提供公共法律服务的主体。公共法律服务作为一种公共服务，其天然应当由政府进行政策设计和制度安排，提供公共法律服务的主体是以政府为主，全社会协同参与，各法律服务行业和从业人员多元参与。也就是说，从组织机构上看，除司法行政机关外，公共法律服务所包含的机构还包括政府部门、司法部门、公共法律服务平台、律师事务所、公证处、仲裁机构、人民调解委员会以及司法鉴定机构等。政府是公共法律服务主要和直接的提供者，同时也是保障者，是提供公共法律服务的主要力量。各级司法行政部门作为本辖区内法律服务和法律服务行业的主管部门，理应成为公共法律服务的主要实施者和议事协调机构；政府其他机关和法院、检察院等司法机关一方面应根据自身职能承担本行业的公共法律服务职能，另一方面也是从单位职能方面为本地区公共法律服务体系的建设提供相应的人、财、物等方面的保障。而各类法律服务机构，如律师事务所、法律服务所、鉴定机构、调解组织等也应积极承担社会责任，为公共法律服务提供自身的专业力量。同时，也要吸纳法律从业人员、离退休干警、法学院学生等力量积极参与相关的公益志愿活动。

2. 服务方式。一方面是对公共法律服务资源的配置方式。公共法律服务作为面向全社会和全体公民提供的服务，应当是普惠的、均衡的、公平的。“公共法律服务均等化，是指全体公民和社会组织都能公平可及地获得大致均等的公共法律服务，其核心是机会均等、全面普惠，而不是简单的平均化和无差异化，重点解决的是公共法律服务不平衡的问题。”① 而“公共法律服务不平衡”，实际上就是其资源配置的不均衡和不充分。随着今后公共法律服务体系构建的不断发展完善，其资源的配置也必须进一步优化和完善，不同区域间发展的不均衡应当通过公共法律服务资源的合理化动态流动得到平衡，这样才能真正构建覆盖城乡、配置均衡的公共法律服务体系，才能让全社会公民都享有均等化的公共法律服务。另一方面是公共法律服务的供给方式。传统上基层的公共法律服务一直都采用比较单一的供给方式，这主要是因为政府或司法行政部门长期以来作为唯一的供给主体为群众提供公共法律服务，这种服务相对来说是非常行政化或者说是官方色彩比较浓厚的。而新时代的公共法律服务体系是多元化供给方式。政府作为这一公共服务的主要供给者，自

① 柳玉祥：《大力推进公共法律服务均等化建设》，载《中国司法》2016 年第 1 期。

身的角色从直接的提供者转变为这一服务的组织者、保障者和监督者等。此外，随着国家社会体制的变革及政府职能和社会治理方式的不断改进完善，政府购买服务、非政府组织志愿服务等公共服务供给的方式被社会接受，成为公共服务供给方式的主流模式。这一新型的公共服务供给模式能够更加快捷有效地整合社会上现有的公共服务资源，可以帮助政府进一步扩充服务的种类和数量、提供多样化的供给渠道、提升效率和质量，满足群众对于公共法律服务多样化的选择，以及个性化、专业化的需求。

3. 服务平台。服务平台即公共法律服务提供服务、发挥作用的平台和载体。当前，公共法律服务平台主要由以下三类组成：一是实体平台。主要为三级，即县（市）级公共法律服务中心，乡镇（街道）公共法律服务工作站和村（居）公共法律服务工作室，通过三级实体平台组成覆盖城乡、便捷高效的公共法律服务实体网络。二是热线平台。也就是“12348”公共法律服务专线，以群众认知度较高的热线电话的方式帮助群众解答法律相关问题，以及帮助或衔接办理一般类型的公共法律服务事项。三是网络平台。通过中央、省两级“12348”法网（法律服务网），提供网上办理法律服务、咨询法律问题、学习法律知识等服务，相对于实体平台，网络平台更为便捷、效率更高，正逐渐成为主流的服务平台。

4. 考评奖惩。公共法律服务体系的建设作为一项系统性、长期性并涉及整个社会（国家）的庞大公共服务项目，有效的评价奖惩制度机制是支撑这个体系高效运转和真正发挥作用所必需的制度支撑，同时也有利于公共法律服务自身的不断自我完善和提升。要建立健全完善的市场准入机制、公共服务质量标准和评价体系，建立融合社会、媒体、民众、政府等多方面的监督体系以及以群众满意和社会实效为主导的绩效评价体系，同时要加强对评价考核结果的应用。对公共法律服务工作进行有效的管理和评价，“有利于进一步督促公共法律服务机构和人员依法、诚信、热情服务，确保有效落实岗位职责、兑现服务承诺，保证服务质量，不断提高公共法律服务的效率和水平”①。

二、推进公共法律服务平台建设的重要性

公共法律服务是政府公共服务体系的重要组成部分，是司法行政机关的基本职责任务。公共法律服务体系建设是统筹推进司法行政各项工作的总抓手。党中央、国务院高度重视公共法律服务体系建设，习近平总书记对做好公共法律服务体系建设作出重要指示，党的十八届四中全会明确提出要“推进覆盖城乡居民的公共法律服务体系建设”。公共法律服务平台是推进公共法律服务体系建设的一项基础性工作，是集成司法行政各类法律服务项目、提供多种公共法律服务产品的有效载体，是司法行政机关直接面向人民群众提供服务的窗口。近年来，各地认真贯彻司法部《关于推进公共法律服务体系建设的意见》，积极探索公共法律服务平台建设，公共法律服务网络进一步健全完善，服务领域进一步扩大，公共法律服务能力得到了稳步提升。同时也要看到，在平台建设中还存在发展不平

① 赵大程：《紧紧围绕经济社会发展实际需要努力做好公共法律服务体系建设》，载《中国司法》2014 年第 10 期。

衡、平台体系不够完善、平台功能和服务有待进一步拓展、信息化建设相对滞后等问题。加强公共法律服务平台建设，将公共法律服务网络延伸至基层，是深入贯彻中央全面依法治国战略部署的重要举措，是推进国家治理体系和治理能力现代化的重要部分，是夯实司法行政基层基础建设的必然要求，对于整合司法行政业务职能和法律服务资源，推进公共法律服务体系建设，提升司法行政工作的能力和水平，更好地满足人民群众法律服务需求具有重要意义。各级司法行政机关要充分认识加强公共法律服务平台建设的重要意义，着眼于维护人民群众的合法权益，以服务基层为重点，着力打造综合性、便利性、多层次的公共法律服务平台，努力为人民群众提供优质高效的公共法律服务，更好地发挥司法行政工作在保障和改善民生中的作用。

三、公共法律服务平台建设总体目标

认真贯彻党中央关于推进公共法律服务体系建设的决策部署，紧紧围绕经济社会发展和人民群众实际需要，立足“法律事务咨询、矛盾纠纷化解、困难群众维权、法律服务指引和提供”的平台建设功能定位，统筹整合公共法律服务资源，坚持服务场所设施建设和服务质量效果提升并重，坚持线上与线下服务资源相结合，在县（市、区）和乡镇（街道）普遍建成公共法律服务实体平台，建成全国统一、互联互通、协同服务的电话热线和网络平台，推进公共法律服务资源科学布局、均衡配置和优化整合。按照中共中央办公厅、国务院办公厅印发的《关于加快推进公共法律服务体系建设的意见》的要求，到2022年，基本形成覆盖城乡、便捷高效、均等普惠的现代公共法律服务体系。公共法律服务体制机制不断完善，服务平台功能有效发挥，服务网络设施全面覆盖、互联互通，公共法律服务标准化规范化体系基本形成，城乡基本公共法律服务均等化持续推进，人民群众享有的基本公共法律服务质量和水平日益提升。

到2035年，基本形成与法治国家、法治政府、法治社会基本建成目标相适应的公共法律服务体系。公共法律服务网络全面覆盖、服务机制更加健全、服务供给优质高效、服务保障坚实有力，公共法律服务均衡发展基本实现，法律服务的群众满意度和社会公信力显著提升，人民群众共享公共法律服务成果基本实现。

四、公共法律服务综合平台的基本构成

公共法律服务综合平台以互联网为依托，基本构成是“实体+热线+网络”。实体法律服务平台是公共法律服务中心，热线法律服务平台是“12348”公共法律服务热线，网络平台包括法律服务网、“12348”微信公众号及手机应用软件。通过融合实体、热线和网络三大平台，梳理公共法律服务事项，推动公共法律服务的标准规范建设；通过一套服务监督体系实现公共法律服务的全程监管；通过一套服务评价标准实现公共法律服务的服务过程和服务结果统一评价；通过一套服务质量目标管理实现公共法律服务的服务质量全程跟踪；打造司法行政公共法律服务各类事项进行流转和综合管理的平台，对公共法律服务网络、话务和实体三大平台各项业务工作、服务信息和资源进行整合汇总，综合面向法律服

务从业人员和管理人员进行公共法律服务事项流转和公共法律服务数据分析。

三大平台内容主要分为：人民调解、小微企业服务、监狱（戒毒所）便民服务、法律援助、法律咨询、公证服务、司法鉴定服务、心理咨询服务等线上模块。通过构建“一体化受理、一体化办理和一体化管理”的公共法律服务体系，形成“前台综合受理、中台统筹分配、后台分类处理”的服务流程，实现“一次受理、三台通行”，避免用户重复提交需求信息。

五、公共法律服务实体平台建设标准

公共法律服务实体平台建设以县（市、区）、乡镇（街道）为重点，通过整合资源，实现将各类公共法律服务集中进驻，打造综合性、一站式的服务型窗口。

（一）名称和服务场所

县（市、区）级公共法律服务平台名称统一为“×县（市）公共法律服务中心”或“×市×区公共法律服务中心”，依托县（市、区）法援中心或司法局其他独立服务场所，或当地政务（行政、公共、综合）服务大厅（中心）等建立，也可以独立设置。

乡镇（街道）公共法律服务实体平台名称统一为“×乡（镇、街道）公共法律服务工作站”，依托乡镇（街道）司法所或当地政务（行政、公共、综合）服务平台建立，也可以独立设置。

在地（市）一级，对公共法律服务实体平台建设不做统一要求，由各地根据公民法律服务需求和工作实际自行确定，单独设立的，名称统一为“×市公共法律服务中心”。

在村（居）一级，推进一村（居）一法律顾问工作，鼓励有条件的地方在村（居）委会或当地社区服务中心建立公共法律服务工作室，提供相关法律服务，同时注重发挥好村（居）委会人民调解员等人员的作用。

（二）功能职责

实体平台建设在功能职责定位上采用“3+X”建设模式。“3”为法律援助、人民调解、法律咨询等基本职能，在公共法律服务中起主导作用；“X”为拓展职能，可由各地根据需要和条件引入律师、公证、司法鉴定、专业调解、司法考试、安置帮教、监所远程视频探视等服务。实体平台基本职能和拓展职能，均要注重将法治宣传融入为民提供公共法律服务的过程中，提高群众法治意识。平台运行采用“前台统一受理、后台分别办理、结果及时反馈”的模式，鼓励在平台建设上突出自身优势业务，积极与有关部门协作进驻新的服务功能，并可依托实体平台推行流动服务，进一步拓宽服务覆盖面。

公共法律服务中心。作为集多项司法行政职能于一体的“窗口化”服务平台，突出综合性、专业性法律服务功能，同时发挥县域服务综合枢纽和指挥协调平台的作用。具体包括：

1. 接待现场来访，解答法律咨询；

2. 受理、审批法律援助申请，指派法律援助人员承办法律援助案件；

3. 解答人民调解业务咨询，受理、指派、分流和协调处理人民调解案件，做好矛盾纠纷化解工作；

4. 提供专业调解服务，结合实际提供公证、司法鉴定等法律服务，导引律师诉讼代理等法律服务业务；

5. 开展法治宣传教育和各种形式的法治文化活动；

6. 接待、解答司法行政及其他相关业务咨询，导引相关服务；

7. 根据法律法规规定，负责与行政审批相关的服务事项；

8. 做好辖区公共法律服务平台建设指导、考核工作；

9. 接收对司法行政工作和法律服务的投诉、意见建议；

10. 完成上级司法行政机关和当地党委、政府交办的其他法律服务工作。

公共法律服务工作站。作为服务群众的一线综合性法律服务平台，在县（市、区）公共法律服务中心的指挥协调和乡镇（街道）司法所的指导下，主要承担化解矛盾纠纷、法治宣传、提供法律服务咨询等职能。具体包括：

1. 接待群众来访和法律咨询服务；

2. 引导法律援助、律师、公证、基层法律服务、司法鉴定等法律业务，负责法律援助申请初审；

3. 组织开展人民调解工作、法治宣传教育，引导告知刑满释放人员安置帮教政策、救助帮扶途径等；

4. 积极为辖区政府机关、企事业单位、社会组织等提供法律顾问咨询；

5. 参与指导、考核村（居）公共法律服务工作室工作和村（居）法律顾问工作；

6. 完成上级司法行政机关和当地党委、政府交办的其他法律服务工作。

公共法律服务工作室［村（居）法律顾问］。作为服务基层农村、社区的法律服务平台，其主要工作职责具体包括：

1. 为村民、居民及时解答日常生产生活中遇到的法律问题，提供专业法律意见；

2. 接受村民、居民委托，代为起草、修改有关法律文书和参与诉讼活动；

3. 定期举办法治讲座，发放法治宣传资料，宣传与日常生产生活相关的法律知识；

4. 参与村（居）人民调解委员会主持的纠纷调处工作；

5. 协助起草、审核、修订村规民约和其他管理规定，为村民土地征用补偿安置、基础设施建设、城市建设拆迁、环境治理保护等村（居）治理重大决策提供法律意见等。

村（居）法律顾问应当通过工作台账等方式，如实记录提供法律服务有关情况，每月提供不少于4小时的现场法律服务，每季度至少举办一次法治讲座。同时，要建立微信工作群，加强与基层群众、村（居）委会工作人员之间的工作联系，确保在日常工作中能够随时提供法律咨询等服务。微信工作群成员一般应当包括：法律顾问、村（居）两委成员、调委会成员以及部分党员和村（居）民代表等。根据法律服务需要，可吸收所在地司法所工作人员和县级司法行政机关法律服务管理部门工作人员入群。同时，县级司法行政机关要建立村（居）法律顾问工作微信群，成员包括本县级区域内所有的村（居）法律顾问，以及县级司法行政机关法律服务部门负责同志。

（三）建设标准

实体平台一般应位于临街一层、交通便利、方便人员来往的地方，办公场所面积应与所提供服务的项目、内容、方式等相适应，统一场所标识、指引，方便群众获得信息、寻求帮助。

公共法律服务中心，一般划分办公区、服务区和等候区三个区域。

1. 办公区除设置必要的管理人员办公室外，还应配备独立的档案资料室，用于业务档案和工作台账资料的存放。

2. 服务区设开放式的服务大厅，设置半开放式接待柜台，柜台前应设置座椅。一般还应配备适量的接待室、个别谈话室、调解室等与窗口服务相配套的专门业务用房，便于开展深度法律服务；服务大厅应当安装电子显示屏和公共法律服务触摸查询一体机，用于办事流程、法律知识和法律服务网点的宣传和导引。

3. 等候区放置法治宣传资料存取架，摆放常用法治宣传资料，配备书写台、意见箱、座椅、饮水机等设备。

公共法律服务工作站。设立开放式的服务厅，并设置相应接待窗口。服务区域应悬挂县域范围法律服务导引指示栏，有条件的地方，可配置电子显示屏和公共法律服务触摸查询一体机，放置常用法治宣传资料，用于法律知识宣传和法律服务导引。

公共法律服务工作室［村（居）法律顾问］。设置法律服务公示栏和便民信箱，对外公布本村（居）法律顾问信息，包括姓名、职责、联系方式、驻点时间等信息，同时公示法律服务目录、法律服务操作流程、法律服务政策规定、法律服务监督电话等相关内容。

（四）人员配备

实体平台应根据区域内人口规模、公共法律服务需求以及业务接待办理数量，配备相应的专业人员和工作人员。

公共法律服务中心，根据中心功能设置，按照岗位职能要求配备工作人员。一般应设置以下基本岗位：

1. 综合接待岗，负责指引寻求律师、公证、司法鉴定、律师专业调解、人民调解、基层法律服务等服务事项，解答相关咨询等；

2. 法律咨询岗，安排律师等专业人员现场解答法律咨询；

3. 法律援助岗，负责法律援助申请受理、审查、指派工作。

基本岗位可根据具体条件增加或整合。

公共法律服务工作站。在充分利用司法所现有人员力量的基础上，有效整合乡镇（街道）和村（居）法律顾问、基层法律服务工作者、乡镇（街道）专职人民调解员等力量参与窗口接待。各地结合服务站建设，加强司法所编制使用和人员配备，增强司法所工作力量。

公共法律服务工作室［村（居）法律顾问］。在每个村（居）设立一名法律顾问，由政治素质高、热心公益法律服务以及熟悉农村、社区工作的律师、基层法律服务工作者担任。可以采取一名律师同时担任多个村（居）法律顾问，或多名律师共同担任一个村（居）法律顾问的方式进行科学配置。要在每个村（居）培养 3~5 名“法律明白人”，帮助法律顾问开展日常法律服务工作。

第二节　“12348”法律服务专线

“12348”法律服务专线创建初期称为“148”法律服务专用电话，是司法行政机关适应改革和发展的要求而创造的新生事物。“12348”的设立和开通，是司法行政系统贯彻党的十五大精神，实践依法治国方略的重要举措，是维护城乡社会稳定的一道重要屏障，是各级党委、政府“民心工程”“安民工程”的具体体现，也是新时期经济社会发展的客观需要。司法实践证明，“12348”法律服务专线已经成为开展普法工作的“开心锁”，密切党群关系的“连心桥”，保障群众维权的“守护神”。

一、“12348”法律服务专线的产生和发展

“148”是“要司法”的谐音，寓意为“寻求法律帮助请找司法行政机关”。创建初期，“148”法律服务专用电话是由司法行政机关开设和运行的特定电话专线和电信网络，“148”协调指挥中心统一指挥调度律师、公证和基层法律服务组织和乡镇（街道）司法所（办），面向广大人民群众和社会组织，提供方便、快捷、高效的法律咨询和各方面的法律服务。群众可以随时拨打这个电话，就法律方面的问题提出咨询和寻求帮助。

1998 年 3 月 16 日，山东省菏泽地区东明县率先创造性地开通“148”法律服务专用电话，满足了基层广大群众的法律需求，在基层法律服务工作中发挥了积极作用。同年 11 月 16 日，司法部、信息产业部联合印发《关于在各地开设法律服务专用电话的通知》，要求全国各地市、县普遍开通“148”法律服务专用电话。12 月 16 日，中央综治办、司法部和信息产业部联合召开了全国法律服务专用电话推广工作电视电话会议，总结推广东明县开通“148”法律服务专用电话的经验。

此后，全国各级司法行政机关认真贯彻司法部的部署，坚持“因地制宜，以点带面，逐步推进，不断完善”的工作方针，采取得力措施，大力开展“148”法律服务专用电话建设，取得了显著成效。目前，“148”法律服务专用电话已深入社会生活的方方面面，为维护社会稳定，维护广大人民群众的合法权益，推进依法治理，促进社会治安的根本好转，发挥着越来越大的作用。

客观而言，“148”法律服务专用电话的产生，是在一定社会历史背景条件下的产物。一是基于当时经济发展和社会稳定的迫切需要。人民内部矛盾和民间纠纷尤其是各类信访案件逐年增多，已成为制约经济发展、影响社会稳定的重要因素，成为困扰各级党政领导的一大难题。这就迫切需要司法行政机关提供优质高效的法律服务。深化改革、发展市场经济对法治的依赖和需要是“148”法律服务专用电话产生和发展最根本的内在因素。二是人民群众对基层法律服务的强烈渴求。近年来，在依法治国、建立社会主义市场经济体制的进程中，公民、法人在生产、生活中遇到的法律事项和涉法问题大量出现，热切希望

得到法律服务和法律帮助。人民群众对法律服务的渴求，既是“148”法律服务专用电话产生的直接原因，也是“148”法律服务专用电话发展的动力。三是实施依法治国、推进社会治理体系与社会治理能力现代化的基本要求。一方面，厉行法治、依法治国要求各级政府必须依法行政。社会治理体系与社会治理能力的转变、依法行政的推进，为“148”法律服务专用电话开辟了广阔的服务领域和发展空间。另一方面，实施依法治国的方略，也对各级司法行政工作提出了新的、更高的要求。作为普法和依法治理的主管机关，如何通过更加有效的形式和载体，满足社会发展与人民群众日益增长的法律服务需求，全面推进依法治国进程、实现社会治理体系与社会治理能力现代化是司法行政机关亟待解决的重大课题。“148”法律服务专用电话正是“法律进万家”和“法律服务进万家”的生动体现，是深化普法和依法治理的新途径。依法治国方略的实施，为“148”法律服务专用电话的产生和发展提供了十分有利的大环境。

目前，按照司法部“全国‘148’法律服务专用电话号码统一为‘12348’”的要求，全国绝大多数县市司法行政机关开通了“12348”法律服务专用电话。广大群众如需法律服务，既可以用固定电话拨打“12348”及时接通当地服务热线，也可以用移动电话拨通所在地“12348”服务热线，无论接通任何服务热线，“12348”法律服务专线都能诚挚地为群众提供热情周到的法律服务。

二、“12348”法律服务的组织机构与职责

（一）“12348”法律服务的组织机构

“12348”法律服务机构以县、市级司法行政机关为中心设立，“12348”法律服务专用电话协调指挥中心是“12348”法律服务工作的指挥机构，指挥中心由各基层法律服务有关部门为成员单位，负责制定和布置“12348”建设总体规划，完善工作制度，组织安排值班服务工作和重大活动，解决和处理重大事项，指派司法行政基层组织和法律服务组织开展法律服务，与有关部门协调联动解决司法行政职能以外的服务事项，向各级党委、政府反映社情民意，提出法律意见等。

（二）“12348”法律服务的主要职责

“12348”法律咨询专线，是由司法行政机关及法律援助中心面向广大人民群众开设的法律咨询电话专线，结合电信网络技术，统一组织律师、公证员、基层法律服务组织和乡镇（街道）司法所，向广大群众和社会组织提供免费的法律咨询和综合法律服务。其主要职责包括：

第一，解答法律咨询，宣传和普及有关的法律及政策知识。

第二，接受法律援助的请求，及时部署、落实、提供服务的具体单位和措施，必要时主动上门服务。

第三，对突发性、易激化的民间纠纷和群体性事件，作出快速反应，指挥司法所和调

解组织及时到位，予以调处和疏导。

第四，对于应当由其他部门处理或需与有关部门协作处理的事项，及时与有关部门沟通信息或接洽协作。

第五，定期整理分析群众关注的问题和反映的意见，掌握社情民意，报告党政领导。

第六，受理对司法行政工作人员和法律服务执业人员的投诉和举报，部署查处措施，并告知查处结果。

“12348”法律服务的根本宗旨和目的是：把法律交给群众，送服务走进万家。“12348”法律服务专用电话采用法律服务专职人员专线值班，通过电话向广大群众和社会组织，提供便捷、高效的法律咨询和各方面的法律服务，为广大群众排忧解难，在全社会营造一个人人知法、懂法、守法、依法办事的良好氛围。

三、“12348”法律服务的性质和任务

（一）“12348”法律服务的性质

“12348”法律服务专用电话，是司法机关顺应依法治国、构建和谐社会发展的要求，利用现代通信条件，发挥自身的职能优势，为群众和社会提供的一种最方便、最快捷的法律服务手段。“12348”法律服务是提高党和政府威望的“民心工程”；是依法治理的“基础工程”；是加强司法行政队伍建设的“形象工程”。

党的十五大明确提出了“依法治国，建设社会主义法治国家”的治国方略，第九届全国人大第二次会议又把这个治国基本方略写进了《宪法》。“12348”法律服务专用电话是新时期司法行政部门实践依法治国方略和贯彻国务院“社会服务联合行动”部署的新举措，它把律师、公证、基层法律服务、人民调解、安置帮教和普法、依法治理以及信访等工作有机地结合起来，融为一体，形成配套、联动的工作机制，有效发挥司法行政的整体职能作用，极大地满足基层广大人民群众对法律服务的迫切需求，是利国、利民的好事和实事，具有广阔的发展前景。它对于加强社会主义民主法制建设和社会治安综合治理工作，促进农村地区和城镇街道的社会主义精神文明建设，依法调整各种社会关系和矛盾，都具有十分重要的现实意义。因此，各级政府要充分重视“12348”法律服务专用电话的建设，加强对此项工作的组织领导，要像关心和支持“110”那样关心和支持“12348”法律服务专用电话，把“12348”法律服务专用电话建设列入政府工作重要议事日程，作为维护社会和政治稳定的重要工作来抓。各级领导要主动关心“12348”法律服务专用电话建设，及时了解“12348”法律服务专用电话建设的有关情况，积极协调财政、人事、编制、电信等有关部门，支持和帮助司法行政部门解决“12348”法律服务专用电话建设中经费、设备、编制、人员、技术等方面存在的困难和问题，为“12348”法律服务专用电话建设创造良好的外部环境。

（二）“12348”法律服务的任务

从基层司法实践来看，“12348”法律服务是基层法律工作者开展普法工作的“开心

锁”，是密切党群关系的“连心桥”，是方便群众维权的“守护神”。其具体作用主要表现在以下几个方面：

第一，“12348”法律服务通过解答群众的法律咨询，更加深入地对广大群众普及法律知识，提高广大群众依靠法律解决纠纷的能力。

第二，“12348”法律服务提供基层法律服务，维护广大群众的合法权益。

第三，“12348”法律服务通过化解矛盾纠纷，维护社会的稳定。

第四，参与党委政府重大事件处置、重大项目服务。根据党委政府工作部署，加大重大项目关注力度，适时提供贴近式法律服务。加强纠纷风险预警和重大事件排查，及时参与和做好重大事件处置，为党委政府排忧解难，密切党群关系。

第五，开展民意访问征集工作。深入基层组织、企业和人民群众，围绕经济社会发展、人民群众生产生活等方面，广泛开展法律服务内容的意见和建议征集，组织研判，出台针对性强的法律服务产品。

第六，提供公证调查取证服务。对住所地、死亡、学历、学位等免予当事人提供证明材料的公证事项，公证处无人员力量调查取证的，可由“12348”法律服务人员开展调查取证工作。

第七，组织巡回法治宣传和法律服务。结合各类法治宣传日、宣传周、宣传月活动安排，采取集中活动与分散活动相结合，多渠道、多途径广泛开展法律宣讲、法律咨询、法律“六进”等形式多样、内容丰富的宣传教育和服务活动。

第八，参与突发事件、群体性事件的处置。对发生在当地或涉及当地群众的外地突发事件、群体性事件，针对事件的性质及可能出现的问题，立即组织相关法律专业人员主动出击，做好法律服务、善后法律保障和纠纷调解工作。

第九，为重度残疾等行动不便的困难群众提供上门服务。对行动不便的残疾人、孤寡老人和符合法律援助条件的困难群众，实施上门服务，提供法律服务和帮助，解决他们遇到的法律问题。

第十，开展满意度测评。结合开展司法行政业务，有针对性地开展群众满意度测评，及时掌握工作短板和不足，适时进行整改，不断提高司法行政服务水平和群众获得感。

四、“12348”法律服务的运作和管理制度

（一）“12348”法律服务的运作

第一，法律服务专用电话除国家规定的节假日外，每天有专人值班。

第二，对群众打来电话进行法律咨询，一般由值班人员当场解答，并做好受案记录。

第三，对群众请求法律服务，根据情况及时转请律师事务所、公证处提供服务，并告知当事人联系地址和联系人。

第四，对司法行政职能范围以外的问题，对当事人耐心解答，指明路子，并通过“12348”法律协调小组办公室与有关部门联系，做好受案分流。

（二）“12348”法律服务的管理制度

基层司法实践表明，“12348”法律服务工作者应当自觉遵行“爱民、为民、便民、利民、知民、助民”的服务宗旨，时刻牢记“文明服务、规范服务、送法上门、满意万家”的服务承诺，认真履行“解答、服务、协调、指挥、反馈、受诉”的工作职能，建立健全并规范和加强“12348”法律服务专用电话工作各项管理制度，为基层广大群众提供热心、贴心、暖心、耐心服务，让群众相信法律，让法律服务群众。

1. 值班工作制度。

（1）服从领导，坚守岗位，不得擅离职守；

（2）热情礼貌，耐心细致，百问不厌；

（3）涉及国家秘密及隐私，要严格保密；

（4）重大事项及时控制并向领导汇报；

（5）认真做好值班和交接班记录。

2. 值班人员交接班制度。

（1）接班人员要提前 10 分钟到岗，认真办理交接手续；

（2）交班人要向接班人介绍值班期间的有关情况；

（3）交班前，交班人负责及时整理文档和清理卫生；

（4）交接时，要逐项测试设备运行情况，认真做好记录；

（5）交接班时，带班领导要在场。

3. 来访接待制度。

（1）接待来访人员要使用文明用语，文明服务，耐心热情，有问必答；

（2）对涉及当事人隐私的案件，要为其保密；

（3）做好思想工作，防止和避免过激行为的发生；

（4）做好接待和受理及案件分流工作；

（5）逢重大事项，及时向领导报告。

4. 上门服务制度。

（1）接到命令，上门服务要迅速及时，热情周到；

（2）遵守保密纪律，对涉及当事人隐私问题要严格保密；

（3）遇有重大事项要及时向“12348”法律服务协调指挥中心汇报；

（4）严格遵守国家有关规定，严禁乱收费；

（5）严禁“吃、拿、卡、要”，实行错案、错证责任追究赔偿制度。

5. 案件分流制度。

（1）对要求公证、律师、基层法律服务等单位提供法律服务的，可以根据对方意愿就近介绍有关法律服务单位，及时提供必要服务；

（2）对确需提供上门服务的，及时向领导汇报；

（3）对于司法行政部门工作范围以外的事项及时与有关部门沟通信息或合作，严禁推诿扯皮。

6. 值班领导职责。

（1）负责协调指挥中心的整体工作；

（2）组织指挥案件的内部分流和联动工作；

（3）负责制定处置民间突发纠纷和预防激化预案；

（4）具体负责向有关领导的请示汇报工作；

（5）忠于职守，认真做好交接班工作。

五、“12348”法律服务与依法治国

直面新形势、新机遇、新挑战，按照依法治国、构建社会主义和谐社会发展要求，“12348”法律服务以专线电话的形式，把普法、依法治理、法律咨询、人民调解融为一体，将律师、公证、基层法律服务、法律援助等力量凝成一块，为广大群众提供法律服务和法律帮助，是群众看得见、摸得着、用得上的法律工具，对于提高全民整体法律意识，强化法律调整社会关系的功能，维护社会和谐稳定，具有极其重要的现实作用和深远的历史意义。

（一）“12348”法律服务是维护城乡基层稳定的又一道屏障

“12348”法律服务是依法治国、构建社会主义和谐社会形势下维护城乡基层稳定的又一道屏障。基层司法实践证明，有了“12348”法律服务专用电话，一方面，群众遇到疑难问题，只要打个电话，就能得到满意的答复，知道该找谁，怎么找，明白解决问题的途径和方法，从而改变过去动不动就上访、告状、找领导的盲目做法。另一方面，通过“12348”工作人员的上门服务、内心疏导和依法调处，许多矛盾和纠纷可以及时解决在基层，消除在萌芽状态；有些问题则可以纳入法律程序，通过仲裁或诉讼的途径解决，从而有效地解决信访量大、积案多的情况，大大减轻党政领导和信访部门的压力，有效地维护了社会的稳定和谐。

（二）“12348”法律服务是切实维护公民与法人合法权益的“守护神”

“12348”法律服务是依法治国、构建社会主义和谐社会形势下切实维护公民与法人合法权益的“守护神”。面对现实，经常的、大量的民事和经济纠纷大部分发生在广大农村地区和基层，由于各方面条件的制约，绝大多数公民尤其是广大农民还不可能聘请（聘请得到或聘请得起）专门的律师或法律顾问，也很难自觉地、有理智地通过法律途径理性合法地解决民事和经济纠纷，有时是当合法权益受到侵犯时而无可奈何、忍气吞声，甚至走向极端，激化矛盾，酿成悲剧。“12348”法律服务的设立和开通将有效地解决这一问题，使基层群众尤其是广大农民“请律师难”的问题得到根本性的解决。可以说，一部电话便是一位免费聘请的“法律顾问”。有了“12348”法律服务专用电话，就等于把法律顾问设在了企业家的办公桌上，对群众来讲，就等于有了家庭常年法律顾问，这就使“法律进万家”真正落到实处。稳定了基层，就稳定了群众，同时也就确保了社会政通人和，百姓

安居乐业，国家长治久安。

（三）“12348”法律服务是进一步深化普法和依法治理的新途径

“12348”法律服务是依法治国、构建社会主义和谐社会形势下进一步深化普法和依法治理的新途径。“12348”法律服务通过解答法律咨询，以案释法，依法解决群众生活中遇到的困难和问题，把法律送进千家万户；人民群众带着问题学法，感受深、记得牢，便于理解、掌握和运用。“12348”法律咨询的内容，往往涉及人民群众享有的法定权利和应当承担的法定义务，将法律赋予的权利交给群众，并告知应当履行的义务，树立权利与义务相统一、相一致的观念，这是“12348”法律服务的一个重要特色。解答一次法律咨询，处理一件涉法问题，就是一堂直接有效的普法教育课，就是一次生动的依法治理工作实践。“12348”法律服务充分体现了我国普法的学用结合、普治并举特色，丰富了普法和依法治理载体，弥补了一般的普法形式的不足，必将使基层农村普法和依法治理工作得到深化和发展。

（四）“12348”法律服务是为维护城乡社会稳定提供法律服务的保障

“12348”法律服务是依法治国、构建和谐社会主义社会形势下积极参与城乡社会治安综合治理工作，为维护城乡社会稳定提供法律服务的保障。一是针对本地城乡存在的难点、热点问题，充分运用法律服务手段，维护基层城乡群众的合法权益，促进各项农村政策的落实，预防和减少矛盾的发生。二是协助司法助理员和社区、街道居民（村民）委员会把瘫痪、半瘫痪的人民调解组织整顿好，增强战斗力。三是针对当前城乡社会治安中存在的问题，发挥自身优势，开展法制宣传教育和各种形式的社会主义精神文明建设活动，教育群众，预防犯罪。四是协助乡镇政府和社区、街道、村委会解决一些较大的、棘手的纠纷，努力消除那些容易引起干群关系紧张的不安定因素。

（五）“12348”法律服务是为促进新农村各项工作制度化、规范化提供法律服务的基石

“12348”法律服务是依法治国、构建社会主义和谐社会形势下积极为健全村民自治组织，为促进新农村各项工作制度化、规范化提供法律服务的基石。基层法律服务机构要在担任乡镇政府、村委会的法律顾问的工作中，根据《村民委员会组织法（试行）》，协助健全村民委员会和村民小组，完善村民自治制度，更好地发挥基层群众自治组织自我管理、自我教育、自我服务的作用。帮助基层组织建立健全村民选举制度、村民议事制度、村务公开制度。特别是要积极参与建立、健全村规民约的工作，根据国家法律、法规和政策，制定全体村民必须遵守的章程，规范大家的行为，并逐步完善实施办法。以此切实保障基层政权的稳定，服务依法治国、构建和谐社会与建设社会主义新农村的发展需要。

总之，基层司法行政工作，担负着组织和开展人民调解、社区矫正、法制宣传、依法治理、法律服务、法律援助、安置帮教等职能，在推进民主法制建设、维护社会公平正义

和化解矛盾纠纷、促进社会和谐的过程中，处于重要的地位，具有不可替代的作用，是构建社会主义和谐社会的重要力量。各级司法行政部门尤其是广大基层法律服务工作者，一定要认真领会和贯彻落实党中央、国务院和司法部的有关指示精神，牢固树立坚定的社会主义法治理念，努力发挥基层法律服务工作在依法治国、构建和谐社会中的积极作用。

第九章　安置帮教工作

随着我国社会的转型，由计划经济时代走向了社会主义市场经济时代，社会形态发生了根本性的变化，社会成员由过去的“单位人”又回归到了“社会人”，在这种情况下，政府对刑释人员、解除强制隔离戒毒人员的安置帮教工作显得更为重要，帮教行为也由政府的强制行政行为转变为对安置帮教的服务。在本章中，将刑释人员、解除强制隔离戒毒人员等安置帮教对象统称为帮教对象。

第一节　安置帮教工作概述

在目前情况下，安置帮教是政府相关部门和相关社会组织、志愿者等对帮教对象提供服务的一种形式。在这里帮教的内容很多，是一种全方位的服务活动。基于本书的性质，我们把安置帮教工作定位为基层司法行政机关和司法行政工作者对帮教对象所做的扶助、教育工作和提供的法律服务。对于基层司法行政机关而言，尤其是乡镇司法所和基层法律服务所往往是两块牌子、一套人马，既是同级政府具体承办司法行政事务的职能机构，也是上级司法行政机关的派出机构。司法所和司法助理员及司法所的工作人员是安置帮教的主要参与者。综上所述，安置帮教工作是一个综合工作体系。

随着我国法治的发展，安置帮教的对象也发生了变化，就目前来看，帮教对象主要包括刑满释放人员、解除强制隔离戒毒人员、社区矫正对象以及有违法乱纪行为受到刑事处罚的人员等。① 安置帮教的内容也由过去的法治教育、安置就业等转向为帮教对象提供服务。主要包括提供法律服务、就业服务、危机干预、矫正教育、监督管理、社会救助等。安置帮教的范围也得到了拓展，由单纯的对出狱人的帮教，发展为向前延伸到监狱、强制戒毒所帮教，向后延伸到对帮教对象的追踪考察等。

对帮教对象进行就业服务和帮助教育，使他们适应新的社会环境，顺利走上新生之路，是党的一贯方针政策和国家的基本法律制度，是维护社会稳定的一项重要工作，体现了社会主义制度的优越性。为了维护社会稳定，实现国家的长治久安，我们一方面要坚持依法严厉打击各种危害社会的刑事犯罪分子，另一方面又要在他们改过自新、重新做人并

① 2013 年 12 月 28 日，第十二届全国人大常委会第六次会议通过了《关于废止有关劳动教养法律规定的决定》，劳动教养制度彻底废除。解除劳动教养人员不再纳入安置帮教对象。在本书中，除了涉及法律法规和相关文件名称，以及原文引用的内容外，凡是涉及“劳动教养”“劳动教养人员”“解除劳动教养人员”“解教人员”等名称，均进行了技术处理，特此说明。

回归社会后，动员社会力量做好他们的安置帮教工作。实践证明，安置帮教工作在预防、减少犯罪，维护社会稳定，保障社会主义现代化建设顺利进行等方面发挥了重要作用，正被人们逐渐认识，因而，也越来越受到党和政府的重视。

一、安置帮教工作的定位

1994年，中央社会治安综合治理委员会、公安部、司法部、劳动部、民政部、国家工商行政管理局六部委在《关于进一步加强对刑满释放、解除劳教人员安置和帮教工作的意见》中指出，对刑释人员安置和帮教工作，是在党委、政府的统一领导下，依靠各有关部门和社会力量对刑释人员进行的一种非强制性的引导、帮助、教育、管理活动。为了准确把握安置帮教工作的性质，我们必须注意以下几点：

（一）正确认识和区别对待帮教对象

我们必须正确认识和区别对待刑满释放人员、解除强制隔离戒毒人员、社区矫正对象和其他帮教对象，虽然他们都是安置帮教工作的对象，但彼此有着本质的区别。

刑满释放的对象，是指过去因为犯罪而受到刑事处罚的人员。《刑法》第13条规定："一切危害国家主权、领土完整和安全，分裂国家、颠覆人民民主专政的政权和推翻社会主义制度，破坏社会秩序和经济秩序，侵犯国有财产或者劳动群众集体所有的财产，侵犯公民私人所有的财产，侵犯公民的人身权利、民主权利和其他权利，以及其他危害社会的行为，依照法律应当受刑罚处罚的，都是犯罪，但是情节显著轻微危害不大的，不认为是犯罪。"从刑法对犯罪的界定可以看出，犯罪具有以下三个基本特征：一是严重的社会危害性，这是犯罪的本质特征；二是刑事违法性，这是犯罪的法律特征；三是应受刑罚处罚性，这是犯罪的法律适用特征。

解除强制隔离戒毒人员的戒毒管理属于行政权范畴，是由政府有关行政部门实施的。在开展安置帮教工作中我们要正确把握法律、政策界限，分清刑满释放和解除强制隔离戒毒两类人员的区别，将有助于我们因人施教、有的放矢。

社区矫正是指将符合条件的社区矫正对象置于社区内，由专门的国家机关在相关社会团体和民间组织以及社会志愿者的协助下，在判决、裁定或决定确定的期限内，矫正其犯罪心理和行为恶习，并促进其顺利回归社会的刑事执行活动。① 社区矫正的对象是符合一定条件的罪犯，这个条件是指罪行比较轻微，不致危害社会，以及在狱中服刑已够保释条件，不致再危害社会，不需要监禁或不再需要继续监禁。目前，在我国主要包括四类罪犯：①被判处管制的；②被宣告缓刑的；③被暂予监外执行的（有严重疾病需要保外就医的；怀孕或者正在哺乳自己婴儿的妇女；生活不能自理，适用暂予监外执行不致再危害社会的）；④被裁定假释并在社会上服刑的。社区矫正对象是法律意义上的罪犯，矫正教育期满，回归社会以后也是我们安置帮教的对象。

从中央和各个地方出台的安置帮教的文件来看，帮教对象可分为重点对象和一般对

① 连春亮主编：《社区矫正理论与实务》，中国人民大学出版社2021年版，第3页。

象。重点对象包括无劳动能力人员、无生活来源人员、无法定赡养人和抚养义务人员、有明显重新违法犯罪倾向的人员、危害国家安全犯罪的人员。一般对象是指重点对象之外的帮教对象。

（二）各级党委、政府是安置帮教工作的决策者和指挥者

各级党委、政府应当重视对帮教对象的安置帮教工作，把做好这项工作的成效列入社会治安综合治理的工作目标，作为落实社会治安综合治理领导责任的一项重要内容，把帮教对象的重新违法犯罪率能否逐步下降，作为考核党政领导干部抓社会治安综合治理工作能力和实绩的一个重要指标。各级社会治安综合治理委员会要积极协助党委、政府，加强对这项工作的组织、协调、检查和监督。特别是乡镇（街道）党政基层组织，要承担起具体组织落实对帮教对象的安置帮教工作的责任。乡镇（街道）专抓社会治安综合治理的副职要把协助党委、政府做好这项工作作为自己的重要任务。

（三）相关部门在安置帮教工作中具有义不容辞的责任

安置帮教工作是一项复杂的社会系统工程，涉及社会生活的方方面面，不但涉及帮教对象的原户籍所在地和现住地，而且涉及司法行政、公安、人力资源和社会保障、民政、市场监督管理、共青团、妇联等有关部门和群众组织。仅靠某一部门、某一单位是不可能做好安置帮教工作的，必须加强领导、协调配合、齐抓共管，从而形成合力，发挥整体优势，共同做好安置帮教工作。

（四）安置帮教工作是一项需要社会力量广泛参与的基础性工作

坚持群众路线是我党的优良传统。要做好安置帮教工作也必须坚持和发扬专门机关与群众路线相结合的优良传统。只有坚持群众路线，充分发动群众，才能把安置帮教工作的各项措施落实到基层。当前社会就业形势比较严峻，在这种情况下，对帮教对象进行安置帮教，会有一定的难度和阻力。因此，各地要大力宣传安置帮教工作的重要意义和作用，宣传安置帮教先进集体、先进个人的感人事迹和成功经验，通过宣传、教育和发动，引起社会各界对这项工作的重视，使他们认识到，做好这项工作既是维护自身生存环境的需要，也是维护社会稳定的需要，使广大干部群众理解、关心这项工作，积极参与这项工作，为帮教对象重新做人创造良好的社会氛围，为安置帮教工作创造良好的工作氛围。

（五）安置帮教工作是针对特殊群体的工作，有其特殊性

安置帮教工作是一项政策性很强的工作，严格把握和区分工作对象不但关系到党的政策能否贯穿始终，而且关系到国家的法律能否得以正确实施。在工作实践中，对这一特殊群体既不能任意扩大，也不能随意缩小。要以法律法规为衡量标准，严格加以界定，不能笼统地把犯有一定错误或具有不良倾向的人都作为工作对象。安置帮教工作的对象从普遍意义上说是所有帮教对象，但主要是针对没有生活出路和有重新犯罪倾向的帮教对象。没有生活出路的人员通常指无家可归、无业可就、无处可去的“三无”人员。有重新犯罪倾

向的人员通常指没有改造好的人员，犯罪倾向明显、恶习较深、屡教不改人员等。

（六）安置帮教工作是一项非强制性的引导、扶助、教育和管理活动

首先，应当准确理解非强制性的法律依据和法律特征。尽管安置帮教工作对象因为曾经的罪行对国家和社会曾带来不同程度的危害，在主观上具有不同程度的不良倾向，但安置帮教工作既不是刑事处罚也不是行政处罚，与以往的公安、司法机关对其处罚有着本质的区别。尽管监狱、社区矫正机构对监狱服刑人员、社区矫正对象也要进行思想教育，但这种教育是强制性的，是以国家专政机器为保障的，也就是说这是无论监狱服刑人员、社区矫正对象主观上是否愿意都必须接受的一种思想教育；而安置帮教工作对其进行的思想教育，是以帮教对象主动、愿意接受教育为工作的前提，是教育者和被教育者之间一种互动的活动，需要两者的积极配合才能进行。其次，安置帮教工作是一项引导、扶助、教育和管理活动。在这一工作中，引导是指帮助帮教对象迷途知返，寻找和走上正确的人生道路，这是安置帮教的工作前提；扶助是指排难解困，营造一个与其他公民同等的生活环境，这是安置帮教的工作保障；教育是指改恶从善，使思维定式和行为习惯融入正常社会生活轨道，这是安置帮教的工作核心；管理是指监督防范，是社会对这一特殊群体的控制措施，这是安置帮教的工作基础。引导、扶助、教育和管理彼此之间互动互联、缺一不可，它们之间的有机联系构成安置帮教工作的整体框架。除此之外，还要对帮教对象出现的家庭危机、人际关系危机等进行干预。

二、安置帮教工作的组织机构

（一）综治委内设安置帮教工作领导（协调）小组及办公室

自 1995 年 7 月中央综治委安置帮教工作领导（协调）小组宣告成立以来，全国绝大多数省、市、县三级综治委，相继成立了由党委、政府主管领导牵头，司法行政、公安、人力资源和社会保障、民政、市场监督管理、财政、税务、工会、共青团、妇联等部门负责同志参加的安置帮教工作领导（协调）小组。领导（协调）小组下设办公室，在同级综治委和安置帮教工作领导（协调）小组的领导下开展工作，其成员由综治委、司法行政、公安、劳动、民政、市场监督管理等部门内职能相近的工作机构的负责人组成。办公室的日常工作由司法行政部门承担。各级领导（协调）小组办公室建立了安置帮教工作联络员制度，联络员由相关部门职能处、科、室的负责人担任，定期召开工作例会，收到了比较好的效果。

省级安置帮教工作领导小组的主要职责：

第一，协调、指导全省各地开展帮教对象的安置帮教工作，贯彻落实党和国家关于安置帮教工作的方针政策，研究部署全省安置帮教工作，指导基层建立健全安置帮教工作网络和工作机制。

第二，研究、制定安置帮教工作规划、计划及实施方案，督促、检查各地、各部门抓

好各项工作措施的落实。

第三，依照国家有关法律、法规、规章和政策对安置帮教工作中遇到的重大事项进行研究、协调和推动解决。

第四，组织各成员单位开展工作调研和理论研讨，总结交流先进经验，表彰安置帮教工作先进典型。

第五，根据中央综治委及其安置帮教工作领导小组的工作部署和省委、省政府领导的批示以及省综治委的工作要求，研究提出贯彻落实意见。重大问题向省维稳办及综治委领导同志请示、报告。

第六，领导小组各成员单位的职责任务根据领导小组工作职责及各部门工作职能另行规定。

市县级安置帮教工作领导小组的主要职责：

第一，贯彻执行中央和省关于安置帮教工作的方针、政策，结合本地实际研究贯彻落实意见。

第二，领导本地帮教对象的安置帮教工作，执行上级安置帮教领导小组的工作部署，指导下级安置帮教领导小组的工作。

第三，组织协调各有关部门制定、落实安置帮教措施，督促其履行安置帮教职责，共同完成安置帮教工作任务。

第四，组织动员社会各方面力量共同参与安置帮教工作，逐步实现政府主导、各部门齐抓共管、社会广泛参与的工作格局。

第五，开展调查研究，总结推广经验，表彰先进。

第六，督促并保障安置帮教工作经费的落实和使用。

第七，完成党委、政府、综治委和上级安置帮教领导小组交办的其他工作任务。

（二）司法行政部门负责安置帮教工作的机构

1995 年，司法部监狱管理局承担了中央综治委安置帮教工作领导（协调）小组办公室的日常工作。1997 年 10 月 21 日，司法部下发了《关于部监狱管理局负责的刑释解教人员安置帮教工作移交部基层工作司的通知》，该通知不仅调整了司法部内部的工作职能，而且较明确地规定了安置帮教工作的职责。之后，各省、自治区、直辖市基本上沿用了这种模式。从工作的实践看，单独在司法行政部门内设立专门负责安置帮教工作的机构，反映了安置帮教工作专业化的必然要求，好处较多，这样做有利于工作人员研究、掌握帮教对象的心理特点和预防重新违法犯罪的规律，有利于探索安置帮教工作的有效途径，提高安置帮教工作的效果。而安置帮教工作机构与基层工作司（处、科、股）合署办公则弊端较多，主要表现在安置帮教工作将成为人民调解、安置帮教、法律服务、司法所建设四项工作之一，从事安置帮教工作的人员相对减少，精力很难得到保障，安置帮教工作难以落实。

市县级司法行政部门成立安置帮教办公室，承担日常的工作，其主要职责为：

第一，起草制定安置帮教工作计划、方案，并组织实施。

第二，开展调查研究，了解掌握安置帮教工作动态、信息，及时向领导小组提出工作建议。

第三，对领导小组部署的工作任务进行督促、检查、指导。

第四，组织有关会议，编发工作简报，整理储存资料，办理日常事务。

第五，对帮教对象进行统计登记，督促落实帮教措施。

第六，完成上级和领导小组交办的其他任务。

（三）村（居）委会内设立帮教小组

根据实际工作的需要，村（居）委会建立由责任区民警牵头负责，村（居）委会干部、村（居）民小组组长和帮教对象亲属参加的帮教小组，其工作受乡镇（街道）安置帮教工作站指导。在帮教小组内，责任区民警、村（居）委会干部可以相对固定，村（居）民小组长和帮教对象亲属的人选则可因帮教对象及居住地点的不同而有所改变。帮教对象有工作单位的，安置帮教小组还可以吸收该单位的治保干部参加。实践中，有的企业也组建了帮教小组，以便于帮教本单位的帮教对象。因为帮教小组成员贴近帮教对象，他们对帮教对象的思想、生活等情况较为清楚，因此，安置帮教工作的针对性也较强，帮教工作也往往最有效。从某种程度上来说，安置帮教工作的成效将直接依赖于安置帮教小组作用的发挥。

（四）社会组织

2016 年 10 月司法部、中央综治办、民政部、财政部联合发布《关于社会组织参与帮教刑满释放人员工作的意见》，规定了社会组织主要从六个方面参与安置帮教工作：一是做好帮教准备工作。社会组织可以通过司法行政部门了解掌握帮教对象的基本信息、改造表现、家庭状况等情况，注重个体需求，有针对性地制定帮教方案，为其释放后开展帮教工作奠定基础。社会组织可以指派人员参加帮教对象的帮教小组，参与“一帮一”“多帮一”结对帮教。在帮教工作中，社会组织及从业人员应注意保护个人隐私。二是开展思想道德教育。社会组织可以采取多种方式，对帮教对象开展遵纪守法、社会公德、家庭美德、个人品德教育，宣讲形势政策，改变错误认知，帮助其树立正确的世界观、人生观、价值观，增强守法意识和社会责任感，形成积极向上的精神状态，重树生活信心。对帮教对象有重新违法犯罪苗头的，社会组织应当及时向有关部门报告。三是开展社会适应性帮扶。社会组织可以根据帮教对象的具体情况，开展人际关系指导、社区公益活动等社会适应性教育和训练，提高帮教对象适应社会的能力。社会组织可以通过多种方式，帮助帮教对象增进与家庭成员和亲友邻里、受害人及家属的沟通，使其得到家庭、受害人的谅解和社会的包容。四是开展心理健康教育。社会组织可以针对帮教对象重返社会后可能存在的心理障碍，开展心理预测、心理评估、心理咨询与治疗等教育工作，帮助帮教对象消除不良心理及其他心理障碍，克服消极情绪，减轻回归社会后存在的心理负担，激励引导他们走出阴影，培养健全正常的人格，促进心理健康。五是参与困难救助。社会组织在开展帮教服务过程中，对于符合社会救助条件的帮教对象，可以向其介绍社会救助相关政策和申请的条件、程序等，协助“三无”人员①、老弱病残等生活困难的帮教对象，向有关部门提出社会救助申请。社会组织可以协助有关部门，为符合条件的帮教对象提供法律援助；可以通过动员爱心人士、慈善机构开展爱心捐赠等方式，为生活困难的帮教对象提供帮扶。六是协助解决就业问题。社会组织可以向就业困难且有劳动能力和就业愿望的帮教对象及其家属，推荐就业岗位和职业技能培训，帮助他们按规定向政府有关部门申请相关就业、创业扶持政策，协助办理工商登记，落实税费减免、信贷支持政策等。

1. 安置帮教基金会。各地在开展帮教对象的安置帮教工作中，注意挖掘和调动社会各方面的力量，并通过一定的形式，将他们有效地组织起来，加入安置帮教的行列中来。

1994 年，武汉市经中国人民银行武汉市支行和民政部门核准组建了回归社会人员安置帮教基金会，该基金会属社会团体，挂靠武汉市司法局。其资金来源于社会各界人士、机关、团体、企事业单位的捐赠，以及基金利息和增值所得。其任务是：向有关部门、企事业单位、社会团体和其他组织以及个人募集资金和物资，并进行管理；组织有关部门对帮教对象进行离开监狱、戒毒所前和就业前的技能培训；开展安置帮教理论探讨和经验交流；表彰、宣传安置帮教工作中做出突出成绩的集体和个人。南京市江宁区政府筹集了帮教对象的安置帮教资金，并于 2001 年 5 月下发了《南京市江宁区刑释解教人员安置帮教工作资金管理办法》，作为安置帮教募集资金的规范性文件。

2. 安置帮教协会。1996 年和 1997 年，江苏省泰州市和扬州市郊区先后成立了回归社会人员帮教协会，该协会属群众性社会团体，在社会治安综合治理委员会指导下开展工作，会员由热心于帮教工作的各级组织、团体和人士组成。协会的主要任务是：（1）探索、总结在社会主义市场经济体制下，做好安置帮教工作的途径及规律特点；（2）宣传安置帮教工作的重要意义，取得社会的同情和支持；（3）向党和政府有关部门反映新情况、新问题，提出加强和改善这项工作的意见和建议；（4）加强与外地安置帮教工作的信息联通，及时交流经验，指导各单位的帮教工作；（5）开展对帮教对象的思想教育和就业技能培训，积极创办安置基地、安置点及“过渡性”的经济实体，帮助他们解决生活出路；（6）表彰奖励，对在安置帮教工作中做出显著成绩的单位和个人以及帮教对象中好的典型予以表彰奖励。协会经费主要来自会费收入、社会捐赠、创办经济实体所得、政府财政补助拨款。

安置帮教基金会和安置帮教协会是经人民银行和民政部门核准登记的群众性社会团体，在有关部门（司法局、综治委）的指导下开展工作，其成员的组成具有自愿性和开放性的特征，宗旨是聚集民资民力，尽力帮助帮教对象，维护社会的安宁。

3. 安置帮教工作志愿者队伍。全国各地在安置帮教工作中都在积极探索组建社会力量参与的社会志愿者队伍，主要由热心于公益事业的社会人士参与进来，利用专业知识对帮教对象进行帮教活动。例如，上海市截至 1998 年，全市已有 780 余名安置帮教志愿者与服刑人员、强制隔离戒毒人员签约，开展帮教工作。在安置帮教志愿者中，有市人大、政协和区、县委办的领导，有全国劳动模范和离退休老同志，还有“浪子回头”的典型。

① “三无”人员是指帮教对象中无劳动能力人员、无生活来源人员、无法定赡养人和抚养义务人员。

4. 其他社会组织。社会组织是一个开放的系统，就每一个社会组织来说，它不仅自身要与周围环境进行物质、成员、信息的交换，而且还要根据与其他组织的关系，组成不同的组织体系，在更大的范围内和更高的水平上与外界环境进行各种形式的交换。社会组织包括社会经济组织和社会服务组织等，主要指社会团体、民办非企业单位、基金会、社会中介组织以及城乡社区社会组织等。

三、安置帮教工作的地位

对帮教对象进行安置帮教，是社会治安综合治理工作的重要内容之一，是预防和减少违法犯罪特别是重新违法犯罪的一项重要措施，是维护社会治安稳定的一项基础工作。

（一）安置帮教是维护人权、保障社会稳定的一项基本制度

我们党和国家历来重视对帮教对象的安置帮教工作，在与违法犯罪分子作斗争的同时，始终坚持“给出路”政策，帮助帮教对象安置就业，使他们有业可就，生活有保障。同时，根据整个国家社会和经济发展的客观要求，适时调整帮教对象的就业安置政策。从新中国成立初期，中央人民政府政务院颁发的《劳动改造罪犯刑满释放及安置就业暂行处理办法》，到 1994 年全国人大常委会通过的《监狱法》，再到 2008 年 1 月 1 日起施行的《就业促进法》，以及 2022 年 1 月 1 日起施行的《法律援助法》等，都对帮教对象的安置帮教问题做出了规定，可以说，我国为帮教对象的安置帮教工作颁布了大量的法律、法规，由于得到各级政府的重视和广大人民群众的支持、参与，取得了十分显著的成绩。帮教对象的重新犯罪率始终被控制在较低的水平，绝大多数社区矫正的对象回归社会后，能够遵守国家法律，做守法公民，他们中的许多人成为社会主义建设的栋梁之材。做好帮教对象的安置帮教工作是我国民主法制建设的一个重要组成部分，是我国对公民人权保护的重要体现。

（二）安置帮教工作是加强基层政权和基层群众性自治组织建设的一项内容

城乡基层政权和基层群众性自治组织，是党和政府在城市和农村工作的基础，也是做好帮教对象安置帮教工作的重要基层组织保证。根据 2019 年民政事业发展统计报告，全国有乡镇行政区划单位 38736 个，其中，农村有乡镇 30221 个，城市有街道办事处 8515 个。乡镇政府为农村基层的一级政权组织，承担着社会治安综合治理的责任。因此，乡镇政府应当把帮教对象的安置帮教工作，作为落实社会治安综合治理、维护农村基层稳定的一项重要任务来抓，要加强对村级组织的指导。村委会是农村群众自我管理、自我教育、自我服务的基层群众性自治组织，是做好安置帮教工作最基层的组织。农村的帮教对象能否得到妥善安置和帮助教育，关键在于村级组织是否健全、是否有战斗力。村委会建设加强了，工作有人抓，事情有人管，安置帮教工作才能落到实处，才能形成良好的社会风气和群众基础。街道办事处和居委会是党和政府在城市基层工作的基础，是城市各项工作的落脚点。在做好城市帮教对象的安置帮教工作方面，街道办事处、居委会的作用不可低

估，安置帮教的大量具体工作要依托居委会完成。居委会要发挥自身的优势，充分利用其联系群众、植根社区的特长，主动配合有关部门做好安置帮教工作。一方面要帮助他们联系工作岗位，使他们各得其所、自食其力；另一方面要注意他们的思想动态，稳定他们的情绪，化解矛盾纠纷。

（三）安置帮教工作是社会治安综合治理、社会治理体系和治理能力现代化的重要组成部分

社会治安综合治理的基本任务是在各级党委和政府的统一领导下，各部门协调一致、齐抓共管，依靠广大人民群众的力量，运用政治的、经济的、行政的、法律的、文化的、教育的等多种手段，整治社会治安，打击犯罪和预防犯罪，保障社会稳定，为社会主义现代化建设和改革开放创造良好的社会环境。社会治安综合治理的主要目标是社会稳定，重大恶性案件和多发性案件得到控制并逐步有所下降，社会丑恶现象大大减少，治安混乱地区和单位的面貌彻底改观，治安秩序良好，群众有安全感，这也是社会治理体系和治理能力现代化的突出表现。当前帮教对象重新违法犯罪问题仍然突出，特别是从近年来公安机关查破案件及打击处理违法犯罪嫌疑人的情况看，帮教对象占有较大的比重。一些流氓恶势力犯罪、具有黑社会性质的团伙犯罪的主犯和骨干往往都是帮教对象。随着改革的不断深化，安置帮教工作出现了许多新情况、新问题，如果安置帮教措施跟不上，帮教对象中的一部分人很可能会重新违法犯罪，危害社会，影响稳定。严厉打击刑事犯罪和加强安置帮教工作两者关系密切、相辅相成、缺一不可，打击和预防不可偏废。

四、安置帮教工作的作用

（一）做好安置帮教工作可以促进社会政治稳定

当前，我国正处在改革和发展的重要阶段，没有一个稳定的社会环境，社会主义现代化建设就无法顺利进行。由于改革的深入和整个社会环境日益动态化，各种社会矛盾增多，利益冲突加剧，社会稳定面临着严峻的考验。党中央多次强调，要保持稳定，稳定压倒一切。维护社会政治稳定是当前全党工作的大局，而安置帮教工作的好坏事关稳定大局的成败。

（二）做好安置帮教工作可以预防和减少违法犯罪

目前，我国监狱看守所、社区矫正机构和强制隔离戒毒所，每年释放、解矫、解除戒毒几十万人，并且每年都有增加的趋势。这几十万人心理脆弱，尽管他们中绝大多数有诚心悔过、重新做人的决心和愿望，但这些人回归社会后如果不能得到妥善安置，没有生活出路，重新犯罪的可能性极大。安置帮教工作措施落实是否到位，直接影响到预防和打击帮教对象重新违法犯罪活动的效果。特别是帮教对象犯罪一般具有能量大、恶性程度高的特点，如果对他们失去控制，其违法犯罪行为对社会造成的危害和影响将十分严重。因

此，一部分没有改造好的帮教对象是社会最不稳定的因素之一。做好安置帮教工作可以有效地预防、减少帮教对象重新犯罪，是预防、减少犯罪的重要措施。

（三）做好安置帮教工作可以提高帮教对象的改造质量

依照法律，我国监狱、看守所、社区矫正机构、强制隔离戒毒所对罪犯、强制隔离戒毒人员分别执行刑罚或行政处罚。把罪犯和违法人员改造成对社会有用的新人，减少他们重新违法犯罪是我国执行刑罚和行政处罚的主要目的。监狱、看守所、社区矫正机构、强制隔离戒毒所改造工作的好坏，改造质量的高低，直接关系到罪犯、强制隔离戒毒人员回归社会后是否会重新违法犯罪。做好罪犯和违法人员的改造转化工作，不仅是监狱、看守所、社区矫正机构、强制隔离戒毒所的任务，也是全社会的责任。一方面，监狱、看守所、社区矫正机构、强制隔离戒毒所作为改造罪犯和违法人员的主要部门，应努力改进工作，不断增强改造工作的实效性，努力提高改造质量，为他们回归社会奠定良好的基础；另一方面，社会各界也在帮助监狱、看守所、社区矫正机构、强制隔离戒毒所做好罪犯和违法人员的教育转化工作。许多单位，如基层人民政府、企事业单位、社会各界人士，特别是农村、城市的村（居）委会都主动到监管部门对他们辖区的罪犯、强制隔离戒毒人员进行帮教，并带去学习、生活必需品，使罪犯、强制隔离戒毒人员深受感动，深为自己过去的错误而痛心悔恨，决心痛改前非、重新做人，有效地促进了监管部门的改造工作。

第二节　安置帮教的原则、任务和工作制度

一、安置帮教工作的基本原则

安置帮教工作是一项关系到党的安置帮教工作方针、政策能否得以正确贯彻，国家法律、法规能否得以正确实施的工作，因而这项工作具有很强的严肃性和政策性。确立和明确工作的基本原则并指导、融合于引导、扶助、教育和管理等安置帮教工作的各个环节，才能高屋建瓴、统揽全局。根据安置帮教工作的性质，要做好安置帮教必须确立基本的工作原则。

（一）坚持以政府为主导、社会为主体的原则

要按照社会主义市场经济发展的要求，不断调整思维方式，改进工作方法，既要坚持过去行之有效的好办法，又要积极探索安置帮教工作的新路子，要运用行政的、法律的、经济的等多种手段，制定工作目标、落实工作责任。政府各有关部门要制定优惠政策，引导、指导、鼓励对帮教对象的多形式、多渠道就业安置、社会救助、法律援助、危机干预、思想教育，以保障其基本的生活条件。对其家庭、婚姻等实际困难以及各种思想问题，则主要靠广大人民群众、靠全社会方方面面的共同参与来解决。

（二）坚持突出重点的原则

近年来，每年都有大量的帮教对象回归社会。但我们工作的重点对象应该是帮教对象中的四种人：一是无家可归或没有生活出路的帮教对象。这部分人思想不稳定，生存条件较差，自控能力较差，如果得不到妥善的帮助和安置，其基本的生活、生存问题不能解决，很有可能重新走上违法犯罪的道路。二是有重新违法犯罪倾向的帮教对象。应该说，经过监狱、戒毒所等一定时间的强制性改造教育，大部分帮教对象都能弃恶从善、脱胎换骨成为新人，但也不排除有少数帮教对象恶习难改，强制性教育改造并不能从根本上解决其世界观、人生观方面存在的问题。三是未成年的帮教对象。他们的世界观、价值观尚未定型，自控能力差，极易自暴自弃。四是因为疾病、残疾、年老、体弱等原因无劳动能力的帮教对象。以上四种人是社会生活中的特殊群体，只有做好他们的工作，才能消除社会稳定的重大隐患，最大限度地降低重新违法犯罪率。

（三）坚持市场化就业服务的原则

这一原则主要是由当前的就业环境和社会主义市场经济的要求所决定的。为此，我们在安置帮教中必须坚持“就业领域多元化，就业方式多样化，就业机制市场化”的工作方针。就业领域多元化，就是除法律、法规有明文规定以外，帮教对象可以在所有的行业就业。他们既可以到国有企业、集体企业就业，也可以到三资企业、私营企业就业。具备条件的，应积极鼓励他们申办私营企业。就业方式多样化，就是指针对不同的情况，灵活多样地进行安置就业。在城镇，对原来有工作单位的，要做细致的工作，力求原单位接收。对原来没有单位或原单位无能力接收的，应鼓励他们自谋职业，从事个体经营，或以其他适当的方式安置就业，以确保解决其基本的生活、生存问题。在农村，要落实口粮田、责任田，根据帮教对象的特长，扶持其发展家庭多种经营，以勤劳致富。对于无依无靠、无劳动能力又无生活来源的帮教对象，要与普通公民一视同仁，落实有关的生活保障政策。对于未成年帮教对象，要尽可能提供学习条件，以提高其道德、文化水平，使之以较好的素质融于社会。就业机制市场化，就是在社会主义市场经济条件下，把帮教对象的安置就业推向市场，实行双向选择。与此同时，全社会也都要从“讲政治、讲大局”的高度，主动、自觉地承担起社会责任，尽最大努力为帮教对象提供就业服务。

（四）坚持以人为本的原则

在安置帮教工作中要讲究帮教内容的针对性、帮教组织的群众性、帮教形式的多样性，认真落实帮教管理措施，摸清帮教对象的思想状况，有针对性地对帮教对象进行爱国主义、社会主义、思想道德、法治、社会责任感、荣辱感、心理健康、社会适应等方面的教育，帮助其对违法犯罪原因加深认识，重塑心灵，做一个对社会有益的新人。要加强群众性帮教组织建设，更广泛地发动和组织群众参与对帮教对象的安置帮教工作。安置帮教工作要十分注意方式方法，既要从严从紧，又要尊重帮教对象的人格；既灵活多样，又讲求实效。

（五）坚持相互协调、密切配合的原则

在工作运作上要抓好四个方面的工作。一是进一步提高监狱、看守所、强制隔离戒毒所、社区矫正机构的改造质量，采取有效措施，加强对在押、强制隔离戒毒人员的思想、道德、心理健康、法律教育和劳动技能培训，为他们回归社会打下良好的基础。二是做好回归人员的衔接管理工作。各有关部门要严格执行有关帮教对象安置帮教的法律、法规，做好每一环节的工作，努力做到对帮教对象不脱管、不失控。三是建立健全安置帮教工作的各项制度，包括统计台账、档案管理、政治和业务学习、信息反馈、目标责任等制度。四是建立健全安置帮教工作检查考核制度，把帮教对象的安置率、帮教率、重新犯罪率等指标纳入社会治安综合治理领导责任制。

二、安置帮教工作的任务

安置帮教工作的任务是由安置帮教工作的目标决定的，是目标的分解落实和措施保障。安置帮教工作的目标，是指通过安置帮教工作，努力营造一个温暖、宽松的社会环境，使帮教对象回归社会走向新生后增强改过自新的信心、勇气和能力，在就业、上学、社会救济等方面不受歧视，实现就业有门路、生活有着落，预防和减少重新犯罪，维护社会稳定和保障经济发展。这一工作目标决定了安置帮教工作具有以下业务范围和任务。

（一）安置帮教工作的业务范围

根据1994年中央社会治安综合治理委员会、公安部、司法部、劳动部、民政部和国家工商行政管理局“六部委”《关于进一步加强对刑满释放、解除劳教人员安置和帮教工作的意见》第1条的规定，安置帮教工作的范围包括：

1. 对服刑、强制隔离戒毒人员回归社会前的思想教育、就业技能培训；

2. 向刑满释放、解除强制隔离戒毒人员户口所在地的公安机关、接收单位介绍情况，移交有关档案、材料；

3. 引导、扶助刑满释放、解除强制隔离戒毒人员就业，或解决其生活出路问题；

4. 对有重新违法犯罪倾向的刑满释放、解除强制隔离戒毒人员进行帮助教育，落实预防重新违法犯罪的措施；

5. 对重新违法犯罪的刑满释放、解除强制隔离戒毒人员依法从重惩处。

经过多年的探索，安置帮教工作的内容逐步得以完善，有学者将安置帮教的工作范围归纳为四个方面：①

第一，提高教育改造质量，为做好帮教对象的安置帮教工作奠定基础。

第二，落实衔接措施，进一步加强对帮教对象的管理。

---

① 郭旨龙主编：《安置帮教工作指南》，中国法制出版社2016年版，第2~3页。原文中只是针对服刑人员而言的，本书作了适当修订，将安置帮教范围扩大到所有帮教对象。

第三，为帮教对象融入社会创造有利条件。

第四，采取多种方式，进一步加强对帮教对象的教育帮扶。

（二）安置帮教工作的任务

安置帮教工作的任务是由各有关部门和社会各界共同完成的。安置帮教工作涉及许多部门，各级党委、政府是安置帮教工作的组织领导者，承担组织领导的职责。公安、司法、民政、人力资源和社会保障、市场监督管理、税务、财政、金融、妇联、工会、共青团等有关部门，承担安置帮教工作的主要任务。

基层司法行政机构和基层法律服务机构在安置帮教工作中的任务是：

1. 制订和组织实施安置帮教工作计划和发展规划。
2. 督促安置帮教工作的落实，表彰、奖励安置帮教工作中有突出贡献的集体和个人。
3. 了解、掌握安置帮教工作的情况，指导安置帮教工作的开展。
4. 努力提高帮教对象的改造质量。
5. 搞好帮教对象回归社会的衔接工作。
6. 组织社会力量和协调各有关部门共同开展安置帮教工作。

有学者将刑释人员安置帮教的工作范围归纳为十大任务：①

第一，建立帮教对象基本信息沟通机制。

第二，加强对帮教对象的职业技能培训。

第三，发挥社会、家庭帮教作用，促进教育改造工作。

第四，做好刑满释放和解除强制隔离戒毒前安置帮教政策的宣传教育，发挥社会力量的积极作用。

第五，建立健全监所教育改造质量评估体系。

第六，监狱、看守所、强制隔离戒毒所应将对帮教对象的综合评估意见、回执单等相关材料，分别送达帮教对象户籍所在地或居住地县级安帮办和公安机关，建立帮教对象信息库。

第七，注重解决帮教对象生活和就业问题。

第八，落实帮教对象社会保险政策。

第九，加强对帮教对象的思想政治教育。

第十，建立跟踪帮教机制，整合社会资源参与安置帮教工作，推动安置帮教工作社会化。

---

① 郭旨龙主编：《安置帮教工作指南》，中国法制出版社 2016 年版，第 2~3 页。该书原文只是针对服刑人员而言的，本书作了适当修订，将安置帮教范围扩大到所有帮教对象。

三、安置帮教工作制度

（一）人员接受制度

收到《刑满释放人员通知书》或《解除强制戒毒人员通知书》后应及时登记，7 天内通知家人及亲属到监狱、看守所、强制隔离戒毒所将其接回。刑释人员、解除强制隔离戒毒人员回归后，7 天内上门家访，了解刑释人员、解除强制隔离戒毒人员的基本情况，发现问题，及时帮助解决，减少脱管、失控现象的发生。

（二）请示报告制度

安置帮教组织要建立请示报告制度，加强组织观念，对工作中出现的重大问题应及时逐级上报，不得隐瞒不报，紧急情况要边处置、边报告。上级部门对请示的问题要及时研究，尽快予以批复。

（三）建档统计制度

基层司法部门对帮教对象要逐人建档。帮教对象的犯罪情况、改造表现、家庭成员、社会关系、接受教育、考核鉴定等情况要记入档案。安置帮教组织要建立起安置帮教工作情况统计报表制度。统计报表和统计数据分析，要保证真实、准确，不得拒报、错报、漏报、虚报和瞒报。

（四）培训工作制度

安置帮教组织要建立安置帮教工作者的学习培训制度，采取多种形式对专业安置帮教工作者和社会志愿者进行业务培训，确保安置帮教工作的质量。

（五）信息报送制度

安置帮教组织要加强信息与报送工作，坚持客观性和实效性的原则，收集、整理本地区安置帮教工作的经验、做法、重要活动及典型案例等各种安置帮教工作信息，及时逐级上报。

（六）监督检查制度

司法行政机关的安置帮教执行工作受人民检察院的监督。司法行政机关对人民检察院的监督工作应予以配合。各级安置帮教组织要进一步加强自身建设，建立和完善内部监督检查制度。要积极接受纪检监察部门的监督和上级安置帮教组织的监督检查。

（七）情况通报制度

安置帮教工作各成员单位之间要建立情况通报和信息交流制度，至少每半年召开一次情况通报会，交流工作情况和工作信息，遇有重大政策出台或突发事件发生要随时通报。

（八）例会制度

安置帮教组织应当建立定期例会制度，传达上级安置帮教工作的指示精神，研究、制订本地区安置帮教工作的规划和实施方案，听取有关部门的工作汇报，协调相关部门开展工作，研究解决试点工作中遇到的重大问题。

第三节　安置帮教工作的内容

一、安置

安置是指党和国家根据帮教对象的不同情况，依照法律和有关政策，对帮教对象给予继续回校上学、劳动就业、落实社会保障待遇或给予社会救济等妥善安置措施的总称。它主要包括以下三个方面内容：（1）对未成年的帮教对象，条件许可的尽量让其回到学校继续接受教育；（2）在法定劳动年龄内、具有劳动能力的帮教对象，给予其劳动技能培训和就业指导；（3）对超过法定劳动年龄、丧失劳动能力、无生活来源的帮教对象，落实其社会保障待遇，给予其一定的社会救济，办理低保。其中，对大部分帮教对象来说，就业安置是安置帮教的首要任务和基本的生活保障。

（一）安置就业的类型

帮教对象的就业安置涉及面广、类型多，既有农业人口，又有非农业人口；既有未成年人，也有符合法定劳动年龄的人，还有超过法定劳动年龄并丧失劳动能力的人。显然，安置帮教在就业安置对象和范围上要比社会劳动就业安置宽泛得多。

我国帮教对象的就业，大体上分为两种类型：社会安置就业和自谋职业。

1. 社会安置就业。目前，我国对帮教对象的回归社会保护措施，在就业安置办法上，主要以社会安置的形式解决他们的就业问题。社会安置采取多渠道、多形式进行：一是原单位安置。根据我国政策和有关规定，帮教对象在服刑、社区矫正或强制隔离戒毒期间未被除名、开除公职的人员，回归社会后，原单位应予以安置。对已被原单位开除或除名，但犯罪较轻、改造表现好的人，监狱、社区矫正机构和强制隔离戒毒所在其回归社会前，应向原单位提出重新安排工作的建议，原单位如有增人或补员指标，同意接受，经考核合格，报人力资源和社会保障部门批准，可以重新录用，他们经原单位重新录用后，可按重新就业对待。二是单位招聘。即由国有企业、事业单位、社会团体、街道、乡村、个体经营管理部门等用人单位，对那些有技术专长的人，经考核合格，进行录用。三是政府部门就地安置。捕前无职业或不符合原单位安置条件的，回归社会后应和一般待业人员同样对待，由当地人力资源和社会保障部门或街道按现行就业政策予以安置。四是过渡性安置。暂时无业可就的，由社会力量开办以第三产业为主的经济实体，予以就业前的过渡性安置，并积极帮助其就业，防止流落社会重新犯罪。五是回农村，由乡（镇）、村安置。回归社会人员回农村的，应和村民同样对待。有劳动能力的，由所在乡（镇）政府或村委会安排参加农业生产承包任务；丧失劳动能力的，由其直系亲属或其他亲友扶养或赡养，确有困难时，申请当地政府予以适当补助。按国家政策规定，农村户口的帮教对象回去后应划给责任田（山）和自留地（山）；责任田（山）已承包完的，可从机动田（山）中解决，或安排承包其他生产经营任务；当年已无机动田（山）或其他生产承包任务的，应在第二年内由乡（镇）政府或村委会调剂解决。

2. 自谋职业。根据国务院有关规定，有经营能力的帮教对象可以申请个体工商户登记，经市场监督管理部门核准，发给营业执照，从事个体经营。

（二）安置就业的方针

1. 劳动就业的含义。劳动就业，是指具有劳动能力的公民在法定劳动年龄内从事某种有一定报酬或经营收入的社会职业。它的特点是：（1）劳动者是具有劳动权利能力和劳动行为能力的公民。我国《监狱法》第38条规定：“刑满释放人员依法享有与其他公民平等的权利。”这一规定同样适用于社区矫正对象和强制隔离戒毒人员。因此，帮教对象回归社会后，就和其他的社会失业人员一样成为社会安置就业的主体。（2）劳动者必须从事法律允许的有益于国家和社会的某种社会职业。（3）劳动者所从事的社会职业必须是有一定的劳动报酬或经营收入，用以维持劳动者本人及其赡养一定家庭人口的基本生活需要。劳动就业的实质是劳动力与生产资料相结合。

2. 安置就业方针。《就业促进法》是一部国家推进就业的重要法律。它确立了我国现阶段的就业方针，即保持劳动者自主择业，市场调节就业，政府促进就业。《就业促进法》为帮教对象的就业提供了更加坚实的法律保障。

帮教对象自主择业，是我国改革开放以来，特别是建立市场经济体制以后逐渐实现的。它是一种有别于过去帮教对象就业仅靠政府调配的办法。现在，帮教对象可以根据自己的要求以及特长、爱好，自主选择就业的地区、行业、单位、工种，在不违背劳动法规的情况下自主决定就业单位。

市场调节就业，就是根据市场对劳动力的需求量来调控劳动力流向和流量。一方面表现为用人单位对帮教对象的需求和选择，帮教对象对企业的喜好和选择；另一方面表现为建立了诸多为劳动力供求提供服务的机构，如各类劳动力交流市场、人才市场、就业培训机构、职业技能鉴定机构等，这些机构提供各类服务，都是以促进就业为出发点，做基础的服务性工作。

政府促进就业，就是说政府在整个就业工作中，不再采用以前那种行使行政手段的方法对帮教对象进行分配和指派，而是依照法律法规，统筹规划城乡就业工作，制定和实施一些行政规章促进就业。一方面，大力发展经济，调整产业结构、规范人力资源市场、完善就业服务、加强职业教育和培训、提供就业援助等措施，创造就业条件，扩大就业。另一方面，规范劳动用工，规范人力资源市场交流秩序。此外，还通过劳动监察纠正和惩处违反劳动法规的行为，保护回归社会人员的合法权益。

（三）安置就业的原则

1. 国家促进就业原则。促进就业，是指国家采取各种措施创造就业条件和扩大就业机会。《就业促进法》第12条规定："国家鼓励各类企业在法律、法规规定的范围内，通过兴办产业或者拓展经营，增加就业岗位。国家鼓励发展劳动密集型产业、服务业，扶持中小企业，多渠道、多方式增加就业岗位。国家鼓励、支持、引导非公有制经济发展，扩大就业，增加就业岗位。"第13条规定："国家发展国内外贸易和国际经济合作，拓宽就业渠道。"第14条规定："县级以上人民政府在安排政府投资和确定重大建设项目时，应当发挥投资和重大建设项目带动就业的作用，增加就业岗位。"由此，促进就业是国民经济和社会发展的一项主要指标。国家采取下列措施促进劳动就业：国家促进经济和社会发展，将劳动就业纳入国民经济和社会发展规划，制定促进就业法规和就业方针政策，建立就业发展基金，保证就业经费的投入，建立社会保障制度，提供失业保护，创造就业条件，扩大就业机会；国家鼓励企事业组织、社会团体在法律、行政法规规定的范围内兴办产业或者拓展经营，增加就业；国家支持帮教对象自愿组织起来就业和从事个体经营实现就业；地方各级人民政府采取措施，发展多种类型的职业介绍机构，提供就业服务。

2. 平等就业原则。平等就业是指帮教对象享有平等的就业权利和机会。《就业促进法》第25条规定："各级人民政府创造公平就业的环境，消除就业歧视，制定政策并采取措施对就业困难人员给予扶持和援助。"平等就业原则有两层含义：一是帮教对象享有平等的就业权利。帮教对象就业不因民族、种族、性别、宗教信仰不同而受歧视。二是帮教对象享有平等的就业机会。帮教对象就业机会均等，每一个帮教对象都能平等、公平地进入劳动力市场，自主择业，竞争就业。为帮教对象提供平等的就业机会，保障帮教对象行使平等就业权，是社会公平原则在劳动就业问题上的体现，反映了帮教对象的愿望和要求。

3. 帮教对象与用人单位双向选择原则。双向选择是指帮教对象自由选择用人单位，用人单位自主择优录用帮教对象。在人力资源市场中，帮教对象和用人单位均具有市场主体资格。帮教对象享有选择职业的权利，可以根据自身的素质、意愿和人力资源市场价格信息选择用人单位；用人单位享有用人自主权，可以根据生产经营的需要和工作岗位的特点，按照面向社会、公开招用、全面考核、择优录用的原则选择必要数量、相应质量的帮教对象。

帮教对象与用人单位在平等自愿、协商一致的基础上通过签订劳动合同实现帮教对象就业和用人单位使用劳动力。

4. 照顾特殊群体就业原则。特殊群体是对谋求职业有困难或处境不利人员的统称，包括妇女、残疾人、少数民族人员、退出现役的军人等。国家除了制定《劳动法》外，《就业促进法》第27条规定了"国家保障妇女享有与男子平等的劳动权利"；第28条规定了"各民族劳动者享有平等的劳动权利"；第29条规定了"国家保障残疾人的劳动权利"。帮教对象由于诸多原因，在劳动就业竞争中多数人处于不利的境地。为了保障帮教对象劳动就业权利的实现，国家制定了一些政策进行调控，便于妥善安排帮教对象就业。国家照顾特殊群体人员就业，反映了党和国家对他们的关怀，体现了党和国家反对就业歧视政策，对保障特殊群体人员就业具有重要意义。

（四）就学安排

人口文化素质的高低从某种程度上制约着人们的行为选择，青少年帮教对象回归社会后，大多需要继续读书学习，科技密集型企业更需要培训有一定科技、文化知识的员工。帮教对象欲求学深造，且考试成绩合格，应享受宪法规定的公民受教育的权利，对他们不嫌弃、不歧视，热情帮助、支持和安排他们就学，从而更好地保护帮教对象，控制和减少帮教对象的重新犯罪。根据国务院有关规定，原系在校的学生，回归社会后，凡符合学校规定，现实表现好并经考试合格的，应当允许他们复学。对具有相当学历或同等学力的，可按规定申请报考高等院校、中等专业学校、各类职业学校或业余学校。凡现实表现好，体检合格，考试成绩又达到规定标准的，应当予以录取，不得歧视。

二、保护

（一）保护的内容

1. 帮教对象合法权利的保护。权利是国家以宪法和法律等形式赋予公民以实现自己某些要求的合法手段与可能条件。作为公民，都具有与其作为人的主体资格所不可分离的基本权利。同时人的权利还具有发展性，即总是随着社会经济的发展、物质的丰富和政治的民主和进步，其内容得以充实和扩大。我国《刑法》第 2 条规定，保护公民的人身权利、民主权利和其他权利，不受任何人、任何机关非法侵犯。这就为广大公民同侵犯自己合法权利和利益的行为作斗争提供了法律武器。作为中华人民共和国公民的帮教对象自然也不例外。我国《宪法》规定了我国公民所享有的广泛的政治权利、经济权利、文化教育权利及人身自由权利等。这就为帮教对象参与社会生活提供了法律基础。但作为一个特殊群体，帮教对象最关心，与之生产、生活关系最密切，也是影响其顺利回归而亟须加以特别保护的权利包括：非歧视权、财产权利的保护、合法婚姻家庭权利的保护、发展权等。

2. 对帮教对象的物质帮助与救济。就大多数国家来看，都把向帮教对象提供一定的物质帮助与救济作为其慈善事业的重要组成部分。对帮教对象的物质帮助与救济包括了“收容保护”“观察保护”“一时保护”三种方式的全过程。这种物质帮助和救济的内容大致包括：提供住所、资助衣食、馈赠资金、职业培训、医疗保健的提供等。就其性质而言，完全出于仁爱之心。在我国，依照《社会救助暂行办法》《法律援助法》的规定，对帮教对象的物质帮助与救济多由民政福利部门等承担。除上述以外，还有的属于民间自发或由基层组织发动的对帮教对象在人力、物力或财力上一定量的支持。另外，《宪法》第 45 条第 1 款规定：“中华人民共和国公民在年老、疾病或者丧失劳动能力的情况下，有从国家和社会获得物质帮助的权利。国家发展为公民享受这些权利所需要的社会保险、社会救济和医疗卫生事业。”第41条第3款规定：“由于国家机关和国家工作人员侵犯公民权利而受到损失的人，有依照法律规定取得赔偿的权利。”国家机关、企事业单位对本单位职工的工伤事故应给予必要的抚恤和补偿等。这些规定使发生在帮教对象身上的因生产劳作而产生的工伤事故，如致伤、致残、死亡等均可依法求得相应的物质补偿和精神慰藉，并享受一定的工伤事故补贴。

（二）保护程序

第一，保护准备。对帮教对象保护的准备主要是指对帮教对象进行保护的预先安排或筹划。

第二，保护的开始。一般来讲，帮教对象的保护应从回归社会之日开始。回归社会标志着帮教对象回归社会的开始，对其保护也从此时开始。

第三，保护的期限和实施。帮教对象的保护期限以5年为宜，期限届满即可终止保护。对帮教对象实施有效的保护必须先对帮教对象的情况有所了解，诸如需保护的具体事项等，然后“对症下药”，制定切实可行的保护方法、实用的保护措施、科学的保护内容、详细的实施规划和限制要求，建立健全保护组织、各项保护制度和监督反馈的信息系统，落实保护组织、保护工作人员及其有关部门和有关人的保护责任、保护权限和利益，以保证帮教对象保护工作切实有效地进行。在帮教对象保护实施过程中，要加强检查监督，及时解决实施过程中的有关问题，及时纠正偏差错误，保证各项保护措施贯彻落实，保证保护目的实现。在保护实施中，还要采取有效方法，调动帮教对象的积极性，使其积极配合各项保护工作，努力进行再社会化活动，早日成为适应社会需要、遵纪守法、自食其力的新人。

第四，保护终止。保护终止，是指在对帮教对象实施保护的过程中，因出现了使保护不能或不必继续进行的某种特定原因，而结束正在进行的保护程序，并且将来也不再进行保护，即对帮教对象解除其受保护状态。

根据立法和司法实践，帮教对象有下列情形之一者，可以终止保护：(1) 保护期限届满，保护理由确已消失，须作出决定，取消保护。(2) 已达到保护目的者。对帮教对象的保护，就是从他们眼前所面临的现实困难着想，诸如物质上，精神上，生活上，就业、就学等方面一时陷于困难，而给予救济与扶助，以免因其衣食困难、生活无着、精神空虚、思想困惑而重新犯罪，危害社会，使其尽快地顺利回归社会。如果帮教对象已完全适应社会生活，完成了回归适应社会进程，保护目的已经达到，再保护也就没有必要了，此时应终止保护程序。(3) 经保护，帮教对象已就业、就学或自谋职业者。(4) 通过技术培训，帮教对象已能够自食其力。(5) 在保护期间违反帮教对象应尽义务情节严重，或者违法犯罪，或者因重新犯罪被判刑入狱。(6) 帮教对象申请终结保护。(7) 帮教对象死亡的。(8) 帮教对象不居住在法定住（居）所，致使保护不能进行的。(9) 保护机构认为已无保护必要的。除上述几种情形外，如果出现保护机构认为应当终结保护的其他情况，致使保护工作无必要或不可能进行，今后也不可能再恢复时也可终止保护。

（三）保护措施

1. 接茬帮教。接茬帮教，就是社会有关部门对帮教对象继续进行教育和挽救，使安置帮教与监狱、社区矫正机构和强制隔离戒毒所的教育改造衔接起来。接茬帮教作为使帮教对象由“强制再社会化”转为“自然社会化”必要的衔接手段，它既是对改造质量强化的一种补充办法，也是促使他们顺利走向新生之路的引导措施，是我国对帮教对象保护的措施之一，是在监狱、社区矫正机构和强制隔离戒毒所强制教育后的继续教育，以预防帮教对象回归社会后难以在短期内控制自己的行为而导致再犯罪。目前监狱、社区矫正机构和强制隔离戒毒所实施的“向外延伸”，即动员社会各界力量帮助矫正、改造帮教对象，实际上是社会提前介入对帮教对象的教育，为帮教对象重返社会后的接茬帮教打下基础，它是将安置帮教与监狱、社区矫正机构和强制隔离戒毒所的教育改造衔接起来的“接力”工作，不给外界不良因素侵袭帮教对象以时间和空间，同时在帮教对象重返社会之初就给予适时的督导与帮助，使其渡过难关，过正常人的生活。实践证明，接茬帮教不仅是实施社会治安综合治理、预防和减少重新犯罪的重要措施，也是帮教对象更生保护的重大举措。因此，在帮教对象回归社会后，由各级政府部门和党团组织搞好“再送一程”活动，落实接茬帮教工作显得更加重要。帮教工作的内容主要有：一是帮助帮教对象解决一些实际困难，如恢复学籍、安排就业、解决住房和看病问题、关心婚恋等。二是教育他们遵守法纪，提高道德修养，加强社会责任感。三是帮助他们学习文化技术知识，掌握劳动本领，成为自食其力的新人。

2. 社会救济。社会救济，即对帮教对象提供一定的资金和物资，为解决帮教对象就业前的困难以及参加必要的教育与培训，给予紧急而又特殊的资助；为防止他们重新走上犯罪道路提供必要的物质生活保证。例如，对丧失劳动能力、无依无靠、无生活来源的老、病、残帮教对象，给予定向社会救济；对经济困难的帮教对象，给予借款或贷款，帮助其开张或开业等。社会救济，应建立帮教对象重返社会基金会，负责对帮教对象进行必要的社会性服务工作，进行法律咨询、帮教或职业训练等经费的募捐与收集，与国家投资结合，发挥政府和民间两方面在社会救济中的积极性。社会救济由回归社会人员依法提起，由社会救济机构审核确定救济形式、数额和期限等。

三、指导

为了使帮教对象尽快适应社会，加速再社会化的进程，有必要针对帮教对象存在的心理障碍、意识障碍、客观环境障碍给予心理、生活及就业就学方面的指导。①

（一）心理指导

针对帮教对象重返社会存在的紧张、自卑、认知紊乱、负荷沉重等心理状态，不能很

① 参见夏宗素主编：《矫正教育学》，法律出版社 2002 年版，第 291~295 页。本书采用了其中的部分内容，并进行了删增和调整。

快适应社会，处理不好家庭、邻居等社会关系的情况，需要从以下几个方面进行心理指导：

1. 指导帮教对象建立社会适应机制。帮教对象重返社会后，难以适应社会，其根本原因是存在心理障碍。因此，首先要解决心理上的自我保护，要指导帮教对象正确对待社会评价，正确设定期望值，积极转化消极态度，优化需要心理，培养挫折耐受力，建立应付机制和防御机制。

应付机制，又称对应策略，是指个体直接对付紧张情境的行为。紧张情境主要包括诱发情境、压力情境、挫折情境等。建立应付机制，就是要指导帮教对象，一旦处于紧张情境中，就要采取相应的动作和内在心理上的努力，冷静地对待和应付。

防御机制，是指个人不能以合理的、正常的行为适应环境时，可以采取防御措施达到自我保护的目的。建立防御机制，就是指导帮教对象通过压抑作用、移置作用、投射作用、反向作用、理智化作用和精神宣泄形式达到自我控制的目的；通过升华作用、替代作用达到社会规范相协调的目的；通过固着、倒退、合理化、文饰作用，达到克服挫折的目的。总之，指导帮教对象在紧张情境中，充分发挥防御机制的积极作用，以便求得心理平衡，求得与社会的一致，从而尽快适应社会。

2. 指导帮教对象建立家庭相容心理。家庭相容心理的建立对帮教对象建立正常心理和尽快适应社会具有积极的作用，并能收到良好的效果。而家庭相容心理的建立需要家庭和帮教对象共同的努力。一方面是家庭对帮教对象的关怀爱护和诚恳的帮助，可以消除帮教对象各种心理适应障碍，有助于抑制其不良心理，甚至使帮教对象看到前途和希望，增强生活的信心；另一方面是帮教对象对家庭成员的理解、体贴和尊重。因此，要指导帮教对象理解家庭成员对自己“恨铁不成钢”的心情，以及希望重新做人的良好愿望；体贴家人的处境和困难，由于其违法犯罪受惩，给家庭成员造成政治、经济上的损失，必然带来社会地位的降低以及生活困难的后果。在理解、体贴、关心和互相尊重中建立起相容、相知的良好心理。

3. 指导帮教对象建立健康稳定的心理机制。帮教对象在监狱服刑、社区矫正和强制隔离戒毒期间，最大的愿望是早日恢复自由重返社会和家庭，但对社会现实缺乏必要的心理准备，一旦置身社会，原先的一切梦想都被现实撞得粉碎，或者变得消极厌世、心无所求、随波逐流、无所作为；或者自暴自弃、自甘堕落、为非作歹。因此，对帮教对象进行心理指导，帮助其建立健康、稳定的心理机制十分重要。这主要包括两个方面的内容：一是指导帮教对象正确进行角色认识和角色期待。帮教对象恢复了普通公民这一正常社会角色，并被赋予法定的权利能力，享有正常社会公民所应享有的权利，并履行其相应的义务。但个体角色的获得在很大程度上取决于个体的技能及其努力程度，取决于他的个人品质、修养及对社会的责任。因此，必须指导帮教对象正确认识自身的潜能，认真剖析自己与社会要求的差距，找准自己的坐标。期望值既不能过高也不能太低。二是指导帮教对象培养挫折容忍力和社会调适力。帮教对象脆弱的自尊心需要人们的理解、宽容、尊重和热情鼓励。但现实生活并不如愿，亲情的冷淡、精神的刺激，加之失学、失业，生活的困境，使其感到除法律的惩罚外，心灵的创伤更重。如果没有良好的挫折忍耐力，很容易作出不理智的行为。因此，需要通过心灵的沟通和教育劝导，促使其树立崇高的理想和坚定的生活信念，正确对待生活中的困难和挫折，勇敢地去经受各种巨浪的冲击，以磨炼自己的意志，提高对抗挫折的心理承受力。同时，指导帮教对象对环境变化的应变能力、自我情绪控制和调节能力的训练，正确对待社会评价和社会舆论，尽力摆脱回归后的"家庭压力""婚姻压力""就业压力"等，从而以积极健康的人生态度适应社会的需要并不断发展自己。

（二）生活指导

帮教对象重返社会后的生活指导主要包括对帮教对象在处理婚姻、家庭及社会交往关系等方面的指导。

1. 指导帮教对象正确处理婚姻问题。帮教对象中，有一部分人由于违法犯罪受惩后，夫妻离婚、家庭破裂，本人不能正确对待，产生怨恨情绪，甚至准备对前妻（或前夫）实行报复；有些帮教对象重返社会后急于解决婚姻问题，但因其身份特殊，婚恋困难，一次又一次被对方拒绝，也会产生怨恨情绪，报复对方，甚至报复社会。因此，对帮教对象进行生活指导，必须要教育其树立正确的婚恋观。

2. 指导帮教对象正确处理家庭关系。家庭关系，通常包括夫妻关系、与父母的关系、与子女的关系、与兄弟姐妹的关系等。帮教对象重返社会后，必然会发生以上种种关系，处理得好有利于家庭和睦，也有利于本人的再社会化；处理不好，就可能给家庭带来灾难，进而影响本人不能过正常的生活。因此，教育帮教对象处理好家庭各方面的关系十分重要。

3. 指导帮教对象建立正常的社会交往关系。帮教对象重返社会后，除了与家人、亲友交往，还需要与各种不同的社会单位、不同的人员交往，社会互动范围扩大，在这些互动交往中，一方面要消除社会对帮教对象的歧视与偏见，提高社会宽容度，给帮教对象以关心、理解和热情帮助，社会的宽容与接纳将促使帮教对象心理良性转化，促进其再社会化；另一方面也要防止帮教对象与不良友伴的联系、交往所带来的负面影响。因此，要指导鼓励帮教对象积极参与正常的交往活动，使自己融于社会群体之中，成为社会公众的一员；同时采取有效措施防止不良交往所产生的消极影响。

（三）就业就学指导

当前，中国特色社会主义进入新时代，为帮教对象在就业、就学方面提供了极为宽松的环境和广泛的机会，有多种途径就业、就学。但是，也要看到在同样的条件下，社会上还存在就业、就学问题上的激烈竞争。因此，对帮教对象就业、就学的指导是非常必要的。

四、教育

对帮教对象的教育，主要包括回归前的教育、回归后的社区教育、家庭教育和自我教育。①

（一）回归前的教育

回归前的教育，是指监狱、社区矫正机构和强制隔离戒毒所等对即将回归社会的帮教对象所进行的系统教育。这是在他们人生道路上的一大转折，是由监狱、社区矫正机构和强制隔离戒毒所管理下向自由社会过渡阶段的教育，对于罪犯恢复自由后重返社会，开始新的生活有着十分重要的意义；对于消除其不正常心理、巩固教育改造成果，帮助其进一步认清形势、了解社会、认识社会、适应社会具有重要作用。

（二）回归后的社区教育

帮教对象回归社会后，仍然需要社会有关部门和基层单位针对其心理、行为特征及现实表现继续进行教育。而且，应该将这部分人纳入社区教育的范围。

社区教育是指在一定区域内，通过政府统筹、社会参与，集合、协调各种教育因素，利用所有教育资源，实施以提高全员素质、促进本社区经济发展、社会进步为宗旨的各种教育活动。社区教育的特点表现为：社区教育具有整体性和系统性，虽然社区内有各级各类不同形式的教育，但以社区为依托，它们形成了一个整体、一项系统工程，在社区教育总体规划中都有一定的位置，并形成教育的网络。社区教育具有全员性和灵活性，社区内的每个成员既是社区教育的对象，又是社区教育的主体，由社区民众广泛参与，满足社区民众的教育需求。受教育的形式是千变万化、多种多样的，具有极大的机动性和灵活性。社区教育对帮教对象再社会化，并预防其重新违法犯罪具有重要作用。

（三）家庭教育

婚姻家庭关系是整个社会关系的重要组成部分，家庭的民主和睦，不仅关系一家人的生活、工作和学习，而且也是推动社会进步的重要因素。和睦良好的家庭环境对帮教对象的保护、教育将起到极为重要的作用，这样的家庭不仅可以安排好帮教对象的衣、食、住、行，帮助帮教对象解决好婚恋、成家问题，而且还能给帮教对象以安抚、教育、感化、鞭策、鼓励、督促和帮助，控制和遏制帮教对象不良的习性，培养其文明、健康的生活方式，促进其身心健康发展，顺利再社会化。

---

① 参见夏宗素主编：《矫正教育学》，法律出版社2002年版，第291~295页。本书运用了其中的部分内容，并进行了删增和调整。

(四) 自我教育

自我教育是指帮教对象为了适应社会规范，预防重新违法犯罪，实现再社会化的目的而进行的自我监督、自我完善、自我约束的活动。

帮教对象重返社会后不仅存在社会观念意识障碍，面临着各种客观障碍，也面临着自身心理素质、思想观念的种种障碍，因此，要实现帮教对象再社会化的进程，仅仅强调社会调适、社会教育、社会保护是远远不够的，也不可能取得良好的效果，关键还在于帮教对象要具有自我保护意识，采取自我调适、自我监督、自我保护的行为。将社会教育与帮教对象的自我教育紧密结合起来，才能产生最佳效果。

帮教对象的自我教育、自我完善主要包括以下几个方面：一是加强思想上的自我教育，重视政治理论、形势政策和法律法规的学习，接受违法犯罪的教训，培养法制观念，提高思想觉悟和认识水平，树立正确的人生观和道德观。二是树立正确的人生目标，加强社会学习，加强自律、自尊、自爱、自重、自立，在心理素质上不断自我完善，遵纪守法，慎独拒腐，约束、规范自己的行为。三是努力学习文化知识和科学技术，不断提高文化技术水平，为成为社会主义建设的有用之才及为事业发展打下基础。

第四节　安置帮教的程序与方法

一、安置帮教的工作程序

安置帮教的工作程序，是指安置帮教工作的过程及步骤。就整个安置帮教工作的步骤而言，安置帮教工作可分为帮教对象回归社会前的帮教工作准备阶段、回归社会后的正常安置帮教工作阶段和对少数帮教对象实行重点帮控阶段。

(一) 安置帮教准备阶段

安置帮教准备阶段，就是地方政府、安置帮教机构在接到相关机关寄来关于本地区帮教对象将要回归社会的联系函后，进入安置帮教的工作准备阶段。准备阶段的工作分三步进行：

1. 通知。通知，就是接到相关机关关于帮教对象联系函的政府部门，在规定时间内通知有关部门包括最基层的帮教对象原居住地的村（居）委会，使具体接收部门提前知道帮教对象的具体情况，以便有针对性地开展安置帮教活动。具体顺序是：各市、县（市）公安局、安置帮教工作办公室、司法局在接到相关机关寄送的《刑满释放人员通知书》《罪犯出监鉴定表》《判决书》或《解除强制戒毒人员通知书》《解除戒毒人员出所鉴定表》《强制戒毒决定书》《社区矫正通知书》等材料后，应在5天内将材料分送到城区各公安分局、安置帮教工作办公室和基层司法所。各区公安分局、安置帮教工作办公室和基层司法所在接到联系函等材料后，应在7天内分别通知帮教对象所在地的乡镇（街道）派出所、安置帮教工作站和基层司法所。乡镇（街道）安置帮教工作站和基层司法所在收到联系函后的 3 天内，通知帮教对象所居住的村（居）委会。各乡镇（街道）派出所的民警，在接到通知的当日，通知并动员其亲属按期到相关机关将帮教对象带回。

2. 建立帮教对象个人档案。各市（县）、区安置帮教工作办公室在接到相关机关的联系函后，根据联系函中帮教对象的情况，做好登录工作。

登录卡中的安置帮教工作落实情况，主要是记录帮教对象来信来访情况的答复和协调处理或解决的结果。

各乡镇（街道）安置帮教工作站，在做好登录工作后，向帮教对象所居住的村（居）委会发一张帮教情况反馈表。反馈表由各村（居）委会每半年填写一次，报送乡镇（街道）安置帮教工作站和司法所，以便使乡镇（街道）安置帮教工作站和司法所掌握全面情况，指导工作。

3. 建立安置帮教小组。乡镇（街道）安置帮教工作站和司法所在收到联系函后的 7 天内，到有关村（居）委会帮助建立安置帮教小组，确定联络员，提前做好安置帮教组织上的准备工作。安置帮教小组通常由村（居）委会干部、片区民警和帮教对象的亲属组成。

（二）正常帮教阶段

帮教对象一回到社会，安置帮教工作即开始，自此进入正常帮教阶段。在这期间的工作主要是：

1. 做好申报户口工作，为安置帮教工作开好头。帮教对象回归社会后，面临的第一个问题就是落户。各级公安机关要把落实帮教对象的户口作为安置帮教工作的首要环节来抓，安排专门工作日，由专人负责帮教对象申报户口的接待工作。例如，各市公安局建立周二、周四接待日制度，接受帮教对象的户口咨询和办理恢复户口手续。各县（市）公安局可坚持周一至周五天天接待，做到随来随办。为做好接待工作，各市、县（市）公安局要选配一名工作责任心强，做过管教工作，具有一定工作经验的同志担任接待员，使每一个来访报到的帮教对象都能在办理户口申报手续的同时受到回归社会以后的第一次教育。

2. 实施落户见面教育，为开展安置帮教奠定基础。帮教对象回归社会以后，各基层派出所、司法所和社区（乡村片区）的民警和工作人员要做好第一次的落户见面教育，即主动上门谈好一次话、做好一次家庭走访、做好一张谈话笔录，对他们的前科劣迹、所受处理，原先改造表现，认罪服法态度，今后打算以及家庭经济情况做到心中有数，为开展安置帮教奠定基础。

3. 签订安置帮教责任书，明确安置帮教责任。在帮教对象落户后的一个月内，各乡镇（街道）安置帮教工作站和司法所与帮教对象居住的村（居）委会签订帮教责任书，明确安置帮教任务和责任。

4. 安置帮教小组与帮教对象签订帮教协议，实施安置帮教计划。为实施公开安置帮教，使帮教人员和帮教对象都知晓如何安置帮教和如何接受安置帮教，由安置帮教小组人员与帮教对象签订安置帮教协议，使安置帮教工作正常有序进行。

（三）重点帮控阶段

经过一个时期的帮助教育后，大多数帮教对象能够自觉接受社会的帮助教育，珍惜新生活、遵纪守法、积极参加社会劳动，重新做人。但是也有一少部分帮教对象，不配合帮助教育，恶习不改，有重新违法犯罪的可能。对于这些帮教对象，各乡镇（街道）安置帮教工作站和司法所，根据各村（居）委会帮教小组每半年上报的安置帮教情况反馈表，经年度综合分析后，填写《帮教对象重点帮控呈报表》。表格一式三份，一份报乡镇（街道）安置帮教领导小组，让领导掌握情况，加强重点对象的安置帮教工作；一份报当地公安派出所，由派出所进行重点帮控；一份报司法所，司法所重点帮教。列为重点帮控对象的人员一律由乡镇（街道）安置帮教工作站填写《帮教对象重点帮控呈报表》。

一般来说，列为重点帮教对象的人数较少，对这些帮教对象的帮教工作，一方面由原有的安置帮教小组继续进行正常的帮助教育，另一方面以公安部门为主实施帮控，一旦发现有重新违法犯罪的倾向及苗头，就由公安部门找其谈话，及时进行严肃教育，积极预防重新违法犯罪。

整个安置帮教过程中，凡帮教期满的帮教对象，由帮教小组据其表现，以口头或书面形式提出撤除安置帮教意见。乡镇（街道）安置帮教工作领导小组做好备案工作。

二、安置帮教的措施

安置帮教的工作方法，就是在安置帮教工作中采取的安置帮教工作措施及办法。安置帮教工作的方法，在整个安置帮教工作中占有重要的位置。措施得力，方法得当，帮教对象就能自觉接受，并会收到实际的效果；反之则不然。安置帮教工作的实践告诉我们，要做好安置帮教工作是需要付出辛勤劳动的。因为帮教对象回归社会后，已经与其他公民一样，享受着公民的权利。因此，往往一谈及安置帮教，有些帮教对象就会产生反感情绪，这就给我们的安置帮教工作带来困难。其实，这是他们认识上的偏差。我们所提及的安置帮教工作是在帮教对象回归社会后，帮助他们解决适应社会和被社会所接受的问题，因为在帮教对象回到社会后，自然会碰到一些困难和问题。例如，有的帮教对象回归社会后，家人对他们过去的犯罪不予谅解，不愿再接纳他们，使他们有家不能归；有的帮教对象因刑期长，回来时父母已双亡，兄弟姐妹又不愿接收他们，使他们无家可归。此外，有些帮教对象因受社会的歧视，思想消沉。还有人力资源市场对人力资源的择优选择，无疑给他们中的一些人寻找工作带来难度等。他们遇到的这些问题，只有通过政府、组织和社会的帮助才能得到解决。例如，针对社会上存在的歧视问题，也只有通过政府的宣传，在形成安置帮教的氛围下才会逐步消失，并使社会各界人士自愿加入这个安置帮教大军，为帮教对象回归社会走好新路，为维护社会的稳定做出一份贡献。

（一）家访解疑惑

相当一部分帮教对象回归社会后，内心世界十分矛盾。考虑的问题也相当多，如：

“我回家后，家人如何对待我，亲戚朋友又如何看待我，社会上的人又怎样看待我，我能否找到工作，我该怎么办”等。这些问题，使他们产生了疑惑，不知如何去做，并产生了一部分人回家后不愿出门的现象。在这样的情况下，这些帮教对象所在地村（居）委会干部、司法所工作人员和当地派出所片区民警应主动上门，进行一次家访，解开他们的疑惑。在家访中，向帮教对象宣传社会变化发展的情况，使他们了解社会，以便去适应社会；向他们宣传地区的社会治安情况，希望他们自觉维护地区的社会稳定；向他们宣传就业形势及党和政府的就业政策，以便使他们对重新就业有一个思想准备。此外，从关心的角度，询问他们回来后有什么打算，想做什么工作，回来后有什么困难，需要政府帮助解决什么问题。通过这样的家访，一方面向帮教对象进行思想宣传教育，另一方面使帮教对象感到政府和社会没有抛弃他们，没有歧视他们，是真心关心他们的，解除他们思想上的疑惑和精神上的压力。同时还使帮教人员掌握了他们的思想动态和脉搏，以便“对症下药”，进行有针对性的帮助和教育。

（二）在排忧解难中签订帮教协议，明确各自的责任

基层安置帮教小组与帮教对象签订帮教协议，必须在第一次家访后，针对他们提出的一些需要政府帮助解决的或应该帮助解决的问题给予帮助，诸如：公安部门应及时给他们报上户口；农村籍的帮教对象，原有承包责任田的，应归还或重新划给责任田，原无责任田的，由村委会按有关规定划给责任田或者安排其他生产劳动；丧失劳动能力的，要落实直系亲属或其他亲属赡养或扶养；生活确有困难的，当地村委会应给予照顾，办理低保。在城市，指导帮教对象在户口所在地的乡镇（街道）劳动服务站进行失业登记，并及时领取《就业登记证》，使他们有自找工作或自谋职业的机会。只有这些问题解决后，帮教对象才会从实际问题的解决中感受到只有依靠政府，才能解决回归社会后的问题。在这样的条件和环境中，再召集帮教对象签订帮教协议，就会使他们乐意接受帮教，这对今后安置帮教工作的正常开展也奠定了良好的基础。

（三）召开座谈会，实行相互帮教

帮教对象回归社会后，经过半年或一年的帮教，应该说绝大多数都已经能够适应社会，并被社会所接受，有的也已经在自谋职业上有了新的起步。在这样的情况下，以一个乡镇（街道）为单位，由乡镇（街道）安置帮教工作站将他们组织起来，用半天时间进行座谈交流，让他们交流各自回归社会后在遵纪守法、自谋职业、重新做人等方面的体会，使他们相互启发、相互帮教。同时，通过座谈交流，从他们反映出的困难和需要政府给予帮助解决的问题，寻找出进一步开展帮教的内容，使帮教更加有序深入地进行。实施座谈会的帮教形式，不仅可以让帮教人员检验一个时期的帮教成果，明确下一步如何开展帮教，而且使帮教对象受到启发和教育，寻找自己接受帮教后的差距，学习别人重新做人、重走新路的经验和做法，以便更好地走好人生的新路。

（四）实施跨地区的联合帮教，保证帮教工作不脱节、不漏管

有些帮教对象刚回来的一段时间是在本居住地生活和劳动的，后随着劳动单位的变化或自己事业的发展，已到外地工作或到外地发展自己的事业。对这些帮教对象实行面对面的帮教已不可能。在实践中，有些单位提出了新的帮教方法，即实施跨地区的联合帮教，就是由原帮教地的帮教小组通过电话或信函到帮教对象的现时工作单位了解情况和提出帮教要求，以做到共同帮教。对于一些到外地做生意、无单位可联系的，亦可通过他们的亲属了解情况，并通过他们的亲属以书信、微信等形式给予勉励，在思想上提醒帮助，使他们走好人生的新路。这样做，不仅可继续起到帮教的作用，而且又可做到不脱节、不漏管。

（五）重大节日领导走访，给予勉励教育

中秋节和春节是中国传统的两大节日，在这两大节日期间政府和社会各界组织节日走访慰问，不仅给人们带来节日的问候，更重要的是给人们带来精神上的安慰，思想上的勉励，是一次很好的受教育的机会。同样，各级政府和地方安置帮教工作部门，在此期间由领导代表政府对部分帮教对象进行走访慰问，可以使帮教对象感受到政府的温暖、领导的关心，从而鼓励他们更加自觉地接受教育、重新做人。

（六）认真处理来信来访，帮助排忧解难

有些帮教对象回归社会后提出的困难和问题比较复杂或是涉及政策问题，基层帮教小组难以解决，帮教对象有的会写信反映，有的会上访。对于他们来信来访的接待和处理，说到底也是解决他们思想问题的重要工作。如果他们反映的问题和提出的要求得到了解决，或者弄清了道理，他们的思想问题也就会随之消除。反之，他们就一直存在思想问题。因而，各级政府和安置帮教工作部门务必认真处理好帮教对象的来信来访。在调查处理中，我们必须把握三种方法：一是如他们提出的问题是合情合理的，又是必须解决的，应尽快给予协调解决；二是提出的问题是存在的，但解决的要求过高，这就应一方面对存在的问题给予合理解决，另一方面对提出的过高的要求给予批评和教育；三是对于无理的要求，在解答政策或规定后，帮教对象还提出无理需求的，给予严肃批评。这样，我们不仅能有理有节、合情合理地解决和解答他们来信来访中的问题，而且自然可起到思想帮教的作用，指引他们走上正确的人生道路。

（七）加大对帮教的力度，切实做好转化工作

一部分帮教对象经帮教后转变不快，且又有重新违法犯罪的苗头和倾向，应转为重点帮教对象。对这些人员仅用一般的帮教方法已无济于事，必须由公安派出所进行帮控，司法所重点帮教，原帮教小组进行配合。原帮教小组要做到随时掌握帮控对象的动态并提供给派出所，派出所根据掌握的情况，随时召唤帮控对象到派出所接受教育，同时规定帮控对象在规定的时间里到派出所汇报自己的思想，做到提醒教育的警钟长鸣，切实帮助他们改变自己的恶习，转变成新人。

（八）向大墙内延伸帮教，为日后帮教打下基础

对帮教对象的帮教，是巩固其改造成果的一个举措，如果我们对监狱、社区矫正机构和强制隔离戒毒所正在服刑、强制戒毒的帮教对象，在其服刑、强制戒毒期间，就由各级地方政府和安置帮教工作部门组织人员到监狱、社区矫正机构和强制隔离戒毒所延伸帮教，可为服刑罪犯、强制隔离戒毒人员回到社会后的帮教打下一个好的基础。

至于地方政府如何配合监狱、社区矫正机构和强制隔离戒毒所开展延伸帮教，一般而言，先由市（县）、区的地方政府，与关押本籍较多的服刑罪犯、强制隔离戒毒人员的监狱、社区矫正机构和强制隔离戒毒所签订帮教协议，明确配合帮教的责任，实施联合帮教。而后由市（县）、区政府和安置帮教办公室有计划地组织乡镇（街道）政府（办事机构）和安置帮教工作站赴监狱、社区矫正机构和强制隔离戒毒所对本乡镇（街道）地区籍的服刑罪犯、强制隔离戒毒人员进行多种形式的帮教，如赠送法律和科技文化书籍，宣传家乡发展的新面貌，组织家属前去探望教育等，激励他们在监狱、社区矫正机构和强制隔离戒毒所认真改造，认真学习文化科学知识和重新就业的技能，促使他们及早回归家乡参加建设，重新做人。各市（县）、区安置帮教工作领导小组亦可组织动员本地区的关心下一代工作委员会、团委、青年联合会等社会群众团体中的帮教志愿者，到监狱、社区矫正机构和强制隔离戒毒所开展各种形式的帮教活动，扩大延伸帮教的队伍和帮教内容。

三、安置帮教的工作艺术

提高对帮教对象的帮教工作艺术，对做好帮教对象的帮教工作十分重要。就具体帮教工作而言，要使帮教工作具有针对性，就必须从每一个帮教对象的心理状态、性格特点、原有的素质及回来后的生活环境实际出发，有针对性地开展帮教。帮教对象回归社会以后，面临的家庭环境各有不同，所处的社会地位悬殊，因此，心理感受千差万别。他们虽然经过了一定时间的教育改造，但由于思想觉悟、文化程度不同，对社会、政治、经济形势的认识也不一致。概括来说，帮教对象回归社会时，心态各异且很不稳定，这时，如果没有恰当的帮助、及时的教育、正确的引导，安置帮教就不能收到好的效果。因此，具体的安置帮教工作要坚持正面教育，要有针对性，要从实际出发。

（一）坚持正面教育，唤醒其重新做人的信心

有的帮教对象回归社会后，总认为自己是犯过法的人，总觉得抬不起头，比别人矮一截，做什么事、见什么人都是畏畏缩缩的。有的还觉得这一辈子就完了，没有前途可言，时时处处显得悲观失望。对于这些帮教对象，我们就要开展正面引导的教育。给他们宣传一些帮教对象改过自新、重新做人的事迹，使他们明白只要改过自新、走上正道，社会就会重新看待他们。要努力消除他们的思想顾虑，使他们重新振作起来，投入现实生活中去。如有些地方以“用活政策、无缝衔接、分类帮教、重点安置”为指导，推出“五个一”安置帮教工作法，“五个一”即一本“登记簿册”、一份“帮教方案”、一批“安置

基地”、一个“法律团队”、一册“政策读本”。一本“登记簿册”，建档立册，无缝衔接。以乡镇为单位建立刑释人员档案，做到刑满释放安置帮教对象每人“一卡、一册、一档”。规范档案式样，统一印制相关卡、册、簿，做到全县统一档案格式、统一登记内容。一份“帮教方案”，突出重点，个性帮扶。针对不同对象确定不同帮教方案，实行个性化帮教。一批“安置基地”，指导就业，平稳回归。按照属地安置帮教原则，建成了一批“安置就业基地”。一个“法律团队”，排忧解难，专业服务。以全县律师队伍为骨干，法律工作者、人民调解员、志愿者为补充，组建法律服务团队。一册“政策读本”，宣讲政策，优抚到位。统一编印国家有关就业、社会保障等优惠优抚政策读本，帮助刑释人员在回归社会过程中，能够及时了解并依法、平等享有养老、医疗、失业和工伤保险等各项政策福利。①

（二）坚持积极引导，重塑新的人生

有的帮教对象回归社会以后，认为自己反正不如别人，悔改心不强，自暴自弃，破罐子破摔。有些服刑期较长的帮教对象回归社会以后，面对焕然一新的家乡面貌，仿佛走进了另一个世界。再看看自己的家庭，有的处于贫困状态，有的妻离子散。看到这一状况，他们中的有些人丧失了重新生活的勇气，有的甚至萌生了“重操旧业”的邪念。对于这些人，我们要引导他们正确看待现实，教育他们正确看待自己的过去、现在和将来，看到自己的存在对社会、家庭的价值。使他们懂得过去的已经过去，只有把握现在，才能得到社会、家庭的承认。同时，我们在积极引导中要善于抓住帮教对象的长处，搜索其个性品质中的“闪光点”，促其转变。通过发现和肯定在他们身上也具有“闪光”的品质，激活他们几乎麻木的心，点燃他们由于长期自卑情绪压抑下来的热情，用他们自身的“闪光点”来弥补他们过去所留下的遗憾，逐步改变周围人对他们的看法，促使其自觉、乐意地重塑人生，就会避免他们自暴自弃、破罐子破摔心态的滋生和蔓延。

（三）实行感化教育，培养高尚的道德情操

有的帮教对象过去具有根深蒂固的生活恶习和自私的道德品质，他们曾经为了满足自己的私欲甚至连家庭也不管，更不对家庭承担应尽的义务。对此，帮教工作者必须对他们的个性品质进行分析，有针对性地培养他们符合社会规范的道德情操，抓住其醒悟和转变的时机，给予肯定和帮助。

有些帮教对象回归社会以后思想摇摆不定，处在人生的十字路口，这时恰当的帮教工作会免除其“再进宫”的危险。还有些帮教对象回归社会后，一时处在窘境之中，金钱的诱惑、旧友的纠缠已使他们左右摇摆。帮教工作应不失时机地开导、教育，把他们从迷途中拉回。对于生活无着落的帮教对象要尽量为其解决生活问题；对于孤寡的帮教对象视其年龄、身体状况给予适当安置；对于有可能“旧病复发”的帮教对象动员各方面力量改变其生活环境。帮教对象回归社会以后，在关键时期给予关心、指点，为他们创造一个适宜

---

① 余仁桂、子世茂：《“五个一”将安置帮教工作落到实处》，载《人民调解》2021 年第 5 期。

的生活、工作环境，对他们开创新生活至关重要。

（四）做好亲属配合教育工作，建立家庭教育环境

帮教对象回归社会后，除少数帮教对象无亲人、无依无靠外，绝大多数都回到了自己的亲人身边，因而，他们的亲属应该是第一教育者，是最直接的教育者。我们在开展帮教活动中，要紧紧抓住并依靠他们的亲属做好帮教工作。首先，要求他们的亲属要主动接纳他们回到家庭中来，让他们重享家庭的温暖；其次，要求亲属配合帮教小组做好思想开导工作，使他们树立起重走新路的信心；再次，切实配合帮教小组解决他们生活中的实际困难，使他们有一个重新生活的机遇和环境；最后，配合帮教小组做好对他们正常的思想帮教，并及时与帮教小组通报情况，共同帮教。

第五节　安置帮教制度的新时代创新发展

中国特色社会主义进入新时代，社会结构和形态发生了重大变化，安置帮教必须顺应时代发展，从国家、社会和监管机构三个层面全方位构建安置帮教工作社会综合治理体系，形成以国家治理为导向、社会治理为重心、监管场所治理为基点的安置帮教工作社会综合治理新格局。①

一、构建帮教对象顺利回归的社会治理政策

帮教对象的顺利回归与国家城市化发展、社会保障体系、市民化社会结构、弱势群体合法权益保障、社会包容程度等方面密切相关，要从宏观需要方面构建帮教对象顺利回归的社会治理政策，降低重新犯罪率。

（一）精准构建社会托底政策

最好的社会政策，就是最好的刑事政策。科学研判经济转型中弱势群体问题，快速反应、及时回应，实现科学托底、人文托底，助力他们走出困境，共享社会经济发展成果，增进政治认同、社会认同、制度认同。建立健全“广覆盖、保基本、多层次、可持续”涵盖帮教对象的社保体系，扩大低保范围，提高低保标准。深化城市户籍改革，推动户籍管理与治安防控分离，实现户籍与区域教育、社会福利相结合，变被动申报为主动申报，使公安部门集中做好犯罪预防。

（二）促进乡村振兴战略发展

推进城乡融合发展，构建城乡互补、共同发展的新型城乡关系，为帮教对象充分就业

---

① 四川省监狱管理局课题组：《国家治理体系与治理能力现代化视域下罪犯回归工作创新研究——从重新犯罪谈回归工作创新》，载《中国监狱学刊》2021 年第 2 期。以下内容参照该文“以预防和减少重新犯罪为靶向创新回归工作对策”的框架内容修订整理。

创造良好外部环境。一方面，加大城乡要素供给，吸引更多资源向乡村汇聚，实现有序流动、平等交换，加大乡村产业扶持和资金投入，培训乡村产业发展人才。另一方面，提升城乡产业竞争能力。加大农业供给侧结构性改革，搭建“互联网+农业”融合平台，扶持中小微企业统筹推进市、县域经济稳定发展，实现县、乡、村层级产业布局，产业升级，高质量发展。

（三）强化社会适应，增进社会融合

准确把握社会舆论、社会心态的变化规律，营造包容帮教对象社会氛围，构建理性平和的回归环境。一是正确引导社会舆论。加大对社会大众宣传力度，让社会大众认识到法律已对帮教对象给予了应有惩罚，全力营造有利于帮教对象回归的平等宽容的社会环境和理性平和的社会心态，疏导仇视对立情绪，化解消极因素，促进社会和谐。二是建立正当合理诉求表达机制。发挥律师行业、工会等社会群团组织在化解社会矛盾中的积极作用，引导帮教对象以合理合法方式表达诉求、解决问题，依法保障其合法权益。三是深化社会心理服务机制建设。完善心理危机干预和心理援助社会服务模式，为帮教对象及时提供心理援助。

二、建构预防重新犯罪的帮教对象回归治理模式

政府相关部门应当从罪犯入狱服刑和强制隔离戒毒人员进入戒毒阶段开始，围绕再社会化目标，从完善机制建设、变革改造方式、健全组织功能、强化智能运用和着力队伍建设等方面建立与国家治理体系和治理能力相适应的新型现代帮教对象回归改造治理模式。

（一）完善帮教机制，从分散型“各自为战”转变为系统型“协同作战”

以建立系统的法规体系为引擎，实现由行政绩效色彩浓厚的监督管理向法治服务特征鲜明的新型治理转变。一是把帮教对象保护纳入法治轨道。以立法形式推进帮教对象社会保障机制，明确帮教对象的权利、义务，明晰社会相关部门职责；《监狱法》《社区矫正法》《禁毒法》设立回归专章，明确规定社会安置帮教、社区矫正部门协调衔接等内容；对回归社会后一定年限内无重新犯罪的可以消灭前科。二是优化刑罚执行模式。依法扩大假释面，构建“假释为主、减刑为辅”的刑事奖励机制。三是推进新型监管体制机制改革。构建监禁刑与非监禁刑相互贯通的刑罚执行体系，建立与回归适应相衔接的监管模式，设置帮教对象回归过渡期和适应期，让帮教对象提前适应社会生活。

（二）变革帮教方式，从被动帮教转变为主动帮教

准确把握新时代帮教对象结构变化，增强帮教对象改造内生动力；提升帮教对象回归社会后回归适应能力，着力价值观重塑，以改变帮教对象犯罪人格，实现由底线安全向治本安全的根本转变。一是变革推动型矫正教育模式，形成互动式教育模式。在帮教对象改造计划、方案和措施的实施中，要从发挥帮教对象主观能动性、激发帮教对象自我改造的

积极性出发，使改造内容为帮教对象所需要，教育的方式方法为帮教对象所能接受，促使帮教对象自我觉悟，产生重新做人的动力，实现从“要我改造”到“我要改造”的转化。二是变革传统教育改造教学模式，形成以适应现代社会公民素养的教育模式。针对帮教对象不断增多的改造形势，教育改造在突出帮教对象犯罪意识改造的同时，着力对帮教对象强化现代公民素质教育，使之具备融入现代社会应有的主体意识、权利意识、参与意识、平等意识、宽容态度、法治观念、义务观念和理性精神等。三是变革普适式教育模式，形成以回归适应为导向的精准教育模式。以帮教对象回归社会后的回归发展为引领，根据不同类型和个体犯因性问题，建立个案管理、个别化矫正的教育改造新模式。针对人格障碍、心理问题突出的帮教对象，强化矫正教育过程管理、认知行为疗法等方法运用；对再犯风险高、人身危险性大的帮教对象，强化综合评估和风险控制；针对因谋生技能不足、社会适应能力差的帮教对象，按照社会需求开展职业技能培训、创业培训和回归适应训练。四是变革劳动岗位供给模式，形成以增强帮教对象回归创业能力为目标的技能培训模式。拓展劳动生产项目，将帮教对象职业技能培训纳入国家再就业工程，财政统筹，免费培训，扩大罪犯回归就业渠道。将帮教对象文化教育纳入地方总体规划，教育部门加强业务指导和师资培训，拓宽义务教育范畴，提升帮教对象综合素质。

（三）健全帮教功能体系，从“粗放管理”转变为“精准教育”

提升现代监管场所治理与教育改造现实需求的匹配度，全力推动由形态单一、粗放管理到功能齐备、分类科学的监管形态布局的治理转变，从而实现片面强化惩戒功能到刑事司法执行的理性平和的理念转变。按教育改造功能配置资源，重构监管场所组织形态和功能形态，推进等级化戒备管理、差别化处遇管理、渐进式社会融入，形成改造职能充分发挥的新型组织管理机制。围绕帮教对象再社会化目标，打破监管治理版块壁垒，破解监管职能条块分割、层级管理分隔、执行层面分家难题，提升监管治理的整体实力。

（四）运用“智慧矫正”，从经验型转变为现代技术型

实施监管大数据战略，构建监管信息动态感知、数据精准分析、业务智能辅助、防范安全可控的科技应用新格局，促进帮教对象改造与现代科技深度融合，实现从模糊改造到数字改造的根本转变。一是打造回归信息共享平台。结合大数据、物联网、云计算理念和方法，实现监管改造活动信息资源数字化、智能化，推动指挥中心的实体化设置、实战化运行；深化回归信息共享平台建设，通过监狱、社区矫正机构、强制隔离戒毒所等对共同矫正对象动态数据的互联互通，有针对性地进行资源调集，强化监管对象掌控力度，实现帮教对象回归工作网络化精准治理。二是加快智能帮教对象回归改造评估系统建设。将现代矫治理念与信息技术手段深度融合，建设具有业务数据双驱动和信息传送自动化、危险预警及时化、隐患处置最优化、矫正方案个性化的帮教对象回归综合评估系统，形成监管科学决策、精准矫治、高效防控的再社会化改造模式。三是加快个性化回归改造场景建设。打通信息资源渠道，从技术层、应用层、主体层三个层面构建“智慧改造”“智慧矫正”“智慧戒毒”系统，依据大数据产生的海量资料和数据，探索帮教对象数字化建模，

搭建虚拟化回归教育场景，设计智能化回归改造软件，开展远程视频会见帮教、就业培训、模拟实训等科目，提升帮教对象改造的精准性、实效性、针对性。

（五）提升民警能力，从看守型帮教转变为专家型帮教

建构预防重新犯罪的帮教对象回归治理模式，打造革命化、正规化、专业化、职业化队伍。一是强化队伍政治引领。以革命化建设为统揽，增强“四个意识”、坚定“四个自信”、做到“两个维护”，确保监管场所治理不偏航失向。二是优化队伍专业培训。健全“教学练战”一体化培训机制，培养专业思维、专业方法、专业技术，提升专业化水平。三是畅通职业发展通道。完善队伍分类管理，提升民警职级待遇，拓展职业发展空间，增强监狱民警职业吸引力，着力形成“进得来”“留得住”“有奔头”的职业规划与发展机制。

三、构建多元参与、共治联动回归治理模式

帮教对象顺利融入社会，需要社会和监狱、看守所、社区矫正机构、强制隔离戒毒所等共同努力，以“社会治理+现代科技”为抓手，以市域社会治理现代化为着力点，从搭建就业创业帮扶平台、构建社会综合治理防控体系、强化重点领域犯罪风险预警预测三大层面，推动形成共建共治共享联动回归治理格局。

（一）搭建就业创业帮扶新平台

党的十九大报告指出：“就业是最大的民生。要坚持就业优先战略和积极就业政策，实现更高质量和更充分就业。”建议社会实施困难人群就业优先战略，给予就业创业社会保险补贴，以及规范就业创业担保贷款贴息等政策配套措施，促进帮教对象重新就业创业。一是配套政策，强化保障。允许帮教对象利用劳动报酬或由家人出资为其购买养老保险、医疗保险等社会保险，解决帮教对象的社保衔接，保持帮教对象社保的连续性和有效性。二是加大投入帮扶资金，稳定就业岗位。出台对帮教对象在创业贷款、工商登记、税收等方面的优惠政策，提供不同额度的就业创业的低息、无息贷款资金，全面落实失业保险和技能提升补贴政策，为生活困难的帮教对象落实最低生活保障、临时性救助等措施。三是建立就业培训基地，促进重点群体就业。监狱、看守所、社区矫正机构、强制隔离戒毒所等与社会企业和院校联合建立培训基地，邀请人力资源和社会保障、市场监督管理等部门和企业工作人员为无业可就的帮教对象提供就业指导、职业技能培训、创业培训、技能鉴定、技能实训等就业培训项目，使他们掌握一技之长；对已掌握一定技术、有创业意愿的帮教对象，向社会发布就业信息，向帮教对象推荐就业岗位，促进他们再就业。四是建立“中途之家”帮扶机构，搭建对接平台。建立政府主导、社会参与的帮教对象过渡性安置帮扶机构，由司法、综治、财政、民政、医疗等部门和社会民间力量参与建立社区服务“中途之家”，为帮教对象开展“树立正面思维及新目标、重建传统价值观、扩大正面社交网络及改善人际关系、开阔见识”等回归社会适应性专门训练；为无家可归、无业可

就、无亲可投的“三无”帮教对象及老年、残疾、有变态人格等帮教对象提供亲情修复、心理治疗、技能培训、职业规划等过渡式管理和安置服务，确保帮教对象有家可归、有业可就；为吸毒、HIV 等身体有疾病的帮教对象提供后续戒毒、治疗和康复等服务；协助家庭经济困难的帮教对象办理就学、落户、城镇最低生活保障金及申请廉租房、社会救助、保险、法律援助及困难补贴，帮助他们解决回归社会初期的过渡性食宿等基本生活问题；广泛发动、引导和鼓励社会慈善力量建立民间慈善帮扶组织和资助基金，为帮教对象顺利回归提供创业帮扶和困难资助。

（二）构建社会综合治理防控体系

构建网络化社会治安防控体系，提高社会治安综合治理水平。一是深化安置帮教工作组织建设。将安置帮教工作目标任务纳入各级社会综合治理委员会主要工作，设立专职安置帮教工作部门，并将帮教对象安置帮教情况、重新犯罪指标纳入地方政府绩效考核主要内容，明确各级党委、政府负责人对安置帮教工作负总责，组建省、市、县、乡四级帮教机构和社会工作者、志愿者队伍，引导社会力量参与帮教对象帮扶工作。二是延伸社会帮教长效机制。深化社会帮教长效机制，明确教育、社会保障、民政、司法行政、医疗等政府职能部门在帮教工作中的社会责任；深化帮教对象定期跟踪回访机制，及时了解帮教对象就业情况、遵纪守法情况及政策落实情况，针对出现的问题，在鼓励他们战胜困难、战胜自我的同时，积极与当地相关部门、社区及其家属沟通衔接，帮助帮教对象平安渡过回归危险期；动员社会力量、政府相关部门牵头组建亲情帮教协会，发挥家庭支持系统帮教规劝扶助作用，促进帮教对象顺利回归。三是构建社会治理“五治”新格局。坚持“专项整治与系统治理、综合治理、源头治理相结合”“专项打击与重点整治、党委领导与政府负责、社会协同与群众参与、条块整体联动与横纵分工合作相结合”，形成政治引领、法治保障、德治教化、自治强基、智治支撑的社会治理“五治”新格局。

（三）强化重点领域犯罪风险预警预测

由被动反应向主动化解转变，加强对产生违法犯罪源头因素的智能研判，是防范化解社会安全风险的首道防线。一是完善网络空间治理预测预警机制。通过大数据融合、物联网、云计算等智慧平台建设，全面加强社会治安防控体系建设，防范涉众型、风险型经济犯罪，以及盗抢骗等多发性侵财犯罪，实现打击犯罪模式从“事后防御+事中拦截”向“事先预警+事先防范”转变。二是建立重新犯罪高危群体动态监测机制。针对重新犯罪率的高危高发群体，公安、司法、社区等部门联动建立一体化智慧警务动态监测模式，加强对盗窃类、涉毒类和抢劫类等有犯罪前科的帮教对象在回归社会后两年内的跟踪复检，形成帮教、跟踪和预防一体化的良性循环。三是建立社会危机与犯罪风险评估标准体系。相关职能部门负责实施国家级犯罪调查统计分析，在各地建立犯罪风险监测网络，重点监测有重新犯罪风险群体的情报，开展常态化跟踪分析研判，定期发布犯罪风险预警，实施前端预防，扩大预防效果、减少犯罪行为。

第十章　律师与律师管理（上）

目前，我国关于律师和律师管理方面的法律相对比较完善。法律层面，有专门性的法律——《律师法》，也有非专门性的相关法律，例如《民事诉讼法》《刑事诉讼法》《行政诉讼法》《刑法》；在行政法规层面，有《外国律师事务所驻华代表机构管理条例》和《法律援助法》；司法解释类的规范更多，包括《律师执业管理办法》《律师事务所管理办法》《国家统一法律职业资格考试实施办法》等。这些规定为规范律师的执业行为提供了法律依据。

第一节　概　述

一、律师职业性质的界定

（一）律师职业性质的概念

所谓律师的职业性质，是指国家法律规定的，律师职业区别于其他职业的本质属性。律师职业和其他许多职业一样，是由于社会发展而出现的职业分工。在一国的律师制度中，律师的职业性质问题是一个根本性的问题，它体现在律师制度的各个方面，制约着律师的地位、权利、义务、作用、责任和律师制度的发展趋势。

（二）关于律师职业性质的理论观点

在我国律师体制改革和律师立法工作开展的过程中，律师职业性质的问题极受重视。法学理论界、律师界、立法工作者都对此进行了深入的讨论研究，展开了激烈的争论，主要形成了以下几种观点：

1. 律师是国家法律工作者。持这种观点的学者认为，律师业是一个特殊行业，律师为当事人提供的服务不是一般的服务，非国家法律工作者不能承担。律师与公、检、法工作人员一样，都是从事法律工作，都是为了保障国家法律的正确实施、维护法律的尊严、维护当事人的合法权益，目标一致，只是分工不同，律师工作有对立面，只有作为国家法律工作者，才能与其承担的任务和职能相称。

2. 律师是社会法律工作者。持这种观点的学者认为，律师工作有两个特点：一是具有社会性，服务面广，面向整个社会；二是具有服务性，律师没有强权性，他只能提供智力劳动，为社会服务。律师工作的这两个特点决定了律师的职业性质是社会法律工作者。

3. 律师是自由职业者。持这种观点的学者认为，律师接受当事人的委托，担任辩护人、代理人和法律顾问，从理论和实践两个方面看，都属于个人劳动。因此，应当还律师自由职业者的本来面目。

此外，还有的观点主张我国律师的性质不可一概而论，可以有国家法律工作者和社会法律工作者两种性质并存。

律师制度的不断发展和完善表明，第一种观点将律师的性质定义为国家法律工作者，难以体现律师向社会提供法律服务的职业特点，不利于律师管理体制的完善。第二种观点将律师的性质定义为社会法律工作者，虽然揭示了律师服务的社会性，也揭示了律师与法官、检察官等国家法律工作者的区别，但是，其不便区分律师与其他社会法律服务工作者。第三种观点将律师的性质定义为自由职业者，虽然体现了律师独立、自治的职业特征，但它脱离我国实际，与我国的经济基础、历史传统和文化背景都不相容。

（三）《律师法》对律师职业性质的科学界定

我国《律师法》第 2 条第 1 款规定："本法所称律师，是指依法取得律师执业证书，接受委托或者指定，为当事人提供法律服务的执业人员。"这条法律规定，对律师的职业性质做了科学的界定，它主要有以下几个方面的含义：

1. 律师是执业人员。所谓执业人员，是指以从事特定职业为基本生活方式的劳动者。律师执业虽然具有社会性，活动的范围比较广泛，但是，从根本上说，律师属于智力劳动者，即是以其掌握的知识和能力为社会提供专业服务的人员。

2. 律师是专门提供法律服务的执业人员。律师是专门的法律工作者，以熟悉法律为专长，以提供法律服务为职责。律师向社会提供的服务，应当是法律专业服务。执业律师可以其他名义从事与法律事务无关的活动，但是，当其以律师的名义从事活动时，则仅限于法律服务。

3. 律师是为社会提供法律服务的执业人员。律师执业具有很强的社会性。律师执业的基本方式是向社会提供法律服务，即专门接受公民、法人或其他组织的委托、聘请、请求及法院的指定，或者根据法律的要求，协助他们进行诉讼或者处理其他法律事务。律师办理法律事务的目的，在于通过维护委托人的合法权益，维护法律的正确实施。这就从根本上将律师与代表国家、以国家名义进行诉讼活动的警察、检察人员相区别，明确了律师面向社会提供法律服务的特点。

4. 律师执业必须依法取得律师执业证书。执业证书是律师从事业务活动的合法资格证明。律师执业必须依法取得律师执业证书，没有律师执业证书的人，不得以律师的名义从事律师业务。我国实行司法职业资格与律师执业相分离制度，通过了全国统一的司法资格考试只是取得了从事律师职业的资格，要想以律师名义从事法律活动，还须申请领取律师执业证书。

由上述分析可知，律师执业必须得到法律的认可，具有律师执业资格；除公职律师和公司律师之外，律师不是国家公务人员；律师具有其他职业所不具备的特殊知识和特殊技能；律师执业具有独立的职业判断和职业行为。所以律师具有法定性、社会性、专业性和专门性、独立性。

（四）科学界定我国律师职业性质的意义

任何事物都有很多属性并且表现在各个方面。但只有事物的本质属性才是决定一事物与他事物区别的根本所在。《律师法》对律师职业性质的科学界定，不仅在理论上对准确理解律师法的基本内容有重要意义，而且，其对我国律师队伍的进一步发展壮大，对律师依法完成任务，促进律师制度的进一步完善，都有着现实意义。具体体现在以下几个方面：

1. 有利于律师整体素质的提高。根据法律规定，我国实行法律职业资格全国统一考试制度。要求具备全日制普通高等学校法学类本科学历并获得学士及以上学位，全日制普通高等学校非法学类本科及以上学历并获得法律硕士、法学硕士及以上学位，全日制普通高等学校非法学类本科及以上学历并获得相应学位且从事法律工作满三年，经法律职业资格考试合格的，由国务院司法行政部门授予法律职业资格。取得法律职业资格后，申请领取律师执业证书的，必须经省、自治区、直辖市以上人民政府司法行政部门审核，符合规定条件的，才应当在收到申请之日起 30 日内颁发律师执业证书。由此可见，律师依法执业，必须取得法律职业资格，而且取得法律职业资格只是律师执业的前提条件，取得法律职业资格后，要想成为执业律师，还必须经主管部门批准，领取律师执业证。由于法律职业资格考试制度是律师制度中的重要内容，有关法律对参加考试人员的条件、考试考核的办法、录取标准等都做了统一的规定，使只有具备法定条件的人员才能取得法律职业资格，领取律师执业证书，从而提高了律师执业的门槛，在整体上保障了律师队伍的人员素质。

2. 有利于律师队伍的发展壮大。《律师法》颁布施行以前，根据《律师暂行条例》的规定，律师的性质是国家法律工作者。律师事务所属于非营利性质的国家事业单位。其人员编制属于司法事业编制，经费列入国家事业预算，实行全额管理、差额补助的办法，依靠国家财政拨款。律师事务所国营事业单位的性质，决定了律师工作机构的增加、律师队伍的扩大均取决于国家能否给予更多的编制和经费。但是，由于受国家财力的限制，国家不能拿出太多的编制和经费充实律师队伍，致使律师队伍发展缓慢。1997 年 1 月 1 日颁布的《律师法》将律师的性质界定为依法取得律师执业证书，为当事人提供法律服务的执业人员，赋予律师事务所、律师较大的自主权，自主决定发展规模，这就为社会上愿意从事律师工作的人员提供了进入律师队伍的便利条件。此外，由于律师工作的好坏与经济效益挂钩，许多优秀的律师获得的报酬颇为丰厚，因此也吸引社会上众多的有志之士加入律师队伍中。由此产生的结果，必然有利于律师队伍的进一步发展和壮大。截至 2020 年底，全国共有执业律师 52. 2 万多人。2. 93 万多家党政机关、人民团体和 6400 多家企业开展了公职律师、公司律师工作。从文化程度看，本科学历的律师 38. 59 万多人，占 74. 07%，硕士研究生学历的律师 10. 49 万多人，占 20. 15%，博士研究生学历的律师 7000 多人，占

1.35%，本科学历以下的律师 2.3 万多人，占 4.43%。[①]

3. 有利于律师依法执业。《律师法》第 3 条第 1 款规定："律师执业必须遵守宪法和法律，恪守律师职业道德和执业纪律。"由此可见，律师执业最根本的要求是依法、守纪、公正。律师在依法为当事人提供法律服务的过程中，除自身遵守宪法及法律，恪守律师职业道德和执业纪律外，还必须排除一切干扰，免除后顾之忧。《律师法》颁布施行以前，由于律师是国家法律工作者，律师事务所隶属于各级司法行政机关，司法行政机关对律师工作管得过细、统得过死，严重地限制了律师及律师事务所的自主权。特别是司法行政机关对律师的具体业务活动干预过多，使律师不能顺利完成其所承担的工作任务。将律师界定为为当事人提供法律服务的执业人员，肯定其执业上的自主性和独立性，这就给律师创造了良好的执业条件，净化了执法、司法环境，免除了律师的后顾之忧，有利于法律的正确实施和法律尊严的维护。

4. 有利于维护委托人的合法权益。委托人委托律师为自己提供法律帮助，都希望律师给自己提供优质的法律服务。但是，如果律师提供服务的质量，与其自身的利益没有直接关系，其服务质量就很难得到保证。《律师法》颁布施行以前，由于律师是国家的法律工作者，律师事务所的经费、工资、福利等都由国家决定，在分配制度上吃国家的大锅饭，不能真正体现按劳分配，干多干少、干好干坏、干与不干一个样，不能充分调动律师的工作积极性。当然，我们不能排除某些律师确实尽职尽责地为当事人提供了质量可靠的法律服务，但是，这并不能从制度上保证所有的律师都能提供优质的法律服务。《律师法》重新界定律师的性质，由其自主开展业务，优胜劣汰，迫使律师提高服务质量，这就从制度上确立了保证律师为社会提供良好法律服务的机制，从而使律师能够尽职尽责地为当事人提供法律服务，维护当事人的合法权益。

5. 有利于促进对外交流与合作。目前，世界上绝大多数国家的律师都是以社会法律专业人员的身份为当事人提供法律服务。特别是西方发达的资本主义国家，律师都是以独立的身份为当事人提供法律服务，他们强调和标榜的是独立于政府之外，不受政府的干预、控制或影响，以便充分维护其委托人的权益，求得公平的结果。我国以前将律师界定为国家的法律工作者，不仅我国公民对律师的公正性有疑问，而且对前来投资、进行贸易活动的外国人来讲，更不容易接受我国的律师。他们认为，律师作为公职人员，拿政府的薪俸，一旦外国当事人与我国当事人，特别是国有企业、单位发生纠纷，律师很难维护外国当事人的合法权益。《律师法》很好地解决了这个问题，基本上做到了与国际通行的准则相一致。因此，《律师法》对律师性质的科学界定，必将使我国律师取信于国内外的当事人，在涉外乃至国际交往中发挥更大的作用，树立良好的律师形象，为促进依法治国，建设社会主义法治国家做出新的更大的贡献。

---

① 中公教育网：《司法部：2019 年度律师、基层法律服务工作统计分析》，网址：http://www.zjbar.com/info/9abe614d2ed84caca66f9b8c15b2b5f8，发布时间：2021 年 6 月 15 日，访问时间：2022 年 3 月 17 日。

二、律师职业资格

如前所述，律师是为当事人提供法律服务的专业人员，其职责是维护当事人的合法权益，维护国家法律的正确实施，维护社会正义。因此，律师必须具备精湛的法律知识和较高的道德水准，为了确保进入律师行业人员的素质，各国对律师资格的取得都有严格的规定。

（一）国外对律师资格取得的有关规定

1. 学历要求。美国律师的社会地位很高，因此取得律师资格的条件十分严格。学历上要求，大学毕业后再在法学院学习 3 年，因为，在美国只有在正规学院或者大学毕业并获得学士学位，才有资格进入法学院，因此，学历上相当于研究生。在法国，律师应至少具有大学法学学士毕业证书或其他经司法部部长及负责大学事务部长联合决议所认可的同等学力证书。在日本，律师必须是大学毕业。从以上我们可以看出，各国对于取得律师资格的学历要求是比较高的。

2. 品行方面的要求。作为律师要有良好的道德品质。因此，各国对报考律师资格的人员都有品行方面的要求，以此将不适宜从事律师职业的人员排除在律师大门之外。在美国，州律师协会对报考者进行资格审查，审查的方式为：一是将报考者留下的指纹送警察部门核验有无犯罪或不良记录；二是对有疑点的情况进行调查。经过登记审查发现有品行不良者，如酗酒、闹事被警察传讯、吸毒、虐待家人、不诚实等，将不允许其参加律师资格考试。在英国，要求出示良好品行证明和从未从事过与辩护律师工作不相容的其他职业证明。

3. 律师资格考试。申请人在具备学历、品格等方面条件的前提下，还要经过律师资格考试。几乎所有的国家都规定取得律师资格，必须通过律师资格考试。在德国，要想取得律师资格需要经过两次国家考试。在美国，各州都有律师资格考试委员会。有的州一年一次，有的州一年两次。考试的内容包括法律专业知识考试和律师职业道德规范考试。

在日本，法律职业资格考试可以说是全日本最难的考试。法律职业资格考试每年举行一次，分为第一次考试和第二次考试。第一次考试，目的在于测试应试者是否具有成为法官、检察官、律师的基础教育水准，凡是接受过大学四年学制教育，在大学期间选修过基础教育科目的，可以免试。第二次考试是真正的难关，包括三个阶段的考试，即选择式考试、论文式考试和口试，每个阶段的考试都实行淘汰制。每年法律职业资格考试的参加人数有 2 万多人，最后合格录取的只有 1000 人，录取合格率不到 3%。①

4. 实习。许多国家还规定取得律师资格要经过一段时期的实习，使申请人不仅具有必要的法律理论知识，还要具有一定的律师工作经验，以便一旦取得律师资格，就能上岗执业。在德国，第一次国家法律职业资格考试通过后，考生须进行为期两年的实习，实习单位包括：普通法院（民事法院），检察院或刑事法院，地方政府部门或行政法院，律师

① 载法律教育网论坛，http：//bbs. chinalawedu. com/forum-26-30/topic-1149540. html。

事务所。实习结束后方可参加第二次国家法律职业资格考试。考试通过者即取得法官资格，成为候补文官。取得这一资格可以成为法官，还可以从事其他法律职业，如检察官、律师、公证人等。①

在日本，法律职业资格考试的合格者要成为法官、检察官或律师，除特别规定外，还必须作为司法修习生到司法研修所进行一年半的学习。此外，英、法、美等国都有关于实习的规定。

5. 消极律师资格条款。有些国家法律规定，一些人不能取得律师资格，如德国规定，下列人员不能取得律师资格：（1）被联邦宪法法院剥夺公民权利的；（2）因受到刑事判决而不得担任公职的；（3）品行不良而不适合担任律师职务的；（4）反对自由民主的基本制度，因此触犯刑法的；（5）因身体残疾或精神衰弱不能正常履行律师职务的；（6）所从事的职业与律师职业不相容；（7）限制行为能力的人；（8）申请人是法院或政府官员的，因受到处罚而丧失法官资格的。

日本《律师法》规定，限制下列人员取得律师资格：（1）曾被判处监禁以上的刑罚的；（2）曾受过弹劾法院的罢免裁判的；（3）被除名的律师、被停止业务的商务代办人、税务代办人、被撤销的会计师、被免职的公务员，自受处分之日起尚未满三年的；（4）禁治产人②或准禁治产人，曾被宣告破产而尚未复权的。

（二）我国律师资格的取得

《律师法》第 5 条规定，必须通过国家统一法律职业资格考试取得法律职业资格。

1. 法律职业资格考试。根据律师管理法律规定：取得律师资格应当经过国家统一的法律职业资格考试。具有全日制普通高等学校法学类本科学历并获得学士及以上学位，全日制普通高等学校非法学类本科及以上学历并获得法律硕士、法学硕士及以上学位，全日制普通高等学校非法学类本科及以上学历并获得相应学位且从事法律工作满三年的人员，经国家法律职业资格考试合格的，取得资格。根据《国家统一法律职业资格考试实施办法》的规定，报考法律职业资格考试需要具备下列条件：

（1）拥护《宪法》，享有选举权和被选举权的中国公民。这是对报考人员政治方面的要求，也是最基本的要求。因为律师通过对公民、法人提供法律帮助，维护委托人的合法权益，维护法律的正确实施。如果律师不遵守我国宪法和法律，那么他就丧失了从事律师职业的基本条件。很难想象，一个连宪法和法律都不遵守的律师会遵守律师职业道德规范和为当事人提供优质高效的法律服务。

（2）具备全日制普通高等学校法学类本科学历并获得学士及以上学位；或者全日制普通高等学校非法学类本科及以上学历，并获得法律硕士、法学硕士及以上学位；或者全日制普通高等学校非法学类本科及以上学历并获得相应学位且从事法律工作满三年。这是对报考人员学历方面的要求。也就是说，如果是法律专业的毕业生，需具有全日制法律本科

① 载新浪博客，http：//blog. sina. com. cn/s/blog_ 695d5ce60100jutv. html。

② 禁治产人，是指因心神丧失或精神耗损，不能治理自己的财产，经有关人员的申请，由法院依法宣告为无民事行为能力的人。

以上学历；非法律专业毕业生具有全日制本科以上学历，同时具有法律专业知识且从事法律工作满三年；目前我国高等教育及法律教育的普及化程度较过去已得到很大提高，除国家正规院校的法律本科教育外，其他非法律专业全日制本科，如果从事法律工作，满三年以后，也可以参加考试。这既对报考人员在专业学历方面进行要求，也对非法律专业具有一定的灵活性。

（3）品行良好，具有完全民事行为能力。这是对报考人员品行方面的要求。对报考人员提出上述要求，目的在于对律师在品格和遵纪守法方面，比从事其他职业的人要求更加严格，从而保证律师队伍的高素质和纯洁性，并最终维护律师职业的良好声誉。只有具有完全民事行为能力，才能正常参与各项社会活动，通过法律职业资格考试后，才能取得司法资格，才能申请执业。

具备以上条件的人员，可以报名参加法律职业资格考试。法律职业资格考试的前身是律师资格考试、法官资格考试和检察官资格考试。从 1986 年起，经国务院批准，司法部在全国建立了统一的律师资格考试制度，每两年举办一次。从 1993 年起，为适应深化律师工作改革、加快律师队伍发展的需要，改为每年一次。由于将“公平、平等、竞争、择优”的考试机制引入律师资格授予制度，对提高律师的专业素质和社会地位产生了积极影响，并提高了律师在国际上的声誉。目前，律师资格考试已从律师制度初期的不严格、不规范逐步走上正轨，律师资格考试制度已成为律师制度中的一项重要制度，律师资格考试制度的基本内容已经建立。这主要包括：①取得律师资格必须通过司法部组织的全国法律职业资格统考；②报考人员须具备一定的法律专业知识和文化知识；③考试科目逐渐定型；④考试的内容从考查考生对现行法律、法规的内容了解的程度，到检测考生运用基本理论和法律规定解决实际问题的能力。但法律职业资格考试制度也有弊端，无法考查考生的口头表达能力、反应能力和即兴解决问题的能力；仅凭一次考试合格即取得律师资格的报考人员，其业务素质、品格等方面的条件很难达到律师职业所要求的条件。有人提出法律职业资格考试从长远的角度来看应当增加口试的内容，具体考试可包括：由考生就某一案件当场发表辩护、代理意见或当场解答有关法律专业方面的问题。口试的目的重在考查考生的口头语言表达、逻辑思维、应变反应及即兴解决法律问题的综合能力。法律职业资格考试合格的，由国务院司法行政部门授予法律职业资格。2002 年起我国实行统一司法资格考试制度，将原来的律师资格考试、法官资格考试、检察官资格考试三大法律类从业资格考试取消，代之以国家法律职业资格考试，获得司法职业资格考试资格后，符合条件的可以出任法官、检察官或者律师，这有利于建立我国法律职业共同体。2018 年起国家司法考试调整为法律职业资格考试，这意味着循序运行了 16 年的国家司法考试制度正式收官。

2. 法律职业资格考核。根据《国家统一法律职业资格考试实施办法》第 18 条规定，参加国家统一法律职业资格考试成绩合格，并不具有本办法第 10 条第 1 款规定情形的人员，即“（一）因故意犯罪受过刑事处罚的；（二）曾被开除公职或者曾被吊销律师执业证书、公证员执业证书的；（三）被吊销法律职业资格证书的；（四）被给予二年内不得报名参加国家统一法律职业资格考试（国家司法考试）处理期限未满或者被给予终身不得报名参加国家统一法律职业资格考试（国家司法考试）处理的；（五）因严重失信行为被国家有关单位确定为失信联合惩戒对象并纳入国家信用信息共享平台的；（六）因其他情形被给予终身禁止从事法律职业处理的”，可以按照规定程序申请授予法律职业资格，由司法部颁发法律职业资格证书。

三、新中国律师制度的产生和发展

新中国的律师制度是在废除旧的律师制度的基础上建立起来的，而新民主主义革命时期颁布的一些条例、确立的辩护原则以及苏联社会主义国家的律师制度，都为新中国律师制度的建立，提供了有益的经验。

新中国成立后，我国彻底废除了旧的司法制度，同时通过颁布法律建立新的司法制度。1950 年 7 月颁布的《人民法庭组织通则》和 1954 年《宪法》以法律的形式确立了辩护制度。然而，要使被告人的辩护权利得以实现，还需要一系列制度的保障，律师辩护则是实现被告人辩护权的重要手段。因此，在废除旧的律师制度的同时，国家着手创建人民律师制度。从 1955 年起，经国务院批准，开始在全国推行律师工作。1956 年 3 月，司法部召开了第一次全国律师工作座谈会，讨论了《律师章程》和《律师收费暂行办法》两个草案。同月，司法部公证律师司转发了上海市、沈阳市法律顾问处的工作细则。1956 年 5 月，国务院全体会议通过了司法部关于建立律师工作的请示报告，对律师的性质、组织、任务及条件等问题作了一系列规定。1956 年 7 月，《律师收费暂行办法》颁布。1957 年上半年《律师暂行条例（草案）》脱稿，该草案是在前一年《律师章程（草案）》的基础上拟定的，分 4 章，共 22 条，第一章规定了律师的任务；第二章规定了律师和实习律师的资格；第三章和第四章规定了法律顾问处的组织机构、职权和律师进行活动时应遵守的纪律和应负的责任。1957 年六七月间司法部通过座谈等方式，广泛征求了各地法学家、律师和司法工作者的意见，在第二次全国律师工作座谈会上，讨论并批准了《律师暂行条例（草案）》，并呈请国务院批准颁布。截至 1957 年 6 月，全国已有法律顾问处 817 个，专职律师和兼职律师分别发展为 2528 名和 350 名，30 万人口以上的城市和中级人民法院所在地的县一般都设有法律顾问处，同时，全国已有 14 个省、市、自治区开始筹建律师协会。

1957 年下半年，由于受极“左”思潮的影响，反右斗争扩大化，一批律师被打成“右派”，被下放、劳动改造，甚至被判刑，律师队伍受到严重摧残。律师执行职务被说成“丧失立场”“为罪犯开脱”，律师制度被宣布为资产阶级的东西，被彻底否定，律师机构相继瓦解，《律师暂行条例（草案）》也被打入冷宫。新中国的律师制度被扼杀在摇篮里。

“文化大革命”结束后，党中央提出了健全社会主义法制的战略任务。1979 年党中央决定恢复和健全律师制度，全国各地陆续开始重建律师队伍，全国人大也加快了《律师暂行条例》的起草工作，经过广泛的讨论，1980 年 8 月 26 日第五届全国人民代表大会常务委员会第十五次会议通过了《律师暂行条例》。《律师暂行条例》共 4 章 21 条，规定了我国律师的性质、律师的任务和权利、主要业务、律师资格、律师的工作机构及组织原则、律师协会等。《律师暂行条例》规定，律师是国家的法律工作者，律师执行职务的工作机构是法律顾问处（后来改称律师事务所），受国家司法行政机关的组织领导和业务监督。

律师协会的职责是“维护律师的合法权益，交流工作经验，促进律师工作的开展，增进国内外法律工作者的联系”。《律师暂行条例》使我国律师制度的建立和健全及律师参加诉讼活动有了可靠的法律保证，从此，我国律师工作开始走上正轨。随着经济体制改革的开展，律师事业也得到了空前的发展，律师业务范围不断拓宽。1984 年 8 月全国司法行政工作会议后，一些法律顾问处改为律师事务所，并在经营管理上进行了改革的尝试，打破了收入和支出由国家包办的框框。1986 年 7 月，在全国第一次律师代表大会上成立了中华全国律师协会。同年 8 月，司法部举行了第一次全国律师资格考试。1988 年 5 月，司法部下发了《合作制律师事务所试点方案》，对合作制律师事务所的设立、组织形式、经营管理分别作了规定，稳妥地进行律师体制改革。

随着律师事业的不断发展，对外开放的扩大，对外经济往来不断发展，我国的律师事业也开始走向国际化。我国律师同外国律师在业务上的联系和协作也日益增多。1991 年 5 月，司法部在给江西省司法厅的批复中就律师事务所与外国律师事务所建立业务协作关系一事作出了原则性规定。1992 年 2 月，司法部发出《关于律师事务所与外国律师事务所建立业务协作关系有关问题的通知》，就律师事务所与外国律师事务所建立业务协作关系的有关问题作出具体规定。1992 年司法部开始允许外国律师事务所在中国境内设立办事处的试点工作。同年 8 月，司法部又发出了《关于我国律师事务所在境外设立办事机构有关事宜的通知》，1995 年，司法部发布了《律师事务所在外国设立分支机构暂行管理办法》，允许符合条件的律师事务所经过批准在外国设立分支机构。

1993 年 12 月 26 日，国务院批准了《司法部关于深化律师工作改革的方案》，该方案提出要进一步解放思想，不再用生产资料所有制模式和行政管理模式界定律师机构的性质，大力发展经过主管机关资格认定，不占国家编制和经费的自律性律师事务所；积极发展律师队伍，努力提高队伍素质，建立起适应社会主义市场经济体制和国际交往需要的，具有中国特色的，实行自愿组合、自收自支、自我发展、自我约束的律师体制。逐步建立激励机制、竞争机制和优胜劣汰机制，使律师工作充满生机与活力。律师要充分发挥在市场经济中的中介作用。强调努力建设中国特色的律师管理体制，从我国的国情和律师工作的实际出发，建立司法行政机关的行政管理与律师协会行业管理相结合的管理体制。经过一个时期的实践后，逐步向司法行政机关宏观管理下的律师协会行业管理体制过渡。

在律师事业发展的同时，律师制度的法制建设也日趋完善。1992 年 10 月 22 日，司法部发布了《律师惩戒规则》，规定了对律师或律师事务所违反法律、法规、律师职业纪律行为进行惩戒的程序、惩戒的种类、惩戒的事由、惩戒的原则、惩戒的执行以及惩戒的机构等。1993 年 12 月 27 日，司法部发布的《律师职业道德和执业纪律规范》明确规定律师在执行职务、履行职责过程中应遵守的职业道德和执业纪律，规定律师因违反执业纪律给当事人造成损失的应进行赔偿。需要惩戒的，由律师惩戒委员会予以惩戒，触犯刑律的由司法机关依法追究刑事责任。1994 年 7 月 2 日，司法部发布了《律师事务所设立分所管理办法》，同年 10 月 20 日司法部发布了《律师事务所审批登记管理办法》，对律师事务所及分所的设立条件、设立程序、律师事务所及分所的登记作了明确规定。1995 年 2 月 20 日，司法部发布了《关于反对律师行业不正当竞争行为的若干规定》和《律师事务所在外国设立分支机构暂行管理办法》。1995 年 2 月 22 日，司法部发布了《律师事务所名称管理办法》，对律师事务所的名称的组成、核定、使用等作了规定。1996年5月15日，第八届全国人民代表大会常务委员会第十九次会议通过的《律师法》规定了律师执业条件、律师事务所、执业律师的业务和权利义务、律师协会、法律援助、法律责任等。2001年12月29日，第九届全国人民代表大会常务委员会第二十五次会议通过《关于修改〈中华人民共和国律师法〉的决定》对《律师法》进行了第一次修订。2007年10月28日，第十届全国人民代表大会常务委员会第三十次会议对《律师法》进行了第二次修订。2012年10月26日，第十一届全国人民代表大会常务委员会第二十九次会议对《律师法》进行了第三次修订。2017年9月1日，第十二届全国人民代表大会常务委员会第二十九次会议《关于修改〈中华人民共和国法官法〉等八部法律的决定》对《律师法》第四次修正，自公布之日起施行。这一系列的法律、法规，对于加强完善律师制度，保障律师依法执业，规范律师行为，维护当事人的合法权益和法律的正确实施，发挥律师在社会主义法制建设中的积极作用具有重要意义。“截至2020年底，全国共有执业律师52.2万多人。律师人数超过1万人的省（区、市）有21个，其中超过3万人的省（市）有5个（分别是北京、上海、江苏、山东、广东）。2.93万多家党政机关、人民团体和6400多家企业开展了公职律师、公司律师工作。”“全国共有律师事务所3.4万多家。其中，合伙所2.06万多家，占60.59%，国资所870多家，占2.56%，个人所9400多家，占27.65%。”“全国律师办理各类法律事务1114.5万多件。其中，办理诉讼案件660.9万多件，办理非诉讼法律事务401.5万多件，为77.9万多家党政机关、人民团体和企事业单位担任法律顾问。”“2020年，律师共提供各类公益法律服务146.2万多件，其中办理法律援助案件94万多件，参与接待和处理信访案件26.9万多件，律师调解22.2万多件，参与处置城管执法事件2.9万多件。律师为弱势群体提供免费法律服务112.9万多件，为60多万个村（居）担任法律顾问，建立村（居）法律顾问微信群24万多个。”①

第二节　执业律师的管理制度

一、律师执业资格

我国从1988年开始实行律师资格与律师职务相分离的制度。所谓律师资格与律师职务相分离，是指取得律师/法律职业资格只是律师执业的一个前提条件，即取得律师资格后，还不能以律师的名义执业，要想从事律师职业，还必须向主管机关提出执业申请，经主管机关批准并颁发律师执业证书后，方可以律师名义执业。

① 中公教育网：《司法部：2019年度律师、基层法律服务工作统计分析》，网址：http://www.zjbar.com/info/9abe614d2ed84caca66f9b8c15b2b5f8，发布时间：2021年6月15日，访问时间：2022年3月17日。

（一）领取律师执业证书的条件

《律师法》第5条规定，申请律师执业，应当具备下列条件：

1. 拥护中华人民共和国宪法。作为律师要持有与宪法一致的政治立场。不仅要遵守宪法，还要积极主动地维护宪法。

2. 通过国家统一法律职业资格考试取得法律职业资格。实行国家统一法律职业资格考试前取得的国家统一司法考试合格证书、律师资格凭证，与国家统一法律职业资格证书具有同等效力。

3. 在律师事务所实习满1年。取得法律职业资格后还要经过一段时期的实习，使申请人不仅具有必要的法律理论知识，还具有一定的律师工作经验，使其一旦从事律师职业，便能上岗执业。

4. 品行良好。律师肩负着维护法律正确实施，维护国家、集体和公民合法权益的重任，律师应当具有良好的道德品质。例如，律师应当诚实信用，尽职尽责地为当事人提供法律帮助；律师应当廉洁自律，不得向委托人收取额外的报酬或财物，更不得弄虚作假，伪造证据。

（二）不予颁发律师执业证书的法律规定

《律师法》对不予颁发律师执业证书的情况作了明确的规定。《律师法》第7条规定，申请人有下列情形之一的，不予颁发律师执业证书：

1. 无民事行为能力或者限制民事行为能力的申请人。作为律师要有良好的身体条件和健康状况，才能担当起履行律师职责的重任，维护好当事人的合法权益。

2. 受过刑事处罚的，但过失犯罪的除外。受过刑事处罚的人是不能担任律师的。对于过失犯罪，考虑到这类犯罪是由于疏忽大意或过于自信造成的，主观恶性小，国外许多国家也都是排除过失犯罪的。

3. 被开除公职或者被吊销律师、公证员执业证书的申请人。开除是对公职人员最重的一种行政处分。如果被给予了开除处分，说明情节相当严重。因此对被开除公职的人员，不予颁发律师执业证书。被吊销律师执业证书是指《律师法》第49条规定的几种情形，情节严重的，由省、自治区、直辖市人民政府司法行政部门吊销其律师执业证书；构成犯罪的，依法追究刑事责任。包括：

（1）违反规定会见法官、检察官、仲裁员以及其他有关工作人员，或者以其他不正当方式影响依法办理案件的。

（2）向法官、检察官、仲裁员以及其他有关工作人员行贿，介绍贿赂或者指使、诱导当事人行贿的。

（3）向司法行政部门提供虚假材料或者有其他弄虚作假行为的。

（4）故意提供虚假证据或者威胁、利诱他人提供虚假证据，妨碍对方当事人合法取得证据的。

（5）接受对方当事人财物或者其他利益，与对方当事人或者第三人恶意串通，侵害委托人权益的。

（6）扰乱法庭、仲裁庭秩序，干扰诉讼、仲裁活动的正常进行的。

（7）煽动、教唆当事人采取扰乱公共秩序、危害公共安全等非法手段解决争议的。

（8）发表危害国家安全、恶意诽谤他人、严重扰乱法庭秩序的言论的。

（9）泄露国家秘密的。

律师因故意犯罪受到刑事处罚的，由省、自治区、直辖市人民政府司法行政部门吊销其律师执业证书。

这些人一旦被吊销律师执业证书，就意味着不再是律师了，而且这种处罚是终身制的。

（三）取得律师执业证书的程序

《律师法》对取得律师执业证书的程序作了明确的规定。根据《律师法》第 6 条、第 7 条的规定，取得律师执业证书主要经过以下几个程序：

1. 申请。

（1）申请专职律师执业证需要提供的材料包括：专职律师执业登记表一式三份；律师资格证书或法律职业资格证书原件及复印件；学历证、身份证、实习律师证、有效岗前培训结业证原件及复印件；律师事务所聘用协议；申请人能够专职从事律师工作的证明文件的原件及复印件；申请人原单位人事部门出具的无受刑事处罚和行政处罚的证明，无业人员应提供其户籍所在地公安机关出具的无违法犯罪记录的证明；近期同底版免冠二寸照片三张；其他需要提供的材料。

（2）申请兼职律师执业证书需要提供的材料包括：律师执业登记表一式三份；律师资格证书或法律职业资格证书原件及复印件；学历证、身份证、实习律师证、有效岗前培训结业证原件及复印件；律师事务所聘用协议；从事法学研究或法律教学工作的证件；单位人事部门出具的无受刑事处罚和行政处罚的证明；近期同底版免冠二寸照片三张。

2. 审核。省、自治区、直辖市以上人民政府司法行政部门对申请人呈报的材料进行审核，该审核既包括形式上的审核，也包括实质上的审核。

3. 批准。对符合《律师法》第 5 条、第 6 条、第 8 条规定的条件的，《律师法》第 6 条第 3 款规定：“受理申请的部门应当自受理之日起二十日内予以审查，并将审查意见和全部申请材料报送省、自治区、直辖市人民政府司法行政部门。省、自治区、直辖市人民政府司法行政部门应当自收到报送材料之日起十日内予以审核，作出是否准予执业的决定。准予执业的，向申请人颁发律师执业证书；不准予执业的，向申请人书面说明理由。”

二、律师执业的有关规定

（一）律师执业的限制性规定

《律师法》第 10 条和第 11 条对律师的执业场所、地域范围以及兼任执业律师的限制条件做了原则性规定。

1. 关于禁止跨所执业的规定。《律师法》第10条第1款规定：“律师只能在一个律师事务所执业。律师变更执业机构的，应当申请换发律师执业证书。”

在我国，律师的工作机构是律师事务所，律师事务所组织律师开展业务，对律师进行管理。律师承办业务，由律师事务所统一接受委托，统一收取费用。如果一名律师在两个或两个以上律师事务所执业，不利于律师事务所对律师进行管理。另外，《律师法》第10条第2款规定：“律师执业不受地域限制。”律师可接受异地当事人的委托，也可到异地去办案。

2. 关于兼职律师的规定。兼职律师，是指已经取得律师/司法职业资格，并获得律师执业证书，在不脱离本职工作的前提下，在律师事务所从事律师业务。在律师制度恢复初期，面临社会上法律人才青黄不接，律师来源十分缺乏的实际困难，为了满足社会对律师的需求，提出了发展兼职律师的要求。兼职律师在缓解律师队伍人手不足、律师结构不合理等方面曾起到过积极的作用，但是兼职律师也存在一些弊端，如不利于律师队伍的专业化；不利于对律师行业的管理，许多兼职律师也难以利用工作时间办案，有的一年也办不了几个案子。因此，兼职律师不宜作为今后的发展方向，《律师法》第12条规定：“高等院校、科研机构中从事法学教育、研究工作的人员，符合本法第五条规定条件的，经所在单位同意，依照本法第六条规定的程序，可以申请兼职律师执业。”《律师法》规定国家公务员不得兼任执业律师；律师担任各级人民代表大会常务委员会组成人员的，任职期间不得从事诉讼代理或者辩护业务。因为这些人员的工作性质、职能、职责或任务与律师身份和律师职务活动不相适应。为保证律师依法执行职务，防止行政干预，法律作了如上限制性规定。

（二）关于非律师执业的限制性规定

在我国是允许非律师执业的，但是，没有取得司法职业资格的人员或取得司法职业资格没有取得律师执业证书的人员从事法律服务，不得以律师的名义执业。《律师法》第13条规定：“没有取得律师执业证书的人员，不得以律师名义从事法律服务业务；除法律另有规定外，不得从事诉讼代理或者辩护业务。”作为对律师执业的补充，我国于20世纪80年代中期发展了许多乡镇法律服务所，对缓解“请律师难”的问题起了一定的作用，但乡镇法律服务所的法律工作者，不能以律师的名义执业。另外，在企事业单位内部的法律顾问处也有许多从事法律服务的人员，这些人只要没有取得律师执业证书，就不得以律师的名义执业，且其从事诉讼代理或辩护业务，限制在无偿的业务内，从而为各级司法行政部门整顿法律服务市场秩序，取缔“黑律师”提供了法律依据。

（三）律师专业职务管理规定

1987年10月10日，司法部颁布了《律师职务试行条例》。从此，律师和教学、科研、工程技术人员一样，享受专业人员应有的待遇。对律师实行专业职务评定与聘任制度，是律师管理体制的一项重大改革。律师作为从事法律服务的专业人才的地位得到了国家的承认。在实行这一改革前，管理部门把律师视为行政干部，完全用管理行政干部的办法来管理律师，造成律师的社会地位、经济待遇偏低，不利于律师事业的发展，不利于律师素质的提高，不利于调动律师的积极性。当时这项改革对于促进律师队伍的建设，加强对律师的培养、考核和合理使用，鼓励律师努力学习，提高律师的政治和业务素质，发挥律师的积极性和创造性，促进律师事业的繁荣和发展，具有重要意义。

根据《律师职务试行条例》第 2 条规定，律师的专业职务设：一级律师、二级律师、三级律师、四级律师和律师助理。一级律师、二级律师属于高级职务；三级律师属于中级职务；四级律师和律师助理属于初级职务。评定、聘任或任命律师职务必须以履行岗位职责的学识、专业水平、解决实际问题的能力和业务成就为依据，并具备相应的学历和专业工作经历。《律师职务试行条例》对各级律师职务的任职条件和岗位职责作出了明确具体的规定，这里不再赘述。

但是，律师职务评聘制是国办所律师吃“皇粮”时代的产物。随着律师事业的发展，律师体制改革的深入，律师已不再是国家的法律工作者，目前是国办所、合作所、合伙所并存的局面，职称对律师来说已经失去了实际意义。相反，它的存在还会产生负面的影响，如引起律师的不正当竞争，因此，部分法律人建议律师职称的评聘制应当取消。

三、律师的业务范围

律师的性质决定律师的任务，律师的业务则是律师任务的具体体现。所谓律师的业务，是指律师活动的具体工作内容和范围。根据《律师法》第 28 条的规定，律师可以从事下列业务：

1. 接受自然人、法人或者其他组织的委托，担任法律顾问。

2. 接受民事案件、行政案件当事人的委托，担任代理人，参加诉讼。

3. 接受刑事案件犯罪嫌疑人、被告人的委托或者依法接受法律援助机构的指派，担任辩护人，接受自诉案件自诉人、公诉案件被害人或者其近亲属的委托，担任代理人，参加诉讼。

4. 接受委托，代理各类诉讼案件的申诉。

5. 接受委托，参加调解、仲裁活动。

6. 接受委托，提供非诉讼法律服务。

7. 解答有关法律的询问、代写诉讼文书和有关法律事务的其他文书。

从《律师法》第 28 条的规定可以看出，我国律师在实践中进行法律服务的业务范围是十分广泛的，并且以上业务范围整体上可以概括为涉诉法律服务和非涉诉法律服务两个方面。涉诉法律服务，是指律师在民事诉讼、刑事诉讼、行政诉讼过程中为委托人提供的法律服务。非涉诉法律服务涉及的事项主要包括两类：一类是无纠纷的事务，这类事务的办理不需要经过人民法院裁决，只需通过有关个人或者机关办理即可；另一类是双方当事人之间虽然存在纠纷，但均不愿通过法院予以解决。律师提供的非涉诉法律服务针对的是尚未诉讼到法院的事项。只要有一方当事人向法院起诉或者事项一经立案，律师提供的法律服务就是涉诉的法律服务。

应当注意的是，随着法治建设的发展，律师的业务将会不断拓宽，律师业务所涉及的领域、服务的内容将会不断增加。但是，无论律师的业务如何发展、变化，始终离不开实现律师任务的目的。

四、律师收费

（一）律师收费的依据

根据市场经济的运行规律，为了律师事务所的正常运转和业务的发展壮大，律师向委托人提供法律服务，除了法律有特别规定以外，理应收取委托人一定的费用。但律师不能私自向当事人收取任何费用，律师收费要通过律师事务所，按照规定依法进行收费。《律师法》第 25 条明确规定："律师承办业务，由律师事务所统一接受委托，与委托人签订书面委托合同，按照国家规定统一收取费用并如实入账。律师事务所和律师应当依法纳税。"

（二）律师收费的范围

律师事务所依法提供下列法律服务，可以按照规定的收费标准向委托人收取律师服务费：

1. 代理民事案件的。
2. 代理行政案件的。
3. 接受刑事案件的犯罪嫌疑人、被告人的委托，担任辩护人，接受自诉案件的自诉人、公诉案件的被害人或者其近亲属的委托，担任代理人，参加诉讼的。
4. 代理各类诉讼案件的申诉。
5. 代理仲裁案件。
6. 担任法律顾问。
7. 提供非诉讼法律服务。
8. 解答有关法律的询问、代写诉讼文书和有关法律事务的其他文书。

（三）律师收费的构成

律师收费由律师业务收费和律师服务所需开支的其他费用两部分构成。其中，律师业务收费的数额主要是根据承办业务的性质按规定的标准确定；律师服务所需开支的其他费用，主要是律师在为委托人提供法律服务过程中所需的费用。例如，鉴定费、公证费、通信费以及异地办案所需的差旅费等，这部分费用凭报销单据，由当事人支付。

（四）律师收费的方式

2006 年 12 月 1 日起实施的《律师服务收费管理办法》第 4 条明确规定，律师服务收费实行政府指导价和市场调节价，并在第 5 条规定了五类实行政府定价的律师收费，分别是：（1）代理民事诉讼案件；（2）代理行政诉讼案件；（3）代理国家赔偿案件；（4）为刑事案件犯罪嫌疑人提供法律咨询、代理申诉和控告、申请取保候审，担任被告人的辩护人或自诉人、被害人的诉讼代理人；（5）代理各类诉讼案件的申诉。律师事务所提供其他法律服务的收费实行市场调节价。例如，担任法律顾问，接受当事人的委托参加调解、仲裁活动，解答有关法律的询问、代写诉讼文书和有关法律事务的其他文书等，由律师事务所与委托人协商。但律师事务所与委托人协商律师服务收费时，应充分考虑律师承办业务的繁简程度、所需时间的长短、标的额的大小、律师的业务水平和社会信誉、可能承担的风险以及委托人的承受能力等因素。

总体来说，我国的律师收费根据不同的服务内容，以政府指导价和市场调节价相结合，采取计件收费、按标的额比例收费、计时收费、风险代理收费等方式。

1. 计件收费。所谓计件收费，是指按承办业务的数量收费。一般适用于非涉及财产关系的法律事务。

2. 计时收费。所谓计时收费，是指根据律师承办业务所需时间的长短，以小时或日为计算单位，收取费用。这种收费方式适用于所有类型的法律事务。

3. 按标的额比例收费。所谓按标的额比例收费，是指按律师为委托人争议的财产数额的比例收取律师服务费。一般适用于涉及财产关系的法律事务。

4. 风险代理收费。所谓风险代理收费，是指委托人不事先支付律师服务费用，待法律事务成功后，委托人从所获得利益中按照事先约定的比例支付报酬，如果败诉则无须支付。这种收费方式，目前国际上比较流行。

我国的《律师服务收费管理办法》第 13 条对风险代理收费作了明确规定。该办法规定，实行风险代理收费的，最高收费金额不得高于收费合同约定标的额的 30%。但依据该办法第 11 条规定，下列案件不能实行风险代理收费：（1）婚姻、继承案件；（2）请求给予社会保险待遇或者最低生活保障待遇的；（3）请求给付赡养费、抚养费、扶养费、抚恤金、救济金、工伤赔偿的；（4）请求支付劳动报酬的等。第 12 条规定，禁止刑事诉讼案件、行政诉讼案件、国家赔偿案件以及群体性诉讼案件实行风险代理收费。

除以上方式外，还有固定收费的方式。所谓固定收费，是指律师和委托人在确立委托关系的同时确定律师服务费的总额，一般适用于律师受聘担任法律顾问。

（五）律师业务费的收取、退还和减免

1. 律师业务费的收取。律师业务收费由律师事务所统一收取，律师不得私自向委托人收取任何费用。在确定委托关系后，律师事务所可以向委托人收取全部或部分费用，也可以与委托人协商约定分期收取。如果委托人提前交纳费用确有困难，双方也可以协商先由律师事务所垫付全部费用，事后再向委托人收取。

2. 律师业务费的退还。根据律师事务所与委托人签订的委托代理合同，一般情况下，除法律特别规定外，业务费是不退还的。

3. 律师业务费的减免。根据《律师服务收费管理办法》第 23 条第 2 款规定，对于经济确有困难，但不符合法律援助范围的公民，律师事务所可以酌情减收或免收律师服务费。

（六）律师风险代理行为严格规范

为推进律师事业高质量发展，更好地满足新时代人民群众法律服务需求，司法部、国家发展和改革委员会、国家市场监督管理总局于 2021 年 12 月 28 日联合发布《关于进一步规范律师服务收费的意见》（司发通〔2021〕87 号），进一步规范律师服务收费行为。

1. 切实规范律师服务收费行为。要求律师事务所与当事人协商收费，应当遵循公开公平、平等自愿、诚实信用的原则，不得作出违背社会公序良俗或者显失公平的约定，不得采取欺骗、诱导等方式促使当事人接受律师服务价格，不得相互串通、操纵价格。律师事务所不得在协商收费时向当事人明示或者暗示与司法机关、仲裁机构及其工作人员有特殊关系，不得以签订“阴阳合同”等方式规避律师服务收费限制性规定。

2. 严格限制风险代理适用范围。禁止刑事诉讼案件、行政诉讼案件、国家赔偿案件、群体性诉讼案件、婚姻继承案件，以及请求给予社会保险待遇、最低生活保障待遇、赡养费、抚养费、扶养费、抚恤金、救济金、工伤赔偿、劳动报酬的案件实行或者变相实行风险代理。

3. 严格规范风险代理约定事项。律师事务所和律师不得滥用专业优势地位，对律师事务所与当事人各自承担的风险责任作出明显不合理的约定，不得在风险代理合同中排除或者限制当事人上诉、撤诉、调解、和解等诉讼权利，或者对当事人行使上述权利设置惩罚性赔偿等不合理的条件。

4. 严格限制风险代理收费金额。律师事务所与当事人约定风险代理收费的，可以按照固定的金额收费，也可以按照当事人最终实现的债权或者减免的债务金额（以下简称“标的额”）的一定比例收费。律师事务所在风险代理各个环节收取的服务费合计最高金额应当符合下列规定：标的额不足人民币 100 万元的部分，不得超过标的额的 18%；标的额在人民币 100 万元以上不足 500 万元的部分，不得超过标的额的 15%；标的额在人民币 500 万元以上不足 1000 万元的部分，不得超过标的额的 12%；标的额在人民币 1000 万元以上不足 5000 万元的部分，不得超过标的额的 9%；标的额在人民币 5000 万元以上的部分，不得超过标的额的 6%。

5. 建立风险代理告知和提示机制。律师事务所应当与当事人签订专门的书面风险代理合同，并在风险代理合同中以醒目方式明确告知当事人风险代理的含义、禁止适用风险代理案件范围、风险代理最高收费金额限制等事项，并就当事人委托的法律服务事项可能发生的风险、双方约定的委托事项应达成的目标、双方各自承担的风险和责任等进行提示。

6. 严格执行统一收案、统一收费规定。律师事务所应当建立健全收案管理、收费管理、财务管理、专用业务文书、档案管理等内部管理制度，确保律师业务全面登记、全程留痕。建立律师业务统一登记编码制度，加快推进律师管理信息系统业务数据采集，按照统一规则对律师事务所受理的案件进行编号，做到案件编号与收费合同、收费票据一一对应，杜绝私自收案收费。律师服务收费应当由财务人员统一收取、统一入账、统一结算，并及时出具合法票据，不得用内部收据等代替合法票据，不得由律师直接向当事人收取律师服务费。确因交通不便等特殊情况，当事人提出由律师代为收取律师服务费的，律师应当在代收后 3 个工作日内将代收的律师服务费转入律师事务所账户。

五、律师的继续教育

律师是从事法律工作的专业人员。律师的这种性质和特点，决定了从事这种职业的人，必须时时站在时代发展的前列，才能称为“法律之师”。律师继续教育正是提供最新信息，帮助律师时刻把握知识、技能、机遇，以实现自我完善目标的最重要的途径。我国律师制度已重建多年，有关方面始终把律师培训教育放在重要位置，使律师队伍在数量增加的同时，素质也有了相应的提高。但是，与我国社会发展的速度和需求相比，与知识量增长和知识内容更新的“爆炸”相比，上述培训在广度、深度和效益等各方面都还有较大的距离。

（一）律师继续教育的必要性

1. 律师的继续教育关系到律师行业的可持续发展。随着律师制度的发展，律师的继续教育问题越来越受到社会各界的关注。对提高律师的业务水平，开拓律师视野，增进律师界的相互了解和交流具有重要意义。律师继续教育包括律师自己在工作中主动自学和司法行政机构组织的业务培训，本书主要指的是司法行政机构组织的业务培训。市（地）司法局应加强对律师继续教育的管理，建立律师继续教育档案，掌握每一名律师的继续教育情况。

2. 端正律师依法执业的角色认知。在律师行业中，因缺乏统一认知的标准，律师对自身角色定位参差不齐，执业价值追求上也差异较大。有的认为律师的本质就是商人，有的定位为政治掮客，有的定位为正义的代言者。律师如何定位自己并不是一厢情愿的事情，定位的目的是要满足目标客户的需求认可。潜在客户来到律师这里，首要关心的不是服务，而是要弄清楚他的麻烦。实际上公众希望律师是一种什么样的定位才是律师自我定位的唯一标尺。这里的“公众”并不是狭义上的某个客户，而是广泛意义上的社会大众。由于执业活动的具体性与利益的关联性，律师很容易偏离正确的自我认知轨道，使自我角色认知过于商业化。这种认知反过来又影响着律师的执业行为，因此，律师队伍观念上的变更与升华颇为重要。通过继续教育，使律师充分认识到：首先，律师应认识到自身最直接的职责是维护当事人的合法权益；其次，律师应认识到自身也充当着公正天平一端砝码的角色。最后，律师应该认识到作为践行法律的法律人，与公检法同属于法律执业共同体中的一员。作为司法系统运转中的不同角色，律师与法官是命运共同体，律师应给予法官足够的尊重与认同，给予公诉人员应有的尊重，这才是律师自身角色被尊重与认可的前提，更是律师依法执业受尊重与认可的必要条件。

3. 提高律师团队化与专业化程度。我国律师行业执业困难与执业问题较多的原因之一，在于缺少团队合作精神。大部分的律师都是单打独斗并且没有主攻方向，这必然直接导致律师没有突出的业务领域、竞争力下降、行业中恶性竞争、违法执业等系列执业问题。因此，要提高律师的执业水平，规范律师的执业行为，必须强化律师工作的团队化与专业化。而团队化与专业化需要解决的问题，不仅需要律师形成团队与完成分工，还需要律所方面改变盲目扩大规模而招聘律师，改善新进律师的生存境况。专业化需要依赖于团队化，团队化也必须建立在专业化的基础上。通过继续教育，一方面，律所在招聘或接收律师时应提高考察标准，避免盲目扩大律所规模，以保证律师团队化与专业化的良好基础。实践中，很多律所通过扩大律所规模提高律所的知名度，而律师则通过加入更大规模的律所来提升自己的知名度。律所对律师的来者不拒，造成了律所成员的参差不齐，不仅在整体上制约了律所的竞争力，也加大了律所管理与发展的难度。因此，律所应该建立一套科学完备的律师招聘制度，制定出招聘标准，设立专门的招聘组或组织资深律师对新进律师进行专门考核与考察。对于新进的执业律师，则可设置试用考察期，通过考察期的表现来决定是否接受执业律师入所。从准入上提高律所律师的综合素养，为律所及律所律师的双方效益打下良好的基础。另一方面，继续教育可以促使律所建立激励机制。律所应在所内提倡、实行团队合作办案模式，形成以团队为单位的、更为专业化的业务领域，使律所内的团队能够自洽并良性运转。律所应将执业律师根据擅长业务领域进行划分，根据不同的业务方向设立专题组或业务组。通过实习期的考察将新进律师吸纳到不同的业务组中，由团队有经验的律师负责新进律师的具体指导，并在提供基本薪资的前提下，按工作能力与团队效益适当增加工资，以激发实习律师的工作积极性与创造力。

律师继续教育的多样性、动态性、广泛性和社会化，以及社会政治经济对它的制约作用，决定了律师教育管理的复杂性。与我国国家政治、经济体制及教育体制相适应，这种管理的首要原则是：宏观调控、微观搞活。以此，既保证决策的概括性、方向性、指导性，从政策上杜绝和减少碰撞、重复和脱节，又发挥各地管理机关和各办学机构的活力。这个原则的实现首要的是尽快研究和制定相关的法规、办法、规划，以获得立法上的根本保障。

（二）培训时间管理

律师在每一个注册年度参加不少于 40 个课时的继续教育培训（以下简称培训），其中参加律师协会组织的培训，不得少于 20 个课时。市地司法局应及时组织、通知律师参加培训学习。对培训时间达不到要求者，推迟下一年度注册时间。

（三）培训的内容

市（地）司法局应与省级司法行政机关及时沟通和联系，制订好本市（地）律师的年度培训计划，使培训内容实用、新颖。培训的主要内容有：

1. 法律专业知识。
2. 与律师从事业务关系密切的经济、科技等领域的专业知识和外语知识。
3. 律师的职业道德和执业纪律等行业规范。
4. 律师实务研究及律师执业技能培训。
5. 其他由律师协会认可的培训内容。

（四）培训的主要方式

培训的方式可以根据律师行业的特点，采取灵活多样的培训方式，主要有：

1. 定期或不定期短期培训班。
2. 专题讲座、专题报告、研讨会、交流会。
3. 其他有助于提高律师执业素质的培训方式。

第三节　律师事务所的管理制度

根据《律师法》和相关行政规章的规定，律师事务所是律师的执业机构，律师承办业务应当通过律师事务所统一接受委托，而不能以个人名义独立承办法律事务。因此，律师事务所是最基本的律师事务的管理部门。律师事务所对法律服务事务享有法定的经营权，具有相对独立于律师的法律地位。其与委托人签订委托合同，指派律师为委托人提供法律服务，承担由于律师的过错而给委托人造成损失的赔偿责任。因此，律师事务所在律师执业过程中起着很重要的作用。

一、我国律师事务所的类型

根据组建方式和责任承担方式的不同，我国的律师事务所可以分为以下几种类型：

（一）国资律师事务所

国资律师事务所，是指由国家出资设立的律师事务所。我国《律师法》第 20 条规定："国家出资设立的律师事务所，依法自主开展律师业务，以该律师事务所的全部资产对其债务承担责任。"国资律师事务所以该所全部资产对其债务承担民事责任。

（二）合伙律师事务所

合伙律师事务所，是指由合伙人依照协议约定，共同出资、共同管理、共享收益、共担风险的律师事务所。一般情况下，合伙律师事务所的财产归合伙人所有，合伙人对律师事务所的债务承担无限连带责任。

我国《律师法》第 15 条第 2 款规定："合伙律师事务所可以采用普通合伙或者特殊的普通合伙形式设立。合伙律师事务所的合伙人按照合伙形式对该律师事务所的债务依法承担责任。"

由此可见，我国的合伙律师事务所又可分为普通合伙和特殊合伙两种形式。其实特殊的普通合伙，本质上仍是普通合伙。与普通合伙相比，其特殊性表现在合伙人承担责任的方式个别化。我国 2018 年 12 月 5 日新修订的《律师事务所管理办法》第 53 条第 2 款明确规定："……特殊的普通合伙律师事务所一个合伙人或者数个合伙人在执业活动中因故意或者重大过失造成律师事务所债务的，应当承担无限责任或者无限连带责任，其他合伙人以其在律师事务所中的财产份额为限承担责任；合伙人在执业活动中非因故意或者重大过失造成的律师事务所债务，由全体合伙人承担无限连带责任……"

（三）个人律师事务所

个人律师事务所，是指由一名律师开办的律师事务所。设立个人律师事务所，除应当符合《律师法》第 14 条规定的条件外，设立人还应当是具有五年以上执业经历的律师。设立人对律师事务所的债务承担无限责任。

二、律师事务所的执业规范

根据《律师法》和《律师事务所管理办法》的相关规定，律师事务所在执业过程中应当遵守如下规范：

1. 律师承办业务，应当由律师事务所统一接受委托，与委托人签订书面委托合同。

2. 律师事务所受理业务，应当进行利益冲突审查，不得违反规定受理与本所承办业务及其委托人有利益冲突的业务。

3. 律师事务所应当对本所律师依法执业进行指导，对律师在执业过程中遵守法律、法规、规章，遵守执业道德和执业纪律的情况进行监督，发现问题及时予以纠正。

4. 律师事务所应当健全收费管理制度，按照规定统一收费。

5. 律师事务所和律师不得以诋毁其他律师事务所、律师或者支付介绍费等不正当手段承揽业务。

6. 律师事务所不得从事法律服务以外的经营活动。

7. 律师事务所承担因律师违法执业或者过错给当事人造成损失而产生的赔偿责任。律师事务所承担赔偿责任后，可以向该律师追偿。

三、律师事务所的设立

（一）设立律师事务所的条件

1. 设立律师事务所的一般条件。设立律师事务所的一般条件，是指设立各种类型的律师事务所都必须具备的条件。根据《律师法》和新修订的《律师事务所管理办法》的规定，设立律师事务所应当具备的条件是：（1）有自己的名称、住所和章程；（2）有符合规定的律师；（3）设立人应当是具有一定的执业经历并能够专职执业，且在申请设立前 3 年内未受过停止执业处罚的律师；（4）有符合规定数额的资产。

2. 设立各类律师事务所的特殊条件。

（1）《律师事务所管理办法》第 12 条规定，国资律师事务所的设立，除符合《律师法》规定的一般条件外，应当至少有二名符合《律师法》规定并能够专职执业的律师。

（2）《律师事务所管理办法》第 9 条规定，普通合伙律师事务所的设立，除具备一般条件外，还应当满足如下条件：有书面合伙协议；有 3 名以上合伙人作为设立人；设立人应当是具有 3 年以上执业经历并能够专职执业的律师；有人民币 30 万元以上的资产。

（3）《律师事务所管理办法》第 10 条规定，特殊的普通合伙律师事务所的设立，除应当具备一般条件外，还须满足如下条件：有书面合伙协议；有 20 名以上合伙人作为设立人；设立人应当是具有 3 年以上执业经历并能够专职执业的律师；有人民币 1000 万元以上的资产。

（4）个人律师事务所的设立，除具备一般条件外，还要求设立人应当是具有 5 年以上执业经历并能够专职执业的律师；有人民币 10 万元以上的资产。

（二）设立律师事务所的程序

1. 申请与受理。设立律师事务所，应当向设区的市级或者直辖市的区（县）司法行政机关提出申请。设区的市级或者直辖市的区（县）司法行政机关对申请人提出的设立律师事务所申请，应当根据下列情况分别作出处理：（1）申请材料齐全、符合法定形式的，应当受理。（2）申请材料不齐全或者不符合法定形式的，应当当场或者自收到申请材料之日起 5 日内一次告知申请人需要补正的全部内容。申请人按要求补正的，予以受理；逾期不告知的，自收到申请材料之日起即为受理。（3）申请事项明显不符合法定条件或者申请人拒绝补正、无法补正有关材料的，不予受理，并向申请人书面说明理由。

受理申请的司法行政机关应当在决定受理之日起 20 日内完成对申请材料的审查。审查后，应当对设立律师事务所的申请是否符合法定条件、材料是否真实齐全出具审查意见，并将审查意见和全部申请材料报送省、自治区、直辖市司法行政机关。

2. 审核及申请人应做的后续工作。省、自治区、直辖市司法行政机关应当自收到受理申请机关报送的审查意见和全部申请材料之日起 10 日内予以审核，作出是否准予设立律师事务所的决定。准予设立的，应当自决定之日起 10 日内向申请人颁发律师事务所执业许可证。不准予设立的，应当向申请人书面说明理由。

律师事务所设立申请人应当在领取执业许可证后的 60 日内，按照有关规定刻制印章、开立银行账户、办理税务登记，完成律师事务所开业的各项准备工作，并将刻制的律师事务所公章、财务章印模和开立的银行账户报所在地设区的市级或者直辖市的区（县）司法行政机关备案。

（三）撤销准予设立的情况

律师事务所设立后，发现有下列情形的，由作出准予设立律师事务所决定的省、自治区、直辖市司法行政机关撤销原准予设立的决定，收回并注销律师事务所执业许可证：申请人以欺骗、贿赂等不正当手段取得准予设立决定的；对不符合法定条件的申请或者违反法定程序作出准予设立决定的。

四、律师事务所的变更和终止

律师事务所的变更，是指律师事务所的名称、住所、章程、合伙人等事项的变动。律师事务所的变更，应当经所在地设区的市级或直辖市的区（县）级司法行政机关审查后报原审核机关批准，其程序具体按照律师事务所设立许可证的程序进行操作。

（一）律师事务所的变更

1. 变更合伙人。律师事务所合伙人的变更，包括吸收新合伙人、合伙人退伙、合伙人因法定事由或者经合伙人会议决议被除名。

新合伙人应当从专职执业的律师中产生，并具有 3 年以上执业经历，但司法部另有规定的除外。受到 6 个月以上停止执业处罚的律师，处罚期满未逾 3 年的，不得担任合伙人。

合伙人退伙、被除名的，律师事务所应当依照法律、本所章程和合伙协议处理相关财产权益、债务承担等事务。

因合伙人变更需要修改合伙协议的，修改后的合伙协议应当按照《律师事务所管理办法》第 26 条第 1 款的规定报批。

律师事务所变更合伙人的，应当自变更之日起 15 日内经所在地设区的市级或者直辖市的区（县）司法行政机关报原审核机关备案。

2. 变更住所。律师事务所跨县、不设区的市、市辖区变更住所，需要相应变更负责对其实施日常监督管理的司法行政机关的，应当在办理备案手续后，由其所在地设区的市级司法行政机关或者直辖市司法行政机关将有关变更情况通知律师事务所迁入地的县级司法行政机关。

律师事务所拟将住所迁移其他省、自治区、直辖市的，应当按注销原律师事务所、设立新的律师事务所的程序办理。

律师事务所变更住所的，应当自变更之日起 15 日内经所在地设区的市级或者直辖市的区（县）司法行政机关报原审核机关备案。

3. 变更组织形式。律师事务所变更组织形式的，应当在自行依法处理好业务衔接、人员安排、资产处置、债务承担等事务并对章程、合伙协议做出相应修改后，方可按照《律师事务所管理办法》第 26 条第 1 款的规定申请变更。

（二）律师事务所的终止

律师事务所有下列情形之一的，应当终止：不能保持法定设立条件，经限期整改仍不符合条件的；执业许可证被依法吊销的；自行决定解散的；法律、行政法规规定应当终止的其他情形。

律师事务所在取得设立许可后，6 个月内未开业或者无正当理由停止业务活动满 1 年的，视为自行停办，应当终止。

律师事务所在受到停业整顿处罚期限未满前，不得自行决定解散。律师事务所自终止事由发生后，不得受理新的业务。

五、律师事务所分所的设立、变更和终止

（一）律师事务所分所的设立

根据业务发展的需要，成立3年以上并具有20名以上执业律师的合伙律师事务所，可以在本所所在地的市、县以外的地方设立分所。设在直辖市、设区的市的合伙律师事务所也可以在本所所在城区以外的区、县设立分所。

1. 分所的设立应当具备的条件。分所的设立应当具备如下条件：（1）有符合规定的名称；（2）有自己的住所；（3）有3名以上律师事务所派驻的专职律师；（4）有人民币30万元以上的资产；（5）分所负责人应当是具有3年以上的执业经历并能够专职执业，且在担任负责人前3年内未受过停止执业处罚的律师。

需要指出的是，律师事务所到经济欠发达的市、县设立分所的，派驻律师的人员可以降至1名或2名；资产条件可以降至人民币10万元。

2. 申请设立分所需要提交的材料及程序。律师事务所申请设立分所，应当提交下列材料：（1）设立分所申请书；（2）本所基本情况，本所设立许可机关为其出具的符合规定条件的证明；（3）本所执业许可证复印件，本所章程和合伙协议；（4）拟在分所执业的律师的名单、简历、身份证明和律师执业证书复印件；（5）拟任分所负责人的人选及基本情况，该人选执业许可机关为其出具的符合规定条件的证明；（6）分所的名称，分所住所证明和资产证明；（7）本所制订的分所管理办法。

律师事务所申请设立分所，由拟设立分所所在地设区的市级或者直辖市区（县）司法行政机关受理并进行初审，报省、自治区、直辖市司法行政机关审核，决定是否准予设立分所。根据《律师事务所管理办法》第19条、第20条、第21条的规定，律师事务所分所的设立程序与律师事务所的设立程序相同。

（二）律师事务所分所的变更

1. 变更分所负责人。律师事务所决定变更分所负责人的，应当经分所所在地设区的市级或者直辖市区（县）司法行政机关报分所设立许可机关批准；变更派驻分所律师的，参照《律师执业管理办法》有关律师变更执业机构的规定办理。

2. 变更分所住所。分所变更住所的，应当自变更之日起15日内，经分所所在地设区的市级或者直辖市区（县）司法行政机关报分所设立许可机关备案。

3. 变更分所名称。律师事务所变更分所名称的，应当自名称获准变更之日起30日内，经分所所在地设区的市级或者直辖市区（县）司法行政机关向分所设立许可机关申请变更分所名称。

（三）律师事务所分所的终止

《律师事务所管理办法》第39条规定："有下列情形之一的，分所应当终止：（一）律

师事务所依法终止的；（二）律师事务所不能保持《律师法》和本办法规定的设立分所的条件，经限期整改仍不符合条件的；（三）分所不能保持本办法规定的设立条件，经限期整改仍不符合条件的；（四）分所在取得设立许可后六个月内未开业或者无正当理由停止业务活动满一年的；（五）律师事务所决定停办分所的；（六）分所执业许可证被依法吊销的；（七）法律、行政法规规定应当终止的其他情形。分所终止的，由分所设立许可机关注销分所执业许可证。分所终止的有关事宜按照本办法第三十二条的规定办理。”

第四节　律师职业规范

当今社会，作为法律工作者，律师的法律服务工作在化解社会矛盾、解决各类纠纷、维护社会秩序方面发挥了积极的作用。但在实践中，律师违反职业道德、执业纪律甚至触犯法律的行为时有发生。作为法律工作者，为了更好地维护当事人的合法权益，律师必须具备较高的职业道德并严格遵守执业纪律，严防以身试法现象的发生，减少和避免执业风险。

一、律师的任务

律师的任务，是指国家法律规定的，律师通过执业活动所要达到的目的。《律师法》第 1 条规定：“为了完善律师制度，规范律师执业行为，保障律师依法执业，发挥律师在社会主义法制建设中的作用，制定本法。”第 2 条第 2 款规定：“律师应当维护当事人合法权益，维护法律正确实施，维护社会公平和正义。”从上述法律规定可以看出，律师的任务是：维护当事人的合法权益，维护法律的正确实施，维护社会的公平和正义，发挥律师在社会主义法制建设中的作用。

（一）维护当事人的合法权益

从律师的产生来看，在社会经济繁荣的古罗马共和国时期，随着民事纠纷和刑事案件的日益增长，律师应诉讼的需要而产生。所以说，当事人的委托是律师职业产生的根据。律师和当事人之间的权利义务关系是依据双方签订的协议来规定的，是一种平等主体间的民事法律行为。律师的全部活动是以当事人的委托为前提的，律师依据自己所掌握的专业知识和技能，维护当事人的合法权益。由此可见，律师的出现是为了满足当事人对专业法律服务的需求。反过来说，律师为当事人提供法律服务，是律师职业得以产生、发展的最基本的条件，离开了这一点，律师职业也就不存在了。

在我国，当事人是指委托律师为其提供法律帮助的人。根据我国法律规定，当事人包括公民、法人和其他组织。公民是指具有中华人民共和国国籍的人。法人是指具有民事权利能力和民事行为能力，依法独立享有民事权利和承担民事义务的组织。其他组织是指合法成立，有一定的组织机构和财产，但又不具备法人资格的组织。律师接受当事人的委托，通过具体的业务活动，履行自己的职责，维护当事人的合法权益。例如，在刑事诉讼中，律师接受被告人的委托，依据事实和法律为其作无罪、罪轻、从轻、减轻、免除刑事责任的辩护；接受公诉案件被害人的委托，担任代理人，依法维护被害人的合法权益等。律师依法接受当事人的委托，开展业务活动，维护当事人的合法权益，在这里，应当注意以下两个问题：一是分清什么是委托人的合法权益，什么是委托人的非法权益；二是根据事实和法律，在自己的权限范围内通过提供法律帮助的合法方式或途径，努力维护委托人的合法权益。

（二）维护法律的正确实施

法律是律师职业存在的基本依据之一，也是律师执业活动的基本准则和最可靠的保障。律师在执业过程中，不仅要维护当事人的合法权益，而且也应当维护法律的正确实施。

为了维护法律的正确实施，很多国家在律师执业前的誓词中都首先作了规定。例如，德国律师的宣誓词是：“我一定遵守宪法，并认真履行律师职业。”比利时律师的宣誓词是：“我宣誓……遵守比利时宪法和法律。”希腊律师的宣誓词是：“我宣誓忠于国家，遵守宪法和法律，并认真履行我的职责。”

在我国，法律的实施包括司法、执法和守法三个方面。律师维护法律的正确实施，首先应当是自身遵守法律，然后才能通过维护法律的正确实施，维护当事人的合法权益。律师要维护的法律的内容，主要是指由国家特定机关制定和颁布的具有法律效力的规范性文件所确定的内容，包括宪法、法律、行政法规、地方性法规、民族自治地区的自治条例和单行条例、特别行政区的法律以及我国所参加的国际性组织的章程和我国参与缔结或加入的国际公约、协定（我国申明反对或保留的部分除外）等。此外，还包括有关国家机关制定的与宪法和法律相符合的行政规章和地方性规章。

自律师制度恢复以来，广大律师站在国家法律的立场上，忠于事实和法律，认真履行法律赋予的职责，为维护国家法律的正确实施，维护当事人的合法权益，做出了很大的贡献。《律师法》第3条明确规定，律师执业必须遵守宪法和法律，恪守律师职业道德和执业纪律；律师执业必须以事实为根据，以法律为准绳；律师执业应当接受国家、社会和当事人的监督；律师依法执业受法律保护，任何组织和个人不得侵害律师的合法权益。因此，律师在维护法律正确实施时，应当注意以下两个问题：

一是律师在执业过程中，不仅要维护当事人的合法权益，而且应当维护法律的正确实施。律师应当是维护法律的尊严，保证法律正确实施的捍卫者。律师的全部业务活动必须忠于国家法律。律师只有站在法律的角度，提出有利于当事人的法律根据和事实根据，才能使其代理、辩护更具有说服力，使其正确主张被审判人员接受，使诉讼程序和司法活动得以公正地进行，达到律师参与诉讼，维护当事人合法权益的目的。

二是律师在执业过程中，维护的是当事人的合法权益，而不是非法权益。律师的职责是为当事人提供法律服务，但绝不是当事人的附庸，律师的一切活动必须以事实为根据，以法律为准绳，否则，势必会破坏法律的权威性，影响裁判的公正。

（三）维护社会正义

律师要把维护社会正义作为执业的最高境界。如果律师在执业过程中片面地扩大维护当事人的合法权益，而忽略了维护社会正义，认为维护社会正义应该是政府的事情，这是狭隘的律师执业观。社会的公平和正义始终伴随律师左右，而且形影不离，《律师法》赋予律师维护当事人的合法权益的权利，本身就是实现社会正义的一个手段，而维护法律的正确实施，又是维护当事人合法权益的最有力武器。如果一名律师不是依法维护当事人的合法权益，而是采取制造伪证、假证、行贿等手段帮助当事人取得非法利益，社会的公平正义就不存在了，而一旦社会失衡，利益就会紧紧掌握在少部分人手里，可想而知，这部分人所谓的利益也会伴随社会的不稳定而难以长久。以一个简单的实例来说，一名不考虑控辩双方意见的法官，很难断案；一名不去考虑辩方观点的公诉人，很难完全实现自己的目的；而不去考虑控方观点和把握法庭思路的律师，就难以很好地维护当事人的合法权益。执业律师有时候会在社会上兼职，这时就需要确定自己在社会上的位置，特别是在担任人大代表、政协委员以及政府机关监督员的时候，就不仅是一名精通法律的律师，而且还是一名维护社会正义的普通公民，此时，维护社会正义在律师中尤其显得重要。

（四）发挥律师在社会主义法制建设中的作用

我国社会主义法制，是社会主义法律制度的总称，包括立法、司法、执法和守法诸方面，其中心环节是依法办事。发挥律师在社会主义法制建设中的积极作用，可以说是律师的最根本的任务。在社会主义法制建设过程中，律师通过执业活动，促进社会主义法制建设的历史进程。一方面，律师虽然不是立法人员，不能直接参与法的制定，但是律师却可以首先发现法律实施过程中的问题，及时提出立法建议；另一方面，律师在执业过程中，通过自己开展的业务活动，宣传真、善、美，抨击假、恶、丑，既维护了社会主义道德，也培养了广大人民的社会主义法律意识，对我国社会主义的法制建设起到了积极的推动作用。

党的第丨五次全国代表大会和第九届全国人大第一次会议确立了依法治国、建设社会主义法治国家的基本方略。法律服务工作既是依法治国不可或缺的组成部分，也是依法治国的重要促进力量。这既是律师工作发展十分有利的机遇和挑战，也向律师工作提出了更高的要求。广大律师应当进一步开拓业务领域，提高法律服务水平，推动社会主义市场经济的有序发展，特别是要大力拓展涉外法律业务领域，充分发挥律师在国际经济中的作用，促进对外开放的扩大。

律师在执业过程中，要将维护当事人的合法权益作为执业的首要任务，在执业中要始终如一地通过正确理解和适用法律，达到维护当事人合法权益的目的，最终实现社会正义，为建设和谐社会贡献自己的力量。

二、律师的执业原则

律师的执业原则，是指律师在执业活动中必须遵循的基本行为准则，对律师的执业活动具有普遍的指导意义。根据《律师法》第 3 条的规定，律师的执业原则主要包括：遵守宪法和法律；恪守律师职业道德和执业纪律；以事实为根据，以法律为准绳；接受国家、社会和当事人的监督；依法执业受法律保护。

（一）遵守宪法和法律的原则

1. 遵守宪法和法律原则的内容。宪法是国家的根本大法，它规定国家的社会制度和国家制度的基本原则、国家机关的组织和活动的基本原则，以及公民的基本权利和义务等重要内容。宪法具有最高的法律效力，是制定其他法律的依据。违反宪法的法律是无效的。宪法和法律是我国各族人民意志和利益的体现，是保护人民，惩罚犯罪，保障我国改革开放成果和进行和谐社会建设的工具，因此，严格遵守宪法和法律是公民应尽的法律责任。律师作为提供法律服务的专业人员，更应遵守宪法和法律，才能维护国家法律的正确实施，维护当事人的合法权益。

2. 遵守宪法和法律原则的意义。

（1）有利于维护法律的实施，维护当事人的合法权益。律师以维护国家法律的正确实施，维护当事人的合法权益为使命。遵守宪法和法律是对律师最基本的要求。律师在执行职务中，只有遵守宪法和法律，严格依据宪法和法律履行职责，才能完成《律师法》赋予的任务。

（2）有利于其他执业原则的实现。遵守宪法和法律是最基本的原则，只有这样，才能维护法律的正确实施。当然，律师不依法执业，也不会受到国家法律的保护。

（二）恪守律师职业道德和执业纪律的原则

1. 恪守律师职业道德和执业纪律原则的内容。律师职业道德是律师在执业过程中所应遵守的道德规范的总称。它通常被归纳为纲领性的宣言，如要求律师坚持原则，忠于法律；廉洁自律，不谋私利；坚持原则，恪尽职守；诚实信用，严密审慎；敬业勤业，注重修养；坚持真理，伸张正义等。律师执业纪律则是律师在执业过程中所应遵守的行为准则。为了便于遵守，其内容往往被归纳为较为具体、明确的戒律，如要求律师在与委托人的关系上，尽职尽责，不受贿赂；在与法院的关系上，尊重法官，遵守法庭纪律；在与其他律师的关系上，公平竞争，相互尊重等。中华全国律师协会修订实施的《律师职业道德和执业纪律规范》，对律师职业道德和执业纪律作了全面、具体的规定。它是律师的行业规范，所有律师必须遵守。如果违反律师职业道德和执业纪律，不但要受到社会舆论的谴责，还要受到相应的纪律处分。

2. 恪守律师职业道德和执业纪律原则的意义。

（1）有利于为当事人提供高效优质的法律服务。律师自觉遵守律师职业道德和执业纪律，一方面，要求律师全心全意、尽职尽责地为当事人提供法律服务；另一方面，律师要不断地学习，掌握新的知识、新的法律，为当事人提供高档次的法律服务。

（2）有利于提高律师的整体形象。以前人们对律师有误解，提起律师便联想到旧社会的“讼棍”，挑词架讼，颠倒是非，混淆黑白。因此，律师应恪守职业道德和执业纪律，做到清正廉洁、克己奉公、刚正不阿、仗义执言，努力在人们心目中树立良好的形象。

（3）有利于促进律师队伍的健康发展。律师进行业务活动有很大的独立性，制约较少，又缺乏有效的监督机制。在这种情况下，用律师职业道德和执业纪律提出标准和要求，让律师自觉遵守，对违反律师职业道德和执业纪律的，予以严肃处理，从而提高律师的素质，使律师队伍沿着健康轨道发展。

（三）以事实为根据，以法律为准绳的原则

1. 以事实为根据，以法律为准绳原则的内容。以事实为根据，以法律为准绳，是党的实事求是的思想路线和工作作风在司法工作中的体现，是司法工作者和所有法律工作者必须遵循的一项基本原则，也是律师在执业活动中必须遵守的准则。以事实为根据，是指律师在办理案件时要尊重客观事实，忠于事实真相。不能凭主观臆想、猜测，更不能歪曲事实、捏造事实。既不为委托人的意见所左右，也不为外界的非法干涉所动摇。不能为满足委托人不合法的要求，或听从“领导的指示”而弄虚作假。对于事实不清楚的案件，要深入调查研究，客观、全面、科学地收集证据，防止主观臆断和片面性。以法律为准绳，是指律师进行业务活动时，严格遵循法律的规定，准确地适用法律。不能以“领导的指示”“多数人的意见”“形势的需要”等作为标准，也不能为迎合委托人的某种要求而曲解法律或断章取义。律师必须严格依法办事，维护法律的尊严。这就要求律师要坚持学习，科学地分析和理解法律条文的内涵，准确地领会立法的精神，对法律规定作出正确的解释。对于在执行职务中遇到的干扰，要坚持真理，据理力争。以事实为根据，以法律为准绳，二者是相互联系、不可分割的。从客观事实出发，是正确适用法律的前提；正确适用法律又是查明事实，解决案件的结果。

2. 以事实为根据，以法律为准绳原则的意义。

（1）有利于实现律师的任务。律师的任务是维护当事人的合法权益，维护法律的正确实施。按通常理解，二者应当是一致的，但在实践中，也可能出现矛盾的情形。但律师只要坚持以事实为根据、以法律为准绳的原则，就能使二者协调，在维护法律尊严的同时，也就维护了当事人的合法权益。

（2）有利于树立律师的社会威信，得到人民群众的尊重和信赖。我国的律师与资本主义国家的律师不同，资本主义国家的律师遵循的是对当事人负责的原则，他们在金钱的支配下，不惜歪曲事实、曲解法律、拖延诉讼，甚至伪造证据，为当事人牟取非法的利益；我国的律师坚持以事实为根据，以法律为准绳的原则，尊重事实，遵循法律，树立了良好的形象。

（四）接受国家、社会和当事人监督的原则

1. 接受国家的监督。国家对律师的监督，主要是通过有关的国家机关来进行的。首先，律师要接受司法行政机关的管理和监督。司法行政部门对律师、律师事务所和律师协会进行监督、指导。这主要体现在司法行政机关对其执业证书的监督、管理，对其执业活动的监督、检查、指导，以及对其违规行为的处分等。其次，律师要接受税务机关、审计等部门的监督。根据《律师法》第25条第2款的规定，律师事务所和律师应当依法纳税。如果律师和律师事务所有偷税、漏税等行为，则要受到税务机关的处罚；另外，审计事务所对律师事务所的年度财务报表进行审查。律师还要接受司法机关的监督，即接受人民法

院、人民检察院的监督。如果律师在执业活动中，泄露国家秘密，行贿或者指使、诱导当事人行贿，作伪证或者威胁、利诱他人作伪证，构成犯罪的，由人民检察院向人民法院提起公诉，人民法院依法进行审理，追究其刑事责任。

2. 社会对律师的监督。社会监督包括民主党派的监督、社会团体的监督、群众组织的监督和广大人民群众的监督等。任何单位和个人对律师违反职业道德和执业纪律的行为，都可以提出批评，予以谴责。通过社会的舆论监督，让律师约束自己，树立良好的社会形象，提高律师的声誉。

3. 当事人对律师的监督。律师接受当事人的委托，为其提供法律服务，维护其合法权益。当事人与律师的关系最为紧密，律师在职务活动中，要尽职尽责，切实维护好当事人的合法权益。如果律师不遵守职业道德和执业纪律，损害了当事人的合法权益，当事人有权向律师事务所、律师协会或司法行政机关提出控告，律师因违法执业或者因过错给当事人造成损失的，应当给予赔偿。

（五）依法执业受法律保护的原则

1. 依法执业受法律保护原则的内容。律师依法执业受法律保护，这一原则包括以下三层含义：首先，律师执业必须依法进行。只有依法执业，才能受到法律保护。如果律师违法执业，或者在执业中有违法活动，不仅不受法律保护，还要受到法律的制裁。其次，国家法律保护律师依法执业。律师依法执业，其人身权受到法律保护。到目前为止，律师依法执业中，其权益受到侵害的事件时有发生，有的甚至很严重。最后，任何机关、社会团体和个人都无权干涉律师依法独立执业。律师在执业中享有的权利，不受非法阻碍、干扰、剥夺和侵犯。

2. 依法执业受法律保护原则的意义。2012 年《律师法》修正前，我国诉讼结构实行职权主义，漠视被告人的权利，律师参与诉讼行使权利也常常受到阻碍。例如，限制律师查阅案卷材料、会见被告人，对律师的正确意见不予采纳，应送达律师的文书不予送达，甚至拘禁、拘留、逮捕、殴打律师。这些都严重侵犯了律师的人身权利。因此，《律师法》明确规定，律师依法执业受法律保护。规定这一原则，有以下重要的意义：

（1）为律师创造良好的执业环境。律师的人身权益屡屡遭到侵犯，就是因为律师没有良好的执业环境。规定这一原则意味着对公民而言，任何人不得侵犯、干涉律师依法执业；对国家机关而言，一方面要保障律师依法执业，对侵犯律师权益的行为予以法律制裁；另一方面不得超越法律界限阻挠、干扰律师执行职务。

（2）保障律师依法执业。律师对侵犯其人身权利的不法侵害、干涉，有权请求司法机关、国家行政机关制止，直至追究侵害人的法律责任；如果侵害是来自国家机关，律师有权提出申诉、控告、检举，通过司法机关内部及相互间的监督制约机制来保障其合法权益。

（3）更好地维护当事人的合法权益。保护律师依法执业实际上是维护公民、法人或其他组织的合法权益的活动。律师在执业中调查取证等权利不受干涉，律师的正确意见被采纳，这实际上就是维护了当事人的合法权益。

三、律师职业道德和执业纪律

（一）律师的职业道德

律师是当事人合法权益的维护者，作为社会法律工作者，律师的参与有利于纠纷的快速有效解决，有利于节约纠纷解决的成本和时间，也有利于法律和国家政策的贯彻和落实。但律师提供法律服务一般要收取一定的费用，在一定程度上律师执业又是一个盈利的行业。因此，为了防止律师在执业过程中唯利是图，律师在提供法律服务的同时必须维护当事人的合法权益、体现社会正义，以不枉法律工作者的称谓。整体而言，律师应具备的执业道德包含如下内容：

1. 忠于宪法和法律，坚持以事实为根据，以法律为准绳，严格依法执业。

2. 忠于职守，坚持原则，维护国家法律与社会正义。

3. 诚实守信，勤勉尽责，尽职尽责地维护委托人的合法利益。

4. 敬业勤业，努力钻研业务，掌握执业所应具备的法律知识和服务技能，不断提高执业水平。

5. 自觉维护律师的职业声誉，模范遵守社会公德，注重陶冶品行和职业道德修养。

6. 严守国家机密，保守委托人的商业秘密及委托人的隐私。

7. 尊重同行，同业互助，公平竞争，共同提高执业水平。

8. 自觉履行法律援助义务，为受托人提供法律帮助。

9. 遵守律师协会章程，切实履行会员义务。

10. 积极参加社会公益活动。

（二）律师的执业纪律

律师的执业纪律，是指律师作为法律工作者必须遵守的行业纪律。具体包括律师在执业机构中的纪律、律师在诉讼和仲裁活动中的纪律、律师与委托人和对方当事人之间的纪律、律师与同行之间的纪律。

1. 律师在执业机构中的纪律。

（1）律师不得同时在两个或两个以上的律师事务所执业。

（2）律师不得以个人名义私自接受委托，不得私自收取费用。

（3）律师不得违反律师事务所的收费制度和财务纪律，挪用、私分、侵占业务收费。

2. 律师在诉讼和仲裁活动中的纪律。

（1）应当遵守法庭和仲裁庭纪律，尊重法官、仲裁员，按时提交法律文件、按时出庭。

（2）要按规定着装，举止文明礼貌，对案件的承办人员不得使用侮辱、谩骂或诽谤性语言。

（3）不得以影响案件的审理和裁决为目的，与案件的承办人员在非办公场所接触，不得向上述人员馈赠钱物，不得以许诺、回报或提供其他便利等方式与承办案件的执法人员进行交易。

（4）不得向委托人宣扬自己与有管辖权的执法人员及有关人员有亲朋关系，不能利用这种关系招揽业务。

（5）不得伪造证据，不得怂恿委托人伪造证据、提供虚假证词，不得暗示、诱导、威胁他人提供虚假证据。

（6）不得与犯罪嫌疑人、被告人的亲属或者其他人会见在押犯罪嫌疑人、被告人，或者借职务之便违反规定为被告人传递信件、钱物或与案情有关的信息。

3. 律师与委托人和对方当事人之间的纪律。

（1）律师应根据法律的规定完成委托事项，最大限度地维护委托人的合法权益，但对委托人拟委托的事项或者要求属于法律或律师执业规范所禁止的，应当告知委托人并提出修改建议或予以拒绝。

（2）律师不得接受自己不能办理的法律事务。

（3）律师不得对所委托事项可能出现的法律风险做不恰当的表述或虚假承诺。

（4）律师不得在同一案件中为双方当事人担任代理人。

（5）律师应合理开支办案费用，注意节约。

（6）律师应按照法律规定的期限、时效以及与委托人约定的时间，及时办理委托的事务。

（7）律师应及时告知委托人有关代理工作的情况，对委托人了解委托事项情况的正当要求，尽快给予答复。

（8）律师应当在授权范围内从事代理活动，不得超越代理权限及利用委托关系从事与委托代理的法律事务无关的活动。

（9）律师接受委托后无正当理由不得拒绝为委托人代理，未经委托人同意，不得擅自转委托他人代理。

（10）应妥善保管委托人提供的证据和其他法律文件，不得挪用或者侵占代委托人保管的财物。

（11）不得从对方当事人处接受利益或向对方当事人要求或约定利益。

（12）不得与对方当事人或第三人恶意串通，侵害委托人的权益。

（13）不得非法阻止和干预对方当事人及其代理人进行的活动。

（14）律师对与委托事项有关的保密信息，委托代理关系结束后仍有保密义务。

（15）不得因迎合委托人或满足委托人的不当要求，丧失客观、公正的立场，不得协助委托人实施非法的或具有欺诈性的行为。

4. 律师与同行之间的纪律。

（1）不得诋毁、损害其他律师的威信和声誉。

（2）不得以贬低同行的专业能力和水平等方式，招揽业务。

（3）不得以提供或承诺提供回扣等方式承揽业务。

（4）不得利用新闻媒介或其他手段提供虚假信息或夸大自己的专业能力。

（5）不得在名片上印有各种学术、学历、非律师职称、社会职务以及所获荣誉等。

（6）不得以明显低于同业的收费水平竞争某项法律事务。

四、律师的权利和义务

（一）律师的权利

律师的权利是律师依法执行职务、正常开展工作的保障，各国法律对律师的权利都作了明确的规定。《律师法》《刑事诉讼法》《民事诉讼法》《行政诉讼法》以及最高人民法院、最高人民检察院、公安部、司法部分别于1981年、1986年联合发出的《关于律师参加诉讼的几项具体规定的联合通知》（以下简称《联合通知》）、《关于律师参加诉讼的几项补充规定》（以下简称《补充规定》）对律师的权利作了规定，这些权利有的属于人身保障方面的，有的属于执行职务便利方面的，有的属于充分发挥律师职能方面的。根据这些规定，律师主要享有以下权利：（1）阅卷权；（2）调查取证权；（3）同被限制人身自由的人会见和通信的权利；（4）得到人民法院适当的开庭通知的权利；（5）出席法庭、参与诉讼的权利；（6）拒绝辩护、代理权；（7）代行上诉权；（8）获取所代理案件诉讼文书副本的权利；（9）依法执行职务受法律保障的权利。

为了保障律师履行职责，更好地维护律师的合法权益，《律师法》在总则中特别强调律师的依法执业受法律保护，在律师的权利与义务一章中再次强调律师有辩论或者辩护的权利应当依法保障，律师在执业活动中的人身权利不受侵犯。

首先，律师依法执业受法律保护。这既是一项基本的权利，也是律师行使其他权利的保障性规定。这一规定说明，律师依法执业的行为是合法行为，任何单位、个人不得非法侵害、干涉；律师在执业中享有的权利，受法律保护，禁止非法阻碍、干扰、剥夺、侵犯。

其次，律师的辩论、辩护权受法律保障。目前，我国法律没有规定律师刑事辩护豁免权，即律师在诉讼中的言论不受追究。西方一些国家在法律中明确规定律师的辩护豁免权，当律师为一位有罪的人作无罪辩护时，法院是绝不会追究其任何法律责任的。律师的这一权利是由律师执行职务的特殊性决定的，是律师履行其职责、实现其使命的必备条件。我国只规定律师的辩论、辩护权受法律保障。

最后，律师在执业活动中的人身权利不受侵犯。人身权是法律赋予每个公民的权利，法律禁止对公民的人身权利进行非法侵害。《律师法》针对实践中出现侵犯律师人身权益的恶性事件，特别强调了这一权利。

以上这些规定，对于保障律师的人身权利，为律师执业创造一个良好的执业环境，具有重要的意义。但是，我们可以看出，《律师法》的规定过于原则，缺乏可操作性。有关部门应尽快制定相应的措施，使保护律师合法权益的工作真正落到实处。在整个法律职业群体中，律师是弱势群体，权益经常受到侵犯。基层司法行政机关，对各种各样侵犯律师合法权益的情况，通过与各地律师协会加强引导及与有关部门进行协调，保护律师依法享有的权利。

（二）律师的义务

律师享有法律赋予的权利，同时也要承担法律规定的义务。作为一名律师必须认真履行职责，不得进行任何有损律师的名誉、有损委托人合法权益的活动。律师的义务，有对国家和社会的义务；有对当事人的义务；有对司法人员的义务。由于律师需要靠执业活动来挣得收入，这导致近几年出现律师过分商业化的趋向，少数律师唯利是图，不认真履行义务，侵犯委托人的合法权益。基层司法行政机关应加强对律师的教育和监督，督促律师认真履行义务，依法执业，保护当事人的合法权益。

根据《律师法》的规定，律师的具体义务如下：

1. 保守秘密的义务。

2. 律师不得在同一案件中为双方当事人担任代理人的义务。

3. 不得私自接受委托、收取费用，接受委托人的财物或者其他利益。

4. 不得利用提供法律服务的便利牟取当事人争议的权益。

5. 不得接受对方当事人的财物或者其他利益，与对方当事人或者第三人恶意串通，侵害委托人的权益。

6. 不得违反规定会见法官、检察官、仲裁员以及其他有关工作人员。

7. 不得向法官、检察官、仲裁员以及其他有关工作人员行贿，介绍贿赂或者指使、诱导当事人行贿，或者以其他不正当方式影响法官、检察官、仲裁员以及其他有关工作人员依法办理案件。

8. 不得故意提供虚假证据或者威胁、利诱他人提供虚假证据，妨碍对方当事人合法取得证据。

9. 不得煽动、教唆当事人采取扰乱公共秩序、危害公共安全等非法手段解决争议。

10. 不得扰乱法庭、仲裁庭秩序，干扰诉讼、仲裁活动的正常进行。

11. 应当按照国家规定履行法律援助义务，为受援人提供符合标准的法律服务，维护受援人的合法权益。

第五节　律师执业风险及防范

一、律师执业风险的概念和类型

风险是指可能发生的危险。所谓律师执业风险，是指律师可能承担的因其执业行为而引发的一切法律责任或后果。这种执业风险既包括因律师自身行为的不当而产生的刑事、民事、行政责任方面的风险，也包括因律师的特殊地位、特殊职责所导致的自身权益受侵害的风险。从风险事件性质的角度认识律师的执业风险，并将其分为刑事责任风险、民事责任风险和一般违规风险三类。①

（一）刑事责任风险

律师如果在执业过程中违反刑事法律，就会给自身带来风险。根据我国《刑法》和《律师法》，律师的刑事违法风险主要包括三种：（1）律师涉嫌伪证罪的风险；（2）律师涉嫌违反规定披露有关案件重要信息、泄露证据材料和泄露国家秘密从而导致获罪的风险；（3）律师涉嫌行贿罪的风险。

律师涉嫌伪证罪的风险在《刑法》第306条、第307条中有相关表述，主要包括辩护人和诉讼代理人毁灭证据、伪造证据、妨害作证、帮助毁灭与伪造证据。这种风险的产生原因主要有两个方面。一方面，证据是认定案件事实的依据，也是法官依法裁判的重要依据，辩护方提出的有利于权益人的主张必须以真实证据为支撑。律师在诉讼中提出的辩护理由如果没有证据加以证明，就难以得到法官的支持。有些律师为了达到辩护目的，不惜违反执业规定和法律原则，帮助当事人毁灭、伪造证据，或者阻止、引诱、威胁证人作证，从而触犯了刑法。另一方面，我国法律虽然对律师的取证行为进行了刑事规制，但是《刑法》中关于律师涉嫌伪证犯罪的规定不够具体。如何定性威胁与引诱行为，是认定律师伪证犯罪的关键，而威胁、引诱本身就具有一定的抽象性，这导致律师的技巧性询问很容易被认定为引诱行为，无形中增加了律师在刑事诉讼中的风险。此外，如果犯罪嫌疑人、被告人在会见律师后改变供述，证人在律师介入后改变证言，司法机关工作人员往往会认为是律师引诱他们改变供述或证言的，而嫌疑人、被告人为了避免自己被检察机关追究责任或被法院认定为认罪悔罪态度不好，往往将翻供的责任推给律师，声称自己的所作所为是受律师的指使。

律师违反规定披露有关案件重要信息，涉嫌泄露证据材料罪和泄露国家秘密罪的风险，主要表现为《刑法》第308条规定的泄露不应公开的案件信息罪。这种风险的产生，主要原因是律师为了达到辩护目的，往往把案件的相关信息披露给媒体和公众，而媒体会有目的地报道案件相关信息，以引起舆论的关注并形成舆论压力，从而达到左右案件裁决的目的。从理论上来说，司法机关审理案件应该以事实为依据，以法律为准绳，舆论不应该也不能成为影响案件裁决的因素，但是从司法实践来看，舆论往往会在一定程度上影响案件的裁决。法院即便以事实为依据，以法律为准绳，其依法作出的裁判仍有可能受到公众的质疑。为了减少压力，法院难免会顺民意而行②。律师涉嫌泄露国家秘密罪最典型的案例是，河南一位律师的助手把案卷材料交给被告人的近亲属，近亲属将案件材料复制并引诱控方证人改变证言，该律师被当地公诉机关以泄露国家秘密罪提起公诉。一审判决该律师泄露国家秘密罪成立，最终经过多方努力，该律师在二审中才被宣告无罪。这一案件引发了讨论：律师在会见当事人时到底能否将自己掌握的案件情况告知在押的犯罪嫌疑

---

① 参见马璐璐：《辩护律师执业风险及防范》，载《连云港师范高等专科学校学报》2020年第3期。

② 马晶、杨天红：《律师庭外言论的规制：兼论〈刑法修正案（九）〉泄露案件信息罪》，载《重庆大学学报（社会科学版）》2016年第4期。

人、被告人，律师应当如何与当事人及其亲属商讨案情。在通常情况下，一旦当事人或其亲属泄露案情，律师就要承担风险，这使律师的辩护活动受到极大的限制。

律师涉嫌贿赂犯罪的风险主要体现在《律师法》第49条的规定中。律师向法官、检察官、仲裁员以及其他有关工作人员行贿，介绍贿赂，或者指使、诱导当事人行贿，构成犯罪的，依法追究其刑事责任。不少律师为了获得经济收益和业界名气，一心谋求胜诉，或者替当事人找关系，或者行贿公检法人员，或者诱导当事人或其家属贿赂司法工作人员。此外，还有一些律师为了拓展案源而向政府机关、事业单位等工作人员行贿。这些行为都要受到法律的制裁。

（二）民事责任风险

民事责任风险主要是指律师在代理诉讼案件的过程中，可能会因为种种不确定的因素而导致承担民事责任和遭受名誉受损的风险。

首先，律师与委托人之间签订委托合同本属于民事法律行为，自然就有产生民事责任的风险。律师民事责任的形成主要是由于律师违反委托合同、违法执业，或因过错给当事人造成损失。律师在执业过程中需要与委托人签订委托合同，一旦律师违反合同规定，必然要承担违约责任的风险。此外，律师还可能承担侵权责任，主要原因是律师没有按照约定完成委托事项，或者因故意、过失导致委托人利益受损。比如，律师因为疏忽没有及时上诉致使超过诉讼时效，或者丢失、毁损主要证据而无法弥补，或者泄露委托人隐私，所有这一切如果给委托人或第三人造成损失的，律师必须为自己的过错承担民事责任。《律师法》第54条规定，律师违法执业或因过错使当事人的利益遭受损失的，律师事务所应该承担赔偿责任，而后向存在故意或重大过失的律师追偿。《律师及律师事务所违法行为处罚办法》第46条也作了相同的规定。

其次，律师的执业行为可能导致名誉受损的风险。律师在开始接受当事人的委托展开法律服务的同时，其信誉风险便相伴而生。比如，委托人及辩方证人向律师提供虚假证据，或者在陈述事实时有所隐瞒，最终导致法庭审判结果不理想，委托人往往会认为是律师未尽全力所致，要求律师退还代理费，甚至向相关部门告发律师在执业过程中存在违法行为。当然，有些律师专业水平不高，应诉能力不强，缺乏业务经验，也会导致自身信誉受到影响。最典型的个案是北京某律师事务所作为河北三河某公司的法律顾问，因律师工作失误，导致某公司1亿元资金被骗，最终在2004年被人民法院判处赔偿某公司800万元损失，并返还100万元律师费的赔偿案件，至今仍被认为是最昂贵的赔偿，也再次引起社会各界对律师执业风险问题的关注。

（三）一般违规风险

一般违规风险是指律师在执业过程中违反行政法律法规所产生的风险，主要包括《律师法》第47~49条规定的行政违法行为，以及《律师和律师事务所违法行为处罚办法》第5~22条规定的行政违法行为。律师违反行政法规而受到的处罚主要有五种：警告、罚款、没收违法所得、停止执业、吊销律师执业证书。律师涉嫌行政违法的主导因素是律师违反执业规范或违背职业道德。有些律师一味追求经济利益，暗示委托人行贿司法机关工作人员，或者利用人际关系违反规定与司法工作人员见面；有些律师以误导、利诱或虚假承诺的方式承揽业务；有些律师为了达到诉讼目的，甚至故意隐瞒与案件有关的重要事实或证据。这些行为不仅违反了律师执业规范，而且侵害了委托人的利益，妨害了司法工作的正常运行。

二、律师执业风险产生的原因

（一）法律方面的原因

立法缺陷是律师的执业风险尤其是刑事责任风险存在的重要原因。典型的表现就是《刑法》第306条规定的伪证罪，这个条文被学界称为“悬在律师头上的一把利剑”。伪证罪的设定是为了保证国家司法机关刑事诉讼活动的正常进行，在司法实践中却变成了滥用追诉权的工具。一方面，该罪名主体直指律师，犯罪主体只有律师和诉讼代理人。另一方面，该罪名的犯罪构成要件模糊，容易被滥用。该条款对“威胁、引诱”行为缺乏明确的界定，有关“违背事实改变证言”的判断也缺乏合理的依据①。一般来说，对于无法确定的案件事实，只能最大限度地追求客观真实，因此在客观事实无法确定的情况下，谈不上违背事实一说。《律师法》虽然简单规定了律师在执业时其人身权利、辩护权利、调查取证权利依法受到保护，但是这些规定都是概括性、宣示性的条款，至于律师的这些权利如何保护、受到侵害后如何救济，并没有进一步明确，这在一定程度上增加了律师的执业风险。

（二）社会方面的原因

我国律师制度建立至今，人们对律师的认可度已经有很大提高，但是公众对律师行业仍存在偏见。公民法治意识淡薄，个别律师职业素质低下，导致公众形成了“律师就是拿人钱财、替人消灾”的错误观念。

在司法实践中，由于控辩双方的诉讼目的和诉讼立场不同，律师往往被视为司法工作人员的对立面。有时候由于控辩双方地位悬殊，律师只要行为稍有不慎，就会被司法机关认为是在干扰办案而受到追诉。一旦律师遭到司法机关的追诉，委托人就会认为律师一定有违法行为并且损害了自己的利益，从而导致社会公众进一步加深对律师的偏见。公众对律师的偏见越深，律师在执业过程中就越难获得委托人的信任。律师一旦面临信任危机，辩护工作就会遇到更多阻碍，从而增加了他们的执业风险。

（三）律师自身的原因

律师执业风险的人为因素，主要来自律师自身。大部分国家都实行律师职业准入制，

① 陈瑞华、田文昌：《刑事辩护的中国经验》，北京大学出版社2016年版。

这表明律师职业具有专业性和特殊性。但是，并非所有的律师都具有较高的专业水平和丰富的实践经验，在处理诉讼案件、进行刑事辩护时，必然有部分律师要面对更大的执业风险。有些律师专业能力不足，导致辩护没有达到应有的或预期的效果；有的律师专业知识储备不足、缺乏风险防范意识，出现程序上的疏忽而导致委托人的利益受损；有些律师为了达到名利双收的效果，游走在法律的边缘，以达到辩护目的。个别律师的这类行为，加大了他们的执业风险。

三、律师执业风险的防范

律师执业风险与律师职业相伴而生，不可能完全避免，但可以采取相应措施，尽量减少和避免律师执业风险的发生。

（一）完善相关法律，保护律师合法权益

对于律师执业风险的防控，立法方面应当关注《刑法》中关于律师的罪名，尤其是《刑法》第 306 条的规定。如前所述，“辩护人、诉讼代理人毁灭、伪造证据罪”是悬在律师头上的一把利刃，该罪的犯罪构成条件具有不确定性，必须进一步细化犯罪构成要件，使之更具可操作性。法律需要对“引诱证人违背事实改变证言”中的所谓“引诱行为”予以明确规定，就判断“违背事实”制定具体标准，否则一切犯罪构成都由公诉方来认定，那么该罪名很可能成为司法工作人员报复辩护人的工具。在律师行业规定方面，法律应当进一步加强对律师的权利保护和权利救济，在要求律师遵循执业规范和法律义务的同时，加强对律师权利受到侵害后的救济。唯有如此，才能降低律师非正常执业风险的发生概率。

律师的职责是维护犯罪嫌疑人、被告人的合法利益，协助司法机关准确、及时地做出裁判。律师在执业过程中是作为与国家公权力机关进行对抗的角色出现的，诉辩双方的地位具有天然不平等性，律师一直都处于弱势地位。这就要求法律要注重对律师的权利保障，以更好地实现控辩双方平等对抗。因此，法律可以赋予律师一定的豁免权，帮助他们规避执业风险。我国《律师法》第 37 条规定了律师的言论豁免权，但将豁免权范围限定得过窄且过于笼统，仅仅针对律师在法庭上发表的代理与辩护意见，无法有效保障律师的权利。笔者认为，律师不仅要参与法庭审理，而且要参与从侦查程序到审查起诉程序再到审判程序的全过程，因此律师的言论豁免权应当贯穿整个刑事诉讼过程。我国可以建立律师提供失实证据的豁免权，对律师提供、引用与事实不符的证据，除非能确切证明律师实施了毁灭、伪造证据的行为，否则不应追究律师的刑事责任。此外，对于律师伪造证据的行为的认定存在合理怀疑的，也不应当追究其刑事责任。

（二）加强对律师事务所的管理，减少和规避律师执业风险

法律禁止律师以个人名义进行执业，律师必须以律师事务所的名义提供法律服务，律师事务所作为对律师进行直接管理和监督的单位，建立健全律师事务所的管理机制，加大

对律师执业的有效管理、监督和引导，是减少和避免律师执业风险产生的第一道防线。针对律师执业风险产生的原因，律师事务所可侧重从以下几个方面加强防范：

1. 加强执业风险认识教育，提高风险分辨能力。律师事务所在对律师工作的日常管理中，要强调执业风险防范意识的重要性。对具有潜在执业风险的案件来源和类型要及时进行归纳，对已经发生执业风险的案件要及时进行分析和总结，在受理案件之前或之后，对产生律师执业风险的可能性及可能出现风险的环节和相应的防范措施要具体分析评估和判断，从而增加对风险的事先防范及事后的教训吸取。

2. 加强对律师执业道德、执业纪律的教育和监督。律师事务所应当重视对律师执业道德和执业纪律的教育，加强对律师执业活动中违纪和违反执业道德的行为进行监督。例如，建立律师违纪投诉制度，及时发现律师在办理案件中的违纪问题，对律师轻微的违纪行为进行批评和教育，对严重的超出律师事务所处理权限的违纪案件，可移交司法行政机关处理，尽量使律师执业风险化解在萌芽状态，防止事态扩大。

3. 规范律师事务所的管理制度。建立科学有效的案件受理登记制度、收费审查制度、卷宗档案管理制度、证据交接保管制度、案件质量回访制度、重大疑难案件分析讨论制度等，从制度上切实降低或避免律师执业风险。

律师工作是一项实践性、可操作性很强的职业，对专业知识及业务能力均有较高的要求。律师事务所在对律师进行管理和教育的同时，还要为律师的继续学习和深造提供机会和平台，积极组织律师的业务学习和经验交流活动，帮助律师不断提高业务素质和执业能力。

（三）律师自身要加强学习，不断提高执业能力和业务素养

风险是客观存在的，从事任何职业都会存在风险。律师应该从自身专业水平出发，加强自身应对风险的能力，这是降低执业风险最有效的手段。

首先，律师必须进一步增强法律意识，严格遵守法律规定，不存侥幸心理，也不在违法的边缘行走，这是减少律师执业风险的立足点①。其次，律师必须提高职业素养，只有强化自身素质，才能提高驾驭和防范执业风险的能力。只有律师凭借过硬的专业素养完成委托人的要求，才能树立良好的形象，才能改变公众对律师的偏见。这就要求律师应当正确认识职业定位，严格遵守执业规范，提高自身专业素养和职业道德水平。最后，律师要正确处理与委托人、犯罪嫌疑人、被告人之间的关系，既要与他们保持适当距离，又要与他们保持融洽关系；既要获取委托人的信任，又要避免过度信赖委托人。否则，律师在刑事诉讼中很可能遭到来自其委托人或案件相关人员出于故意或过失的陷害，从而招致法律风险。

---

① 关洁玫：《律师的执业风险与保护》，载《河北法学》2001 年第 1 期。

第十一章　律师与律师管理（下）

第一节　刑事诉讼中的律师辩护

一、刑事诉讼中的律师辩护概述

（一）律师刑事辩护的概念

律师进行刑事辩护是刑事诉讼的一项重要内容，也是律师业务中的一项重要活动。律师进行刑事辩护，是指律师接受犯罪嫌疑人、被告人及其法定代理人、近亲属的委托或者法律援助机构的指派，担任犯罪嫌疑人、被告人的辩护人，依据事实和法律，提出犯罪嫌疑人、被告人无罪、罪轻或者减轻、免除其刑事责任的材料和意见，维护犯罪嫌疑人、被告人的诉讼权利和其他合法权益的一种诉讼活动。

（二）辩护律师在刑事诉讼活动中的地位和作用

1. 辩护律师在刑事诉讼活动中的地位。辩护律师是刑事诉讼中辩护人的一种，在刑事诉讼中是独立的诉讼参与人。

首先，相对于犯罪嫌疑人和被告人而言，地位具有独立性。辩护律师参与刑事诉讼的基础是受犯罪嫌疑人、被告人的委托或者法律援助机构的指派，是犯罪嫌疑人、被告人的诉讼权利和其他合法权益的专门维护者，但其不是犯罪嫌疑人、被告人的“代言人”，也不是犯罪嫌疑人、被告人的“传话筒”。辩护律师有权根据自己对事实和法律的理解作独立的辩护，不受犯罪嫌疑人、被告人意志的约束。律师尽管是犯罪嫌疑人、被告人合法权益的专门维护者，但只是维护犯罪嫌疑人、被告人的诉讼权利和其他合法权益，而不是维护包括非法利益在内的全部权益。辩护人接受委托后，如果发现犯罪嫌疑人、被告人不如实陈述案情，或者委托事项及要求为法律或者执业规范所禁止，经说服教育而不改正的，辩护律师有权拒绝继续辩护，解除委托。

其次，相对于公诉人员而言，地位具有独立性。辩护律师和公诉人员分别是辩护职能和控诉职能的承担者，辩护律师的诉讼地位与公诉人员的控诉地位对应存在，没有控诉就没有辩护，作为辩护律师不能对犯罪嫌疑人、被告人进行控诉，只能陈述对犯罪嫌疑人、被告人有利的事实情节和理由。辩护律师和公诉人员的诉讼地位平等，都是依法行使各自的职能，尽管职能对立，但在一定程度上又具有统一性，因为他们参与诉讼的最终目的都是使案件得到公正的处理。

最后，相对于审判人员而言，辩护律师和审判人员分别是辩护职能和审判职能的承担者，但整体而言，二者又是一种配合与协助关系。因为从某种程度上来说，辩护律师的辩护行为更有助于审判人员查明案件的真实情况。

综上所述，辩护律师既不附属于犯罪嫌疑人、被告人，又不从属于公诉机关和审判机关，其在刑事诉讼中具有独立的诉讼地位，属于独立的诉讼参与人。

2. 辩护律师在刑事诉讼活动中的作用。辩护律师参与刑事诉讼活动，其作用主要表现在以下几个方面：

首先，有利于弥补犯罪嫌疑人、被告人辩护能力的不足，维护犯罪嫌疑人、被告人的合法权益。尽管《刑事诉讼法》明确规定了犯罪嫌疑人、被告人有自行辩护的权利，但鉴于大多数犯罪嫌疑人、被告人文化知识和法律知识、辩护技巧的匮乏，再加上犯罪嫌疑人、被告人处于受追诉的地位，在刑事诉讼过程中，往往会因为刑事强制措施的运用而使人身自由受到限制，致使其自行辩护权在行使过程中有很大的局限性。因此，辩护律师参与刑事诉讼活动，帮助犯罪嫌疑人、被告人行使辩护权，维护犯罪嫌疑人、被告人的合法权益就显得很有必要。

其次，辩护律师参与刑事诉讼活动，有助于司法机关正确处理刑事案件。控诉、辩护和审判是刑事诉讼的三大职能，辩护律师针对控诉机关的指控，依据事实和法律提出犯罪嫌疑人、被告人存在无罪、罪轻或者从轻、减轻、免除刑罚的情节，或提出合理的意见，有利于司法机关全面准确地了解案情，从而依据事实和法律，作出正确的判决。使无罪的人免受刑事责任追究，使有罪的人罚当其罪。

最后，辩护律师参与刑事诉讼活动，有助于法制宣传和教育。作为专业的法律工作者，律师具备系统的法律知识和较丰富的实践经验。在刑事诉讼过程中，辩护律师依据案情和法律知识，结合犯罪嫌疑人、被告人的行为，为犯罪嫌疑人、被告人所作的辩护，不仅有利于犯罪嫌疑人、被告人了解法律知识，增强法制观念，而且对那些关心和了解案情的人也会起到很好的法制宣传和教育作用。

（三）辩护律师的权利和义务

1. 辩护律师的权利。根据《刑事诉讼法》《律师法》等有关法律、法规的规定，辩护律师在刑事诉讼中的权利主要有：

（1）独立辩护权。辩护律师有权根据自己对事实和法律的理解，独立地进行各种辩护活动，其他任何机关、团体和个人都不得非法干预和限制。

（2）阅卷权。辩护律师自人民检察院对案件审查起诉之日起，可以查阅、摘抄、复制本案的案卷材料。

（3）会见通信权。根据《刑事诉讼法》第 39 条的规定，辩护律师可以同在押的犯罪嫌疑人、被告人会见和通信。辩护律师会见在押的犯罪嫌疑人、被告人，可以了解案件的有关情况，提供法律咨询等；自案件移送审查起诉之日起，可以向犯罪嫌疑人、被告人核实有关证据。辩护律师会见犯罪嫌疑人、被告人时不被监听。

（4）调取证据权。辩护律师经证人或其他有关单位和个人同意，可以向他们收集与本案有关的材料，也可以申请检察院、法院收集调取证据，或申请法院通知证人出庭作证。经检察院或法院许可，并且经被害人或者其近亲属、被害人提供的证人同意，辩护律师可以向他们收集与本案有关的材料。

（5）获得通知权。辩护律师有权在开庭 3 日以前获得法院的出庭通知书。

（6）司法文书获取权。辩护律师有权获得检察院的起诉书和抗诉书副本，有权获得法院的判决书和裁定书副本。

（7）参加法庭调查和法庭辩论权。辩护律师在法庭调查阶段，经审判长许可，可以向被告人、被害人、证人、鉴定人发问。在法庭辩论阶段，可以对证据和案件情况发表意见并且可以与控方展开辩论。

（8）拒绝辩护权。在犯罪嫌疑人、被告人拒不如实陈述案情的情况下，辩护律师有权拒绝辩护。

（9）申诉、控告权。这是 2012 年修正《刑事诉讼法》时新增的内容。《刑事诉讼法》第 49 条明确规定，辩护人、诉讼代理人认为公安机关、人民检察院、人民法院及其工作人员阻碍其依法行使诉讼权利的，有权向同级或者上一级人民检察院申诉或者控告。人民检察院对申诉或者控告应当及时进行审查，情况属实的，通知有关机关予以纠正。

2. 辩护律师的义务。辩护律师在维护犯罪嫌疑人、被告人的合法权益时，一定要依据事实和法律，严格遵守一定的规则和秩序。不得帮助犯罪嫌疑人、被告人隐匿、毁灭、伪造证据或者串供，不得威胁、引诱证人作伪证以及作出其他干扰司法机关诉讼活动的行为。对于在诉讼过程中知悉的委托人的有关情况和信息要尽保密义务，不得泄露，但是辩护律师在执业活动中知悉委托人或者其他人，准备或者正在实施危害国家安全、公共安全以及严重危害他人人身安全的犯罪的，应当及时告知司法机关。

2012 年修正《刑事诉讼法》时特别强调了辩护律师的相应告知义务和向控方披露特定证据的义务。《刑事诉讼法》第 34 条第 4 款规定，辩护人接受犯罪嫌疑人、被告人委托后，应当及时告知办理案件的机关。《刑事诉讼法》第 42 条规定，辩护人收集的有关犯罪嫌疑人不在犯罪现场、未达到刑事责任年龄、属于依法不负刑事责任的精神病人的证据，应当及时告知公安机关、人民检察院。除此之外，辩护律师还要遵守《刑事诉讼法》《律师法》等有关辩护律师的义务及律师职业道德和执业纪律方面的规定。

二、辩护律师参与刑事诉讼的时间和途径

1996 年修正的《刑事诉讼法》第 33 条第 1 款规定，公诉案件自案件移送审查起诉之日起，犯罪嫌疑人有权委托辩护人。自诉案件的被告人有权随时委托辩护人。2012 年修正《刑事诉讼法》时，将公诉案件中辩护律师介入诉讼的时间提前至犯罪嫌疑人被侦查机关第一次讯问或者采取强制措施之日起，并且侦查期间，犯罪嫌疑人只能委托律师作为辩护人。被告人有权随时委托辩护人。

辩护律师参与刑事诉讼有两种途径：其一是接受犯罪嫌疑人、被告人的委托，担任辩

护人；其二是依法接受法律援助机构的指派，担任辩护人。《刑事诉讼法》第35条对可能出现的，需要法律援助机构指派律师进行辩护的情况作了如下具体规定：（1）犯罪嫌疑人、被告人因经济困难或者其他原因没有委托辩护人的，本人及其近亲属可以向法律援助机构提出申请。对符合法律援助条件的，法律援助机构应当指派律师为其提供辩护；（2）犯罪嫌疑人、被告人是盲、聋、哑人，或者是尚未完全丧失辨认或者控制自己行为能力的精神病人，没有委托辩护人的，人民法院、人民检察院和公安机关应当通知法律援助机构指派律师为其提供辩护；（3）犯罪嫌疑人、被告人可能被判处无期徒刑、死刑，没有委托辩护人的，人民法院、人民检察院和公安机关应当通知法律援助机构指派律师为其提供辩护。

三、一审程序中不同诉讼阶段辩护律师法律服务的内容和方式

（一）辩护律师在侦查、审查起诉阶段的法律服务

1. 及时履行告知义务。《刑事诉讼法》第34条第4款规定："辩护人接受犯罪嫌疑人、被告人委托后，应当及时告知办理案件的机关。"因此，为了保障诉讼活动的顺利进行和较好地履行职责，辩护律师在接受委托后，应当及时将律师事务所函和辩护委托书送交办案机关。

2. 了解案情，提供法律帮助，代为申诉或控告。根据《刑事诉讼法》的规定，辩护律师可以同在押的犯罪嫌疑人、被告人会见和通信，向其了解案件有关情况，提供法律咨询。辩护律师在侦查期间可以为犯罪嫌疑人提供法律帮助；也可以向侦查机关了解犯罪嫌疑人涉嫌的罪名和案件的有关情况。对侦查机关侵犯犯罪嫌疑人合法权益的行为，辩护律师有权代为申诉和控告，申请变更强制措施。

3. 查阅案卷材料。为了更好地行使辩护权及做好出庭辩护的准备工作，辩护律师应积极与检察机关或人民法院联系，以便查阅、摘抄、复制本案的案卷材料。

4. 自行取证和申请调取证据以及向控方披露特定证据。律师通过查阅案卷材料，会见犯罪嫌疑人、被告人等一系列活动，若认为事实不清、证据不足的，可以按照法律规定的程序自行向证人、其他有关单位和个人收集与本案有关的材料或者申请人民检察院、人民法院收集和调取证据。另外《刑事诉讼法》规定，辩护人认为在侦查、审查起诉期间公安机关、人民检察院收集的证明犯罪嫌疑人、被告人无罪或者罪轻的证据材料未提交的，有权申请人民检察院、人民法院调取。辩护人收集的有关犯罪嫌疑人不在犯罪现场、未达到刑事责任年龄、属于依法不负刑事责任的精神病人的证据，应当及时告知公安机关、人民检察院。

5. 提出辩护意见。辩护律师在审查起诉阶段，应当结合事实和法律，向审查起诉机关提出有利于被告人的辩护意见。例如，在诉讼过程中发现犯罪嫌疑人具有《刑事诉讼法》第16条规定情形之一的，应当建议检察机关作出不起诉的决定；犯罪嫌疑人若有自首、立功等法律规定的从轻、减轻处罚情节时，应建议检察机关在起诉时予以考虑，从而切实做到依法维护被告人的诉讼权利。

（二）辩护律师在审判阶段的法律服务

1. 获取起诉书副本，知悉开庭日期。根据《刑事诉讼法》的规定，人民法院决定开庭审判后，至迟应当在开庭 10 日前将检察院的起诉书副本送达被告人及其辩护人。确定开庭日期后，应当将开庭的时间、地点通知辩护人，并且开庭通知书至迟应当在开庭 3 日以前送达。

2. 做好出庭前的准备工作。律师出庭前的准备工作是否充分，直接决定着律师在审判阶段辩护质量的高低。根据实践经验，律师应从以下几个方面着手庭前准备：

（1）审阅起诉书副本和指控的犯罪事实材料。辩护律师有权查阅、摘抄、复制与案件有关的案卷材料，通过审阅起诉书和案卷材料，从中发现问题，掌握控方的证据，确定辩护策略，从而为法庭辩护做好准备。

（2）会见被告人。会见被告人是辩护律师的一项重要权利，辩护律师会见被告人的内容和程序与审查起诉阶段基本相同，但这一阶段会见被告人应侧重以下几个方面的问题。首先，就起诉书中指控的犯罪事实向被告人进行核实，听取被告人的意见，讯问被告人是否有新的证据或能对案件进行调查核实的新的线索。其次，告知被告人有关法庭辩护的准备情况和初步辩护意见，就分歧部分进行沟通协商。最后，告知被告人参加法庭审理时应注意的问题、法庭审判的基本程序及被告人的诉讼权利。

（3）调查取证、核实有关证据。为了做好庭前准备工作，辩护律师可以行使其调取证据和申请人民检察院、人民法院收集、调取证据的权利，这是辩护律师的专有权利，其他辩护人不得行使。

（4）做好开庭准备，确定辩护方案。律师在开庭之前，依据掌握的事实材料，针对起诉书的内容，应先确定辩护方案、撰写辩护词等有关书面材料，并可就有关案件的管辖、审判组织、审判方式等具体问题与人民法院交换意见和看法。

3. 辩护律师参加法庭审判。法庭审判是刑事诉讼活动的中心环节，在这一阶段中，辩护律师的辩护权可以得到充分体现。法庭审判程序大体可分为开庭、法庭调查、法庭辩论、被告人最后陈述、评议和宣判五个阶段，辩护律师的工作侧重点在各个阶段有所不同。

（1）开庭阶段的工作。辩护律师在开庭阶段的工作主要包括：注意审判组织的组成人员是否合法；审判人员、检察人员、书记员、翻译人员等是否存在需要回避的情形；案件是否需要不公开审理；审判长是否全面告知了被告人享有的诉讼权利；有关诉讼参与人是否到庭等一些基本问题。

（2）法庭调查阶段的工作。辩护律师在法庭调查阶段的工作主要包括：认真听取公诉人、自诉人宣读起诉书或自诉状，起诉书中指控的内容是否有变化及对辩护意见作相应的调整；认真听取被告人、被害人的陈述，注意其陈述的内容与以前相比是否有变化；注意公诉人在对被告人进行发问时是否有诱供等嫌疑，并及时予以制止和纠正；听取对证人、鉴定人、被害人及其他诉讼参与人的问话并及时进行质证；向法庭出示证据或申请证人、鉴定人员到庭；对法庭出示的其他证据进行质证；申请新的证人到庭、调取新的证据或者申请重新鉴定。

(3) 法庭辩论阶段的工作。辩护律师在法庭辩论阶段的工作主要包括：认真听取公诉人的公诉词以及被害人与其诉讼代理人的发言，并针对起诉书中指控的内容发表辩护意见；针对公诉人的发言及时进行反驳，与控方展开辩论。

(4) 被告人最后陈述阶段的工作。被告人最后陈述是被告人享有的一项重要的诉讼权利，辩护律师在该阶段应注意法庭是否保障了被告人这一权利的充分行使。如果被告人在最后陈述时提出了新的事实或证据，辩护律师可以请求法庭恢复法庭调查，待事实或证据查清后再进行法庭辩论和最后陈述，若一时难以查清，可以申请延期审理。

(5) 评议和宣判阶段的工作。案件宣判后，辩护律师应对判决加以分析，看判决是否正确，对被告人罪名认定是否准确、量刑是否适当。如果被告人不服提出上诉，辩护律师应协助被告人行使该权利。

以上介绍的主要是辩护律师在公诉案件一审程序中的法律服务，对于自诉案件中辩护律师提供的法律服务，辩护律师可以根据自诉案件的特点对辩护工作进行适当调整。

四、二审程序中辩护律师法律服务的内容和方式

第二审程序，是指上一级人民法院根据被告人的上诉或人民检察院的抗诉，对下一级人民法院未生效的判决或裁定重新进行审理的程序。根据《刑事诉讼法》的规定，被告人、自诉人及其法定代理人不服地方各级人民法院第一审的判决、裁定的，有权用书状或者口头向上一级人民法院上诉，被告人的辩护人和近亲属，经被告人同意，可以提出上诉。

《刑事诉讼法》第234条第1款、第2款规定："第二审人民法院对于下列案件，应当组成合议庭，开庭审理：(一) 被告人、自诉人及其法定代理人对第一审认定的事实、证据提出异议，可能影响定罪量刑的上诉案件；(二) 被告人被判处死刑的上诉案件；(三) 人民检察院抗诉的案件；(四) 其他应当开庭审理的案件。第二审人民法院决定不开庭审理的，应当讯问被告人，听取其他当事人、辩护人、诉讼代理人的意见。"

由此可以看出，二审人民法院的审理分为开庭审理和不开庭审理两种方式，在二审程序中，根据不同的审理方式，辩护律师的辩护方式和技巧也应有所区别。

(一) 辩护律师在二审人民法院不开庭审理时的辩护工作

二审人民法院不开庭审理案件的基础是合议庭通过阅卷，讯问被告人、听取其他当事人、辩护人、诉讼代理人的意见，认为事实清楚，证据确凿，适用法律正确。因此辩护律师在这种审理模式中，应事先认真分析、研究一审作出的判决和裁定，依据事实和法律找出一审人民法院在认定事实和适用法律方面的不当之处，以便在合议庭审理案件时及时提出，引起审判人员的注意。同时辩护律师应当告知被告人在二审程序中的诉讼权利，以维护被告人的合法权益。除此之外，辩护律师还要考虑二审人民法院的审理方式是否合法。

(二) 辩护律师在二审人民法院开庭审理时的辩护工作

若是因被告人的单方上诉引起的二审程序，辩护律师的活动程序与第一审程序中的一

样，但由二审程序本身的性质所决定，辩护律师的侧重点会与一审程序有所区别。在这一阶段，辩护律师的着重点会紧紧围绕原判决在认定事实和适用法律方面存在的问题而展开辩论，同时还要注意人民法院是否保障了被告人上诉不加刑权利的行使。若是人民检察院进行抗诉而引起的二审程序，辩护律师则应在原判决、裁定是否正确的问题上，明确自己的观点，对检察院提出的抗诉意见进行辩论和反驳。

五、再审程序中辩护律师法律服务的内容和方式

再审程序又称审判监督程序，是指人民法院、人民检察院对于已经发生法律效力的判决和裁定，如果发现在认定事实或适用法律上确有错误，依法提出并进行重新审理的特殊程序。其审理的对象是已经发生法律效力的判决和裁定，提起审判监督程序必须是生效的判决和裁定在认定事实或适用法律上确有错误，而当事人向人民法院或者人民检察院提出的申诉，是司法机关发现生效的判决和裁定在认定事实或适用法律上有错误的一个重要途径，当事人的申诉并不必然引起再审程序。《律师法》第28条第4项规定，律师可以接受委托，代理各类诉讼案件的申诉。因此，律师可以接受委托在再审程序中担任辩护人，帮助被告人行使辩护权。

根据我国《刑事诉讼法》第256条第1款的规定：“人民法院按照审判监督程序重新审判的案件，由原审人民法院审理的，应当另行组成合议庭进行。如果原来是第一审案件，应当依照第一审程序进行审判，所作的判决、裁定，可以上诉、抗诉；如果原来是第二审案件，或者是上级人民法院提审的案件，应当依照第二审程序进行审判，所作的判决、裁定，是终审的判决、裁定。”由于再审程序是一种特殊程序而非必经程序，具体审理案件时，根据情况不同可能会运用第一审程序也可能会运用第二审程序，因此律师在再审程序中担任辩护人，应根据具体情况采用不同的方法。

第二节　刑事诉讼中的律师代理

一、刑事诉讼中的律师代理概述

（一）刑事诉讼中的律师代理的概念

刑事诉讼中的律师代理，是指律师在刑事诉讼中，接受公诉案件被害人及其法定代理人或者近亲属、自诉案件的自诉人及其法定代理人、附带民事诉讼的当事人及其法定代理人的委托，以被代理人的名义参加诉讼，由被代理人承担代理行为法律后果的一项法律制度。根据代理性质的不同，刑事诉讼中的律师代理可以分为自诉案件自诉人的代理、公诉案件被害人的代理和附带民事诉讼案件当事人的代理。

（二）刑事代理与刑事辩护的区别

刑事代理与刑事辩护作为刑事诉讼的两项基本制度，均可视为律师在刑事诉讼中的主要业务，但两者之间存在重要区别，主要表现为：

1. 产生根据和服务对象不同。律师参与刑事代理的根据是当事人及其法定代理人、近亲属的委托或授权，服务的对象是公诉案件的被害人、自诉案件的自诉人、附带民事诉讼的当事人；律师参与刑事辩护的根据是犯罪嫌疑人、被告人的授权或法律援助机构的指派，服务的对象是公诉案件的犯罪嫌疑人、被告人。

2. 诉讼地位不同。律师参与刑事代理不具有独立的诉讼地位，是附属于被代理人的，以被代理人的名义和意愿进行诉讼；律师参与刑事辩护具有独立的诉讼地位，有权依据自己对事实和法律的理解作独立的辩护，不受犯罪嫌疑人、被告人意志的约束。

3. 诉讼任务不同。律师参与刑事代理的职责在于维护被代理人的合法权益，担任被害人和自诉人的代理人时，行使控诉权，具有控诉职能；担任附带民事诉讼案件当事人的代理人时，行使的是民事诉讼的职能。而担任律师参与刑事辩护承担的是辩护职能。

4. 诉讼权利范围和内容不同。律师在刑事代理业务中享有的诉讼权利基于委托人的授权，且只能在委托人的授权范围内活动，不能超越委托人的授权，是委托人诉讼权利的延伸；律师在刑事辩护业务中享有的诉讼权利是法律赋予的，辩护律师享有的有些权利甚至犯罪嫌疑人、被告人也无权行使。

二、公诉案件中的律师代理

公诉案件中的律师代理，是指律师接受公诉案件中被害人及其法定代理人或者近亲属的委托，担任代理人，参加刑事诉讼，维护被害人合法权益的行为。

（一）律师代理被害人参加诉讼常见的几种情况

一般来说，任何公诉案件的被害人都有权委托律师参加诉讼活动，但根据司法实践，被害人在以下几种情况下委托律师代理参加诉讼更有意义：

1. 被害人对公诉书持有异议的案件。由于对案件事实的认定及法律适用上的认识不同，有时被害人与检察机关的意见会存在分歧，公诉人员在向法庭起诉时，不能充分表达被害人的意志。在这种情况下，被害人有必要委托律师代理诉讼，以充分表达自己的诉讼请求。

2. 被害人不能出庭或不便出庭的案件。在一般情况下，被害人虽然聘请了律师代理参加诉讼，也应该出席法庭。但是，在某些案件中，遇到被害人因受犯罪行为的侵害而致伤残不能出庭，或因患有某种严重疾病及涉及被害人个人隐私确实不便出庭的情况，被害人为了维护自己的合法权益，就需要委托律师代理参加诉讼。

3. 自诉案件转为公诉案件。实践中，会出现自诉案件转为公诉案件的情况，在此情况下，原自诉案件的自诉人，变成了公诉案件的被害人。由于公诉案件和自诉案件的差异较大，为了维护被害人的合法权益，需要委托律师代理参加诉讼。若自诉案件阶段的自诉人已经聘请了律师，转为公诉案件后，由于律师已经了解案情，被害人可以继续委托其代理参加诉讼。

（二）公诉案件中代理律师的诉讼权利

公诉案件中代理律师诉讼权利的范围，既受法律赋予被害人的诉讼权利范围的限制，又受委托人对律师授权的诉讼权利范围的约束。一般来说，代理律师受被害人委托可以行使下列诉讼权利：

1. 代理委托人向司法机关控告犯罪的权利。

2. 收集、查阅与本案有关案件事实材料的权利。

3. 参加法庭调查，向被告人、证人、鉴定人发问的权利。

4. 参加法庭辩论向法庭提交代理意见、指控犯罪的权利。

5. 提供证据的权利。

6. 对人民检察院作出的对被告人不起诉决定在法定期限内提出申诉的权利；人民检察院维持不起诉决定的，直接向人民法院提起诉讼的权利。

7. 对人民法院作出的一审刑事判决、裁定不服，在法定期限内，向人民检察院递交请求抗诉申请书，请求人民检察院提起抗诉的权利。

（三）公诉案件中代理律师的工作程序

1. 律师接受被害人的委托。被害人委托代理律师，应当与律师事务所签订委托合同。接受委托后，为了做好出庭前的准备工作，代理律师应当查阅、摘抄、复制与本案有关的案件事实材料，调查收集与本案有关的证据，以及向人民检察院提出代理意见等。

2. 做好出庭前的准备工作。根据法律规定，代理律师应当按时出庭履行代理职责。如果代理律师接到人民法院的开庭通知后，因故不能出庭的，应当与人民法院协商延期审理或改换其他律师出庭。代理律师接到开庭通知距开庭时间不足 3 日的，有权向人民法院提出异议，并要求延期审理。开庭日期确定后，代理律师应当准备代理词。代理词应当从维护委托人的合法权益出发，侧重从被告人的犯罪行为对被害人及其近亲属造成的危害后果方面进行论述。

3. 出席法庭，履行代理职责。代理律师作用发挥得如何，委托人的合法权益能否得到维护，往往取决于审判阶段，因此，这一阶段显得尤为重要。代理律师在这一阶段主要协助被害人行使以下权利：陈述案件事实；出示证据；请求法庭传唤未出庭的证人、鉴定人和勘验人出庭作证；经审判长同意，向被告人、证人、鉴定人发问；对相关证据、鉴定意见、勘验笔录发表意见；对被告人及其辩护律师的威胁性、诱导性发问或与本案无关的发问提出异议，并在法庭上发表代理意见等。

4. 一审判决后代理律师的工作。案件经过审理，人民法院作出判决后，如果被害人及其法定代理人不服一审判决，代理律师可以应被害人及其法定代理人的要求，在其收到裁判后 5 日内起草抗诉申请书，与相关证据材料一并送交人民检察院，请求人民检察院提出抗诉。人民检察院经过审查，决定不予抗诉的，代理律师可以建议被害人及其法定代理人提出申诉，也可以直接代理申诉。

三、自诉案件中的律师代理

（一）自诉案件中的律师代理的概念和范围

自诉案件中的律师代理，是指律师接受自诉案件自诉人或者其法定代理人的委托，以被代理人的名义，在授权范围内参加刑事诉讼的活动。根据《刑事诉讼法》的有关规定，自诉案件的自诉人及其法定代理人有权随时委托诉讼代理人，人民法院自受理自诉案件之日起3日内，应当告知自诉人及其法定代理人有权委托诉讼代理人。

自诉案件律师代理的范围。自诉案件，是指被害人或其法定代理人、近亲属向人民法院起诉，要求追究被告人的刑事责任，由人民法院直接受理的刑事案件。根据《刑事诉讼法》第210条的规定，自诉案件主要包括下列三类案件：(1）告诉才处理的案件，包括侮辱案、诽谤案、暴力干涉婚姻自由案、虐待家庭成员案等；(2）被害人有证据证明的轻微刑事案件，包括轻伤害案、重婚案、遗弃案、非法侵入他人住宅案等；(3）被害人有证据证明对被告人侵犯自己人身、财产权利的行为应当依法追究刑事责任，而公安机关或者人民检察院不予追究被告人刑事责任的案件。

（二）自诉案件中的律师代理应当注意的问题

1. 律师接受委托方面应注意的问题。自诉人及其法定代理人或者近亲属委托律师代理自诉案件时，在接受委托前，律师应当对案件先进行审查，以确定委托的案件是否属丁自诉案件的范畴及是否符合法律规定的立案条件。经过审查，如果认为符合自诉案件条件的，应当由律师事务所与委托人办理委托代理手续，并由委托人签署授权委托书，由律师事务所指派律师参加诉讼。

2. 证据收集方面的问题。证据，是指以法律规定的表现形式存在并能够证明案件真实情况的一切事实。在整个诉讼过程中，证据都占有重要地位。《刑事诉讼法》第211条规定，犯罪事实清楚，有足够证据的自诉案件，人民法院应当开庭审判。缺乏罪证的自诉案件，如果自诉人提不出补充证据，人民法院应当说服自诉人撤回自诉，或者裁定驳回。因此，律师接受自诉案件的委托后，首要的任务就是收集证据。代理律师应当根据自诉人提供的线索开展必要的调查工作，收集、整理与案件有关的证据，并及时向人民法院提交。对于自己不能取得的证据，有权向人民法院提出依法调查的申请。在收集证据的过程中，律师应当注意自诉人与被告人的关系，如果双方之间有和解的可能，律师应当为可能进行的和解工作做好准备。

3. 调解的问题。由于自诉案件在诉讼过程中允许调解及双方当事人的和解，所以律师在代理过程中应当注意，案件是否存在和解的可能。如果存在和解的可能，律师应当积极促成当事人自行和解，或者配合人民法院做好调解工作。调解既可以在诉讼程序开始前，也可以在诉讼中进行，但需要律师注意的是，代理律师促成和解必须要有委托人的特别授权。

4. 律师职能的转化问题。自诉案件在诉讼过程中，被告人可以反诉。所谓反诉，就是自诉案件的被告人作为被害人控告自诉人犯有与本案有联系的犯罪行为，要求人民法院追究其刑事责任的行为。如果被告人提起反诉，则自诉人就具备了双重身份，其既是本诉的原告人，又是反诉案件的被告人。在这种情况下，自诉案件代理律师的职能和地位也会发生相应的变化。如果自诉人委托律师在担任自诉案件代理人的同时，又委托律师担任反诉案件被告人的辩护人，律师应当注意，代理和辩护是两种不同的职能。律师在行使代理职能时，仍应当按自诉人授权的范围，提出与自诉人一致的代理意见，在行使辩护职能时，则可以根据事实和法律，提出不同于被反诉人的独立辩护意见。

四、刑事附带民事诉讼中的律师代理

（一）附带民事诉讼中的律师代理的概念

附带民事诉讼的律师代理，是指律师接受刑事案件中附带民事诉讼当事人及其法定代理人的委托，担任诉讼代理人，维护附带民事诉讼当事人的合法权益而进行的诉讼活动。根据《刑事诉讼法》的规定，公诉案件的附带民事诉讼的当事人及其法定代理人，自案件移送审查起诉之日起，有权委托诉讼代理人；自诉案件的附带民事诉讼的当事人及其法定代理人，有权随时委托诉讼代理人。

（二）附带民事诉讼原告人的律师代理

附带民事诉讼原告人的律师代理，是指律师接受附带民事诉讼原告人及其法定代理人的委托，担任代理人参加诉讼的活动。多数情况下，附带民事诉讼的原告人就是自诉案件的自诉人或公诉案件的被害人，担任被害人或自诉人的代理人的律师可以经委托授权担任附带民事诉讼原告人的代理律师，但应另外就附带民事诉讼的代理办理相应的委托手续。律师接受委托代理附带民事诉讼原告人参加诉讼之前，应先就委托事项是否符合附带民事诉讼成立的条件进行审查，如果符合条件，律师再接受委托。接受委托后，律师应尽快熟悉案情，查明事实真相，掌握有关的证据材料，在此基础上撰写并提交附带民事诉讼状。法院开庭审理时，代理律师应指导、协助或代理委托人行使诉讼权利。如果有调解的可能，代理律师应当指导委托人参加法庭调解，帮助委托人准备调解意见，依法维护委托人的合法权益。

（三）附带民事诉讼被告人的律师代理

附带民事诉讼被告人的律师代理，是指律师接受刑事附带民事案件被告人及其法定代理人的委托，担任诉讼代理人参加诉讼的活动。

附带民事诉讼的被告人，是指对犯罪行为造成的经济损失应负赔偿责任的人。包括：

（1）刑事案件的被告人及没有被追究刑事责任的共同致害人；（2）未成年刑事被告人的法定代理人；（3）已被执行死刑的罪犯的遗产继承人；（4）审结前已死亡的被告人的继承人；（5）对刑事被告人的犯罪行为应当承担民事责任的单位和个人。

律师担任刑事附带民事诉讼被告人的代理律师，该附带民事诉讼被告人同时又是刑事诉讼被告人的，其工作程序与律师担任刑事诉讼被告人的辩护人的工作程序基本相同。刑事附带民事诉讼被告人是刑事诉讼被告人以外的其他组织或个人的，其工作程序与附带民事诉讼原告人的律师代理工作程序基本相同。

需要注意的是，附带民事诉讼的被告人如果同时是刑事诉讼的被告人的，其可以委托原辩护律师兼任附带民事诉讼的代理人，也可以另行委托其他律师担任诉讼代理人。

第三节　民事诉讼中的律师代理

一、民事诉讼中律师代理的概念和特征

（一）民事诉讼中律师代理的概念

民事诉讼中的律师代理，是指在民事诉讼中，律师接受一方当事人的委托，以被代理人的名义在授权范围内进行民事诉讼的活动，以维护被代理人合法权益的行为。

（二）民事诉讼律师代理的特征

代理民事诉讼是律师的一项重要业务，律师代理民事诉讼主要具有以下几个方面的特征：

1. 代理人与被代理人必须符合法定条件。被代理人必须是具有民事诉讼当事人资格的公民、法人、其他组织，代理人必须是依法取得律师执业证书，为社会提供法律服务的执业律师。

2. 代理人必须以被代理人的名义进行诉讼活动。民事诉讼主要是解决当事人之间的民事权益矛盾或经济利益冲突的诉讼活动，当事人是民事权利的享有者和民事义务的承担者，而代理律师只是因为当事人的委托才得以参加到诉讼活动中来，作为非独立的诉讼主体，代理律师在民事诉讼过程中应以被代理人的名义进行诉讼活动。

3. 代理人在授权范围内实施行为的一切后果由被代理人承担。由于律师在民事诉讼中的代理权直接来自委托人的授权，因此，律师只有在委托人授权的范围内实施的诉讼行为，才对被代理人产生法律效力。代理律师实施的超出授权范围的行为，对被代理人不产生法律效力。

二、代理律师在民事诉讼中的地位

代理律师在民事诉讼中的地位由其在诉讼中的代理权限和作为律师的自身特点决定。

（一）代理律师不是独立的诉讼主体，不具有独立的诉讼地位

民事诉讼中的诉讼主体，是指以自己的名义参加诉讼，享有诉讼权利、承担诉讼义务，并且与诉讼结果具有直接利害关系的人。在民事诉讼中，律师的权利、义务是由被代理人的权利、义务派生出来的，是由被代理人授予的，不是代理律师本身所固有的。律师在委托人授权范围内以被代理人的名义从事诉讼行为，并且在授权范围内实施行为的法律后果由被代理人承担，因此代理律师不是独立的诉讼主体，不具有独立的诉讼地位。其所进行的诉讼行为受被代理人意志的约束，不能违背被代理人的意愿。

（二）代理律师在民事诉讼中具有相对的独立性

尽管代理律师不具有独立的诉讼地位，但其并不完全是被代理人的“代言人”，为了更好地维护被代理人的合法权益，代理律师在授权范围内，有权自主决定实施诉讼行为的方式和步骤，有权作独立的意思表示。代理律师只有具有相对的独立性，才能根据自己对事实和法律的理解作出判断，从而最大限度地维护当事人的合法权益。

三、民事诉讼律师代理的种类

民事诉讼中的律师代理制度内容极为丰富，从不同的角度、依据不同的标准，可以做多种分类。具体内容如下：

（一）根据律师的权限范围不同分类

根据律师的权限范围不同，可以分为一般律师代理和特别授权的律师代理。所谓一般律师代理，是指当事人仅将程序上的诉讼权利，而非将实体上的诉讼权利授予律师行使的代理。主要包括代理起诉、应诉，申请回避，提供证据，申请新的证人到庭等一般的诉讼权利。所谓特别授权的律师代理，是指当事人不仅将程序上的诉讼权利，而且还把自己享有的处分实体权利的诉讼权利全部或部分授予律师行使的代理。主要包括起诉权、变更权、上诉权、和解权、撤诉权等。

（二）根据代理律师参加诉讼的阶段不同分类

根据代理律师参加诉讼的阶段不同，可以分为一审程序、二审程序、再审程序的律师代理和执行程序的律师代理。第一审程序、第二审程序、再审程序和执行程序，是人民法院处理民事案件的四个不同阶段。每个诉讼阶段都有特定的任务和诉讼要求，这就要求律师担任代理人时，也应根据每个阶段的不同，对工作方法和工作重点加以调整。律师在第一审程序中的工作重点是帮助当事人举证，提出诉讼请求及事实和理由，要求人民法院公正裁决。律师在第二审程序中的工作重点是审查一审判决裁定是否有错误，然后根据当事人的意见，向二审法院提出诉讼请求，发表代理意见。律师在再审程序中的工作重点是依法提出再审的请求，提出能证明原判决、裁定确有错误的事实和法律依据。律师在执行程

序中的工作重点是代理当事人行使实体权利，如申请执行、进行执行和解、撤销执行申请等。

（三）根据被代理人代理律师数量的不同分类

根据被代理人代理律师数量的不同，可以分为单独律师代理和共同律师代理。所谓单独律师代理，是指同一被代理人只有一个律师担任代理人的情况。共同律师代理，是指同一被代理人同时有两名律师担任代理人。由于单独律师代理不利于调查取证及与其他律师共同分析案情，因此，代理律师对代理意见应当考虑充分，力求准确无误。共同律师代理的优点是便于共同讨论，有利于提出充分、全面的代理意见，但代理律师之间容易产生矛盾和分歧，因此，为了维护委托人的合法权益，代理律师之间应当互相配合，在代理意见上谋求一致。

（四）根据民事诉讼是否具有涉外因素分类

根据民事诉讼是否具有涉外因素，可以分为涉外民事诉讼律师代理和非涉外民事诉讼律师代理。涉外民事诉讼律师代理，是指在律师代理的民事案件中，有关诉讼法律关系中的主体、客体或引起法律关系产生、变更、消灭的法律事实中有一项具有涉外因素的案件。涉外民事诉讼在管辖、送达期间、财产保全、司法协助等方面均有自己特定的内容，这就要求律师在代理涉外民事诉讼案件时，注意其与国内民事诉讼律师代理的不同，采取正确的方法和步骤，为当事人提供优质的法律服务。

四、律师代理民事诉讼的程序

（一）对受案材料进行审查

一般情况下，人民法院已经受理的案件，律师接受委托时无须对案件材料进行审查。但若是委托人准备向法院起诉的案件，为了保障律师在诉讼活动中的主动性，在接受委托前律师最好先对材料进行审查，看是否符合法院受理的条件。具体而言，应着重查清以下几个方面的问题：（1）委托人与本案是否有直接的利害关系，有无起诉权。（2）本案争议事由是否属于人民法院管辖的范围。（3）该案件是否超过了诉讼时效。（4）是否属于在一定时间内依法不得起诉的案件。例如，《民事诉讼法》第 127 条第 7 项规定，判决不准离婚和调解和好的离婚案件，判决、调解维持收养关系的案件，没有新情况、新理由，原告在 6 个月内又起诉的，法院不予受理。（5）是否属于已经进行裁决并发生法律效力的案件。如果存在以上人民法院不予受理案件的情况，律师应说明情况拒绝委托；若符合法院受理案件的条件，则可以接受委托。

（二）接受委托

接受委托，是指律师事务所接受公民、法人及其他组织的委托，指派律师担任代理人。律师不得私自接受委托，而应当以律师事务所的名义收案。接受委托后，律师事务所应与委托人办理相关的委托手续，委托手续主要包括以下内容：

1. 签订委托代理合同。接受委托后，律师事务所应与委托人签订委托代理合同。该合同一式两份，一份交承办律师附卷存档，另一份交委托人。委托代理合同主要包括以下内容：（1）委托人的姓名、住址及案由；（2）律师事务所指派参加诉讼的律师的姓名；（3）委托代理的权限；（4）委托代理关系的有效期限等。

2. 委托人出具授权委托书。授权委托书是委托人单方向代理律师出具的，明确代理律师在代理民事诉讼过程中的权限范围的法律文书。根据《民事诉讼法》的有关规定，民事案件的当事人委托律师作为诉讼代理人参加民事诉讼，必须向受理案件的人民法院提交由委托人签名或盖章的授权委托书，否则律师在诉讼中的代理权不能成立。因此，委托人实施授权行为出具的授权委托书，是律师代理民事诉讼行使代理权的直接依据。

授权委托书一般包括委托人的姓名或名称，委托的律师姓名及其所在律师事务所的名称，委托的事项和权限等内容。授权委托书应当一式 3 份，一份交受理案件的法院，一份交承办律师附卷存档，一份交委托人。

3. 填写律师事务所函。律师事务所函是律师事务所出具的，证明律师参加民事诉讼身份情况的法律文书，是确认律师在民事诉讼活动中资格身份的依据。律师事务所函由代理律师提交受诉人民法院。

（三）出庭前的准备工作

1. 代理起诉或应诉。律师在诉讼前接受当事人委托的，首先应代理当事人做好起诉或应诉工作。如果委托人是原告，律师应当代理起诉；如果委托人是被告，代理律师首先应当代理应诉。

2. 调查收集证据，了解熟悉案情。律师代理民事诉讼，应建立在对案情充分了解的基础上，再者根据民事诉讼法规定的“谁主张，谁举证”的原则，当事人对自己提出的诉讼主张，应当承担举证责任。因此，代理民事诉讼的律师，无论是作为原告的代理人还是作为被告人或者第三人的诉讼代理人，律师都有可能对证据进行调查和收集。律师调查收集证据，不仅应遵守《律师法》《民事诉讼法》等有关法律规定，还应遵守律师协会颁布的行业规范。律师调查收集证据，主要有两个途径：一是要求委托人提供；二是根据委托人提供的线索，进行调查核实。律师在进行调查取证时一般以两人以上为宜，且应携带律师事务所的介绍信，并通过被调查对象的单位或基层组织进行。代理律师对于当事人及自己由于客观原因不能自行收集的证据，可以申请法院调查。在全面掌握客观事实情况的基础上撰写起诉状或答辩状，为参加法庭审判做好准备。

3. 代为申请证据保全、财产保全或先予执行。律师在收集证据的过程中，若发现证据可能灭失或者日后难以取得的情况，应及时向人民法院申请保全证据。如果遇到对方当事人可能会将有争议的标的物出卖、毁坏、恶意转移或其他可能使判决难以执行的情况，律师作为诉讼代理人，可以根据委托人的要求，或征得委托人的同意，代理委托人向人民法院申请财产保全。在代理追索赡养费、抚养费、抚育费、抚恤金、医疗费用及劳动报酬等案件时，如果发现原告具有难以维持生活或难以从事生产、工作的特殊情况，代理律师可以提请原告或者经原告授权代理提出先予执行的申请，请求人民法院裁定被告人先行履行一定的给付义务。

4. 撰写代理词。代理词是代理律师对庭前各项准备工作的基本总结，是法庭辩论阶段的重要发言材料。通过代理词可以将委托人主张的事实和理由进行全面而又系统的论证，又可以针对对方当事人主张的事实和理由进行全面而又系统的反驳。因而写好代理词，对于成功地代理诉讼具有十分重要的意义，当然如果代理词和法庭调查核实的证据与事实有出入，代理律师应对代理词做出及时修改和补充，以便更好地发挥诉讼代理的作用。

（四）律师参与庭前和解

庭前和解，是指代理律师接受民事诉讼委托后，在调查取证的基础上，如果认为双方当事人有和解的可能，在征得委托人的同意后，与对方当事人交涉，促使双方达成和解协议的行为。庭前和解既不是律师代理民事诉讼的必经程序，也不是审判前的必经程序，和解协议也不具有法律效力。若双方当事人不履行和解协议或者事后反悔的，仍可向法院起诉。律师主持庭前和解必须坚持双方自愿的原则，且要经过委托人的特别授权。

（五）律师参加法庭审理

根据《民事诉讼法》的规定，人民法院开庭审理一审民事案件，通常分为开庭、法庭调查、法庭辩论、评议和宣判几个阶段。代理律师应当根据法庭审理各阶段的要求，履行自己的职责。

1. 律师在开庭阶段的代理。律师在这个阶段的工作主要是维护被代理人诉讼程序权利的行使。例如：(1) 协助当事人申请回避权利的行使。在开庭审理阶段，代理律师应用通俗的语言向当事人讲明回避的概念、条件及意义。如果发现有《民事诉讼法》第 47 条规定的需要回避的情况，应当提醒当事人申请回避，对人民法院作出的不回避决定不服的，应告知当事人有申请复议的权利。经过当事人的授权，代理律师掌握了审判人员等存在需要回避的情况时，也可以直接提出回避申请，回避申请既可以是书面形式的也可以是口头形式的。(2) 协助当事人申请延期审理。必须到庭的当事人和其他诉讼参与人出席法庭参加审理，是人民法院查明案情作出公正裁决的必要条件。因此，若遇到当事人和其他诉讼参与人有正当理由不能到庭等《民事诉讼法》第 149 条规定的可能影响案件正常进行而需要延期审理的情况时，为了维护委托人的合法权益，代理律师可以直接向人民法院申请延期审理。

2. 律师在法庭调查阶段的代理。法庭调查阶段是法院开庭审理的重点，是调查案件、全面审查案件事实的中心环节。为了查明案件事实，正确适用法律，维护当事人的合法权益，律师在法庭调查阶段主要从事下列代理活动。

(1) 协助当事人陈述案情。在当事人陈述阶段，若当事人不出庭，由律师代理当事人全面陈述案情。若当事人出庭，由于当事人对案情有最直接、最充分的了解，一般先由当事人对案件做全面陈述。但由于当事人受文化程度、心理素质、表达能力等主客观原因的影响，往往不能全面陈述案情，这就需要具备丰富经验的律师对案情作补充性、专业性陈述，并准确回答审判人员提出的问题。

（2）协助审查核实证据。审查核实证据是法庭调查阶段的主要活动。根据《民事诉讼法》的有关规定，律师作为当事人的诉讼代理人，在法庭调查阶段应当做好以下几个方面的代理工作：

首先，代理律师要认真听取当事人的陈述、证人的证言、鉴定人的陈述及鉴定意见、勘验人陈述的勘验过程和结果以及本案其他诉讼参与人的陈述，以便找出各种证据之间的矛盾和疑点，了解案件发展情况。将对自己一方有利的证据，通过采取交叉询问、直接询问及其他措施，引起审判人员的重视。

其次，代理律师要帮助委托人出示证据。由于鉴定意见、勘验笔录一般由法院依职权作出，当事人出具的证据主要有书证、物证、视听资料等。在出示书证、物证、视听资料时，应尽可能出示原物或原件，并在法庭上公示或播放。若因客观情况限制，确实不能出示原物或原件时，应向法庭说明情况，经允许后，可以出示复印件或复制品。书证、物证和视听资料在法庭出示后，应当允许对方当事人对该证据进行辨认并提出质疑。遇有证人作证的情况，对于因客观原因而无法出庭作证的证人，经法庭允许，代理律师可宣读证人的书面证词。对于经申请通知到庭的证人，代理律师应亲自进行询问。

再次，经法庭许可，代理律师可以向对方当事人以及证人、鉴定人、勘验人发问，并对证据进行质证。在对证据进行质证的过程中，由于证据的种类不同，质证的重点和方法也会有所不同。对于书证和物证一般采取当庭辨认的方法，围绕着物证书证的真伪、物证书证的来源及其与其他证据的联系等几个方面来进行。对于当事人陈述、证人证言，一般通过直接询问和交叉询问的方式，发现其陈述中的矛盾及对委托人有利的内容，以便作出对委托人有利的辩解。对于鉴定意见和勘验笔录，除了要对鉴定意见或勘验笔录本身记载的内容进行鉴别外，还要通过对鉴定人和勘验人询问的方法，确认鉴定意见、勘验笔录记载内容的真实可靠性。对于视听资料，重点注意有无剪辑、伪造、编造的痕迹。

最后，代理律师应认真做好记录，拟定发问提纲，做好法庭辩论阶段的准备。

3. 律师在法庭辩论阶段的代理。法庭辩论阶段，是指在法庭调查之后，在审判人员的主持下，当事人针对法庭调查阶段调查核实的事实和证据，与对方当事人相互展开辩驳，以维护自己合法权益的诉讼活动。代理律师在这一阶段的主要任务是发表代理词，就认定的案件事实和适用法律方面进行辩驳论证，对本案的事实、证据发表自己的看法，反驳对方当事人不正确的主张和意见，全面阐述委托人的诉讼主张，从而协助法庭正确认定案件事实和证据，作出公正判决，维护委托人的合法权益。代理律师在法庭辩论阶段的目的是核实证据，查明案情。因此，辩论时应针对调查核实过的事实和证据，紧抓要点，言简意赅地论证自己的主张，绝不能为了驳倒对方而对对方当事人进行人格侮辱，甚至进行人身攻击。

4. 律师在法庭辩论后的代理。根据法律规定，法庭辩论终结后，人民法院应当依法作出判决。判决前能够调解的，还可以进行调解，调解不成的，应当及时判决。据此，在判决作出前，审判人员在查清事实的基础上，如果认为双方当事人有和解的可能，在双方同意的基础上，仍应进行调解。代理律师也应在双方同意的前提下，协助审判人员进行调解。如果律师代为调解，对委托人的实体权利进行处分，必须有委托人的特别授权。如果双方不愿调解或虽经调解但达不成协议的，人民法院应当对案件及时作出判决，至此，代理律师在第一审程序中的任务便已完成。如果委托人不服一审的判决和裁定，代理律师经过授权，在法定期限内可以代为提起上诉。

以上讲的主要是一审程序的律师代理。国内民事诉讼的律师代理，除一审程序外，还包括二审程序、再审程序、执行程序的代理等，尽管各个程序的工作侧重点有所不同，但其基本方法和技巧与一审程序中的律师代理大体上是一致的。

第四节　行政诉讼中的律师代理

一、律师行政诉讼代理的概念和特征

（一）律师行政诉讼代理的概念

律师行政诉讼代理，是指律师接受行政诉讼当事人及其法定代理人的委托，代理一方当事人以被代理人的名义在授权范围内进行行政诉讼活动，以维护委托人合法权益的行为。

（二）律师行政诉讼代理的特征

根据《律师法》第28条、《行政诉讼法》的规定，律师可以接受行政案件当事人的委托担任代理人，参加行政诉讼活动。律师代理行政诉讼与代理民事诉讼、刑事诉讼相比，具有下列特征：

1. 律师代理的行政案件被告身份恒定。行政诉讼是公民、法人或者其他组织认为行政主体和行政主体工作人员的具体行政行为侵犯其合法权益，而依法向人民法院提起诉讼，由人民法院对具体行政行为进行审理和判决的活动。因此，在行政诉讼中，原告只能是公民、法人或者其他组织，即行政相对人，而被告则恒为作出具体行政行为的行政机关。因此，尽管律师既可以担任原告人的代理人，也可以担任被告人的代理人，但律师代理的行政案件被告人的身份恒定。

2. 代理律师的权限因被代理人身份的差别而有所不同。律师代理行政诉讼，尽管其既可以代理原告又可以代理被告，但代理律师的权限会因被代理人身份的差别而有所不同。作为原告方的代理律师，其享有一般律师代理的诉讼权利，而作为被告方的代理律师，由于行政诉讼被告人的权利有所限制，代理律师无起诉权、反诉权、收集证据权及提出和解的权利。

3. 代理内容和方法的特殊性。律师代理行政诉讼与代理民事诉讼在内容和方法上存在很大差别。例如，在民事诉讼中实行“谁主张，谁举证”的原则，而在行政诉讼中，则实行“被告负举证责任”的原则。也就是说，作为原告方，只要举出具体行政行为和侵害

事实存在的证据即可，而被告则必须就具体行政行为的合法性、适当性加以举证，否则将承担败诉的法律后果。又如，人民法院在审理民事案件时，可对双方当事人进行调解，但在审理行政案件时，由于被告方行使的是行政权，属于“公权”的范畴，其既不能转让也不能放弃，这就决定了在行政诉讼过程中，人民法院不能对双方当事人就行政争议进行调解。

4. 代理行政行为法律依据的广泛性。行政机关作出具体行政行为的依据既有法律、法规，又有行政规章，其内容庞杂，涉及各行各业。人民法院在审理行政案件时也要适用或参照行政法规或规章，并且随着依法治国基本方略的实施，今后行政管理方面的法规和规章还会不断增加。这就决定了律师在代理行政诉讼过程中，必须掌握丰富的行政法规和规章，以便更好地维护当事人的合法权益。

二、律师代理行政诉讼的范围

律师代理行政诉讼的范围，具体指的是律师可以接受哪些人的委托，代理哪些行政案件以及可以在哪些程序中代理行政诉讼。

（一）律师代理行政案件的基本范围

律师代理行政案件的基本范围，实际上就是人民法院可以受理的行政案件的范围。法院受理的行政案件有两类：一类是行政诉讼法规定的受案范围；另一类是其他法律、法规规定的受案范围。

1. 行政诉讼法规定的受案范围。《行政诉讼法》第12条第1款明确规定了公民、法人或其他组织对下列具体行政行为不服，可以提起行政诉讼，律师则可以接受当事人的委托担任代理人：（1）对行政拘留、暂扣或者吊销许可证和执照、责令停产停业、没收违法所得、没收非法财物、罚款、警告等行政处罚不服的；（2）对限制人身自由或者对财产的查封、扣押、冻结等行政强制措施和行政强制执行不服的；（3）申请行政许可，行政机关拒绝或者在法定期限内不予答复，或者对行政机关作出的有关行政许可的其他决定不服的；（4）对行政机关作出的关于确认土地、矿藏、水流、森林、山岭、草原、荒地、滩涂、海域等自然资源的所有权或者使用权的决定不服的；（5）对征收、征用决定及其补偿决定不服的；（6）申请行政机关履行保护人身权、财产权等合法权益的法定职责，行政机关拒绝履行或者不予答复的；（7）认为行政机关侵犯其经营自主权或者农村土地承包经营权、农村土地经营权的；（8）认为行政机关滥用行政权力排除或者限制竞争的；（9）认为行政机关违法集资、摊派费用或者违法要求履行其他义务的；（10）认为行政机关没有依法支付抚恤金、最低生活保障待遇或者社会保险待遇的；（11）认为行政机关不依法履行、未按照约定履行或者违法变更、解除政府特许经营协议、土地房屋征收补偿协议等协议的；（12）认为行政机关侵犯其他人身权、财产权等合法权益的。

2. 其他法律、法规规定的受案范围。这类案件主要有：（1）不服行政机关确认土地、山岭、滩涂、荒地、草原、森林等所有权和使用权归属的处理决定的案件；（2）不服确认专利权等处理决定的案件；（3）对司法行政机关对律师、律师事务所不予颁发执业证书或行政处罚不服的案件；（4）对有关集会、游行、示威处罚决定不服的案件等。

（二）律师代理行政诉讼的程序范围

在《行政诉讼法》规定的一审、二审、再审及强制执行四种程序中，律师均可作为诉讼代理人参与诉讼。

（三）律师代理对象的范围

《行政诉讼法》第 31 条规定，当事人、法定代理人，可以委托一至二人代为诉讼。与民事诉讼当事人的含义一样，行政诉讼中的当事人也有广义和狭义之分。广义的当事人既包括原告、被告，也包括第三人和共同诉讼人；狭义的当事人仅指原告和被告。其中原告是指认为行政机关及其工作人员的具体行政行为侵犯其合法权益，而依法向人民法院提起诉讼的公民、法人或其他组织；被告是指被原告指控侵犯其合法权益，而由人民法院通知其应诉的行政机关或法律、法规授权的行政机构和其他组织；共同诉讼人，是指行政共同诉讼中的原告或被告；行政诉讼第三人，是指与被提起行政诉讼的具体行政行为有利害关系，通过申请或法院通知的形式，参加到诉讼中来的公民、法人或其他组织。从《行政诉讼法》第 31 条的规定可以看出，行政诉讼中的当事人指的是广义的当事人，即原告、被告、第三人和共同诉讼人及其法定代理人均可委托律师代理参加行政诉讼。

三、律师代理行政诉讼的步骤和方法

行政诉讼程序与民事诉讼程序基本相同，就步骤和方法方面，律师代理行政诉讼与民事诉讼在程序上也大体一致。因此，民事诉讼代理中的有关内容，同样适用于律师行政诉讼代理。根据有关法律规定和实践经验，律师代理行政诉讼的步骤和方法如下：

（一）审查了解案情决定是否代理

律师接受当事人委托之前，应当先对案件进行全面、细致的审查，以判断是否符合行政诉讼代理的条件。

1. 对受案材料进行审查。主要指审查所委托案件是否属于人民法院受理的行政案件范围，对于该问题前面已有阐述，在此不再重复。

2. 审查当事人是否具备诉讼主体资格。

（1）对原告资格进行审查。审查原告资格时，重点审查原告是否是合法权益与具体行政行为有直接利害关系的行政行为相对方的公民、法人和其他组织；原告对某一行政行为的起诉有无具体明确的诉讼请求；若有权提起诉讼的公民死亡，充当原告的是否是有权提起诉讼的公民的近亲属；有权提起诉讼的法人或者其他组织终止，提起诉讼的原告是否是承受其权利的法人或者其他组织；此外，无诉讼能力的公民，其法定代理人可代为诉讼。

（2）对被告资格进行审查。审查时首先应明确被告是否是作出具体行政行为的行政机关或其他行政主体。行政诉讼中的被告因具体情况而有所不同，《行政诉讼法》第 26 条对具体 5 种情况作了规定：①公民、法人或其他组织直接向人民法院起诉的，作出具体行政行为的行政机关为被告。②经过复议的案件，复议机关维持原具体行政行为的，以作出具体行政行为的行政机关为被告；复议机关改变原具体行政行为的，复议机关为被告。③两个以上行政机关作出同一具体行政行为的，共同作出具体行政行为的行政机关为共同被告。④由法律、法规授权的组织所作的具体行政行为，该组织为被告。由行政机关委托的组织所作的具体行政行为，委托的行政机关是被告。⑤行政机关被撤销的，继续行使其职权的行政机关为被告；如果没有继续行使其职权的行政机关，应由决定撤销的行政机关为被告。

（3）如果是第三人进行委托，应重点审查该第三人是否与被诉的具体行政行为有直接的利害关系，其参与诉讼的目的是否是维护自身的合法权益，当其委托律师参加诉讼时，行政诉讼是否已经开始。

3. 审查诉讼时效。主要指委托人是否在诉讼时效内委托。关于行政诉讼的诉讼时效，《行政诉讼法》第 45 条、第 46 条规定了五种不同的情况：

（1）不服复议决定的，可以在收到复议决定书之日起 15 日内向人民法院起诉。

（2）复议机关逾期不作决定的，可以在复议期满之日起 15 日内向人民法院起诉。

（3）公民、法人或其他组织直接向人民法院起诉的，应当在知道作出具体行政行为之日起 6 个月内起诉。

（4）因不动产提起诉讼的案件自行政行为作出之日起超过 20 年，其他案件自行政行为作出之日起超过 5 年提起诉讼的，人民法院不予受理。

（5）其他法律另有规定的，适用其他法律规定。若委托人进行委托时，可诉行政行为已经超过诉讼时效，则委托人的实体权利无法得到法律上的保护，律师不应接受委托。但委托人耽误诉讼时效，如果存在引起诉讼时效中止、中断的法定事由，或有延长时效期限的正当理由的，则另当别论。

4. 审查案件的前置条件。主要指审查案件是否属于法律、法规规定的必须先行复议的案件。审查后，如果属于必须先行复议的行政行为，则应告知当事人先向行政机关申请复议，对复议决定不服的再起诉；如果属于可以申请行政复议又可直接起诉的，则应和当事人协商是先行复议还是直接起诉。律师还应注意的是，有些行政复议是终局裁决，不能对其起诉。

经过对以上内容进行审查，若认为符合起诉条件，律师决定接受委托的，与民事诉讼接受委托的程序一样，应由律师事务所与委托人签订委托代理合同。除合同外，委托人要出具授权委托书，并提交人民法院。

（二）代理原告起诉、被告应诉

律师在接受尚未起诉的行政相对人委托后，应立即着手起诉工作，具体包括：

1. 确定具体的诉讼请求。由于行政诉讼主要围绕具体行政行为是否合法而进行，因此，针对不同的行政行为，应视具体情况来确定诉讼请求：（1）对于主要证据不足、适用法律法规错误、越权或滥用职权的行为，可以要求撤销或重新作出具体行政行为；（2）对于被告不履行或延迟履行法定职责的，可请求其履行职责；（3）对于被告实施的现实公正的行政处罚，可请求其予以变更；（4）对于行政行为及其工作人员违法行政，造成行政相对人的人身或财产损失的案件，在提起行政诉讼的同时，可一并提出赔偿请求等。

2. 确定有管辖权的法院。关于法院的管辖权，主要涉及级别管辖和地区管辖。一般来说，基层人民法院管辖第一审行政案件。但确认发明专利权的案件，海关处理的案件，对国务院各部门或者省、自治区、直辖市人民政府作出的具体行政行为不服提起诉讼的案件，本辖区内重大、复杂的案件，由中级人民法院作为第一审法院审理案件。

3. 撰写行政诉讼状并提交法院。决定起诉后，律师应在认真查阅资料、分析案情、核实证据的基础上，撰写起诉状，并按要求提供起诉状副本，经原告对起诉状审阅同意后，在法定期限内将起诉状及副本提交有管辖权的法院。若律师接受被告人委托担任代理人，首先对案件进行审查决定是否应诉。如果原告提起的诉讼不符合法院受理的条件，可以请求法院驳回起诉。如果决定应诉，则应积极收集与具体行政行为有关的各种材料，在对案情分析、研究、调查的基础上代写答辩状。答辩状的内容应经被告许可，并将答辩状连同各项与行政行为有关的材料，于收到起诉状副本后 15 日内提交人民法院。

（三）做好开庭前的准备工作

与代理民事诉讼一样，律师也要进行开庭前的准备工作，如查阅案卷材料，了解熟悉案件，听取委托人意见，撰写代理词。值得注意的是，如果是原告的代理人，律师可以根据案情需要进行必要的调查取证工作，还可以向人民法院申请证据保全，但作为被告方的代理人，律师无调查取证权。这是因为，行政机关在依法行政前提下作出的具体行政行为，都应建立在事实清楚、证据确实充分的基础上，依“先取证，后裁定”的原则进行。如果行政机关是在证据不足、事实不清或适用法律不正确的情况下作出的行政行为，显然是与依法行政原则相违背的违法行为，为了制约行政权力加大对行政相对人的司法保护力度，《行政诉讼法》第 35 条明确规定：“在诉讼过程中，被告及其诉讼代理人不得自行向原告、第三人和证人收集证据。”既然如此，作为被告方的代理人，律师也当然不再享有向原告和证人调查取证的权利。

此外，根据法律规定，人民法院确定开庭日期后，应当在开庭 3 日前用传票传唤当事人出庭参加庭审，并以通知书通知诉讼代理人、证人、鉴定人、翻译人员等到庭参加诉讼。作为诉讼代理人，无论是原告方的代理人还是被告方的代理人，代理律师都有义务帮助被代理人行使在开庭 3 日前获得通知的权利，以便为开庭做好充分准备，及时出庭，使当事人更好地行使权利。

（四）参加法庭审理

庭审活动大致分为法庭调查、法庭辩论、休庭合议和宣判四个阶段。作为原告方的代理人，律师在这一阶段应重点做好以下工作：

1. 行使程序性权利。主要指帮助原告行使法律规定的程序性权利，如前所述的申请回避、申请延期审理等权利。

2. 参与法庭调查。在这一阶段，代理律师应积极、适时地向对方当事人、证人、鉴定人员、勘验人员等发问，以协助法院查明事实真相，找出争论的焦点及对原告方有利的事实和证据，从而维护委托人的合法权益。

3. 参与法庭辩论。法庭辩论的焦点问题是具体行政行为是否合法，因此，作为原告方的代理人，律师应着重从以下几个方面进行论证：（1）行政机关作出具体行政行为时事实是否清楚，证据是否充分。被告方提供的证据是事前取得的还是事后进行的补充，证据有无篡改的痕迹。（2）行政机关作出具体行政行为时有无法律依据。若有，适用的条款是否适当；若依据的是行政规章和地方性自治条例，则审查该规章和条例是否与法律、行政法规相抵触。（3）行政机关作出具体行政行为的程序是否合法。（4）行政机关作出具体行政行为时有无超越职权或滥用职权的情况。（5）行政机关作出的具体行政行为是否有违公正原则。

作为被告方的代理人，代理律师在法庭审理阶段应重点围绕以下几个方面开展工作：首先，在法庭调查阶段，代理律师应提供证据和法律依据来证明具体行政行为的正确及合法性。其次，在法庭辩论阶段，代理律师应着重从行政机关作出具体行政行为时主体合格、证据充分、事实清楚、程序合法、适用法律正确、无越权和滥用职权等方面展开辩论，以论证行政行为的合法性，维护被告方的合法权益。

在第一审判决后，律师还可以作为代理人协助委托人做好上诉、申诉、执行等工作。

四、行政侵权赔偿诉讼的律师代理

（一）行政侵权赔偿诉讼的律师代理的概念

行政侵权赔偿，是指国家行政机关及其工作人员在执行公务的过程中，因其具体行政行为违法侵害了公民、法人或其他组织的合法权益，而由国家行政机关承担赔偿责任的一种制度。行政侵权赔偿诉讼的律师代理，是指律师代理的因行政机关的具体违法行政行为侵害公民、法人或其他组织的合法权益，被害人请求国家行政机关进行赔偿而引起的诉讼活动。

（二）行政侵权赔偿诉讼律师代理的范围

《行政诉讼法》第 60 条第 1 款明确规定："人民法院审理行政案件，不适用调解。但是，行政赔偿、补偿以及行政机关行使法律、法规规定的自由裁量权的案件可以调解。"我国《国家赔偿法》第 3 条、第 4 条对国家行政机关承担赔偿责任的情形也分别作了具体规定。《国家赔偿法》第 3 条规定："行政机关及其工作人员在行使行政职权时有下列侵犯人身权情形之一的，受害人有取得赔偿的权利：（一）违法拘留或者违法采取限制公民人身自由的行政强制措施的；（二）非法拘禁或者以其他方法非法剥夺公民人身自由的；（三）以殴打、虐待等行为或者唆使、放纵他人以殴打、虐待等行为造成公民身体伤害或者死亡的；（四）违法使用武器、警械造成公民身体伤害或者死亡的；（五）造成公民身体伤害或者死亡的其他违法行为。"《国家赔偿法》第 4 条规定："行政机关及其工作人员在行使行政职权时有下列侵犯财产权情形之一的，受害人有取得赔偿的权利：（一）违法实施罚款、吊销许可证和执照、责令停产停业、没收财物等行政处罚的；（二）违法对财产采取查封、扣押、冻结等行政强制措施的；（三）违法征收、征用财产的；（四）造成财产损害的其他违法行为。”

（三）律师代理应注意的问题

律师代理行政侵权赔偿诉讼，与代理行政诉讼一样，既可能是权益受到侵害的原告的代理人，也可能是被告行政机关的代理人。根据行政侵权赔偿诉讼的特征，律师代理行政侵权赔偿诉讼时除应遵守律师代理行政诉讼活动的步骤和方法外，还应注意以下几个方面的问题：

1. 审查要件。律师收到当事人聘请参加行政侵权赔偿诉讼委托时，首先要审查当事人的委托事项是否符合提起行政侵权赔偿诉讼的条件。

若是原告委托律师参加诉讼，则首先要审查：（1）该原告是否为具体行政行为的相对人；（2）该原告是否是自己的合法权益受到侵害并造成实际损害的公民、法人或其他组织；（3）该原告是否是其所受损害与行政机关的违法行为有因果关系的人。如果以上3条都得出肯定结论，且原告提出的诉讼请求未超过诉讼时效，律师就应当接受委托。

2. 审查行政侵权赔偿诉讼方式。如果受原告委托参与行政侵权赔偿诉讼，律师应首先审查原告提出行政侵权赔偿诉讼的方式。根据行政诉讼法的规定，公民、法人或者其他组织请求行政侵权赔偿有两种途径：一是具体行政行为的相对人在提起行政诉讼的同时，附带提出行政侵权赔偿的诉讼请求；二是单独提出行政侵权赔偿诉讼。公民、法人或者其他组织单独就损害赔偿提出请求的，应当先由行政机关解决。对行政机关的处理不服，才可以向人民法院提起诉讼。因此，如果律师接受委托担任原告的代理人，应首先同原告商讨选择何种诉讼方式，并就此达成统一意见。

3. 律师担任被告代理人的主要任务。如果律师接受委托担任被告的代理人，律师的主要任务在于帮助被告人履行举证责任。在行政侵权赔偿诉讼中，被告行政机关负有举证责任，以举出证据证明其行政行为具有合法性，或者行政机关的具体行政行为与原告人受到的侵害之间没有因果关系，否则将承担败诉的法律后果。尽管代理律师同被告行政机关一样，不能事后自行向原告和证人收集证据，但律师可以帮助行政机关收集、整理其作出具体行政行为时的证据和所依据的规范性文件，以帮助被告更好地履行举证责任。

4. 代理律师积极做好调解工作。尽管法律规定，人民法院审理行政案件不能进行调解，但法律明确规定，人民法院审理行政侵权赔偿诉讼可以适用调解。适用调解结案，可以避免长期的诉讼过程，有利于及时结案和节约诉讼费用，对原告和被告都是有利的选择。因此，如果可能，在双方当事人同意的前提下，代理律师应积极促进双方进行调解结案。

5. 律师代理原告向人民法院申请执行。如果律师代理原告向人民法院申请执行，律师应当就执行主体问题向原告作出解释，告诉其在行政侵权赔偿诉讼中，执行对象是行政机关而不是行政机关的具体工作人员，以消除原告对此问题的误解，正确认识法院作出的判决和裁定，从而避免不必要的纠纷。

总之，在行政侵权赔偿诉讼中，代理律师应根据被代理人或者提出诉讼方式的不同，以及诉讼过程中的具体情况的变化，适时调整侧重点和方法，以做好行政侵权赔偿诉讼工作，更好地维护被代理人的合法权益，促进社会的和谐发展。

第五节　律师代理仲裁法律事务

在我国，解决纠纷的方式有很多，如调解、诉讼和仲裁等。根据我国《律师法》第28 条的规定，作为仲裁案件的代理人，参与仲裁法律事务，是律师从事非诉讼法律事务的一项重要工作。

仲裁，是指当事人之间发生争议后，按照双方事前或事后达成的仲裁协议，自愿将争议提交仲裁委员会以解决争议的一项法律制度。与调解、诉讼相比，仲裁具有如下法律特征：(1) 充分体现当事人的意思自治。仲裁机构之所以有权解决当事人之间存在的争议，以当事人自愿且以当事人双方的共同授权为前提。仲裁机构无权受理没有书面仲裁协议或不含仲裁条款的仲裁申请。(2) 仲裁独立。仲裁依法独立进行，不受行政机关、社会团体和个人的干涉。仲裁委员会独立于行政机关，与行政机关没有隶属关系。仲裁委员会之间也没有隶属关系。(3) 仲裁实行一裁终局制。裁决作出后，当事人就同一纠纷再申请仲裁或向法院起诉的，仲裁委员会或者人民法院不予受理。(4) 仲裁裁决具有法律效力。仲裁裁决和法院的判决一样，具有法律约束力。一方当事人不履行的，另一方当事人可以依照《民事诉讼法》的有关规定向人民法院申请执行。受申请的人民法院应当执行。(5) 不公开审理。根据我国的《仲裁法》规定，仲裁不公开进行。当事人协议公开的，可以公开进行，但涉及国家机密的除外。

根据法律规定，我国的仲裁可以分为国内仲裁、涉外仲裁和劳动争议仲裁。本章将着重从国内仲裁、劳动争议仲裁两个方面对律师代理仲裁的相关内容加以介绍。

一、律师代理国内仲裁法律事务

国内仲裁，是指我国公民、法人和其他组织之间发生争议后，根据双方事前或事后达成的仲裁协议，自愿将争议提交我国仲裁机构裁决的一种仲裁。根据法律规定，我国仲裁机构管辖的国内仲裁争议的范围是国内平等主体之间的合同纠纷和其他财产权益纠纷。双方当事人都是我国享有平等主体地位的公民、法人或其他组织，这是国内仲裁与涉外仲裁的一个显著区别。

律师代理国内仲裁法律事务，适用代理的一般原理和规定。律师代理当事人参与仲裁活动，应当由律师事务所统一接受委托，统一收取费用。律师代理国内仲裁法律事务应尽的职责和享有的权限体现在仲裁活动的具体程序与细节中，律师代理国内仲裁涉及的主要程序和工作事项体现在以下几个方面：

（一）审查仲裁协议

双方当事人之间是否达成仲裁协议及仲裁协议是否有效，直接决定了当事人之间的纠纷能否通过仲裁途径解决。因此，律师在代理仲裁事务前先审查双方当事人是否有仲裁协议及仲裁条款的效力就显得尤为重要。

1. 审查双方当事人之间有无仲裁协议。我国《仲裁法》第4条明确规定：“当事人采用仲裁方式解决纠纷，应当双方自愿，达成仲裁协议。没有仲裁协议，一方申请仲裁的，仲裁委员会不予受理。”可见，当事人之间有无仲裁协议是律师首先要审查的内容。因为，若无仲裁协议，仲裁委员会则不予受理，律师的仲裁代理也就无从谈起。

2. 审查争议的事由是否属于仲裁的范围。根据《仲裁法》第3条规定，婚姻、收养、监护、扶养、继承纠纷以及依法应当由行政机关处理的行政争议不能适用仲裁解决。

3. 审查是否属于法定无效仲裁协议的情形。根据《仲裁法》第17条的规定，约定的仲裁事项超出法律规定的仲裁范围的无效；无民事行为能力人或者限制民事行为能力人订立的仲裁协议无效；一方采取胁迫手段，迫使对方订立的仲裁协议无效。

4. 审查仲裁协议的内容是否明确。根据《仲裁法》及最高人民法院《关于适用〈中华人民共和国仲裁法〉若干问题的解释》的相关规定，仲裁协议对仲裁事项或者仲裁委员会没有约定或者约定不明确的，当事人可以补充协议；达不成补充协议的，仲裁协议无效。仲裁协议约定的仲裁机构名称不明确，但能够确定具体的仲裁机构的，应当认定为选定了仲裁机构。仲裁协议约定两个以上仲裁机构的，当事人可以协议选择其中一个仲裁机构申请仲裁；当事人不能就仲裁机构选择达成一致的，仲裁协议无效。当事人约定争议可以向仲裁机构申请仲裁也可以向人民法院起诉的，仲裁协议无效；但一方在被提起仲裁以后未在规定时间内提出异议的，则可以认定协议有效。

（二）代理提起仲裁申请或代理仲裁答辩

1. 律师代理提起仲裁申请时需提供的资料。律师代理申请仲裁时，应向仲裁委员会提交下列资料：书面仲裁协议、仲裁申请书及副本、申请人及被申请人的身份证明、委托代理人的授权委托书及律师事务所函、其他的相关证据材料等。

仲裁申请书中所包含的仲裁请求和依据的事实及理由部分，是仲裁申请书的重点。代理律师在拟定仲裁请求时，一定要对其所依据的事实和法律详加阐述，并且仲裁请求的表达要适当，这关系到仲裁申请能否被顺利受理的问题。由于仲裁申请人对自己的主张负有举证责任，因此，律师在代理提起仲裁申请时，应当提供能证明自己主张的证据，并说清要证明的内容和证据来源，如果需要证人出庭作证，还应写明证人的姓名、住所及联系方式。

2. 选定或委托指定仲裁庭成员。仲裁委员会收到仲裁申请书之日起5日内，认为符合受理条件的，应当受理，并通知当事人。并应当在规定的期限内将仲裁规则和仲裁员名册送达申请人，并将仲裁申请书副本和仲裁规则、仲裁员名册送达被申请人。仲裁庭可以由3名或者1名仲裁员组成。至于是采用1名还是3名仲裁员当事人可以约定。据此，代理律师可以代理当事人选定仲裁员人数及仲裁庭人员的组成模式。

3. 代理仲裁答辩。被申请人接到申请书副本后，作为被申请人的代理人，代理律师应当仔细阅读和分析仲裁申请书，了解申请人的仲裁要求及理由，围绕违约行为、结合法律和事实，撰写有针对性的答辩状或提出反要求，并在规定的期限内向仲裁委员会提交答辩状及副本、有关证据材料和授权委托书。

（三）调查取证，收集证据材料

调查取证，收集证据材料是贯穿整个仲裁程序的重要代理活动，取证的范围主要包括能证明案件真实情况的书证、物证、证人证言以及有助于查明争议事实的其他证据等。律师在调查取证时要与委托人进行有效的沟通，告知委托人需要调查的内容和目的，以便于调查活动如期顺利进行。对于难以取得的证据，代理律师可以申请仲裁庭调取和收集。对于可能灭失或灭失以后难以取得的证据，在仲裁阶段，律师可向仲裁庭提出申请，由人民法院进行证据保全。

（四）代理参加仲裁审理

收到仲裁委员会受理仲裁申请的通知后，代理律师要着重做好以下几个方面的工作：（1）代理当事人行使申请仲裁人员进行回避的权利；（2）代理当事人选择是否公开仲裁的权利；（3）代理当事人向仲裁庭提供证据并就证据进行质证；（4）在仲裁过程中为防止损失扩大或者仲裁裁决难以执行，律师可代为向仲裁庭提出财产保全申请；（5）根据当事人的授权，律师可代当事人达成和解协议或参加调解；（6）在委托人的授权范围内代理当事人行使其他权利。

（五）代理申请仲裁裁决的执行或撤销

仲裁裁决自作出之日起发生法律效力。对于发生法律效力的仲裁裁决书，一方当事人不履行的，代理律师经过当事人的授权可以在规定的期限内向人民法院提出执行仲裁裁决的申请。根据法律规定，执行仲裁裁决的申请应向被执行人住所地或被执行人财产所在地的人民法院提出。

自收到仲裁裁决书之日起6个月内，如果当事人发现并有证据证明仲裁裁决存在下列情形之一的，代理律师在当事人的授权下有权向仲裁委员会所在地的中级人民法院提出撤销仲裁裁决的申请。具体情形有：（1）没有仲裁协议的；（2）裁决的事项不属于仲裁协议的范围或者仲裁委员会无权仲裁的；（3）仲裁庭的组成或者仲裁的程序违反法定程序的；（4）裁决所根据的证据是伪造的；（5）对方当事人隐瞒了足以影响公正裁决的证据的；（6）仲裁员在仲裁该案时有索贿受贿、徇私舞弊、枉法裁决行为的；（7）裁决违背社会公共利益的。

二、律师代理劳动争议仲裁

劳动争议也称劳动纠纷，是指劳动法律关系当事人双方即劳动者和用人单位之间，因劳动的权利与义务发生分歧而引起的争议。劳动争议仲裁，是指劳动争议仲裁委员会根据当事人的申请，依法对劳动者和用人单位之间因劳动权利义务纠纷引发的争议进行处理并作出裁决的活动。

在我国，一般经济纠纷的解决通过诉讼或仲裁途径均可，并且进入仲裁程序统一遵循“仲裁自愿原则”，而劳动争议纠纷的解决实行“仲裁前置原则”，即劳动争议发生后，当事人应申请劳动争议仲裁机构先行处理。对仲裁裁决不服的，才可以向人民法院起诉。并且劳动仲裁程序的启动，无须双方意思表示一致，即达成劳动争议仲裁协议，只要争议一方当事人提出仲裁申请即能引起劳动争议仲裁程序的开始。

律师代理劳动争议仲裁涉及主要程序和工作事项体现在以下几个方面：

（一）审查材料决定是否代理

经过初步审查，律师事务所与委托人签署委托合同和授权委托书，并指定律师具体办理该仲裁事宜。律师接受委托后，应着重从以下几个方面审查委托人的申请是否符合劳动争议仲裁的条件：

1. 仲裁申请是否在法定时间内提出。根据法律规定，申请劳动争议仲裁的时效期间是一年，并且自当事人知道或者应当知道其权利受侵害之日起计算。如果是劳动关系存续期间因拖欠劳动报酬引发的争议，则申请仲裁不受规定的仲裁时效期间的限制；但劳动关系终止的，则应在劳动关系终止之日起一年内提出。除此之外，为了最大限度保护申请人的权利，还应查清是否存在仲裁时效中断或中止的情况。

2. 申请事项是否属于劳动争议仲裁的受案范围。《劳动争议调解仲裁法》第2条规定：“中华人民共和国境内的用人单位与劳动者发生的下列劳动争议，适用本法：（一）因确认劳动关系发生的争议；（二）因订立、履行、变更、解除和终止劳动合同发生的争议；（三）因除名、辞退和辞职、离职发生的争议；（四）因工作时间、休息休假、社会保险、福利、培训以及劳动保护发生的争议；（五）因劳动报酬、工伤医疗费、经济补偿或者赔偿金等发生的争议；（六）法律、法规规定的其他劳动争议。”值得注意的是，国家机关与其公务员之间、事业单位和社会团体与其在编员工之间发生的争议不属于劳动争议的范畴。但国家机关、事业单位和社会团体与其工勤人员及其他建立劳动关系的人员之间产生的符合上述所列情况的争议，属于劳动争议的范畴。

除此之外，代理律师还要查明委托人的仲裁请求是否具体、被申诉人是否明确、所依据的事实材料是否充分等。经过审查，认为符合进行劳动争议仲裁申请条件的，可以代理当事人申请劳动争议仲裁；如果委托人是被（申）诉方，则可代理当事人向仲裁委员会提交答辩状。

（二）代理提起劳动争议仲裁申请或代理仲裁答辩

除法律规定属于专属管辖的劳动争议案件外，律师决定代理劳动争议仲裁申请后，在仲裁时效内可以向劳动合同履行地或者用人单位所在地的劳动争议仲裁委员会提出仲裁申请。申请书应当载明劳动者和用人单位的基本情况；具体的仲裁请求和所依据的事实及理由；所附的证据及证据来源。

（三）调查取证，收集证据材料

劳动争议仲裁案件一般也采用“谁主张，谁举证”的原则，但鉴于用人单位拥有举证方面的优势，因此特定情况下也存在举证责任倒置的情况。例如，《劳动争议调解仲裁法》第 39 条规定："当事人提供的证据经查证属实的，仲裁庭应当将其作为认定事实的根据。劳动者无法提供由用人单位掌握管理的与仲裁请求有关的证据，仲裁庭可以要求用人单位在指定期限内提供。用人单位在指定期限内不提供的，应当承担不利后果。"

（四）律师参加劳动争议仲裁审理

仲裁庭处理劳动争议案件应当先行调解，因此，律师应与委托人就是否同意调解一事交换意见。律师代理委托人参与调解的，应当与委托人事先针对委托事项及委托权限做好沟通，并要求委托人签署特别授权委托书。另外，代理律师应当认真分析案件，熟知案件涉及的法律法规知识，清楚庭审中可能出现的辩论焦点，厘清思路，明确要求，核实证据，做好充分的庭审准备。

（五）律师参与的劳动争议仲裁后的代理活动

收到仲裁委员会的裁决文书后，对于委托人享有起诉权的仲裁裁决，代理律师应当及时与委托人就是否起诉进行沟通。委托人对仲裁裁决不服的，可以自收到仲裁裁决书之日起 15 日内向人民法院提起诉讼。期满不起诉的，裁决书即发生法律效力。

对于生效的裁决文书或者经调解达成生效的调解协议书，一方当事人不履行的，律师经过授权可以代为申请强制执行。

第六节　律师担任法律顾问

一、法律顾问的概念和特征

（一）法律顾问的概念

法律顾问最早于 19 世纪末出现在美国。在我国，新中国成立后，随着社会主义人民律师制度的建立，同时也出现了法律顾问这一概念。20 世纪 50 年代末期，受"左"倾思潮和法律虚无主义的影响，中国的律师制度夭折了。直到 70 年代末期，我国恢复了律师制度，法律顾问这一概念才在其间颁布的《律师暂行条例》中第一次以法律条文的方式得以明确，1997 年 1 月 1 日实施的《律师法》又一次以法律条文的方式肯定了这一概念。

法律顾问因主体不同而有广义和狭义之分。广义的法律顾问泛指运用法律专业知识，为应聘单位或个人提供法律服务的人员，既包括律师也包括取得法律顾问资格的人员，还包括具备法律专业知识的其他人员。也就是说，在广义的法律顾问概念中，一般具有法律专业知识的公民若被单位或个人聘请，就可以成为法律顾问。而狭义的法律顾问仅指运用法律专业知识为委托人提供法律服务的律师。本书所介绍的法律顾问仅指狭义的即律师担任法律顾问的情况。

（二）律师担任法律顾问的特征

律师担任法律顾问与律师的其他业务及其他人员担任法律顾问相比，具有以下三个方面的特征：

1. 法律地位的独立性。律师担任法律顾问，运用自己的法律知识，以事实为根据、以法律为准绳，依法独立地执行职务，不受任何单位和个人的非法干涉。在执行职务期间，应依法维护聘方的合法权益，不受聘方意志的制约，对于聘方的无理和非法要求有权予以拒绝。律师在担任法律顾问期间不称职的，聘方有权利解聘或要求调换。

2. 法律关系的平等性。律师依据律师事务所与聘方在平等自愿的基础上签订的聘请合同，担任聘方的法律顾问。从法律角度讲，律师与聘方是一种合同关系，双方法律地位平等，均应依合同规定行使权利和履行义务。律师并不是聘方的成员，其受所在律师事务所的领导和监督，与聘方并没有行政隶属关系。但其他人员担任法律顾问，与聘方既可以是平等的法律关系，又可以是行政隶属关系。

3. 服务范围的广泛性。律师担任法律顾问，提供的服务范围广泛、内容全面。其不仅可以为企事业单位、社会团体、公民个人的生产、经营及对外活动提供法律服务，也可以为政府机关的行政管理活动提供法律服务。在授权范围内，其提供的法律服务，既可能是诉讼活动，也可能是非诉讼活动。

二、法律顾问的种类

律师担任法律顾问，根据标准的不同，有多种分类：

（一）根据法律顾问是否代理参加诉讼分类

根据法律顾问是否代理参加诉讼，法律顾问可以分为包含代理参加诉讼的法律顾问和不包含代理参加诉讼的法律顾问。包含代理参加诉讼的法律顾问，是指根据合同或协议的约定，在聘方业务活动涉及起诉、应诉的法律事务时，法律顾问应代理参加诉讼，双方不再另行签订委托代理合同，也不再另行收取费用。不包含代理参加诉讼的法律顾问，是指根据合同或协议的约定，法律顾问的服务不包含代理参加诉讼。若聘方需要法律顾问代理参加诉讼，双方需要另行签订委托代理合同，聘方应另行支付代理费用。

（二）根据聘请法律顾问的期限不同分类

根据聘请法律顾问的期限不同，法律顾问可以分为常年法律顾问和临时法律顾问。常年法律顾问，是指律师根据聘请合同的约定，在较长的时间内为聘方担任法律顾问。这是一种基本的法律顾问形式，其特点是业务范围广，服务时间长，一般在 1 年以上。合同期满，法律顾问关系结束，需继续聘请的，经双方协商，可以重新签订聘请合同。临时法律顾问，是指律师为满足聘方的临时需要，在较短的期限内就某一特定事项，而受聘担任法律顾问为聘方提供法律服务。其特点是业务明确，服务时间短，该特定法律事项完成，法律顾问关系即终止。

（三）根据法律顾问工作范围的不同分类

根据法律顾问工作范围的不同，法律顾问可以分为有特定工作范围的法律顾问和无特定工作范围的法律顾问。有特定工作范围的法律顾问，是指根据合同或协议的约定，担任法律顾问的律师，只为聘请单位的某项或某几项工作提供法律服务。无特定工作范围的法律顾问，是指合同或协议对服务范围不作具体规定，法律顾问要为聘方提供全方位的法律服务，其业务涉及聘方的全部法律事务。

（四）依据聘方性质不同分类

依据聘方性质不同，法律顾问可以分为政府法律顾问、企业法律顾问、事业单位法律顾问、社会团体法律顾问和公民个人法律顾问。

对法律顾问进行不同种类的划分，有利于应聘双方结合实际情况，选择适当的法律顾问形式，从而更好地行使权利和履行义务。

三、法律顾问的聘请程序

法律顾问的聘请程序，是指聘方根据需要，聘请法律顾问的过程。实际上就是聘方与律师事务所签订委托合同的过程。具体来说，聘请法律顾问一般包括四个程序，即发聘、应聘、协商和签订聘请合同或协议四个阶段。

（一）发聘

发聘实际上是聘请方以口头或者书面的形式，向特定的律师事务所提出聘请律师担任法律顾问的意思表示，按照合同原理来说，其应是一种要约邀请。

（二）应聘

应聘，是指律师事务所接到聘方意图聘请法律顾问的意思表示后，以书面或者口头的方式，向聘请方作出的同意指派律师为聘方担任法律顾问的意思表示。从形式上讲，律师事务所作出的同意指派律师为聘方担任法律顾问的意思表示，相当于合同原理中讲的承诺，但与承诺不同的是，该意思表示并不是一经到达聘方就意味着双方委托关系的形成，因为双方委托关系的形成，以双方协商后签订委托合同为标志。因此，从一定意义上说，应聘这一程序可以看作一种要约。

（三）协商

协商，是指应聘双方就有关聘请法律顾问的事宜相互交换意见。双方进行协商时，主要围绕法律顾问的职责范围，法律顾问与聘请方的法律关系，法律顾问提供法律服务的期限、方式、收费数额及有关手续等问题进行充分讨论，以达成一致意见。

（四）签订聘请合同或协议

应聘双方经过协商，就合同或协议内容达成一致意见后，应签订聘请合同或协议。聘请方和受聘方按照商定的时间、地点和方式履行签字、盖章手续后，合同或协议即发生法律效力。聘请法律顾问合同一般应包括下列条款：

1. 聘方的法定名称及受聘方指派的律师姓名；
2. 双方的住所和联系方式；
3. 法律顾问的工作范围、工作方式和职责；
4. 双方的权利和义务；
5. 双方共同遵守的原则；
6. 法律顾问费的支付标准和支付方式；
7. 合同或协议的终止、变更和解除条款；
8. 合同或协议的有效期限；
9. 违约责任和解决争议的方法；
10. 双方需要约定或说明的其他必要事项。

以上只是法律顾问合同一般应包含的条款，但合同的内容并不仅限于此。

双方签订的合同生效后，聘请方可以通过向担任法律顾问的律师发聘书的方式，也可以通过新闻媒体予以声明，以证明双方委托代理关系的存在。

四、法律顾问的工作原则

法律顾问的工作原则，是指担任法律顾问的律师在工作中应遵循的基本规则和要求。它是法律顾问的行为准则，是做好法律顾问工作的基本保障。律师担任法律顾问必须遵循的原则有：

（一）坚持依法办事的原则

依法履行职务，是法律顾问必须遵守的一项根本准则，只有坚持这一原则，维护法律的正确实施，才能真正发挥法律顾问的作用。法律顾问必须依法办事，不能采取非法手段为聘方谋取利益，也不能明知聘方的要求或行为违法，而仍为其提供法律帮助。法律顾问在工作中若发现聘方有违法行为或要求违法，应积极劝阻、说服，提出纠正意见，并设法消除不良影响，绝对不能无原则地迁就、支持或怂恿，甚至故意曲解法律以迎合聘方的不正当要求。若聘方拒绝接受法律顾问的正确意见，且可能会对国家利益、社会公共利益或其他公民的合法权益产生不良影响或造成重大损害，法律顾问应及时向有关部门反映，或将情况反映给律师事务所，由其决定是否终止委托合同。

（二）维护聘方合法权益的原则

聘方之所以聘请律师担任法律顾问，目的就是想通过法律顾问的工作，使其合法权利得到充分行使，其合法权益不受侵害。因此，法律顾问在工作中必须以维护聘方的合法权益为活动的宗旨和原则，绝不能实施有损聘方合法权益的行为，更不能采取恶意串通等方法损害聘方的利益。

（三）保守秘密的原则

保守秘密的原则是法律顾问在执业中的基本原则，也是法律顾问应履行的一项基本义务和应承担的法律责任。律师应聘担任法律顾问后，工作中与聘方密切接触，深入聘方内部，并参与聘方的重大决策，很容易获悉聘方的大量秘密。若法律顾问不遵守有关保守秘密的规定，对有关国家秘密、商业秘密或个人隐私肆意传播或扩散，必然会给聘方造成巨大的损害。因此，法律顾问必须严格遵守有关保守秘密的规定，若违反此原则，泄露国家秘密、商业秘密或个人隐私，应依法承担相应的法律责任。

（四）指导为主的原则

聘方聘请律师担任法律顾问，目的是让法律顾问为其提供法律帮助或法律建议，是聘方的参谋。法律顾问不能干涉聘方的内部事务，即使在业务工作范围内，也应以指导为主，绝不能包办代替，更不能将自己的意志强加于聘方。

（五）平等协商的原则

法律顾问与聘方的法律地位是平等的，双方应互相尊重和信任，对于法律顾问提出的正确意见和建议，聘方应予以高度重视和充分考虑。法律顾问在办理法律事务时，须取得聘方同意和授权。如果在处理具体事务时发生分歧，双方应在平等的基础上进行协商，加强沟通和理解，任何一方都不得将自己的意志强加于对方。

五、法律顾问的工作方式

律师担任法律顾问不仅要遵循一定的工作原则，还应掌握一套行之有效的工作方式和方法。实践中法律顾问的工作方式是多方面、多层次的，最常见的有以下几种：

（一）专职式

专职式工作方式一般适用于聘方法律事务繁多，需要法律顾问处理经常性的法律事务，为聘方提供经常性的法律服务的情况。实践中，中央和一些省市级政府以及一些大型企业多采用这种工作方式。

（二）定时式

定时式工作方式，是指担任法律顾问的律师每周或每月定时为聘请方处理日常法律事务。这种工作方法比较适合于一般政府机关、大中型企事业单位或社会团体。

（三）会晤式

会晤式工作方式，是指担任法律顾问的律师定期或不定期地与聘方领导人会晤，交流信息、反馈情况，及时为聘方提供法律服务。这种工作方法比较适合于与法律顾问点相距较远、交通不便、法律事务较少的单位或个人。

（四）约请式

约请式工作方式，是指担任法律顾问的律师不定时定期上岗，聘方有法律事务需要处理时可临时通知法律顾问，法律顾问随时为聘方提供法律服务。这种工作方式灵活经济，一般比较适合无经常性法律事务或法律事务较少的企事业单位、社会团体和公民个人。

（五）其他方式

在“互联网+”时代，法律服务可以通过微信、QQ、电子邮箱、可视电话、微信、微博等方式提供服务。

法律顾问采用何种工作方式为聘方提供法律服务，由双方约定，并且以上几种工作方式可以交错使用。

六、法律顾问的业务范围

法律顾问的业务范围，是指法律顾问的工作内容。根据《律师法》第 29 条规定，律师担任法律顾问的，应当为聘请方就有关法律问题提出意见，草拟、审查法律文书，代理参加诉讼、调解或者仲裁活动，办理委托的其他法律事务，维护委托人的合法权益。实践中，聘请律师担任法律顾问的有各级政府及其职能部门和派出单位、企事业单位、其他经济组织、社会团体、公民个人等。本节仅就律师担任政府机关、企事业单位、社会团体和公民个人法律顾问的业务范围作重点介绍。

（一）律师担任政府机关法律顾问的业务范围

随着经济体制和政治体制改革的不断深化，政府机关及其职能部门在行政管理过程中，除运用行政和经济的手段外，法律手段越来越多地被运用到行政管理过程中，因此，政府聘请那些精通法律知识、具备较高业务素质的律师来担任法律顾问，为其出谋划策提供法律帮助就显得很有必要。实践中，律师担任政府机关法律顾问，其业务范围主要有以下几个方面：

1. 就政府的重大决策或其他重大决定提供法律依据和意见；
2. 就政府起草或拟发的规范性文件，提供相应的法律依据和修改、补充意见；
3. 协助政府进行法制宣传；
4. 代理政府参加诉讼、调解或仲裁活动；
5. 办理政府机关委托的其他法律事务。

（二）律师担任企业法律顾问的业务范围

随着社会主义市场经济的发展，作为社会经济主体的企业，对社会的影响也越来越大，为了保障企业的依法经营和管理，维护企业的合法权益，企业聘请律师担任法律顾问的现象越来越普遍。实践中，律师担任企业法律顾问，其业务范围主要有以下几个方面：

1. 为企业的生产、经营和管理提供法律依据和法律意见；
2. 为企业草拟、审查、修改在生产经营及对外活动中所涉及的制度、章程、协议、合同及其他有关的法律事务文书；
3. 为企业办理非诉讼法律事务，如办理工商、税务登记，申请专利，进行商标注册、鉴定和公证等；
4. 代理企业参加诉讼、调解或仲裁活动；
5. 参加企业重大经济项目的谈判并准备谈判所需的法律文件；
6. 协助企业搞好法律培训和法制宣传教育；
7. 及时为企业提供相关法律信息；
8. 办理企业委托的其他法律事务。

（三）律师担任社会团体、事业单位法律顾问的业务范围

社会团体，是指工会、妇联、共青团等组织。事业单位，是指由国家划拨经费设立的学校、医院、科研院所等单位。随着社会主义法制的不断健全和完善，这些单位和组织在内部管理及对外事务活动中必然会涉及法律问题，律师担任这些单位和组织的法律顾问，不仅有利于增强其内部工作人员的法律观念和法律意识，促进其依法管理，还有利于在对外活动中更好地维护其合法权益。

律师担任社会团体、事业单位法律顾问的业务范围，与律师担任政府机关、企业法律顾问的业务范围基本相同。

（四）律师担任公民个人法律顾问的业务范围

这里所说的公民个人从广义上来讲，既包括一般公民、社会各界知名人士，也包括个体工商户和农村承包经营户等。

律师担任个体工商户和农村承包经营户法律顾问的，其业务范围与企业法律顾问的业务范围大致相同。律师担任一般公民、社会各界知名人士的法律顾问，其业务范围主要是为其提供法律咨询、法律意见和建议，以及通过参与诉讼、调解和仲裁等活动，维护其合法权益。

第十二章 公证工作

随着经济的发展和社会的进步，公证工作的重要性已经在社会各领域得到充分体现。公证工作生存的基础是公证公信力，公证公信力也是公证事业健康发展的关键和核心，在构建和谐社会的进程中，公证工作应坚持科学发展观，不断提升公证工作的公信力，维护法律的威严和公证的尊严。本章主要介绍公证管理工作和公证法律服务。

第一节 公证概述

一、公证的概念和特征

（一）公证与公证制度

公证是一种古老的法律制度，其起源可以追溯到古罗马时代的“代书人制度”，后来公证被用来指称为国家及社会公认的证明活动。在我国，公证是指公证机构根据自然人、法人或者其他组织的申请，依法定程序对民事法律行为、有法律意义的事实和文书的真实性、合法性予以证明的活动。具体而言，公证有以下几个方面的含义：

第一，公证法律关系的主体是公证机构和申请公证的当事人。所谓公证机构，是指依法设立，不以营利为目的，依法独立行使公证职能、承担民事责任的证明机构。所谓申请公证的当事人，是指与公证事项有法律上的利害关系并以自己的名义向公证处提出公证申请，在公证活动中享有权利和承担义务的公民或法人。之所以将公证机构和申请公证的当事人称为公证法律关系的主体，是因为他们对公证法律关系的产生、发展和消灭起着决定作用，如果没有当事人的申请和公证机构的受理，公证活动就无从谈起。

第二，公证法律关系的客体是需要证明的民事法律行为、有法律意义的事实和文书。因为公证法律关系的客体就是公证活动中权利和义务所共同指向的对象，而公证活动中权利和义务共同指向的对象不外乎公证机构依法定程序予以证明的民事法律行为、有法律意义的事实和文书。

第三，公证法律关系的内容。公证法律关系的内容指的是法律关系主体的权利和义务，就此而言，公证法律关系的内容指的就是公证机构和申请公证的当事人的权利和义务。在公证法律关系中，公证机构和申请公证的当事人的权利和义务是对等的，正因如此，才能保证公证行为的公正性，使公证行为具有法律效力，从而达到维护当事人合法权益的目的。

第四，公证的程序是法定的。公证机构必须依照国家有关公证的法律、法规及规章履行公证职能，同时也要求当事人必须按照有关公证的规定申请公证。我国《公证法》专门就公证程序问题做出了规定，公证机构违背法定程序作出的证明活动是没有公证效力的。

公证制度，是我国法律制度的重要组成部分。在民商事领域，我国立法确立了诉讼制度和非诉讼制度这两种不同的法律程序制度以保护公民、法人或者其他组织的合法权益。公证、人民调解、仲裁是非诉讼的法律程序制度。《公证法》第 1 条规定："……预防纠纷，保障自然人、法人或者其他组织的合法权益……"这就明确了公证制度非诉讼的法律性质。首先，公证证明的对象通常是非争议的事项，处于争议中的事项以及正在讼争的纠纷不能成为公证的客体。公证机构不具有裁决纠纷的职能，它的职责不是解决当事人的争议，而是对公证事务进行证明，因此，公证活动与人民法院审理案件的诉讼活动有着根本的区别。其次，公证机构在办理各种公证事务中应当以预防纠纷为宗旨，通过公证活动，指导、帮助公民、法人和其他当事人依法设立、变更、终止法律行为，消除纠纷隐患，制止违法行为，预防和减少纠纷，维护社会主义市场经济有序发展。

（二）公证的特征

1. 公证机构的专业性。在我国，公证机构是依据《公证法》规定的条件和程序而设立的，它依法享有国家公证权。公证证明具有不同于一般证明的法律效力。未经法律的特别授权或许可，其他任何部门或人员无权办理公证业务。

2. 申请公证的自愿性。自然人、法人或者其他组织申请公证是自愿行为。公证机构办理公证业务必须根据当事人的自愿申请。申请公证的当事人可以是公民、法人或者其他组织。

在公证活动中，任何个人、法人以及其他组织都可以单独申请公证机构就需要证明的事项进行公证。公证证明只有申请公证人而没有被申请公证人。如果几个申请人对同一法律行为、有法律意义的文书、事实申请公证，只有在对所要求的公证事项无争议的情况下，公证机构才予以公证，否则应予拒绝。

3. 公证内容的真实性、合法性。公证的内容是对民事法律行为、有法律意义的事实和文书的真实性、合法性予以证明。民事法律行为、有法律意义的事实和文书，是公证的对象，或称公证的客体。

凡当事人申请对不属于民事法律行为或无法律意义的事实和文书进行公证，公证机构都不应予以证明。对非民事法律行为或不具有法律意义的事实和文书进行公证是无法律效力的。

真实性，是指公证的对象必须是客观存在的，通过直观或者人证、物证能为公证人员感知的，而且事实内容与公证证明的内容是相符的；虚构的事实、与现实情况不相符的事实或者缺乏证据无法使公证人员感知的事实，公证机构不能公证。合法性，是指公证对象的内容、形式及取得方式符合国家法律、法规、规章的规定，不违反有关政策和社会公共利益。公证的合法性包括内容合法与形式合法两个方面，内容违法的不能公证，形式违法的同样也不能公证。真实、合法是统一的，两者不能割裂开来。就某一具体公证事项来说，两者必须同时具备、缺一不可。

4. 公证程序的法定性。公证机构必须依照国家法律规定实施公证权，同时也要求当事人必须按照有关公证的法律规定申请公证。公证如果违反法律规定的程序，就不具有法律效力。《公证法》第四章对公证程序作了原则性规定，《公证程序规则》对公证的法定程序作了具体规定。

5. 公证效力的特定性。公证机构出具的公证书具有特殊的法律效力。公证机构公证证明的效力高于一般个人、法人或者其他组织所作证明的效力。公证证明可直接作为法院认定事实的根据，对特定事项的公证还能赋予强制执行的效力，并且具有某种法律行为构成要件的效力。

按申请公证事项的国别不同，公证可分为国内公证与涉外公证。由于国际交往与合作的需要，我国的公证机构也需要办理一些涉外的公证事务。凡是公证的当事人中有外国人或者所公证的法律行为、法律事实或文书发生在国外，或者是公证书的使用在外国的公证活动，均属于涉外公证活动。

二、《公证法》的基本内容

公证法是调整公证活动中各种社会关系的法律规范的总称。公证法有广义和狭义之分。广义的公证法由含有公证规范性质和内容的各种法律文件组成，它包括公证法典、其他法律、行政法规、地方性法规、规章中有关公证的规定。狭义的公证法是国家颁布的调整公证法律关系的公证法典。在我国，即指2005年8月28日第十届全国人民代表大会常务委员会第十七次会议通过，根据2015年4月24日第十二届全国人民代表大会常务委员会第十四次会议《关于修改〈中华人民共和国义务教育法〉等五部法律的决定》第一次修正，根据2017年9月1日第十二届全国人民代表大会常务委员会第二十九次会议进行了第二次修正的《公证法》。

任何一个法律部门都有其独立的调整对象，公证法调整的对象是公证活动中涉及的各种社会关系。

公证法属于程序法的范畴，它研究如何从履行公证程序方面保障实体法的贯彻实施。与其他程序法适用实体法的单一性相比，公证法的特点是，公证法所适用的实体法是极为广泛的，不仅包括民法、婚姻法、经济法、劳动法、行政法，还包括国际间的条约、协议等。我国公证法的渊源包括《公证法》《公证程序规则》《继承法》《收养法》以及其他涉及公证法规范的法律、法规、地方性法规、规章等法律文件。

我国《公证法》共7章47条。第一章总则，规定了公证法的立法宗旨、公证的概念、公证机构办理公证应坚持的基本原则、中国公证协会和公证活动的政府主管部门等内容。第二章公证机构，规定了公证机构的性质、设立原则，设立公证机构的条件和批准程序，公证机构的业务范围和内部管理等。第三章公证员，主要规定了公证员的概念、配备方案，担任公证员的条件，公证员的权利和义务，公证员的免职等。第四章公证程序，规定了公证的管辖、申请、审核调查、出证等程序，另外还规定了公证的办理时间、外交机构对公证的认证、公证法律援助和公证档案的管理。第五章公证效力，规定了公证的证据效力、法律行为成立要件效力和强制执行效力，以及公证书的撤销、当事人与利害关系人对公证书内容发生争议的解决途径。第六章法律责任，规定了公证机构和公证员因为自己的过错要承担的行政责任、民事责任和刑事责任。第七章附则，共 3 条，第 45 条规定了我国驻外使（领）馆依据公证法和国际条约的规定可以办理公证业务，第 46 条规定了公证费标准的确定办法，第 47 条规定了公证法的生效日期。

三、公证的基本原则

公证的基本原则，是指公证机构在办理公证业务的全部活动中必须遵循的基本准则，它必须贯穿于公证业务活动的始终。公证业务的基本原则体现了我国公证制度的基本要求，是公证机构实施公证行为的基础和法律准绳，对提高公证质量，充分发挥公证职能，促进公证事业健康发展具有重要的意义。按照《公证法》和《公证程序规则》的规定，公证的基本原则有：

（一）坚持依法、客观、公正的原则

《公证法》第 3 条规定："公证机构办理公证，应当遵守法律，坚持客观、公正的原则。"据此，公证机构办理公证业务必须坚持依法、客观、公正的原则。

1. 依法。依法即遵守法律，是指公证机构办理公证业务必须符合法律、法规和规章的要求，违反法律、法规和规章的公证行为要承担一定的法律后果，或者公证行为无效，或者要受到处罚。公证的合法原则，不仅要求公证证明对象是合法的，也要求作为公证法律关系主体之一的公证机构及其公证行为和公证程序是合法的。公证主体、公证行为或者公证程序违法，可能导致公证结论不合法，招致公证证明不公正的质疑。

2. 客观。客观，是指公证机构和公证员在办理公证业务时应当依照实际和真实的情况，没有自己的主观成分，也要求公证证明对象是能被人们所认识并能揭示出本质的事物，这样才能实现真实的要求。一些需要通过专业技术鉴定、科学探索才能真正认知的事物，在结论产生前，公证机构不宜公证；符合要求的，即有了确定的科学结论的，可以对书面结论办理公证。这是对科学规律的尊重，也是公证自身规律的要求。具体来讲，在三个环节要符合客观真实：一是受理时的实际情况要客观真实。当事人自愿申请公证或法定公证的民事法律行为、有意义的法律事实和文书，应该由本人亲自或委托他人进行申请，但是与当事人人身关系密切相关的事项只能由当事人亲自申请，如遗嘱、收养等，并且在申请书上签字。二是审查时符合客观实际的原则。公证机构受理公证后，对当事人申请公证的事项和提供的材料从法律和事实方面进行调查核实。对当事人的人数、身份、资格、民事行为能力，当事人的意思表示以及相应的权利，需要公证的行为、文书以及事实是否合法，需要公证的文书内容是否完善，文字是否准确，签名、印章是否齐全，当事人提供的证明材料是否真实、充分等进行客观的审查。全部过程应该是真实的、符合客观实际情况的。三是出具公证书时是真实的。公证员审查当事人申请公证的事项后，对符合出证条件的出具公证书。对特殊事项公证应符合要求。

3. 公正。公正，是指在办理公证的过程中，公证机构和公证员要站在中立的立场上，

不偏不倚，不偏袒任何一方、不为任何一方所左右，不受人情、私利、外界压力等因素的影响。公正既包括公证程序的公正，也包括公证实质内容上的公正。《公证法》第一次以法律形式明确规定了公证机构在办理公证活动中要坚持公正原则。同时，从公证员的素质、公证程序，到法律责任，《公证法》都做了较为严格的规定，也赋予了司法行政部门、公证协会相应的监管职责。这些规定对这一原则的实现将起到有力的保障作用。

（二）直接办理原则

直接办理原则也就是要求公证人员亲自办理公证事务。2020 年 10 月 20 日，司法部令第 145 号修正的《公证程序规则》第 5 条规定：“公证员受公证机构指派，依照《公证法》和本规则规定的程序办理公证业务，并在出具的公证书上署名。依照《公证法》和本规则的规定，在办理公证过程中须公证员亲自办理的事务，不得指派公证机构的其他工作人员办理。”公证人员亲自办理公证事务应当做到：亲自听取申请公证的当事人的陈述，了解其申请公证的内容、目的、动机以及当事人的基本情况，亲自审查当事人的申请材料的真实性、合法性，坚决杜绝实践中出现的公证人员不直接办理公证事务而由其他人代办、公证人员最后签名的情况，以确保公证事务的客观真实性和合法性的实现。

（三）回避原则

为了维护公证活动的公正性，保障公证活动健康有序地发展，进行公证活动要坚持回避原则。所谓回避原则，是指公证人员因与公证事务或公证事务的当事人具有某种利害关系或其他特殊关系，可能影响公证事务的公正处理，因而不得参加公证活动。《公证程序规则》规定了当事人有申请回避的权利，但同时也要求该回避申请必须在公证书做成前提出。因为公证活动结束后再提出回避申请，就失去了该原则的意义。

（四）保密原则

保密原则，是指公证人员以及因公证机构委托、聘请或因职务需要而接触公证事务的鉴定人、翻译、见证人和其他公职人员等，对其在公证活动中所接触到的国家秘密或当事人的个人隐私，负有保密的义务。《公证程序规则》第 6 条第 2 款明确规定：“公证机构的其他工作人员以及依据本规则接触到公证业务的相关人员，不得泄露在参与公证业务活动中知悉的国家秘密、商业秘密或者个人隐私。”

（五）使用本国和本民族语言文字的原则

使用本国和本民族语言文字的原则，是指公证机构和公证人员在公证活动中，应一律使用本国和本民族语言文字，并且应当使用本国和本民族语言文字制作公证书。对此，《公证程序规则》第 43 条第 1 款规定：“制作公证书应当使用全国通用的文字。在民族自治地方，根据当事人的要求，可以同时制作当地通用的民族文字文本。两种文字的文本，具有同等效力。”语言文字是象征一个国家和民族的符号之一，它体现了一个国家的主权和尊严。我国是一个多民族的国家，各民族都有使用和发展自己本民族语言文字的权利和自由。因此，我国的公证机构在公证活动中，应使用体现我们国家和各民族的汉语或汉文，对于不懂我国语言文字的外国人，公证机构依法可以为其提供翻译人员。

四、公证的效力

公证的效力，即公证书的效力，是指公证机构对民事法律行为、有法律意义的文书和事实作出的公证证明，在法律上所具有的作用与效能。根据《公证法》和《民事诉讼法》的规定，公证在法律上具有证据效力、法律行为成立要件的效力和强制执行的效力。

（一）证据效力

证据效力，是指公证书是一种可靠的证据，具有证明公证对象真实、合法的证明力，可直接作为认定事实的根据。《公证法》第36条规定，经公证的民事法律行为、有法律意义的事实和文书，除有相反证据足以推翻该项公证之外，应当作为认定事实的根据。《民事诉讼法》也有相关的规定，即经过法定程序公证证明的法律事实和文书，人民法院应当作为认定事实的根据，但有相反证据足以推翻公证证明的除外。这是因为，在公证过程中，公证机构要对公证对象进行认真全面的调查、核实，只有公证机构确认才给予公证，因此公证证明具有无可争议的法律证明力，可以直接作为认定事实的根据，为及时调整经济、民事法律关系提供可靠的法律凭据。这是其他书证所不具备的。

当然，事物不是绝对的，我国现行法律也没有赋予公证书绝对的证据效力，公证证明也可能出现个别的差错。为了全面、公正地保护公民、法人和其他组织的合法权益，诉讼当事人认为公证证明不真实或不合法的，可以按照法定程序提出相反的证据。当事人所提出的相反证据足以证明公证证明不真实或不合法的，经司法机关确认，才能推翻公证证明，否定公证证明的证据效力。如果未按照法定程序提出证据或所提出的证据不足以证明公证证明不真实或不合法，则不能否定公证证明的证据效力。

证据效力是公证书最基本的效力，任何公证书都具有证据效力。公证的证据效力是广泛的，不仅体现在诉讼活动中，更主要的是表现在日常的民事、经济交往和行政管理活动中，公证书是证明民事法律行为、有法律意义的事实和文书的真实性、合法性的可靠的法律文书。在国际上，公证书也得到广泛的承认，在域外也具有法律证明力，是进行国际间民事、经济交往不可或缺的法律文书。这是公证证据效力在空间上的延伸。

（二）法律行为成立要件的效力

依据我国法律规定或者当事人的约定，某些民事法律行为、有法律意义的文书和事实，必须经过公证证明，才能得以合法确认。这就是公证的法律行为成立要件的效力。在这种情况下，公证是该项法律行为成立的必要条件之一，否则，民事法律行为就不能成立，不发生应有的法律效力。在我国，民事法律行为必须经过公证才能发生法律效力的情况具体有以下三种：

1. 法律、法规规定某些法律行为必须办理公证。当前，我国现行法律规定少数事项必须经过公证证明才能有效。为完善国家管理体制，全国人大及其常委会制定了少数法律，国务院各部、委、办、局等单位相继制定了若干规章，各省、自治区、直辖市的人大常委会、政府及其所属的业务主管部门也制定出决定、办法等许多地方性法规，规定某些法律行为必须经过公证证明才能发生效力。2021 年 12 月 24 日修正的《民事诉讼法》第 271 条规定："在中华人民共和国领域内没有住所的外国人、无国籍人、外国企业和组织委托中华人民共和国律师或者其他人代理诉讼，从中华人民共和国领域外寄交或者托交的授权委托书，应当经所在国公证机关证明，并经中华人民共和国驻该国使领馆认证，或者履行中华人民共和国与该所在国订立的有关条约中规定的证明手续后，才具有效力。"

2. 由当事人之间约定某种法律行为必须办理公证。某些法律行为，虽然法律并没有规定非经公证不发生法律效力，但当事人如果相互商定该项法律行为必须经过公证才能成立，那么公证即为该项法律行为成立的必要条件，如果没有按照约定办理公证，该项法律行为就不能成立，也就不发生应有的法律效力。

3. 按照国际惯例、国际条约或双边协定，某些事项必须办理公证。根据国际惯例、国际条约和双边协定，在国外使用的某些文书，必须经过公证后才能在域外发生法律效力，公证就是该项文书在域外发生效力的法律要件之一。例如，出国使用的亲属关系证明、学历证明等文书均必须经过公证证明。只有两国协议免除公证的除外。

我国公证机构办理的涉外公证文书，根据不同国家的具体情况，有的需要经过领事认证后才有效；有的国家规定涉及财产、劳工赔偿等事项，还需要经过文书使用国和地区有关当局（如法院）确认后，才能发生法律效力。

（三）强制执行的效力

《公证法》第 37 条第 1 款规定："对经公证的以给付为内容并载明债务人愿意接受强制执行承诺的债权文书，债务人不履行或者履行不适当的，债权人可以依法向有管辖权的人民法院申请执行。"公证机构依法赋予以追偿债款、物品或有价证券为内容的债权文书强制执行的效力，这是我国公证机构的一项法定职能。其积极意义在于，可以使一些逾期不履行的、没有争议的债权文书不经过民事诉讼程序，而由当事人直接申请有管辖权的人民法院强制执行，这样既可以平息纠纷、减少诉讼，避免当事人进行诉讼而导致人力、物力和时间上的损失；又可以强制债务人履行其义务，及时维护债权人的合法权益，促进社会主义市场经济的有序发展。

需要明确的是，并非一切公证证明都具有强制执行效力。公证机构所赋予强制执行效力的债权文书是一种特定的公证文书。根据《公证程序规则》第 39 条规定："具有强制执行效力的债权文书的公证，应当符合下列条件：（一）债权文书以给付为内容；（二）债权债务关系明确，债权人和债务人对债权文书有关给付内容无疑义；（三）债务履行方式、内容、时限明确；（四）债权文书中载明当债务人不履行或者不适当履行义务时，债务人愿意接受强制执行的承诺；（五）债权人和债务人愿意接受公证机构对债务履行情况进行核实；（六）《公证法》规定的其他条件。"

公证机构享有依法赋予公证债权文书强制执行效力的职能，但债务人不履行到期债务时，公证机构不享有采取强制执行措施的权力。在我国，民事强制执行权统一由人民法院行使。《民事诉讼法》第245条规定："对公证机关依法赋予强制执行效力的债权文书，一方当事人不履行的，对方当事人可以向有管辖权的人民法院申请执行，受申请的人民法院应当执行。公证债权文书确有错误的，人民法院裁定不予执行，并将裁定书送达双方当事人和公证机关。""公证债权文书确有错误"一般是指公证的事项不真实、不合法，不符合赋予强制执行效力的范围和条件。如果公证文书只在形式上出现瑕疵，受理强制执行申请的人民法院应通知原公证机构，经原公证机构纠正后，人民法院仍应当执行。

五、公证的任务

我国《公证法》第1条和第2条对公证的任务作了明确规定，公证机构根据当事人的申请，依照法定程序对民事法律行为、有法律意义的事实和文书的真实性、合法性予以证明；预防纠纷，保障自然人、法人或者其他组织的合法权益。同时，公证还肩负着促进国际间的友好交往，保护中外当事人的合法权益，教育公民自觉遵守法律、维护社会主义法制的正常进行的任务。

（一）依法证明民事法律行为、有法律意义的事实和文书的真实性、合法性

民事法律行为，是指公民、法人或者其他组织之间设立、变更或终止民事法律关系的行为。民事法律关系是民事主体之间一定的财产关系、人身关系在法律上的体现。法律事实，是指能在当事人之间引起民事法律关系产生、变更和消灭的客观事实，法律事实包括行为和事件两类，公证证明的法律事实是指后一类。有法律意义的文书，是指民事法律行为以外的、能引起一定法律后果的文书。

公证机构是依法设立的证明机构，根据当事人的申请，对没有争议的民事法律行为、有法律意义的文书和事实，经过审查，依照法定程序证明其真实性、合法性，这是公证的首要任务。所谓真实性，是指公证证明的对象必须是客观存在的事实，并且该事实的内容与证明的内容是一致的，而不是相矛盾的。所谓合法性就是公证证明的对象必须与我国法律、法规及有关政策相符合而不是相违背。对不具备真实性、合法性的申请事项，公证机构有权拒绝公证。

（二）预防纠纷，保障自然人、法人或者其他组织的合法权益

公证机构对公民、法人或者其他组织申请公证的事项，经审查确认其真实、合法、可行，然后给予出具公证书，赋予其证据效力。对某些不够真实、合法或者不完全可行的事项，公证人员要事先向当事人宣传法律，讲明道理，指导当事人加以修正，然后再予以公证。这样做便排除了隐患，使当事人之间的民事和经济法律行为一开始就置于公证制度的保护与监督之下，杜绝违法行为的发生。即使事后当事人之间因公证事项发生纠纷而提起诉讼，由于公证书具有证据的效力，就有利于人民法院及时、公正地裁判案件，从而有效地保护自然人、法人或者其他组织的合法权益。可见，公证是最早介入民事活动和经济活动的一种法律手段，是预防纠纷、减少诉讼、维护社会主义市场经济秩序，促进社会安定

团结的第一道防线。

（三）促进国际间的友好交往，保护中外当事人的合法权益

随着改革开放的深入发展，我国与世界上其他国家在经济、贸易、技术、文化等方面的交往日益增多，民间的往来也愈加频繁，大量的涉外民商事法律关系也随之产生。按照国际惯例，不同国家公民和法人组织之间进行民事、商业活动时，对许多有关的民事法律行为、有法律意义的事实和文书，如法人资格，科技人员的学历、经历、职称，未受刑事制裁的证明等，都需要办理公证，才能在域外发生效力。我国公证机构开展涉外公证的主要任务，就是保护我国公民、侨胞在域外的正当权益，保证我国对外经济贸易活动的合法性与有效性，从而维护国家主权和人民的利益；同时也保护外国人在华的合法权益。

（四）教育公民自觉遵守法律，维护社会主义法制的正常进行

公证机构在公证过程中，通过向当事人提供法律咨询，引导和帮助当事人修改、完善公证事务的有关内容，可以向当事人宣传有关法律、法规和政策方面的内容，丰富当事人的法律知识，提高当事人对法律的认识，增强其遵守法律的自觉性，从而维护社会主义法制的正常进行。

第二节　基层公证机构和公证人员

基层公证机构包括基层公证管理机关、公证法律服务具体机构和基层公证协会等部门。

一、基层公证管理机关

基层公证管理机关是市（地）、县（市）司法局的公证管理部门。其主要职责是负责对公证业务的具体管理、指导和监督。包括贯彻和落实中央和省、直辖市、自治区制定的各项方针政策；负责组建公证机构和公证机构变更名称、办公场所、分立、合并或变更执业区域的审核；对公证机构和公证机构的负责人进行年度考核；对公证机构的组织建设、队伍建设、执业活动、质量控制、内部管理等情况进行监督；对公证员的执业情况进行监督检查，查处公证机构和公证人员的违法违纪行为；组织公证人员业务培训；负责对任命公证员的材料审查；提请公证员免职和变更执业机构的审查上报，对公证机构负责人的核准；组织业务交流，收发编辑公证工作信息，负责公证业务统计和统计资料上报等工作。①

基层司法行政机关管理公证的核心任务是：保证公证机构正确地、公正地、全面地履行公证职能，开展公证业务，规范公证机构设置、队伍建设、政策指导、执业监督处罚等

---

① 郭俊峰主编：《法律服务管理工作探索》，河南人民出版社 2006 年版，第 108 页。

宏观管理，为公证机构进行公证活动创造良好的内外部环境。①

二、公证处

（一）公证处设立的原则

公证处是依据《公证法》规定的条件和程序设立，不以营利为目的，依法独立行使公证职能，承担民事责任的证明机构。设立的原则为："统筹规划，合理布局。"这一原则说明公证不是市场行为，公证机构的设置不能靠市场配置，而是要从各地的实际情况出发，从公证事业的长远发展出发，本着便民利民的原则，科学合理地确定公证机构的设置。各地要根据本地区经济发展的程度、人口数量、交通状况和对公证业务的实际需要，确定公证机构的设置，公证机构的设置要实行总量控制。

从法律服务广义概念来讲，律师、公证都属于法律服务业。但不同的行业，由于其性质、特点以及在社会中所起的特定作用不同，法律服务行业也有不同类别。一种是具有典型意义的法律服务业，如律师行业。它实行完全的市场准入，只要符合条件都可以成为律师，可以自由流动，在市场竞争中优胜劣汰，性质是法律中介机构，国家对它的机构设置没有合理布局的限制和要求。另一种是有限制的法律服务业，国家在机构设置等方面有一定限制性的要求，公证行业就是如此。

公证业是涉及公共资源配置以及直接关系公共利益的特定行业，属于限制性行业，不能实行市场竞争，应该有合理布局的要求。第一，其性质和特点决定了它不是市场中介机构。公证不同于"私证"，具有公权性质，体现了国家对经济社会生活，特别是民商活动的干预。证明的权力来源于国家，是国家通过法律授予公证机构行使公证的证明权，公证员资格由国家授予。公证机构和公证员既然是受国家的委托行使证明权，就要对公证事项的真实性和合法性负责，而不是像律师那样对委托人负责。如果公证业像律师行业那样实行完全市场准入，就很有可能为了经济利益而滥用公证权，就会影响公证预防纠纷和证明作用的目的。第二，公证机构有公益性和非营利性。公证机构既不是国家机关，也不是企业，而是行使公证证明权的公共机构。公证人员既不是一般的公务员，也不是商人，而是一种专门的公职证明人员，他们不能以营利为目的。

《公证法》第7条规定："公证机构按照统筹规划、合理布局的原则，可以在县、不设区的市、设区的市、直辖市或者市辖区设立；在设区的市、直辖市可以设立一个或者若干个公证机构。公证机构不按行政区划层层设立。"也就是说，县、不设区的市作为一个独立的单位，可以设立公证机构。设区的市、直辖市设立公证机构的，在城区范围的市辖区就不再设立公证机构。如果城区范围的市辖区设立公证机构，市就不再设立公证机构。按照《公证法》的规定，同一城市中不再出现两个层级的公证处。也就是说，一个城市的公证机构，应该是同一层级的。这就打破了过去四级公证处的体制，明确公证机构不按行政区划层层设立，总体上设在一个平台上。这样的安排符合中国公证工作的实际需要，有利

① 郭俊峰主编：《法律服务管理工作探索》，河南人民出版社2006年版，第107页。

于克服公证行业的不正当竞争行为，有利于平等自主地开展公证业务，同时也有利于加强对公证的管理。

（二）公证处设立的条件

《公证法》第8条规定，设立公证机构应当具备的条件是：

1. 有自己的名称。它是一个公证机构与其他公证机构相区别而采用的文字符号。
2. 有固定的场所。它是公证机构所在地，有一定的空间和必要的办公设备。
3. 有两名以上公证员。
4. 有开展公证业务所必需的资金。公证机构作为法人，应该有自己独立的财产和开展公证业务所必需的资金，这也是其独立承担民事责任的基础。这些都是原则性的规定，而开展公证业务所必需的资金是多少，办公场所有多大则没有具体规定。

（三）公证处设立应提交的材料

按照司法部《公证机构执业管理办法》第14条规定，申请设立公证机构，应当提交下列材料：

1. 设立公证机构的申请和组建报告；
2. 拟采用的公证机构名称；
3. 拟任公证员名单、简历、居民身份证复印件和符合担任公证员条件的证明材料；
4. 拟推选的公证机构负责人的情况说明；
5. 开办资金证明；
6. 办公场所证明；
7. 其他需要提交的材料。

（四）公证处设立的程序

设立公证机构的程序，是由拟设立公证机构所在地的司法行政部门准备材料，报省、自治区、直辖市人民政府司法行政部门按照规定程序批准，由省、自治区、直辖市人民政府司法行政部门颁发公证机构执业证书。

（五）公证办证点

近年来，由于对公证办证点管理缺乏有效的规章依据，加之一些地方受经济利益的驱动，随意设立办证点现象比较突出，在一定程度上加剧了公证行业的不正当竞争，扰乱了公证服务秩序，损害了公证行业的良好社会形象。

2005年司法部办公厅下发《关于严格规范公证处设立办证点有关问题的通知》（司办通〔2005〕第25号），根据该通知精神，公证办证点的设立，适用于以下两种情形：一是新设区（开发区）尚未设立公证处，其他公证处尚未按规定设立办证点，而当地公证业务需求量较大的；二是房屋产权交易市场等特定场所确需设立公证服务窗口，而其他公证处尚未按规定设立的。除此之外，公证处严禁在执业场所之外设立分支机构或办证点，包括办事处、联络点、联系点、办证室等；不符合条件的办证点一律撤销。

设立公证办证点，公证处应提出设立公证办证点的申请，报同级和上级司法行政机关审核同意，最后呈报省级司法行政机关审核批准。严禁公证处未经审批擅自设立公证办证点。公证处负责对公证办证点统一管理，应当指派执业公证员到办证点承办公证业务，办证点作为公证处整体的一部分，必须接受公证处的统一领导和管理。公证办证点在办理公证业务时，需要遵守以下禁止性的规定：严禁委托公证机构和公证人员以外的任何机构或个人承办公证业务；严禁公证员助理以公证员名义办证；办证点对外不得悬挂公证处的牌匾；在房屋产权交易市场等特定场所设立的公证服务窗口，只能办理有关的专项公证业务，不得以公证处名义对外宣传、招揽、承办其他公证业务。

（六）公证机构负责人的产生

公证机构的负责人是公证机构的法定代表人，代表公证机构对外、对内行使权力，承担领导责任。有正职的由正职担任公证机构的负责人，无正职的由副职担任负责人。公证机构的负责人是从有 3 年以上执业经历的公证员中推选产生的，并不是任命制，并且由所在地的司法行政部门核准，报省、自治区、直辖市人民政府司法行政部门备案。

三、公证人员

对公证人员的管理是司法行政机关实施公证管理的一项经常性工作。从一般意义上讲，在公证处工作的所有人员都是公证人员，包括公证员、公证员助理和其他公证辅助人员等。这里所讲的公证人员主要指两类人员，一是公证员，二是公证员助理。

（一）公证员职务的任命

1. 担任公证员应具备的条件。按照《公证法》第 18 条的规定，担任公证员应当具备下列条件：

（1）具有中华人民共和国国籍。公证员必须是中华人民共和国公民，外国公民不能担任我国的公证员。

（2）年龄在 25 周岁以上 65 周岁以下。这是年龄方面的要求。

（3）公道正派，遵纪守法，品行良好。这是从道德、品行等方面对公证员提出的要求。公证行使的是公共权力，与“私证”不同，公证员的个人品质、自律和自我约束，遵守职业道德和法律、法规及有关规定的程度，特别是尊重客观事实的态度、诚实守信的品质将直接影响公证文书的客观真实性，影响当事人的权益能否公正地实现。目前，社会和广大群众最担心的就是个别公证员弄虚作假，违法违规，出具的“公证书”不“公正”，如“西安宝马彩票案”中的问题，严重影响了公证行业的形象信誉，因此，必须在任职的基本条件中提出要求，并要靠制度的严格管理来维护和提升公证的信誉度。

（4）通过国家统一法律职业资格考试取得法律职业资格。公证业务的政策性、法律性很强，这就要求公证员必须具有法律专业知识和其他方面的专业知识，具有较高的政策理论水平，只有这样，才能胜任公证工作的需要，才能适应新形势、新时代对公证员的需要。2002年，司法部专门下发通知，规定凡是新任公证员必须通过国家法律职业资格考试。《公证法》首次以国家法律的形式明确规定通过国家法律职业资格考试是担任公证员的条件之一。这说明对公证员的专业要求更高，也有利于提高公证队伍的专业素质。

（5）在公证机构实习2年以上或者具有3年以上其他法律职业经历并在公证机构实习1年以上，经考核合格。这项规定，除具备上述条件外，还要通过一定时间的实习并且经过考核合格后，才能成为公证员。

《公证法》第19条规定："从事法学教学、研究工作，具有高级职称的人员，或者具有本科以上学历，从事审判、检察、法制工作、法律服务满十年的公务员、律师，已经离开原工作岗位，经考核合格的，可以担任公证员。"这就是说，法学教授、副教授、法学研究员、副研究员，以及具有本科以上学历并且从事审判、检察、律师、法制工作10年以上的国家公务员，离开原来的工作岗位，只要经过考核合格，就可以成为公证员。我国修改后的《律师法》也有相似的规定。

2. 公证员的任职程序。公证员的数量根据公证业务需要确定。省、自治区、直辖市人民政府司法行政部门应当根据公证机构的设置情况和公证业务的需要核定公证员配备方案，报国务院司法行政部门备案。

《公证法》第21条规定："担任公证员，应当由符合公证员条件的人员提出申请，经公证机构推荐，由所在地的司法行政部门报省、自治区、直辖市人民政府司法行政部门审核同意后，报请国务院司法行政部门任命，并由省、自治区、直辖市人民政府司法行政部门颁发公证员执业证书。"

任命公证员，应当由符合公证员条件的人员提出申请，经需要选配公证员的公证机构推荐，所在地司法行政机关审查并出具审查意见，逐级报请省、自治区、直辖市司法行政机关审核并签署审核意见，对符合规定条件和公证员配备方案的，填制公证员任职报审表，报请司法部任命。对不符合规定条件的，作出不同意申请人担任公证员的决定，并书面通告申请人和所在地司法行政机关。

3. 不得担任公证员的特别规定。《公证法》还规定了除外条款，有下列情形之一的，不得担任公证员：（1）无民事行为能力或者限制民事行为能力的。限制民事行为能力，是指具有一定民事行为能力，但为保护其合法权益和维护社会正常经济秩序不得不对其行为给予一定的限制。所以，限制民事行为能力又称部分民事行为能力或不完全民事行为能力。无民事行为能力，是指公民不具有通过自己的行为实现自己的民事权利或履行民事义务的资格，而且也包括公民对其违法行为不具有承担责任的能力。（2）因故意犯罪或者职务过失犯罪受过刑事处罚的。（3）被开除公职的。开除公职，是国家工作人员因严重违法失职、违反纪律受到的最严厉的行政处分，该处分的法律后果是剥夺受处分人的国家工作人员资格，受处分人被开除后，其职务关系也随之消灭。（4）被吊销公证员、律师执业证书的。

（二）公证员的权利

公证员的权利，是指国家法律对公证员在执行职务过程中，应该享有利益的确认和保护。权利具有可选择性，当事人可以放弃。《公证法》第 22 条规定公证员的权利有：

1. 有权获得劳动报酬，享受保险和福利待遇。劳动报酬是公证员以其能力、学识、技术以及时间和精力为公证机构服务而按照一定标准获得报酬的制度。福利待遇，是指公证机构为满足公证人员生活和其他方面需要而提供各种公证服务、发放各种补贴等多种福利措施。保险，是指根据公证机构的性质，如差额拨款的事业单位、自收自支的事业单位，按照国家有关规定，为公证人员参加的失业、养老、医疗、执业等方面的保险。

2. 有权提出辞职、申诉或者控告。辞职，是指公证员因某种原因，出于本人的意愿，向有决定权的机关请求不再担任公证员而要求离开公证机构的行为。但这种行为只有经有权机关批准后方能生效。因此，辞职申请被批准之前，申请人不得放弃职务，否则须承担失职所引起的法律责任。

申诉，是指公证员因行政机关或司法机关作出的错误、违法的决定或判决，或者因国家工作人员的违法失职行为而受到侵害时，受害公证员有向有关机关申诉理由、要求重新处理的权利。依据我国法律规定，我国公民的申诉权的行使，主要有以下两种情况：（1）对已经发生法律效力的判决或裁定，当事人、被告人及其家属或者其他公民，可以向人民法院或人民检察院提出申诉，要求改正或者撤销原判决或裁定；（2）公民对行政机关作出的行政处罚的决定不服时，可向其上级机关或者有关国家机关提出申诉，要求改正或者撤销原决定。

控告，是指公民对任何国家机关和国家工作人员的违法失职行为，有向有关机关进行揭发和指控的权利。

3. 公证员非因法定事由和非经法定程序，不被免职或者处罚。免职，是指因为公证员本身有过错或由于身体健康、年龄或工作调动等原因，经过法定程序，被免去公证员职务。处罚，是指根据有关规定，对公证员的故意违法违规行为给予的惩罚。处罚的种类有刑事处罚、民事处罚和行政处罚。

（三）公证员的义务

公证员的义务，是指国家法律制度规定的，公证员在执行职务过程中应尽的责任，是对公证员行为的约束，具有强制性和不可选择性。根据《公证法》第 22 条的规定，公证员的义务有：

1. 应当遵守法律。遵守法律，是指公证员在工作中应该遵循法律、法规、规章等规范性文件的规定。

2. 恪守职业道德。职业道德，是指公证员在执行职务的过程中除遵纪守法和履行义务外，还应该遵循的行为准则。道德规范属于自我行为调控机制，不同于法律、制度与义务，主要评价方式是社会舆论评价、群众评价和自我内心信念评价。主要内容是公正廉洁、诚实守信、勤奋工作、优质高效等。执业纪律，是指职业道德的具体化，即职业道德被系统总结成若干条戒律后形成的具体行为准则，从事公证职业的人在职业活动中必须遵守，如果有所违背就要受到相应的制裁。

3. 依法履行公证职责。公证员必须忠实地履行职务，严格按照办证程序完成出证工作。依法办证是每一个公证员首要的工作准则。

4. 保守执业秘密。公证职业的特点决定了公证员在其从事业务活动的过程中可能接触到某些国家机密、商业秘密和个人隐私。无论出于维护国家利益的需要，还是出于维护当事人权利的需要，公证员都必须保守其因职务获得的秘密。首先，保守秘密是为了保护委托人，如果将委托人的秘密告诉别人，必然使委托人陷入困境。其次，也是为了保护执业者及全体公证员的利益，如果公证员将当事人的秘密随便传播，就会给当事人造成伤害。公证员保守职业秘密是取信于人的一项基本职业道德。

（四）不同级别公证员聘任的具体条件

根据《公证员职务试行条例》的有关规定，取得公证员任职资格的人员，分别可被聘任为不同级别的公证员职务。不同级别的公证员的任职条件不同。

1. 四级公证员的任职条件。获得法学硕士学位，或者是获得第二学士学位、获得研究生班结业证书、高等院校（系）法律本科毕业生见习一年期满的，或者是高等院校（系）法律专科毕业生担任公证员助理两年以上的。凡具有上述学历、资历的人员，经考核认为基本掌握法律基础知识和公证业务知识，能够独立承办一般公证事项的，可以担任四级公证员职务。

2. 三级公证员的任职条件。获得法学博士学位，或者是获得法学硕士学位、获得第二学士学位、获得研究生班结业证书，担任四级公证员两年以上的；高等院校（系）法律本科、法律专科毕业生担任四级公证员四年以上的。凡具有上述学历、资历的人员，经考核，还须具备下列条件：（1）能够比较系统地掌握法律知识和公证业务知识；（2）熟悉办证程序，能独立承办公证事项；（3）有指导四级公证员工作的能力；（4）初步掌握一门外国语。

3. 二级公证员的任职条件。获得法学博士学位担任三级公证员两年以上，或者是高等院校（系）法律本科以上毕业生担任三级公证员五年以上的。凡具有上述学历、资历的人员，经考核，还须具备下列条件：（1）系统掌握法律知识和公证业务知识，并且具备同本职工作相联系的其他学科知识；（2）有丰富的公证业务经验，能办理较为复杂的公证事项，解决公证业务中遇到的疑难问题，工作成绩显著；（3）有指导三级以下公证员工作的能力；（4）能提出公证理论研究课题，并组织、承担研究工作和写出较高水平的专业论文或论著；（5）掌握一门外国语。

4. 一级公证员的任职条件。大学本科以上毕业生担任二级公证员五年以上，经考核具备下列条件者，可聘任或任命为一级公证员：（1）具有丰富的法律知识和公证业务知识，并且掌握同本职工作有关的其他学科知识；（2）能够解决公证业务上的重大疑难问题，具有全面指导公证业务工作的能力，工作成绩卓著；（3）能提出有重要意义的公证理论研究课题，并能组织、承担、指导研究工作和写出较高水平的专业论文或论著；（4）熟练掌握一门以上外国语。

（五）公证员的免职

《公证法》第24条和《公证员执业管理办法》第16条对公证员免职的情形作了具体

规定，公证员有下列情形之一的，由所在地司法行政机关自确定该情形发生之日起 30 日内，报告省、自治区、直辖市司法行政机关，由其提请司法部予以免职：

1. 丧失中华人民共和国国籍的。国籍的丧失，是指一个人由于某种原因丧失他所具有的某一国家的国籍。国籍的丧失可分为自愿和非自愿两种。自愿丧失国籍，是指根据本人意愿而丧失国籍。有两种情形：一是本人自愿申请退籍，经批准后丧失本国国籍。《国籍法》第 10 条规定："中国公民具有下列条件之一的，可以经申请批准退出中国国籍：一、外国人的近亲属；二、定居在外国的；三、有其它正当理由。"第 11 条规定："申请退出中国国籍获得批准的，即丧失中国国籍。"二是自愿选择某一国国籍。在一个人具有双重国籍的情况下，根据有关国家的协议，自愿放弃某一国籍，即丧失该国国籍。非自愿丧失国籍，是指由于法定原因而非由于本人自愿而丧失本国国籍。非自愿丧失国籍，主要是由于取得外国国籍、婚姻、收养、认领和被剥夺等原因而丧失本国国籍。

2. 年满 65 周岁或者因健康原因不能继续履行职务的。

3. 自愿辞去公证员职务的。

4. 被吊销公证员执业证书的。因为违法违纪受到被吊销公证员执业证书的处分的。《公证法》规定了 6 种违反法律的行为，经过省级司法行政机关决定，可以吊销公证员执业证书。

（六）公证员助理

公证员助理是协助公证员办理公证事务的人员。2005 年 7 月司法部就规范公证员助理管理下发《关于严格规范公证员助理管理有关问题的通知》（司办通〔2005〕48 号），根据该通知精神，对公证员助理的管理需要把握以下几点：

1. 公证员助理不得独立开展公证业务、出具公证文书。

2. 公证员助理协助公证员办理公证事务的范围：解答有关公证业务咨询；指导当事人填写公证申请表；接受公证当事人委托，代书申办公证的有关材料；审核公证当事人的资格及其提交的证明材料、制作谈话笔录；调查取证；立卷归档；其他公证事务辅助工作。

3. 公证员助理协助公证员办理公证事务的禁止性规定：严格遵守国家法律法规和《公证程序规则》等规定，不得泄露知悉的国家秘密、当事人的商业秘密和个人隐私；不得私自收取公证费或索取、收受当事人财物；不得以给付回扣等不正当手段争揽公证业务；不得有其他违反法律、法规和规章的行为。

4. 各级司法行政机关应切实担负起对公证员助理管理的职责。对公证员助理的管理也是各级司法行政机关的重要职责，在日常管理活动中发现公证员助理有违规行为时，应责令公证处限期改正；对违规公证员助理应根据违规行为的性质、情节，责令公证处给予包括暂停协助办证或调离工作岗位在内的处理。严禁管理上的失之于宽或放任不管。

四、公证协会

《公证法》第 4 条规定："全国设立中国公证协会，省、自治区、直辖市设立地方公证协会。中国公证协会和地方公证协会是社会团体法人。中国公证协会章程由会员代表大会制定，报国务院司法行政部门备案。公证协会是公证业的自律性组织，依据章程开展活动，对公证机构、公证员的执业活动进行监督。”

（一）中国公证协会的嬗变

在《公证法》颁布前，我国并没有“公证协会”的称谓，只有公证员协会。实际上，公证协会是公证员协会的延续，将“公证员协会”修改为“公证协会”，主要是考虑到协会会员除公证员外，还有公证机构和地方公证协会，因此使用“公证协会”一词更准确。

中国公证员协会于1990年3月30日在北京成立，此后有些省、自治区、直辖市相继组建本地区的公证员协会。公证员协会是公证行业的自律性组织，具有独立的法人地位，由司法行政机关管理。中国公证员协会的宗旨是团结全国公证人员，坚持四项基本原则，正确执行国家有关公证工作的法律和政策，促使公证人员认真履行公证职责，维护国家法律的尊严和社会主义经济秩序，保障公民、组织的合法权益，促进社会主义现代化建设。

2000年7月，国务院批准的《司法部关于深化公证工作改革的方案》提出，要“完善司法行政机关宏观管理和公证员协会行业管理相结合的公证管理体制”。对公证业实行行政管理与行业管理相结合，是各国的通行做法，它反映了公证业管理的一般规律。行业自律，是维护本行业良好形象的客观要求，也是行业成熟的重要标志。中国公证员协会于2003年3月被国际拉丁公证联盟接纳为正式会员，我国的公证制度进一步得到国际社会公证组织的普遍认同。2017年9月1日，第十二届全国人民代表大会常务委员会第二十九次会议第二次修正的《公证法》规定，全国设立中国公证协会，省、自治区、直辖市设立地方公证协会。中国公证协会和地方公证协会是社会团体法人。自此，“公证协会”成为正式名称。

（二）中国公证协会的机构设置

根据《中国公证协会章程》的规定，协会设立的机构及其职能如下：

1. 会员代表大会。这是中国公证协会最高决策机构，每4年举行一次大会，代表由省、自治区、直辖市会员代表大会选举产生，任期4年，可以连选连任。其职责主要是制定、修改本会章程；讨论决定本会的工作方针和任务；选举和罢免理事会理事；审议、通过理事会工作报告和财务报告；会员代表大会认为依法应由它行使的职权等。

2. 理事会。这是会员代表大会闭会期间的执行机关，理事会每年举行一次会议，理事会由全国会员代表大会选举产生，并对它负责。其职责主要是：“（一）执行会员代表大会决议；（二）向会员代表大会报告工作；（三）选举常务理事并从中选举会长、副会长；（四）根据需要，增补或罢免个别常务理事；（五）决定设置或撤销本会专业委员会、工作委员会；（六）制定会员奖励、行业处分规则；（七）制定本会的办事规则和年度工作计划。”

3. 常务理事会。这是在全国会员代表大会和理事会闭会期间，行使理事会职权，主持协会日常会务工作的机构。它由协会的会长、副会长、秘书长、副秘书长组成，任期为每届 4 年，可以连选连任。

（三）中国公证协会的职责

按照《中国公证协会章程》第 6 条规定："本协会的职责：（一）协助司法部管理、指导全国公证工作，依照本章程对公证机构和公证员的执业活动进行监督；（二）指导地方公证协会工作；（三）制定行业规范；（四）维护会员的合法权益，保障会员依法履行职责；（五）依法举办会员福利事业；（六）对会员进行职业道德、执业纪律教育，对会员的违纪行为实施行业处分，协助司法行政机关查处会员的违法行为；（七）负责会员的培训，组织会员开展学术研讨和工作经验交流，根据有关规定对公证机构、公证员实施奖励；（八）组织开展公证行业信息化建设；（九）负责全国公证赔偿基金的使用管理工作，对地方公证协会管理使用的公证赔偿基金进行指导和监督；（十）负责公证宣传工作，主办公证刊物，对外提供公证法律咨询等服务；（十一）负责与国外和港、澳、台地区开展有关公证事宜的研讨、交流与合作活动；（十二）负责海峡两岸公证书的查证和公证书副本的寄送工作；（十三）负责公证专用纸的联系生产、调配，协助司法部作好管理工作；（十四）履行法律法规规定的其他职责，完成司法部委托的事务。"

（四）中国公证协会会员

公证协会的会员分为两类，即团体会员和个人会员。《中国公证协会章程》第 7 条规定："本会会员分为团体会员和个人会员。"第 8 条规定："取得公证机构执业证书的公证机构和取得社会团体法人登记证书的地方公证协会为本会团体会员。其他与公证业务有关的机构，经本会同意，可以成为本会团体会员。取得公证员执业证书的公证员为本会个人会员。公证管理人员、从事公证法学教学、科研以及对公证制度有研究的人员，经本会同意，可以成为本会个人会员。中国委托（香港）公证人、中国委托（澳门）公证人，经本会同意，并报业务主管单位审核批准，可以成为本会个人会员。"

公证协会不是有关公民自愿组织的，而是法定组织，是由公证员、公证处、公证管理人员及其他与公证事业有关的专业人员、机构组成的行业自律性组织。因此，公证协会与《社会登记管理条例》所称的社会团体是有所不同的，公证机构、公证员必须加入公证协会，地方公证协会必须加入中国公证协会，并接受行业自律管理。

第三节　公证业务范围和收费

一、概述

公证的业务范围，是指公证机构依照法律规定能够进行公证的事项范围。根据《公证法》第 11 条的规定，依据自然人、法人或者其他组织的申请，公证机构可以办理下列公证事项：（1）合同；（2）继承；（3）委托、声明、赠与、遗嘱；（4）财产分割；（5）招标投标、拍卖；（6）婚姻状况、亲属关系、收养关系；（7）出生、生存、死亡、身份、经历、学历、学位、职务、职称、有无违法犯罪记录；（8）公司章程；（9）保全证据；（10）文书上的签名、印鉴、日期，文书的副本、影印本与原本相符；（11）自然人、法人或者其他组织自愿申请办理的其他公证事项。《公证法》第12条规定，根据自然人、法人或者其他组织的申请，公证机构可以办理下列事务：（1）法律、行政法规规定由公证机构登记的事务；（2）提存；（3）保管遗嘱、遗产或者其他与公证事项有关的财产、物品、文书；（4）代写与公证事项有关的法律事务文书；（5）提供公证法律咨询。通过对以上具体公证业务进行归类，我们可以将公证机构的业务范围分为：民事法律行为的公证；具有法律意义事实的公证；具有法律意义文书的公证；提存公证以及其他事务的公证等。

二、民事法律行为的公证

民事法律行为又称法律行为，是法律事实的一种。民事法律行为的公证是公证机构办理最多、最常见的一项公证业务，它是指公证机构依照法律规定对公民、法人或其他组织按照自己的意愿实施的有关设立、变更或终止民事权利义务关系的合法行为所进行的公证。民事法律行为的成立，需要同时具备三个条件，即主体合格，行为人必须具有相应的民事行为能力；行为人的意思表示真实；行为人的行为无论从形式到内容均符合法律要求或不违背社会公序良俗。

民事法律行为最基本的是以意思表示为行为成立的要件，可以分为单方法律行为、双方法律行为、多方法律行为。单方法律行为，是指以一方当事人的意思而成立的法律行为，这方面的公证如放弃继承权、设立遗嘱、声明的公证等。双方法律行为，是指以双方当事人的意思表示一致为成立要件的法律行为，此类公证主要包括：对合同、委托、招标、投标、拍卖等行为的公证。多方法律行为，是指以两个以上的多方当事人之间的意思表示一致为成立要件的法律行为。

三、具有法律意义事实的公证

法律事实分为行为和事件两大类。具有法律意义事实的公证，是指公证机构依照法律规定对法律行为以外可以引起民事权利义务关系的设立、变更或终止的一切事实所进行的公证。它包括对法律事件的公证和对非争议性事实的公证。

（一）法律事件的公证

法律事件，是指不以有关当事人意志为转移，能够引起某种法律关系的设立、变更、终止的客观事实。所谓法律事件的公证，是指公证机构根据公民、法人或其他组织的申请，依法对法律事件的真实性、合法性进行的证明活动。主要包括对公民的出生、生存、失踪、死亡及灾害性事件等情况进行的公证，如涉外公证中关于养老金的发放而涉及的归国华侨的生存状况证明，因离婚或继承而涉及的死亡事实进行的公证等。

（二）非争议性事实的公证

非争议性事实，是指没有争议的、客观存在的事实。非争议性事实本身，并不直接引起某种法律关系的设立、变更或终止，但其对当事人从事的活动则会产生积极或消极的影响。对非争议性事实的公证，主要包括对公民的身份、民族、国籍、经历、学历、学位、职务、职称、亲属关系、婚姻状况及企业或其他经济组织的法人资格、商标专用权等进行的公证，而学历、职称的高低可能影响劳动合同关系是否成立，亲属关系、婚姻状况可能影响当事人是否享有继承权。

四、具有法律意义文书的公证

广义的具有法律意义的文书，是指一切在法律上有效的文件，其中包括合同、遗嘱等以书面形式为载体的法律行为。这里所指的具有法律意义文书的公证，是指书面法律行为以外的公证机构根据法律规定对其他有法律意义的文书的真实性和合法性进行的公证，如公证机构对文书上的签名、印鉴、日期或文书的副本、影印本的真实性和合法性所作的公证。

（一）证明文书上的签名、印鉴是否属实

签名和印鉴属实是文书生效的重要条件，也是文书制作单位对文书承担法律责任的基础。证明文书上的签名、印鉴是否属实，也就是公证机构根据法定程序对文书上的签名和印鉴的真实性、合法性予以确认，实践中需要做这类公证的文书主要有毕业证、学历证、工作证、驾驶证、受赠书、放弃继承权的声明书、诊断书、担保书及证人的证词等。

（二）证明文书与文本是否相符

当事人需要使用文书但又无法使用原件的情况下，可以将原件制作成副本、节本、译本、影印本。副本就是正本以外的复本；节本就是通过对原本进行删节形成的文本；译本就是通过对原本翻译而形成的文本；影印本就是通过对原本进行拍照洗印而形成的文本。证明文书与文本是否相符，就是公证机构对这些副本、节本、译本、影印本等是否真实、是否与原本的内容一致而进行的公证。在制作公证书时，须将这些复本置于公证书的前面，与公证书装订在一起，并且一经公证认可即具有与原本同等的法律效力。

五、提存公证

（一）提存公证的概念和标的

提存公证是公证机构依照法定条件和程序，对债务人或担保人为债权人的利益而交付的债之标的物或担保物（含担保物的替代物）进行寄托、保管，并在条件成就时交付债权

人的活动。为履行清偿义务或担保义务而向公证处申请提存的人为提存人，提存之债的债权人为提存受领人。可以提存的标的物有：（1）货币；（2）有价证券、票据、提单、权利证书；（3）贵重物品；（4）担保物（金）或其替代物；（5）其他适宜提存的标的物。

（二）提存公证的条件

以清偿为目的的提存公证具有债的消灭和债之标的物风险责任转移的法律效力，以担保为目的的提存公证具有保证债务履行和替代其他担保形式的法律效力，不符合法定条件的提存或提存人取回提存标的的，不具有提存公证的法律效力。1995 年 6 月 2 日，司法部签发的《提存公证规则》第 5 条规定，债务清偿期限届至，有下列情况之一使债务人无法按时给付的，公证处可以根据债务人申请依法办理提存：

1. 债权人无正当理由拒绝或延迟受领债之标的的；
2. 债权人不在债务履行地又不能到履行地受领的；
3. 债权人不清、地址不详，或失踪、死亡（消灭）而其继承人不清，或无行为能力其法定代理人不清的。

《提存公证规则》第 6 条同时还规定，有下列情况之一的，公证处可以根据当事人的申请办理提存公证：

1. 债的双方在合同（协议）中约定以提存方式给付的；
2. 为了保护债权人的利益，保证人、抵押人或质权人请求将担保物（金）或其替代物提存的。

（三）提存公证的程序

1. 申请并提交提存的标的物。由债务人向债务履行地的公证机构提出提存申请，并提交提存的标的物。以担保为目的的提存公证或在债务履行地申办提存公证有困难的，当事人可向担保人住所地或债务人住所地的公证机构申请提存公证。

2. 验收提存标的物并登记存档。公证机构受理提存公证申请后，应当验收提存标的物并登记存档。对不能提交公证处的提存物，公证处应当派公证员到现场实地验收。验收时，提存申请人（或其代理人）应当在场，公证员应制作验收笔录。对难以验收的提存标的物，公证处可予以证据保全，并在公证笔录和公证书中注明。

3. 出具提存公证书。公证处应当从提存之日起 3 日内出具提存公证书。提存之债从提存之日即告清偿。其中提存货币的，以现金、支票交付公证处的日期或提存款划入公证处提存账户的日期为提存日期；提存的物品需要验收的，以公证处验收合格的日期为提存日期；提存的有价证券、提单、权利证书或无须验收的物品，以实际交付公证处的日期为提存日期。

4. 通知领取提存标的物。公证处办理提存公证，应以通知书或公告方式通知债权人在确定的期限内领取提存标的物，债权人领取提存标的物时，应提供身份证明和有关债权的证明，并承担因提存所支出的费用。

5. 公证处有保管提存标的物的权利和义务。公证处应当采取适当的方法妥善保管提存标的，以防毁损、变质或灭失。对不宜保存的、提存受领人到期不领取或超过保管期限的提存物品，公证处可以拍卖，保存其价款。从提存之日起，超过5年无人领取的提存标的物，视为无主财产，上缴国库。

六、有强制执行效力的债权文书的公证

有强制执行效力的债权文书的公证，是指公证机构根据当事人的申请，对以给付为内容的债权文书，赋予其强制执行效力的一种特殊证明活动。作为一种特殊的证明活动，法律对公证机构所进行的赋予债权文书强制执行效力的公证，在条件上做了严格要求，从法律规定的角度来看主要有：（1）债权债务关系明确，债权人和债务人对债权文书中有关给付的内容无疑义。（2）债权文书以给付一定的货币、物品或有价证券为内容，即债权文书中的标的具有可执行性，实践中能够操作。（3）债权文书中载明有债务人不履行义务时愿受强制执行的意思表示。之所以要求债务人要有愿意接受强制执行的意思表示，是因为公证机构没有强行解决纠纷的权利，公证机构赋予债权文书强制执行的效力，必须以债务人自愿为前提。

七、其他法律事务的公证

根据《公证法》第11条、第12条的规定，公证机构可以对下列事务进行公证：（1）证据保全；（2）保管遗嘱、遗产或其他与公证事项有关的财产、物品、文书；（3）代写与公证事项有关的法律事务文书；（4）提供公证法律咨询；（5）自然人、法人或者其他组织自愿申请办理的其他公证事项；（6）法律、行政法规规定的由公证机构登记的事务等。

八、公证费的收取

（一）收取公证费的原则

公证费，是指公证机构在办理公证事务的过程中，按照国家规定的标准，向申请公证的当事人所收取的费用。

公证机构办理公证事务，相应地要付出一定的人力、物力，支付一定的费用。公证机构向当事人收取一定的费用，是维护公证机构正常运行、发挥职能作用的重要保障。《公证法》第46条规定："公证费的收费标准由省、自治区、直辖市人民政府价格主管部门会同同级司法行政部门制定。"这就是收取公证费的法定依据。根据我国实际情况，收取公证费的原则主要有：

1. 统一收费原则，即收费法定原则。公证费由公证机构按照国家规定的标准统一收取，除公证处外，其他任何单位和个人都不得私自收取公证费。

2. 特殊情况减免收费原则。对于办理抚恤金、劳工赔偿金、劳动保险金、养老金、子女奖学金等公证事项或者因经济原因交费确有困难的当事人，可以减收或免收公证费。

减免收费由公证处主任或副主任决定。

3. 过错责任自负原则。对因发现错证而撤销公证书的情况，该公证事项的公证费应由有过错的一方负担。

4. 公平分担原则。在公证费由当事人平均分担的前提下，允许当事人一方在自愿的基础上多承担或承担全部公证费。

（二）公证服务收费的范围

《公证服务收费管理办法》第3条规定，公证处对下列法律行为、有法律意义的事实和文书的真实性、合法性，向申请人提供证明以及办理其他公证服务，应按规定的收费标准向申请人收取公证服务费：（1）证明经济合同，办理继承、赠与、遗赠和提存公证；（2）赋予债权文书具有强制执行效力；（3）证明民事协议；（4）证明出生、生存、学历、经历、婚姻状况、亲属关系、收养关系、死亡、不可抗力事件、组织资格和资信等有法律意义的事实；（5）办理证据保全、制作票据拒绝证书，证明有法律意义的文书，证明知识产权的享有、转让和使用许可；（6）办理遗嘱公证和保管遗嘱，清点保管遗产，确认遗嘱的效力；（7）证明对财产的清点、清算、评估和估损；（8）其他民事法律行为的设立、变更、终止；（9）保管文书，办理法律规定的抵押登记，代办与公证事项相关的登记、认证事务，代拟和修改与公证事项相关的法律文书，解答法律咨询；（10）依法办理的其他法律服务事务。

（三）公证服务收费的标准

公证机构为申请人提供公证服务，依照规定的收费标准向申请人收取公证服务费，并向申请人出具收费票据，公证员个人不得私自收费。公证服务实行计件收费和按标的比例收费。其中计件收费的有：（1）证明民事协议；（2）证明出生、生存、学历、经历、婚姻状况、亲属关系、收养关系、死亡、不可抗力事件、组织资格和资信等有法律意义的事实；（3）办理证据保全、制作票据拒绝证书，证明有法律意义的文书，证明知识产权的享有、转让和使用许可；（4）办理遗嘱公证和保管遗嘱，清点保管遗产，确认遗嘱的效力；（5）证明对财产的清点、清算、评估和估损；（6）其他民事法律行为的设立、变更、终止；（7）保管文书，办理法律规定的抵押登记，代办与公证事项相关的登记、认证事务，代拟和修改与公证事项相关的法律文书，解答法律咨询；（8）依法办理的其他法律服务事务。按标的比例收费的有：（1）证明经济合同，办理继承、赠与、遗赠和提存公证；（2）赋予债权文书强制执行效力。

公证处为申请人提供公证服务过程中发生的下列费用，由申请人另行支付：（1）鉴定费、评估费；（2）公证书副本费；（3）公证处到异地（省外）办理公证所需的差旅费；（4）当事人因举证有困难，委托公证处进行调查的有关费用等。

（四）公证费的减免和退还

根据《公证服务收费管理办法》第12条的规定，有下列情况之一的，公证处应当按照法律援助的有关规定，减收或者免收公证服务费：（1）办理与领取抚恤金（或劳工赔偿金）、救济金、劳动保险金等有关的公证事项；（2）办理赡养、抚养、扶养协议的证明；（3）办理与公益活动有关的公证事项；（4）列入国家“八七”扶贫攻坚计划贫困县的申请人申办的公证事项；（5）申请人确因经济困难而无力负担的；（6）其他特殊情况需要减免的。

当事人申请减免公证费用的，应向公证机构提出书面申请，然后由公证事项的承办人员对是否存在减免公证费的事由进行审查核实，在事实清楚、理由充分的情况下，报请公证处主任或副主任审批，并由其决定减免的数额或幅度。

在公证过程中，因公证处的过错撤销公证书的，所收的公证费应全部退还当事人；因当事人的过错而撤销公证书的，所收的公证费不予退还；因公证处和当事人双方过错而撤销公证书的，所收的公证费酌情退还。已受理的公证事项，申请人要求撤回的，公证机构除扣除的手续费外，其余收费应全部退还。

第四节　公证程序

公证程序，是指公证机构依照有关法律规定，办理公证事务时应遵循的步骤与方法。它包括三个方面：一是当事人申办的公证事务，依法具体应当由哪一个公证机构办理；二是当事人申请办理公证事务时，如何提出申请以及应履行的手续；三是公证机构如何按照规定的程序对申请的事务进行公证。公证程序包括一般的公证程序和特别的公证程序。

一、公证管辖

（一）公证管辖的概念

所谓公证管辖，是指各公证机构之间办理公证事务的分工和权限划分，即当事人申办的公证事务，依法具体应当由哪一个公证机构办理。明确公证管辖有利于避免各公证机构之间的业务冲突及对公证事务的互相推诿，有利于各公证机构之间正确行使职权及当事人申办公证事务，从而发挥公证机构的职能作用，维护当事人的合法权益。

（二）确定公证管辖的原则

1. 便于当事人就近申办公证的原则。为了便于当事人能够及时、迅速地申办公证事务，法律在确定公证管辖时，首先应考虑到便民原则，从方便当事人的角度加以规定。

2. 便于公证机构办理公证的原则。确定公证管辖时要考虑如何提高公证的效率，这就要求确定公证管辖时，尽量做到方便公证人员调查核实有关材料，及时准确地开展公证工作，以节约时间和努力提高工作效率。例如，涉及不动产的公证事项，由不动产所在地的公证处管辖。

3. 原则性与灵活性相结合的原则。我国地广人多，情况复杂，法律规定公证管辖既要明确、具体，又要有一定的灵活性，以适应复杂多样的具体情况。

（三）公证管辖的种类

我国的公证管辖分为：地域管辖、协商管辖、指定管辖、特殊管辖四种。

1. 地域管辖。地域管辖，是指按照一定的地域标准划分公证机构之间办理公证事务的权限。这是我国一种最主要、最基本的管辖类别。根据法律规定，公证机构之间的地域管辖一般有以下几种情况：（1）由当事人住所地的公证机构管辖；（2）公证事务是法律行为或事实时，当事人住所地与法律行为或事实发生地不一致的，由法律行为或事实发生地的公证机构管辖；（3）涉及不动产转让的，由不动产所在地的公证机构管辖；（4）涉及财产转移的，由申请人户籍所在地或主要财产所在地的公证机构管辖；（5）收养公证，由收养人或被收养人住所地的公证机构管辖。

2. 协商管辖。协商管辖，是指两个以上的公证机构依法对同一公证事项都有管辖权时，可以由当事人或公证机构协商确定最终由哪一个公证机构办理。它是对地域管辖的重要补充，根据进行协商的主体不同，可以分为当事人协商管辖和公证机构协商管辖两种情况。

3. 指定管辖。指定管辖，是指公证机构之间针对管辖权发生争议或因特殊原因有管辖权的公证机构无法行使管辖权而由司法行政机关依职权指定某一公证机构行使管辖权的情况。当两个以上的公证机构针对管辖权发生争议而又协商不成时，由共同的上级司法行政机关指定其中一个公证机构行使管辖权；当因特殊原因有管辖权的公证机构无法行使管辖权时，由其同级或上一级司法行政机关指定其他公证机构管辖。

4. 特殊管辖。特殊管辖，是指在特殊场合或特殊情况下，根据国际条约、国际惯例、双边协定以及相关法律规定，由公证机构以外的特殊机关或特殊人员，代行公证职能的情况。其证明文书与公证机构出具的公证文书具有同等的公证效力。特殊管辖中代行公证职能的特殊机关主要有：驻外使领馆、商检机关、国家卫生部门、商标管理机关等。代行公证职能的特殊人员主要有：航行中的船舶或航空器上的负责人，野外勘探或考察队队长及其他在野外工作的单位负责人，执行剥夺自由场所的负责人，部队的政治机关或军官等。

二、公证的一般程序

公证的一般程序，是指公证机构办理公证事务时应遵循的基本操作规范。主要包括公证事务的申请与受理、对所申请事务的审查、出具公证书三个阶段。除此之外，还包括诸如公证的期限、终止公证、拒绝公证等内容。

（一）当事人提出办理公证的申请

当事人申请是公证活动开始的前提，无论是必需还是任意的公证事项，都必须由当事人向公证机构提出办理公证的申请，公证活动才得以启动。

1. 申请人。申请人是公证法律关系的主体，其可以是公民、法人或其他组织。根据法律规定，申请人必须具备下列条件：（1）申请人必须具备民事权利能力和民事行为能力。（2）限制民事行为能力人申请公证事务，必须征得其法定代理人同意或由其法定代理人代理；无民事行为能力人申请公证事务，应当由其法定代理人代理；法人或其他组织申请公证事务，应当由其法定代表人或主要负责人办理。（3）申请人必须是以自己的名义提出申请且与公证事项有法律上的利害关系，并能够在公证活动中享受权利、承担义务的公民、法人或者其他组织。

2. 申请的方式。当事人申请公证，应当亲自到有管辖权的公证机构提出书面或口头申请，并填写公证申请表。申请表是一种规范化的公证申请书，通常包括以下主要内容：

（1）申请人及其代理人的姓名、性别、出生日期、身份证号码、工作单位、住址等自然状况；申请人为法人或其他组织的，应填写单位名称、住所、法定代表人或主要负责人的姓名、职务等；

（2）请求公证的事项及公证书的用途；

（3）提交材料的名称、份数及有关证人的姓名、住址；

（4）申请的时间及其他需要说明的问题。

对申请表上的内容经确认无误后，由申请人或代理人在申请表上签字或盖章，则申请手续完毕。若申请人确有困难不能亲自到公证机构的，公证员可以到申请人所在地办理公证事务。

3. 提交必要的证明材料。当事人申请办理公证时应当提交下列材料：

（1）申请人及代理人的身份证明，如身份证、军官证、户口簿等。若申请人为法人或其他组织的，应提交法人的资格证明及其法定代表人或主要负责人的身份证明书。

（2）代理人代为申请的，委托代理人须提交授权委托书。当事人、当事人的法定代理人或法定代表人，可以委托代理人申办公证事项，但须提交授权委托书。但值得注意的是，申办遗嘱、遗赠扶养协议、赠与、认领亲子、收养、解除收养、委托、声明、生存及其他与当事人人身有密切关系的公证事项不能委托其他人代理。此外，居住在国外或我国香港地区、澳门地区、台湾地区的当事人，委托代理人申办公证事项的，其委托书还应经当地公证人，我国驻外使、领馆公证，或经司法部指定的机构、人员证明。法定代理人办理公证的应提交代理权证明。其他代理人须提交有代理资格的证明材料。

（3）需公证的文书。

（4）与公证事项有关的财产所有权证明。

（5）其他需要提交的与公证事项有关的材料。

（二）公证机构办理公证事项的程序

1. 公证受理。对于当事人提出的申请，公证机构应先进行审查，如果符合条件应予以受理，即接受当事人的申请。凡符合下列条件的申请，公证处应予受理：

（1）申请人与申请公证的事项有利害关系；

（2）申请公证事项的当事人、利害关系人之间对申请公证的事项无争议；

（3）申请公证的事项属于公证机构的业务范围；

（4）申请公证的事项属于该公证机构管辖。

公证机构受理公证申请后，应制作受理通知单并及时发给当事人，并在公证登记簿上进行登记，开始建立公证卷宗。对不符合条件的申请，公证机构应作出不予受理的决定，并通知申请人。

2. 公证审查。所谓公证审查，是指公证机构受理当事人的申请后，对当事人申请公证的事项和提供的材料进行调查核实，以确认其真实性及合法性的活动。公证审查是整个公证程序中最重要的一个环节，直接决定着公证的质量，因此必须严格依法进行审查。

（1）审查的内容。根据规定，公证机构受理公证申请后，应当对当事人的资格及有关事实材料的真实性和合法性进行调查核实。审查的内容主要有以下几个方面：

第一，对当事人的人数、身份、民事行为能力、资格进行审查。审查时应注意：必须到场的当事人及其人数；当事人提交的证明其身份的材料是否真实；当事人是否具有相应的民事行为能力。

第二，对当事人的意思表示和相应的权利进行审查。主要审查当事人的意思表示是否真实，当事人对需要公证的事项有无以自己的名义进行申请的权利。如果有代理人的，该公证事项能否被代理，代理人是否享有合法的代理权。

第三，对申请公证的事项进行审查。主要是审查需要公证的行为、事实或文书的内容是否真实、合法。

第四，对提供的文书进行审查。主要是审查当事人提供的文书内容是否完备，含义是否清晰，签名、印鉴是否齐全，文件、材料的来源是否正当，文件上的签名、印鉴是否真实无误，复印件、副本是否与原件、正本一致等。

第五，对当事人提供的证明材料进行审查。审查时主要围绕当事人提供的证明材料的真实性、合法性及是否充分来进行。对不符合要求的，应当帮助当事人进行必要的修改、补充和完善。

（2）审查的方法。公证人员办理公证事务时，一般主要通过以下方法对需要公证的事项进行审查：

①询问当事人、证人。公证人员向当事人和有关证人询问与公证有关的问题时，应告知其权利、义务、法律责任和注意事项，并制作谈话笔录。笔录内容应交被询问人核对并签名；确实不能签名者，可由本人盖章或捺手印。笔录中修改处须由被询问人盖章或捺手印。公证人员如果认为当事人提供的证据材料不完备或有疑义的，有权通知当事人做必要的补充或向有关单位、个人调查索取有关证明材料，并有权到现场作实地调查。

②调取书证、物证、视听资料。通过调取书证、物证、视听资料，查阅证据材料，可以验证当事人及证人的陈述是否真实可靠，发现材料之间有无相互矛盾之处，从而提高公证证明的质量。

③对专门问题进行鉴定。公证人员在公证过程中遇到专门性问题时，可以聘请或委托专业部门、有专业知识的人员进行鉴定、翻译。鉴定意见或翻译材料应有鉴定人、翻译人签名。

除此之外，为了核实公证材料的真实合法性，除以上方法外，公证人员还可以外出调查，除调取书证外，应由两名公证人员共同进行，特殊情况只能由一名公证人员进行调查的，应有一名见证人在场，见证人应在笔录上签名。公证机构委托外地公证机构调查的，必须提出明确的要求。受委托的公证机构根据办证需要，可以主动补充调查内容。受委托的公证机构收到委托调查函后，应在一个月内完成调查。因故不能完成的，应在上述期限内函告委托调查的公证机构。

3. 出具公证书。公证书是公证机构根据当事人的申请，对符合法定条件的公证事项，依照法定程序制作的具有法律效力的司法证明文书。公证机构经过审查，若认为申请公证的事项真实、合法，证明材料真实、合法、充分，应当自受理公证申请之日起 15 个工作日内向当事人出具公证书。但具体来说，根据不同的公证事项，出具公证书的条件又有所不同。

（1）对法律行为公证出具公证书的条件是：行为人具有相应的民事行为能力；意思表示真实；行为的内容和形式不违反法律、法规、规章或者社会公共利益。

（2）对有法律意义的事实或文书公证出具公证书的条件是：该事实或文书对公证当事人具有法律上的利害关系；事实或文书真实无误；事实或文书的内容不违反法律、法规、规章。

（3）对文书上的签名、印鉴公证出具公证书的条件是：签名、印鉴应当准确属实。

（4）对文书的文本公证出具公证书的条件是：要求文本内容应与原本完全一致。

（5）对赋予强制执行效力的债权文书公证出具公证书的条件是：债权文书以给付一定货币、物品或有价证券为内容；债权债务关系明确，债权人和债务人对债权文书有关给付内容无疑义；债权文书中载明债务人不履行义务或不完全履行义务时，债务人愿意接受强制执行的承诺。

对于符合规定条件的公证事项，承办公证员应及时草拟公证书，连同卷宗报公证处主任、副主任或其指定的公证员审批。但主办公证员承办的不需要审批的公证事项除外。另外，任何人不得审批自己承办的公证事项。

经过审批符合条件的，公证机构应当制作公证书。公证书由封面、正文、封底组成，主要包括下列内容：公证书编号、当事人的基本情况、公证证词、承办公证员的签名或盖章、出证日期等。制作公证书应使用中文，制作完毕后不得涂改，必须修改的应加盖公证机构校对章。公证书的正本和副本，应根据当事人的需要，制作若干份发给当事人或有关单位和个人；公证处留存原本和一份正本附卷。当事人或其代理人可以到公证处领取公证书，也可以由公证机构送交当事人。涉外公证书需要办理领事认证的，应由承办公证机构送有关部门认证，并代收认证费。

三、公证的期限、终止

（一）公证的期限

公证处应及时办理各类公证事务。《公证法》第 30 条规定：“公证机构经审查，认为申请提供的证明材料真实、合法、充分，申请公证的事项真实、合法的，应当自受理公证申请之日起十五个工作日内向当事人出具公证书。但是，因不可抗力、补充证明材料或者需要核实有关情况的，所需时间不计算在期限内。”

（二）公证的终止

根据规定，具有下列情况之一的，公证机构应当终止公证：（1）因当事人的原因致使公证在6个月内不能办结的；（2）公证书生效前当事人撤回申请的；（3）因当事人死亡（法人终止）不能继续办理或继续办理已无意义的。

在公证过程中，遇到上述情况，公证机构必须严格按照规定程序办理，写出终止公证的书面报告，报公证处主任或副主任批准。除因当事人死亡（法人终止）的情况外，终止公证的决定应当通知当事人。

四、拒绝公证

《公证法》第31条规定，有下列情形之一的，公证机构不予办理公证：

1. 无民事行为能力人或者限制民事行为能力人没有监护人代理申请办理公证的；
2. 当事人与申请公证的事项没有利害关系的；
3. 申请公证的事项属专业技术鉴定、评估事项的；
4. 当事人之间对申请公证的事项有争议的；
5. 当事人虚构、隐瞒事实，或者提供虚假证明材料的；
6. 当事人提供的证明材料不充分或者拒绝补充证明材料的；
7. 申请公证的事项不真实、不合法的；
8. 申请公证的事项违背社会公德的；
9. 当事人拒绝按照规定支付公证费的。

五、特别的公证程序

特别的公证程序，是指公证机构办理特殊公证事务时，所应遵循的步骤和方法。特别的公证程序是针对某些特别的公证事务所作的特别规定，对未规定适用特别程序的，仍适用普通程序办理。公证机构办理招标、投标、拍卖、开奖、遗嘱、提存等特定公证事项的，均适用特别程序。

（一）招标、投标、拍卖、开奖公证

招标、投标公证，是指公证机构根据招标方的申请，依照法定程序对招投标行为进行监督，以确认招标投标活动合法、真实的证明活动。

拍卖公证，是指公证机构根据拍卖方的申请，依照法定程序对拍卖活动的合法性及真实性进行证明的活动。

开奖公证，是指公证机构根据有奖活动主办方的申请，依照法定程序对向社会发行彩票或者其他有奖开奖活动进行监督，以对该活动的真实性、合法性进行证明的活动。

以上三种活动，具有共同的特征：第一，都是按照事先确定的章程或规则进行，否则

无效；第二，都是特定人与不特定的多数人之间所进行的活动；第三，都是以公开或半公开的方式进行；第四，整个活动无法重复进行。

公证机构办理招投标、拍卖、开奖等公证事项时，公证人员应当亲临现场，对其真实性、合法性予以审查、核实。对真实、合法的，应当场宣读公证词，并在 7 日内出具公证书发给当事人。

在对上述活动进行公证的过程中，如若发现当事人有弄虚作假或其他违反活动规则、违反法律法规的行为，应责令当事人当场改正；拒不改正的，公证员应当拒绝公证。

（二）遗嘱公证

遗嘱公证，是指公证机构根据当事人的申请，经过审核调查等方式，对当事人所立遗嘱的真实性、合法性进行证明的活动。进行遗嘱公证，应当由遗嘱人亲自提出申请，并当着公证人员的面设立遗嘱。因为只有这样，才有利于公证人员对遗嘱人的行为能力和意思表示进行判断，从而确认其意思表示的真实性。办理遗嘱公证，应由两名公证人员共同办理。特殊情况下由一名公证员办理时，应有一名见证人在场，见证人应在遗嘱和笔录上签字。

（三）公证调解

经过公证的事项在履行过程中发生纠纷的，原公证机构可应当事人的请求进行调解。经调解后当事人达成新协议的，公证机构应给予公证；新达成的协议符合《公证程序规则》第 39 条规定的具有强制执行效力公证条件的，公证处应依法赋予强制执行效力。调解不成的，公证机构应告知当事人向人民法院起诉或申请仲裁。

六、公证争议处理

根据《公证程序规则》第 61 条规定：“当事人认为公证书有错误的，可以在收到公证书之日起一年内，向出具该公证书的公证机构提出复查。公证事项的利害关系人认为公证书有错误的，可以自知道或者应当知道该项公证之日起一年内向出具该公证书的公证机构提出复查，但能证明自己不知道的除外。提出复查的期限自公证书出具之日起最长不得超过二十年。复查申请应当以书面形式提出，载明申请人认为公证书存在的错误及其理由，提出撤销或者更正公证书的具体要求，并提供相关证明材料。”公证机构收到复查申请后，应当指派原承办公证员之外的公证员进行复查。复查结论及处理意见，应当报公证机构的负责人审批。公证机构根据《公证程序规则》第 63 条的规定进行复查：“公证机构进行复查，应当对申请人提出的公证书的错误及其理由进行审查、核实，区别不同情况，按照以下规定予以处理：（一）公证书的内容合法、正确、办理程序无误的，作出维持公证书的处理决定；（二）公证书的内容合法、正确，仅证词表述或者格式不当的，应当收回公证书，更正后重新发给当事人；不能收回的，另行出具补正公证书；（三）公证书的基本内容违法或者与事实不符的，应当作出撤销公证书的处理决定；（四）公证书的部分内容违法或者与事实不符的，可以出具补正公证书，撤销对违法或者与事实不符部分的证明内容；也可以收回公证书，对违法或者与事实不符的部分进行删除、更正后，重新发给当事人；（五）公证书的内容合法、正确，但在办理过程中有违反程序规定、缺乏必要手续的情形，应当补办缺漏的程序和手续；无法补办或者严重违反公证程序的，应当撤销公证书。被撤销的公证书应当收回，并予以公告，该公证书自始无效。公证机构撤销公证书或出具补正公证书的，应当于撤销决定作出或补正公证书出具当日报地方公证协会备案，并录入全国公证管理系统。”

公证机构应当自收到复查申请之日起 30 日内完成复查，作出复查处理决定，发给申请人。需要对公证书作撤销或者更正、补正处理的，应当在作出复查处理决定后 10 日内完成。当事人、公证事项的利害关系人对公证机构作出的撤销或者不予撤销公证书的决定有异议的，可以向地方公证协会投诉。当事人、公证事项的利害关系人对公证书涉及当事人之间或者当事人与公证事项的利害关系人之间实体权利义务的内容有争议的，公证机构应当告知其可以就该争议向人民法院提起民事诉讼。

七、公证监督管理

为确保公证处和公证人员执业活动的客观公正和规范运行，加强对公证活动的监督，提高公证质量，保护当事人的合法权益，维护公证行业的形象和公信力，《公证法》和司法部的规章、规范性文件中赋予司法行政机关对公证机构和公证人员开展公证活动进行监督检查的权力。

（一）公证投诉调查处理

司法部《公证机构执业管理办法》和《公证员执业管理办法》规定，司法行政机关对被投诉或者举报的公证机构、公证员应进行重点监督检查。在其他司法部颁布的规章和文件中对公证员在办理公证业务时应遵守的工作纪律、工作作风、思想品德也提出了明确要求，公证人员办证要养成重事实、依法规、讲文明、有礼貌、遵制度、守纪律、拒腐蚀、永不沾的良好职业道德。公证人员必须忠实地履行职务，严格按照办证程序出证，不得私自办证，不得违法办“人情证”“关系证”，不得接受当事人的吃请、馈赠，不得向当事人索贿或牟取其他私利。公证员实行挂牌服务，自觉接受群众和有关部门的监督。对公证机构和公证人员投诉的调查处理，是加强公证监督管理的基本途径和形式之一。

1. 受诉机关。司法部《公证投诉处理办法（试行）》规定，公证投诉的受诉机关，是指所在公证处、直接主管被投诉人的司法行政机关或其上一级司法行政机关、公证员协会。受诉机关在接收投诉案件后，应当认真调查研究，在查明事实的基础上，依据国家有关法律、法规、规章和司法部的规定进行处理。为了便于投诉人投诉，受诉机关应当设置意见箱和投诉电话，设专人负责受理投诉工作，并认真做好接待登记。对投诉人来访或以口头方式进行投诉的，应当热情接待，认真做好谈话笔录，笔录应交投诉人核对并签名。

2. 投诉范围。投诉人对公证机构和公证人员有下列情形之一的，可以向受诉机关投诉：刁难当事人，服务态度恶劣，造成不良影响的；无故推诿应当受理的公证事项而不予受理的；利用职务之便牟取私利、贪污、索贿、受贿的；故意出具虚假公证书或因工作失职造成错证，致使当事人合法权益受到侵害的；泄露国家秘密或当事人隐私的；未按国家规定的标准收取公证费或巧立名目滥收公证费的；其他侵害或妨碍当事人合法权益实现的行为。投诉人投诉时应当以信函、电话或来访的方式进行，并据实署名，对匿名投诉也应当调查处理。投诉人必须如实反映情况，投诉内容应尽可能具体、明确，并附上相应的证明材料。

3. 投诉处理。受诉机关对群众投诉的问题，应当及时调查处理。自接到投诉的次日起60日内对投诉事项依法作出处理，并将处理结果以信函的方式答复投诉人。如因投诉事项复杂，在规定日期内不能处理完毕的，应向投诉人说明情况，延长答复时间，但最长不得超过3个月。受诉机关对上级机关委托调查的投诉事项，应在1个月内上报调查结果和处理意见。一时无法查清的，应在规定期限内报告调查进展情况。

（二）公证法律服务秩序监管

对公证法律服务秩序的监管，是各级司法行政机关的一项经常性的重要工作。公证法律服务秩序的好坏，直接影响着公证的质量、公证的公信力以及整个公证行业的形象和信誉。由于公证行业有偿服务的客观现实性，就有可能带来公证机构和公证人员的逐利和商业化倾向。《公证法》实施之后，公证机构面临重新布局和调整，这将可以从公证机构设置方面，解决因不同层级设立公证处而导致的不正当竞争问题，但不论公证机构在哪个层级设置，加强对公证服务秩序的监管仍是司法行政机关义不容辞的职责和义务。2005年6月，司法部、最高人民检察院、国家发改委和中国银监会联合下发了《关于规范公证法律服务秩序有关问题的通知》，要求各级司法行政机关和相关部门充分认识规范公证法律服务秩序的重要性和紧迫性，千方百计遏制公证行业的不正当竞争，加强监管，严厉查处不正当竞争行为，共同营造良好的公证法律服务环境。

为加强公证法律服务的监管，各级司法行政机关应把握好以下几个方面：

1. 严格公证收费标准。公证服务收费标准是政府价格主管部门制定的，是公证处办理公证事务收费的法定依据，必须严格遵守。公证处应当建立统一收费制度，严禁公证员私自收费，严禁擅自提高或降低收费标准，严禁扩大收费范围；要面向社会公开收费项目、收费标准，自觉接受社会监督和当事人的监督。

2. 严格公证收费减免条件和程序。公证处收费应严格按规定的标准收费，确有特殊情况，符合减免收费条件的，要严格按照《公证服务收费管理办法》和《公证程序规则》有关规定。

3. 严禁公证处和公证人员向任何单位和个人支付“回扣”或变相支付“回扣”。由于受利益驱动和拜金主义的影响，在公证实践中，为了争揽证源，一些公证处和公证人员向有关单位和个人以“介绍费”“协办费”“联络费”“信息费”的名义支付一定带有回扣性质的好处费，这不仅严重影响公证的本质属性，危及公证的公信力，而且也极易造成腐败现象。为此，“四部委”联合下发文件，对公证处和公证人员支付回扣性质的费用和其他利益，或任何单位和个人以任何名义和形式索要、收受带有回扣性质的费用和利益的行为将严厉查处；凡有上述行为的，一律按违法违纪行为论处；数额较大，情节严重，涉嫌构成犯罪的，将追究当事人的刑事责任。

规范公证法律服务秩序，制止公证行业不正当竞争，是一项长期任务，各级司法行政机关应高度重视，加强领导，要主动与有关部门沟通，加强信息通报，搞好协调配合，共同做好对公证人员清廉从业教育和案件查处工作，促进公证事业健康发展。

第五节 公证具体事务

一、经济事务公证

（一）经济事务公证的概念和作用

经济事务公证，是指国家公证机构根据法律规定和当事人的申请，对公民、法人或其他组织的经济法律行为以及与经济有关的法律文书、事实的真实性、合法性给予证明的活动。对经济事务进行公证，有利于规范经济行为，预防经济纠纷。通过经济事务公证，可以制约不法经济行为，规范社会秩序，促进我国社会主义市场经济的发展，为国家的经济建设和发展提供法律服务、法律保障，这也是公证机构的重要任务。

（二）经济事务公证的主要内容

依照《公证法》和司法部的有关规定，经济事务方面的公证可分为以下几类：

1. 对具有经济目的法律行为的公证。这类经济事务主要包括各类经济合同、协议、经济担保、法人委托、资产评估、抵押、贷款、招投标、拍卖、票据等经济法律行为。

2. 对具有经济内容法律文书的公证。例如，对公司章程、商标注册证书、专利证书、具有强制执行效力的债权文书等进行的公证。

3. 对与经济活动有关且有法律意义事实的公证。例如，对法人资格、法人资信、法定代表人身份、法人经历、纳税情况等进行的公证。

4. 证据保全公证和提存公证。

5. 代写与公证事项有关的经济事务文书。

二、民事事务公证

（一）民事事务公证的概念和作用

民事事务公证，是指国家公证机构根据法律规定和当事人的申请，对公民、法人或其他组织的民事法律行为，有法律意义的事实和文书的真实性、合法性进行公证的活动。

民事事务公证有利于规范公民、法人或其他组织的民事行为，从而预防纠纷、减少诉讼，维护当事人的合法权益，进一步保障国家法律的正确实施，促使社会健康有序地发展。

（二）民事公证的内容

民事事务公证的业务范围极为广泛，主要包括以下几个方面：

1. 对民事法律行为的公证。民事法律行为是公民或法人设立、变更、终止民事权利和民事义务的合法行为。例如，继承、收养、遗嘱、声明、赠与、财产分割、委托、租赁等，对此类行为的公证即可称为对民事法律行为的公证。

2. 对具有民事法律内容的事实和文书的公证。例如，对毕业证书、职称证书、结婚证书、学位证书、资格证书等进行的公证。

3. 对与民事活动有关的事实的公证。例如，对出生、生存、死亡、健康、意外事故、亲属关系、婚姻状况、不可抗力等进行的公证。

4. 对无疑义的债权文书进行公证，并赋予其强制执行的效力。例如，公民之间追偿债款、物品的借据、欠单等。

5. 清点遗产。

6. 保管遗嘱或其他文件。例如，为当事人保管具有法律意义的文书、文件或其他书信等。

7. 办理其他民事事务公证和与公证相关的民事法律事务。

三、涉外公证

（一）涉外公证的概念和特征

涉外公证，是指公证机构依法办理的公证事项，其中涉及当事人、证明对象或公证书的使用地等因素，至少有一项具有涉外因素的公证活动。涉外公证是国际间交往不可缺少的重要工具和法律武器，对进一步促进改革开放、招商引资、增进经济民事交往，保护国家利益和公民、法人的合法权益具有重大意义。

涉外公证有以下特征：当事人为外国人、无国籍人、我国港澳台地区同胞或准备出国的公民；承办者必须是由司法部批准的办理涉外公证业务的公证机构和经考试合格的具有办理涉外公证事务的公证员；涉外公证书要根据使用国和当事人的要求，附相应的外文译文，并办理外文认证手续；公证书通常要发往域外使用，并在域外发生法律效力；在法律适用上，既要符合我国法律，又不能违反使用国的法律。

（二）涉外公证的用途

1. 用于获得出境和入境手续。公民办理出国手续时，若有些事项必须办理公证，则办理出国手续的公民必须提交有关公证证明；公民出国除了要有本国核发的出国护照外，还必须获得所去国家的入境签证，有时还必须提交我国公证机构的公证证明。

2. 用于民间往来和办理各种民事事宜。公民去一些国家探亲、定居或在国外谋职时，所去国一般要求提供出生公证书、结婚公证书，经历、健康体检公证书，未受刑事制裁公证书等。在国外留学、参加外国考试，则要提供毕业证书、经历证书、资格证等公证文书；在国外领取有关费用的，如子女补助费和助学金、养老金等，需要根据相应国家的规定，提供出生公证书、亲属关系公证书、定居公证书、健康公证书等。

3. 用于涉外经济活动。我国公民、法人或其他组织对外开展经济活动，向国外招投标、承包工程，吸引外资、引进技术设备的，按照有关国家法律和国际惯例，应提供公司章程、营业证书、工程资历及有关人员的授权书、职称、学历证书和未受刑事制裁证明书及法人资格、资信和担保方面的公证书。

4. 用于域外诉讼或仲裁。我国公民、法人或其他组织在对外经济活动中，若产生纠纷，有时需要在国外进行诉讼或仲裁，这时提供相应的证据和委托书的公证书则成为域外诉讼或仲裁的必备条件。

（三）办理涉外公证的程序

1. 办理涉外公证业务的主体。有权办理涉外公证业务的主体有公证机构和我国驻外国大使馆、领事馆。办理涉外公证的公证机构应当具备以下条件：（1）有一名以上具有办理涉外公证事务资格的公证员；（2）有兼职或专职外语翻译；（3）有较好的办公条件和办公设备。涉外公证员应具备的条件是：（1）坚持四项基本原则；（2）具有一、二级公证员职称或具有大学本科以上学历的公证员，经省、自治区、直辖市司法厅（局）考核合格；（3）具有三级公证员职称或具有大学专科学历、从事公证工作3年以上的四级公证员，熟悉涉外法律并经全国涉外公证业务考试合格。符合以上条件的公证处和公证员，经省、自治区、直辖市司法厅（局）批准，并报司法部公证司备案后，方可办理涉外公证业务。公证处的印章和公证员签名章还须报司法部和外交部备案。

2. 涉外公证事务的申请和公证管辖。无论是一般公证事项，还是涉外公证事项，都应由当事人或委托代理人向公证机构提出申请，但如前所述与当事人有密切人身关系的公证事项不得委托他人代理，如遗嘱公证、收养关系公证等。居住在国外的当事人如委托代理人向国内的公证机构申请公证，必须出具委托书，并经当地公证机构或我国驻该国使、领馆公证。若无我国驻该国使、领馆，则由司法部指定专门机关或人员予以证明。

3. 涉外公证适用的法律和使用的文字。如果涉及公证事务的国家的法律与我国法律的基本原则和风俗不冲突，既可以适用我国法律也可以适用外国的法律。我国公证机构出具的公证书，应用中文制作，同时附有关国家的译文，但公证员不能在公证书的译文上签名。

4. 办理认证。认证，是指外交、领事机关在公证文书上证明公证机构的签名和印鉴属实，或证明前一认证机关的签名和印鉴属实的活动。除两国有互免认证协议外，一般情况下涉外公证文书需要经过认证后才能使用。

对涉外公证文书认证的程序是：（1）由我国外交部领事司，或者外国驻华领事馆所在地的省、自治区、直辖市人民政府外事办公室认证，证明我国公证机构和公证员的签名和印鉴属实。（2）由公证文书使用国驻华大使馆、领事馆认证，证明公证文书上我国外事部门的认证印章属实。反之，外国公证机构或公证人制作的需要在我国使用的公证文书，一般也需要经过该国外事机关和我国驻该国使、领馆认证。发往未与我国建立外交关系的国家使用的公证文书，可经我国外交部领事司认证后，转请与该国有外交关系国驻华使馆认证，然后发往该国使用。

第六节　公证法律责任

公证法律责任，是公证机构或公证员在公证活动中，由于自己的过错行为所引起的，对损害予以赔偿、补偿或接受惩罚的特殊义务。公证法律责任的承担主体是公证机构和公证员。公证机构中除公证员以外的其他工作人员的法律责任，按照法律的一般规定确认。公证法律责任是一种过错责任，公证机构和公证员在无过错的情况下不承担公证法律责任。公证法律责任包括民事责任、行政责任和刑事责任三种形式。

一、民事责任

（一）法律依据

《公证法》第 43 条规定："公证机构及其公证员因过错给当事人、公证事项的利害关系人造成损失的，由公证机构承担相应的赔偿责任；公证机构赔偿后，可以向有故意或者重大过失的公证员追偿。当事人、公证事项的利害关系人与公证机构因赔偿发生争议的，可以向人民法院提起民事诉讼。"此规定是公证机构承担民事责任的法律依据。

（二）公证民事赔偿责任的界定

《公证法》生效前实施的《公证暂行条例》（1982 年 4 月发布）没有规定公证机构和公证员的法律责任问题，1995 年《国家赔偿法》实施后，对公证机构和公证员因过错行为给公证当事人或公证事项利害关系人造成损害的，曾以国家赔偿方式实施救济。《公证法》总结公证改革的成果，并借鉴国际拉丁公证联盟国家的成功经验，规定了比较完整的公证法律责任制度。除规定公证机构应当参加公证执业责任保险、公证机构及其公证员承担行政责任和刑事责任外，公证机构还要承担民事赔偿责任。将公证赔偿不是定位为国家赔偿而是定位为民事赔偿以及采用民事程序解决相关争议，其法理为：我国公证机构是被赋予公共职能（法律证明职能）并在准自由职业的框架下履行证明职能的法律服务主体；公证职能的实现机制不再以政府行为等国家公权力形式体现，而是以公证机构及其公证员的公证法律服务行为的形式体现，即以市场化或社会化方式运行，但公证法律服务的结果形式——公证书被法律赋予证据效力、强制执行效力、特殊生效效力。从另一个角度看，公证机构及其公证员提供的公证法律服务这种法律产品的表现形式为公证书，公证当事人申请办证与公证机构受理公证申请相结合，即订立了公证法律服务合同，关于此合同的相关责任，则应当适用民事责任法理。这就是公共职能市场化或社会化运行的必然法律结论。规定公证机构的民事责任，这种制度安排对公证当事人是最为有利的，保障也是最充分的。公证赔偿责任的规定，也有利于公证机构及其公证员自觉依法办证、提高办证质量，最终有利于树立公证业的公信力。

（三）公证民事赔偿责任的特点

根据《公证法》的规定，公证法律责任中的民事赔偿责任具有以下特点：

1. 公证机构存在过错。公证机构承担赔偿责任的前提是自身存在过错，即公证机构及其公证员存在过错是承担赔偿责任的前提条件。公证机构只应对基于自己的过错而给当事人及公证事项的利害关系人造成的损失承担赔偿责任，对于非因自己的过错而造成的损失，公证机构不负赔偿责任。关于过错的判断标准，应以是否履行了应尽义务、是否严格按照法律法规及规章的规定出具公证书为标准。首先，看其出具的公证书是否符合实体法的规定，如继承权公证，若将继承关系分析错误就是存在过错的。其次，要看出具公证书的行为是否符合程序法的规定，看其是否严格按照公证程序的规定办理。

2. 公证民事责任的承担主体是公证机构。在办理公证的过程中，无论是公证员的过错、公证机构其他工作人员的过错，还是公证机构聘请的鉴定人等人员的过错，给当事人及公证事项的利害关系人造成损失的，都由公证机构承担赔偿责任。公证员等人的行为被视为职务行为。至于公证机构承担赔偿责任后，再向有故意或者重大过失的公证员追偿，或者按照内部管理关系或协议向其工作人员或聘请人员追偿，则属于另外的法律问题。

在完善公证机构法律责任的同时，为了减少公证机构和公证员的执业风险，也使因错误公证、违反义务等而产生的民事赔偿责任能够真正落到实处，借鉴注册会计师等高风险行业的通常做法，《公证法》规定国家建立公证执业责任保险制度。公证执业责任保险实行强制性全行业统一保险，以保证每个公证处都有相应的赔偿能力。司法部授权中国公证协会向保险公司投以公证处为保险人的公证责任保险，保险费从公证处上交的赔偿基金中列支。2001 年，中国公证协会与中国人民保险公司就公证职业责任签署了保险协议，就全国范围内的公证处统一在中华人民共和国境内从事公证业务时，由于疏忽或过失造成委托人或公证文书利害关系人的经济损失和损害，并在保险期限内由委托人或公证文书利害关系人向被保险人提出索赔申请，依法应由被保险人承担经济赔偿责任的，保险公司将按保险合同的规定负责赔偿。2002 年 7 月 5 日，司法部颁布了《公证赔偿基金管理试行办法》，对基金的筹集、使用、监督管理作出了规定；并规定公证机构赔偿后，可责令有故意或重大过失的公证人员承担部分或全部赔偿费用。

3. 公证赔偿的请求人，是当事人及公证事项的利害关系人。公证事项的利害关系人，包括因基于对公证书的信赖行事却导致利益受损的与公证申请人发生法律关系的相对人。需要注意的是，当事人及公证事项的利害关系人因此而遭受的损失与公证机构的过错必须有必然的因果联系，避免无限地扩大公证机构的赔偿范围，避免当事人或利害关系人不适当地将本应该由自己承担的契约风险转嫁给公证机构。

当事人、公证事项的利害关系人与公证机构之间不能就公证机构的赔偿责任达成一致意见而发生争议时，当事人、公证事项的利害关系人可以向人民法院提起民事诉讼。

二、行政责任

（一）法律依据

《公证法》第 13 条规定了公证机构不得有的行为，第 23 条规定了公证员不得有的行为，第 41 条和第 42 条进一步规定了公证机构及其公证员应承担行政责任的行为。第 41 条规定：“公证机构及其公证员有下列行为之一的，由省、自治区、直辖市或者设区的市人民政府司法行政部门给予警告；情节严重的，对公证机构处一万元以上五万元以下罚款，对公证员处一千元以上五千元以下罚款，并可以给予三个月以上六个月以下停止执业的处罚；有违法所得的，没收违法所得：（一）以诋毁其他公证机构、公证员或者支付回扣、佣金等不正当手段争揽公证业务的；（二）违反规定的收费标准收取公证费的；（三）同时在二个以上公证机构执业的；（四）从事有报酬的其他职业的；（五）为本人及近亲属办理公证或者办理与本人及近亲属有利害关系的公证的；（六）依照法律、行政法规的规定，应当给予处罚的其他行为。”第 42 条第 1 款规定：“公证机构及其公证员有下列行为之一的，由省、自治区、直辖市或者设区的市人民政府司法行政部门对公证机构给予警告，并处二万元以上十万元以下罚款，并可以给予一个月以上三个月以下停业整顿的处罚；对公证员给予警告，并处二千元以上一万元以下罚款，并可以给予三个月以上十二个月以下停止执业的处罚；有违法所得的，没收违法所得；情节严重的，由省、自治区、直辖市人民政府司法行政部门吊销公证员执业证书；构成犯罪的，依法追究刑事责任：（一）私自出具公证书的；（二）为不真实、不合法的事项出具公证书的；（三）侵占、挪用公证费或者侵占、盗窃公证专用物品的；（四）毁损、篡改公证文书或者公证档案的；（五）泄露在执业活动中知悉的国家秘密、商业秘密或者个人隐私的；（六）依照法律、行政法规的规定，应当给予处罚的其他行为。”

（二）行政处罚机关

按照《公证法》的规定，司法行政机关是对公证机构和公证员的违法行为进行处罚的行政处罚机关。但并不是所有的司法行政机关都有权对公证机构和公证员进行处罚，因为公证机构都设在基层，所以司法部不具体主管对公证机构和公证员的处罚，县（区）司法局无权对公证机构和公证员进行处罚，只有省、自治区、直辖市和设区的市人民政府司法行政部门是对公证机构和公证员进行处罚的行政处罚机关。在上级司法行政部门对公证机构和公证员的违法行为进行处罚时，县、区司法行政部门要协助调查。

（三）行政处罚种类

根据《公证法》第 42 条的规定，对公证机构的处罚有以下几种：警告、没收违法所得、罚款、停业整顿。对公证员的处罚有以下几种：警告、没收违法所得、罚款、暂停执业、吊销执业证书。吊销公证员执业证书的处罚，只能由省、自治区、直辖市人民政府司法行政部门作出。

《公证法》第 41 条、第 42 条第 1 款列举了应当给予处罚的行为，又笼统地规定了依照法律、行政法规应当给予处罚的其他行为要承担法律责任。因为现行《公证法》不可能穷尽实践中可能发生的违法行为，随着公证业务的发展，《公证法》或者其他相关法律、行政法规还有可能规定应当给予处罚的其他行为。但是，司法行政机关行政处罚权的范围必须有明确的法律、行政法规规定，否则不得行使行政处罚权，司法行政部门不得任意解释，更不得以此扩大自己的行政处罚权，也不得以规章、地方性法规、行政决定等设定对公证机构及其公证员的处罚权。

需要强调的是，各级人民政府司法行政部门只能对公证机构及其公证员承担的行政责任进行处理，而不涉及民事责任和刑事责任。

三、刑事责任

《公证法》第 42 条第 1 款规定，有下列情节之一的要受到行政处罚，构成犯罪的，要依法追究刑事责任：

1. 私自出具公证书的；
2. 为不真实、不合法的事项出具公证书的；
3. 侵占、挪用公证费或者侵占、盗窃公证专用物品的；
4. 毁损、篡改公证文书或者公证档案的；
5. 泄露在执业活动中知悉的国家秘密、商业秘密或者个人隐私的；
6. 依照法律、行政法规的规定，应当给予处罚的其他行为。

《公证法》第 42 条第 2 款规定，因故意犯罪或者职务过失犯罪受刑事处罚的，应当吊销公证员执业证书。第 20 条也规定，因故意犯罪或者职务过失犯罪受过刑事处罚的，不得担任公证员。公证员是经国家法律授权承担公共证明职能、为全社会提供法律服务的人员，享有较高的社会地位，因此也需要具备较高的职业道德修养和业务素养。严格遵守国家法律是公证员履行职务的最低要求和必备条件。犯罪行为是一种严重的危害社会的行为，故意犯罪说明行为人主观上有危害社会的意图，职务过失犯罪说明行为人不能按照规定履行职务，故意犯罪和职务过失犯罪与公证员职务的基本要求相矛盾；所以，因故意犯罪或职务过失犯罪受过刑事处罚的人不能担任公证员。需要指出的是，非因故意犯罪、职务过失犯罪而受到刑事处罚的人员仍然有可能继续担任公证员，这是由于非职务过失犯罪行为与公证员的职务和执业无关。